Mensch und Gesellschaft

Soziologie aus der Perspektive
des methodologischen Individualismus

von

Erich Weede

J.C.B. Mohr (Paul Siebeck) Tübingen

Die Deutsche Bibliothek – CIP-Einheitsaufnahme

Weede, Erich:
Mensch und Gesellschaft : Soziologie aus der Perspektive des
methodologischen Individualismus / von Erich Weede. –
Tübingen : Mohr, 1992
  ISBN 3-16-145898-2 brosch.
  ISBN 3-16-145899-0 Gewebe

© 1992   J.C.B. Mohr (Paul Siebeck) Tübingen.

Das Werk einschließlich aller seiner Teile ist urheberrechtlich geschützt. Jede Verwertung außerhalb der engen Grenzen des Urheberrechtsgesetzes ist ohne Zustimmung des Verlages unzulässig und strafbar. Das gilt insbesondere für Vervielfältigungen, Übersetzungen, Mikroverfilmungen und die Einspeicherung und Verarbeitung in elektronischen Systemen.

Das Buch wurde gesetzt aus der Linotype-Garamond von Computersatz Staiger in Pfäffingen, gedruckt von der Druckerei Gulde in Tübingen auf archivfähigem Werkdruckpapier der Papierfabrik Gebr. Buhl in Ettlingen und gebunden von der Großbuchbinderei Heinr. Koch in Tübingen.

Inhaltsverzeichnis

Vorwort V

1. Einleitung: Soziologie als Erfahrungswissenschaft 1
2. Individuum und Gruppe 11
3. Soziale Normen 23
4. Abweichendes Verhalten und Kriminalität 41
5. Aktivität, Interaktion und Gefühl im Gruppenleben 53
6. Position, Status und Rolle 65
7. Sozialisation 72
8. Referenzgruppen 78
9. Der lernpsychologische Erklärungsansatz für soziales Handeln 81
10. Der ökonomische Erklärungsansatz für soziales Handeln (rational choice) 97
11. Kollektives Handeln, Rationalität und Solidarität 118
12. Familie und Verwandtschaft 132
13. Arbeitsteilung und Tausch, Transaktionskosten und soziales Kapital 145
14. Schichten, Klassen, Mobilität 160
15. Macht, Herrschaft und Bürokratie 170
16. Demokratie und Mehrheitsentscheidungen 189
17. Ungleichheit und Umverteilung 207
18. Legitimität, Religion und Recht als Sozialkapital 226

19. Bewußtsein, Wissen und Wissenschaft 237
20. Die Entwicklung der kapitalistischen Marktwirtschaft:
    Aufstieg und Niedergang? 249
21. Gewalt, Rebellion und Revolution 262
22. Staat, Krieg und Nation im internationalen System 285
23. Abschließende Bemerkungen 304

Literaturverzeichnis 310
Personenregister 328
Sachregister 332

Vorwort

Dieses Buch ist eine Gesamtdarstellung der Soziologie aus der Perspektive des methodologischen Individualismus. Soziale Erscheinungen sollen letztlich durch individuelles Handeln und Handlungsanreize für Individuen erklärt werden. Dieser Ansatz ist gleichzeitig in den theoretischen Sozialwissenschaften dominant und doch nur eine Minderheitenposition in der Soziologie. Das ist merkwürdig, denn von ihren Fragestellungen her gibt es viele Überschneidungen von Mikrosoziologie und Sozialpsychologie, sogar von Mikroökonomie und Mikrosoziologie, von Makrosoziologie und Ökonomie oder Politikwissenschaft. Obwohl Psychologen einerseits und Ökonomen einschließlich der Public Choice-Theoretiker, die politikwissenschaftliche Fragen mit Hilfe des ökonomischen Erklärungsansatzes behandeln, andererseits den methodologischen Individualismus auf unterschiedliche Art praktizieren, bleibt es merkwürdig, daß das Fach Soziologie von methodologisch individualistischen Fächern eingekreist ist, aber dennoch zur Absonderung von und nur selten zur Auseinandersetzung mit den Nachbarwissenschaften tendiert. Das irritiert mich besonders deshalb, weil Soziologen durchaus Anlaß dazu haben, die Psychologen um die strenge experimentelle Prüfung ihrer Hypothesen und die Ökonomen um die stringente und geschlossene Theorie jedenfalls in der Mikroökonomie zu beneiden. Das vorliegende Buch will zur Überwindung des Separatismus der Soziologie gegenüber den anderen theoretischen Sozialwissenschaften beitragen.

Meine Entscheidung für den methodologischen Individualismus sorgt gleichzeitig für eine breite, über das Fach Soziologie hinausgreifende sozialwissenschaftliche Perspektive und für eine Verengung der ›soziologischen‹ Perspektive, wenn man darunter versteht, was Soziologen lehren und erforschen. Die Arbeiten prominenter Soziologen, die nicht dem methodologischen Individualismus zuzurechnen sind, wie Habermas oder Luhmann, werden vernachlässigt. Um meine eigene Position zu verdeutlichen und abzugrenzen, habe ich allerdings den Weg der Auseinandersetzung mit einigen Klassikern gewählt, die entweder keine konsequent individualistische Position vertreten, wie Weber in seinen Bürokratieanalysen (vgl. 15. Kapitel) und Marx in seiner Theorie der Überwindung des Kapitalismus (vgl. 20. Kapitel), oder die sich gar explizit gegen individualistische Auffassungen wenden, wie Durkheim (vgl. 13. Kapitel).

Innerhalb der Sozialwissenschaften – nicht nur innerhalb der Soziologie oder gar der deutschen Soziologie – am einflußreichsten ist der ökonomische Erklärungsansatz für menschliches Handeln (vgl. 10. Kapitel), der auch oft als Nutzentheorie oder Werterwartungstheorie oder ›rational choice‹ bezeichnet wird. Im Bereich der Makrosoziologie (ab 11. Kapitel) hat sich dieser Ansatz meines Erachtens als fruchtbarer als alle anderen Ansätze erwiesen. Deshalb dominiert diese Perspektive die makrosoziologischen Kapitel. Das bedeutet natürlich nicht, daß mit ›rational choice‹ alle makrosoziologischen Probleme lösbar sind, und schon gar nicht, daß sie schon gelöst sind. Aber zumindest die Fruchtbarkeit dieser Perspektive hoffe ich aufzuzeigen.

Im mikrosoziologischen Teil, d.h. in den ersten zehn Kapiteln, wobei vor allem das zehnte die Brücke zur Makrosoziologie darstellt, ist das Buch heterogener. Diese Heterogenität beschränkt sich nicht nur darauf, daß ich den lernpsychologischen Erklärungsansatz nicht sofort und endgültig und für alle Problembereiche aufgeben will. In Anbetracht der Verwandtschaft zwischen dem lerntheoretischen und dem ökonomischen Erklärungsansatz wäre das allein wohl noch ein handhabbares Ausmaß an Heterogenität der theoretischen Perspektiven.

Die Heterogenität des mikrosoziologischen Teils resultiert aus dem Stand der theoretischen und empirischen Forschung im Rahmen des methodologischen Individualismus. Das wird am deutlichsten, wenn man sich die beiden Nachbardisziplinen der Soziologie ansieht, die beide methodologisch individualistisch orientiert sind, nämlich die Sozialpsychologie und die Nationalökonomie. In der Sozialpsychologie gibt es eine Vielfalt gut abgesicherter empirischer Befunde, eine Vielzahl von einzelnen Hypothesen oder Hypothesenbündeln, die man vielleicht als Theorien kleiner oder mittlerer Reichweite bezeichnen kann, aber kein umfassendes Paradigma, das in Reichweite und Akzeptanz dem neoklassischen Ansatz in der Nationalökonomie vergleichbar ist. Weil die Sozialpsychologie eher der Mikrosoziologie, die Nationalökonomie eher der Makrosoziologie theoretische Anstöße vermittelt, ist es nicht verwunderlich, daß die beiden Teilbereiche der Soziologie gewisse Ähnlichkeiten mit ihren jeweils wichtigsten Nachbardisziplinen teilen.

Wer akzeptiert, daß die größere Heterogenität des mikro- als makrosoziologischen Teils des Buches den Stand der Disziplin darstellt, muß sich gewisse Sorgen machen. Denn aus der Perspektive des methodologischen Individualismus liegt es eigentlich nahe, die Makrosoziologie auf einer soliden psychologischen – auch die Mikroökonomie ist (oder enthält) meines Erachtens eine psychologische Theorie – und mikrosoziologischen Basis zu begründen. Alle einigermaßen erfolgreichen und umfassenden Versuche, Makrosoziologie, Nationalökonomie oder Politikwissenschaft (vor allem als Public Choice) zu betreiben, bauen aber bisher auf einer sehr fragwürdigen Theorie des individuellen Entscheidungsverhaltens auf, die replizierbare experimentelle Befunde nur als Anomalien einstufen, nicht aber befriedigend erklären kann. Dieses Problem wird im 10. Kapitel ausführlicher besprochen.

Unübersichtlicher noch als durch Anomalien, die die ›rational choice‹-Perspektive direkt in Frage stellen, wird die Lage durch Ansätze, die nicht im Widerspruch zu oder auch nur in Konkurrenz zu ›rational choice‹ stehen, sondern in weitgehend ungeklärter logischer Beziehung daneben. Das gilt meines Erachtens etwa für Hofstätters ›Gruppenleistungen vom Typus des Bestimmens‹ (vgl. 2. Kapitel) oder für die Kontakt-Sympathie-Regel (vgl. 5. Kapitel) oder für die Referenzgruppen (vgl. 8. Kapitel), die unsere Werte und Beurteilungsmaßstäbe beeinflussen.

Bei den Gruppenleistungen vom Typus des Bestimmens kann man zwar Entscheidungssituationen konstruieren, wie es etwa ›rational choice‹ nahelegt, aber das scheint weder dem subjektiven Erleben der Beteiligten zu entsprechen (was noch kein gewichtiger Einwand ist), noch überlegene Erklärungsleistungen zu ermöglichen. Aber die Gruppenleistungen vom Typus des Bestimmens können auch nicht einfach als ein Problem beiseite gelegt werden, das mit den als ›rational choice‹ behandelten Problemen nichts zu tun hat. Denn Ignoranz, einschließlich der aus ›rational choice‹-Perspektive sehr gut analysierbaren ›rationalen Ignoranz‹, ist meines Erachtens ein wesentlicher Auslöser für Gruppenleistungen vom Typus des Bestimmens, vor allem dort, wo diese unangemessen sind.

Wegen der sozialen Bedeutsamkeit von Gruppenleistungen vom Typus des Bestimmens, ob bei der Setzung von Normen, der Abgrenzung von Familie oder Nation oder auch der Wissenschaften untereinander, und wegen der weitgehend unanalysierten Beziehung zwischen ihnen und rationalem bzw. nutzenmaximierendem Entscheidungsverhalten, gibt es in diesem Buch neben dem ›rational choice‹-Hauptstrom immer auch Nebenströmungen, die im Mikroteil den Eindruck des Eklektizismus (im Rahmen des methodologischen Individualismus) erwecken und auch den Makroteil nicht verschonen. Das ist nicht nur für viele Leser, sondern auch für den Verfasser ein Ärgernis. Für mich persönlich wäre allerdings die Integration durch Weglassen aller Befunde, die nicht erkennbar in der Beziehung der Kompatibilität oder des Widerspruchs zum hier favorisierten ›rational choice‹-Erklärungsansatz stehen, ein noch größeres Ärgernis. Die Verbesserung der Mikrofundierung der Makrosoziologie und verwandter Sozialwissenschaften ist hier zwar nicht gelungen (und meines Erachtens auch anderswo nicht), aber die Notwendigkeit dieser Aufgabe soll zumindest im Blickfeld bleiben.

Gerade weil ich es für wichtiger halte, eine Vielzahl von Mikrobefunden und dazugehörigen Erklärungsversuchen zu besprechen, als schon hier mich auf einen und nur einen theoretischen Ansatz festzulegen, habe ich die zentralen theoretischen Kapitel (9 bis 11) in der Mitte des Buches und nicht am Anfang untergebracht. Die mikrosoziologischen Kapitel sind recht eklektisch und nehmen stellenweise auch wichtige theoretische Punkte vorweg. Die zentralen theoretischen Kapitel wiederholen zwar einige vorher eingeführte Hypothesen, bemühen sich aber um eine systematische Darstellung relativ umfasser Erklärungsansätze, wobei jetzt nicht ohne weiteres integrierbare Befunde und Hypothesen – nicht aber widersprüchliche Befunde – übergangen werden. Diese zentralen theoretischen Kapitel sind einerseits eine partielle Synthese vieler vorhergehender Befunde oder Hypothesen und bei der Darstellung des ›rational choice‹-Ansatzes im zehnten und elften Kapitel auch die Mikro›fundierung‹ der Hauptargumente in den folgenden Kapiteln. Der Zustand der Fundamente wird aber nur durch das Buch im Ganzen, auch durch seine Heterogenität und seine ungelösten Probleme, erkennbar.

Köln, Oktober 1991   Erich Weede

1. Einleitung:
Soziologie als Erfahrungswissenschaft

Soziologie ist – oder sollte sein – eine Erfahrungswissenschaft. Damit stellt sich das Abgrenzungsproblem: Woran kann man erkennen, ob ein Satz der Erfahrungswissenschaft zuzurechnen ist oder nicht? Nach einer überholten, positivistischen Auffassung von Erfahrungswissenschaft besteht diese neben Definitionen vor allem aus wahren und als wahr erkannten, also verifizierten, Aussagen. Abgrenzungskriterium der Wissenschaft wäre danach die Verifikation. Ungeprüfte Hypothesen sind un- oder vorwissenschaftlich. Wissenschaftlicher Fortschritt besteht in der Akkumulation von verifizierten Aussagen. Rückschläge bei unserer Suche nach Erkenntnis sind dabei nicht vorgesehen, denn der Positivist unterstellt ja die Möglichkeit der Verifikation und damit, daß wir Gewißheit über den Besitz der Wahrheit erlangen können. (Warum das unmöglich ist, wird bei Albert, 1991, ausführlich dargestellt.)

In seinem erstmals 1934 erschienenen Werk »Logik der Forschung« hat Karl Popper (1969a) diese Auffassung von Erfahrungswissenschaft kritisiert. Betrachten wir die simple Aussage: Alle Schwäne sind weiß. Es ist grundsätzlich unmöglich, die Wahrheit dieser Aussage zu beweisen. Man müßte die ganze Welt absuchen und prüfen, ob alle Schwäne wirklich weiß sind. Kein einziger Schwan darf dabei übersehen werden. Selbst wenn das gelänge, wüßten wir noch nicht, ob es vielleicht in der Vergangenheit nicht-weiße Schwäne gegeben hat, oder ob vielleicht morgen schon ein nicht-weißer Schwan geboren wird. Das Verifikationskriterium bringt uns also schnell in allergrößte Schwierigkeiten.

Popper (1935/1969a) hat deshalb vorgeschlagen, nicht länger die Verifikation, sondern die Falsifikation bzw. deren Möglichkeit, also die Falsifizierbarkeit, zum Abgrenzungskriterium von Erfahrungswissenschaft zu erheben. Der Satz »alle Schwäne sind weiß« ist zwar nicht verifizierbar, aber leicht falsifizierbar. Dazu reicht es, daß wir einen einzigen nicht-weißen Schwan beobachten. Nach Poppers Abgrenzungskriterium ist nicht die Wahrheit unserer Verallgemeinerungen Merkmal wissenschaftlicher Aussagen, sondern nur die Prüfbarkeit. Wissenschaft zeichnet sich dadurch aus, daß man weiß, welche Beobachtungen von unseren Hypothesen verboten sind, welche Beobachtungen uns zur Revision der Hypothesen zwingen, falls wir sie entgegen unseren Erwartungen dennoch machen. Wissenschaftlicher Fortschritt besteht nach dieser Auffassung in der schrittweisen Überwindung falscher Hypothesen. Wahrheit ist zum erkenntnisleitenden Ideal geworden, Gewißheit über den Besitz der Wahrheit kann es nicht mehr geben.

Aber auch Poppers Falsifizierbarkeit ist noch problematisch. Bei Popper ist zwar Bestätigung immer nur vorläufig, ist Bestätigung äquivalent mit »trotz Überprüfung bisher noch nicht widerlegt«, aber Falsifikation erscheint solide und endgültig. Das setzt voraus, daß wir uns bei unseren Beobachtungen grundsätzlich nicht irren, daß die Datenbasis nicht nur solide, sondern sogar perfekt ist. Die Annahme fehlerfreier Beobachtungen ist sogar in den exakten Naturwissenschaften übertrieben, in den Sozialwissenschaften aber klar realitätsfremd. Sobald wir aber Beobachtungsfehler zulassen, wird es möglich, daß wahre Hypothesen aufgrund falscher Daten zurückgewiesen werden, daß falsche Hypothesen aufgrund falscher Daten bestätigt erscheinen. Verifikation und Falsifikation sind dann gleichermaßen vorläufig geworden. Forschung kann nicht mehr nur zum Fortschritt durch Akkumulation von Verifikationen (wie nach positivistischer Auffassung) oder durch zunehmende Elimination von Fehlern (wie nach Popper'scher Auffassung), sondern auch zu Rückschlägen führen.

Poppers Asymmetrie von Verifikation und Falsifikation beruhte auf der realitätsfremden Annahme, daß wir über eine perfekte Beobachtungs- oder Datenbasis verfügen, daß unerwartete Ereignisse folglich immer den Hypothesen und nie den Daten angelastet werden sollen. Würde man umgekehrt vorgehen, also unerwartete Ereignisse auf Beobachtungsfehler schieben, dann könnte man seine Hypothesen ja vortrefflich gegen Kritik immunisieren, könnte allerdings auch nicht aus Erfahrung lernen. Trotz dieses vernünftigen Hintergrunds von Poppers (1935/1969a, S. 73) Empfehlung, unerwartete Ereignisse zur Kritik von Hypothesen anstatt von Daten zu verwenden, ist die Kur zu radikal.

Lakatos (1974), ein Schüler Poppers, unterläßt die Festschreibung der Beobachtungsbasis, tut nicht mehr so, als ob wir jemals perfekte Daten hätten. Nach seinen Auffassungen sind Theorien und Daten grundsätzlich gleichermaßen hypothetisch und vielleicht fehlerhaft. Er unterscheidet zwischen einem sog. harten Kern von Theorien oder Überzeugungen, die nicht direkt prüfbar sind, und peripheren Hypothesen, die wir hinzuziehen müssen, um zu prüfbaren Aussagen zu kommen. Dazu ein von mir zu verantwortendes Beispiel:

Oft wird die Auffassung vertreten, daß Unzufriedenheit in der Bevölkerung politische Instabilität erzeuge (vgl. Kapitel 21 unten). Diese Aussage gehört zwar zum sog. harten Kern von etlichen soziologischen Erklärungsansätzen, ist aber allein nicht prüfbar. Zusätzlich müssen wir Annahmen über die Messung von Unzufriedenheit und Instabilität machen. Wie diese Annahmen aussehen könnten, will ich für einen international vergleichenden Untersuchungsplan skizzieren:[1]

Man könnte etwa unterstellen, daß die Unzufriedenheit dort besonders groß ist, wo die Menschen schon schreiben können, meist in Städten wohnen und sich in den Massenmedien informieren, wo aber das Wohlstandsniveau noch niedrig ist. Oder man könnte alternativ unterstellen, daß die Unzufriedenheit einfach mit sinkendem Einkommen steigt. Oder man könnte die Unzufriedenheit für eine Funktion der Ungleichheit der Einkommensverteilung halten. Vielleicht sind einzelne dieser Zusatzannahmen über die Hintergrundbedingungen von Unzufriedenheit richtig, andere aber falsch. Ähnlich müssen wir auch Annahmen auf der Instabilitätsseite unserer Hypothese machen. Vielleicht erfassen wir Instabilität über die Anzahl der Staatsstreiche oder die Todesopfer bei innenpolitischen Machtkämpfen.

Angenommen wir haben uns für bestimmte Annahmen und Meßprozeduren bei Unzufriedenheit und Instabilität entschieden, finden aber nicht den erwarteten Zusammenhang. Das kann zwei Gründe haben. Entweder ist die Aussage aus dem sog. harten Kern falsch, daß Unzufriedenheit zur Instabilität führe, oder eine unserer Zusatzannahmen und Meßprozeduren ist fehlerhaft. (Der Ausdruck »harter Kern« ist übrigens unglücklich gewählt, weil damit nur subjektive Glaubensstärke des Wissenschaftlers, nicht objektive Wahrheit gemeint ist.)

Nach Popper sollte man dann ja die Hypothese aus dem harten Kern zurückweisen, nach Lakatos aber nicht. Klappt die Bestätigung einer Erwartung nicht, dann darf der Wissenschaftler nach Lakatos zunächst

---

[1] Gründlichere Behandlungen der dabei auftretenden Probleme findet man bei Muller (1985a, 1986) und Weede (1975b, 1986a, 1986c).

die peripheren Zusatzannahmen kritisieren und diese durch andere ersetzen. Vielleicht gelingt dann die Bestätigung. Erst wenn man immer wieder scheitert, d.h. wenn der harte Kern immer nur Erwartungen produziert, die nicht eintreffen, wird bzw. soll man ihn aufgeben.

Beim Übergang von Popper zu Lakatos hat sich also dreierlei geändert: (a) Der Wissenschaftler sucht nicht mehr Falsifikation, sondern Bestätigung, (b) Kritik richtet sich nicht mehr gegen den Kern, sondern gegen die Peripherie, (c) Mißerfolge und Zweifel an Kerngedanken widerlegen eine dem Kern zugehörige Hypothese nicht mehr sofort, sondern erst nach mehrfachem Auftreten. Wie schnell oder langsam man Gedanken aus dem harten Kern aufgeben soll, läßt sich dann allerdings nicht mehr exakt sagen, d.h. Wissenschaft wird an dieser Stelle zur Kunst. Daß wissenschaftlicher Fortschritt überhaupt noch möglich ist, kann nur noch auf den Fehlerausgleich von verschieden irrenden Wissenschaftlern zurückgeführt werden.

Dieser wissenschaftsphilosophische Vorspann sollte vor allem klarstellen, daß Wissenschaft nicht auf Felsengrund aufbaut, sondern auf Sumpf und Treibsand. Rückschläge beim Erkenntnisfortschritt sind jederzeit möglich. Es gibt keine Garantie dagegen. Gewißheit über den Besitz der Wahrheit vermittelt vielleicht die Theologie (auch in ihren atheistischen Varianten), aber nicht die Wissenschaft. Wissenschaft lebt von dauernden Überprüfungsversuchen, wobei in Anbetracht der Ungewißheit allen Wissens Popper (1969) und Lakatos (1974) nur extreme Strategien der Schuldzuweisung bei unerwarteten Ereignissen an Kern oder Peripherie beschreiben, die meisten Wissenschaftler in der Praxis mal so und mal so verfahren werden.

Mit Andersson (1988) kann man gegen Lakatos' (1974) Methodologie der Forschungsprogramme einwenden, daß damit Konventionalismus, d.h. die Festschreibung von Behauptungen durch Konvention und Konsens, und Induktionismus rehabilitiert werden. Aber weder bei den Beobachtungen noch beim sog. harten Kern von Forschungsprogrammen können Konventionen oder Konsens von Wissenschaftlern die Prüfung ersetzen. Aus dem Erfolg eines Forschungsprogrammes in der Vergangenheit auf seine Leistungen in der Zukunft schließen zu wollen, das wäre ein induktivistischer Fehlschluß.[2]

---

[2] Praktisch ist es allerdings sehr schwer, ohne Induktion auszukommen. Am Rande des »Europäischen Forums Alpbach« hat mich Elie Zahar, ein Schüler Lakatos', mit fol-

Das Ergebnis von Überprüfungen betrifft in der Regel nicht eine einzelne Hypothese, sondern ganze theoretische Systeme, d.h. nomologische Hypothesen, Aussagen über Beobachtungen und Zusatzannahmen. Ist ein System falsifiziert, dann muß mindestens eine Aussage im System falsch sein. Die Falsifikation verrät uns aber grundsätzlich nicht, welche Aussage falsch ist, also modifiziert oder eliminiert werden muß. Jede Veränderung des theoretischen Systems zeigt, daß die vorhergehende Falsifikation nicht folgenlos geblieben ist. Dabei *können* die Veränderungen klein sein und Zusatzannahmen oder Meßprozeduren betreffen. Die Veränderungen können aber auch groß sein und den Lakatos'schen ›harten Kern‹ betreffen. Beides ist eine legitime Reaktion auf Falsifikation. Es gibt keine methodologische Regel, die angibt, *wo* ein falsifiziertes theoretisches System verändert werden muß. Die Falsifikation zeigt nur die Notwendigkeit der Veränderung an, ohne den Ort auch nur anzudeuten (vgl. Andersson 1988, S. 189/190).

Wissenschaftstheoretische Überlegungen finden meist in einer idealisierten, realitätsfremden Welt von vereinfachenden Annahmen statt. Bisher habe ich implizit unterstellt, daß wir es mit deterministischen Aussagen zu tun haben. Das gilt in den Sozialwissenschaften so gut wie nie. Kein Soziologe würde z.B. behaupten, daß Unzufriedenheit immer und überall zur Instabilität führt. Man würde stattdessen sagen, daß Unzufriedenheit zur Instabilität beiträgt bzw. die Gefahr der Destabilisierung erhöht. Solche probabilistischen Aussagen sind schwerer prüfbar, weil von ihnen nichts, was möglich ist, ausgeschlossen wird. Man kann eine Gesellschaft, wo man Unzufriedenheit und dennoch Stabilität beobachtet, ja immer als Ausnahme von der Regel betrachten. Um diese Immunisierungsstrategie gegen Erfahrung zu verschließen, benötigt man bei probabilistischen Aussagen Konventionen, die angeben, wieviele Ausnahmen von der Regel unter welchen Bedingungen mit einer Hypothese vereinbar sind. Mit Signifikanztests und Konfidenzintervallen stellt die Inferenzstatistik etwas anspruchsvollere

---

gendem Argument in Verlegenheit gebracht: Nur mit Hilfe von Induktion läßt sich begründen, warum wir strenger überprüfte und dabei relativ besser bewährte Theorien anderen vorziehen sollten. Wenn wir nicht bereit sind, von der Bewährung einer Theorie bei vergangenen Tests auf ihre künftige Bewährung zu schließen, warum sollten wir dann noch geprüfte und bewährte Theorien gegenüber ungeprüften und weniger bewährten Alternativen bevorzugen? – Obwohl auch Homann (1988, S. 110) Poppers Argumente zur logischen Unhaltbarkeit von Induktionsschlüssen akzeptiert, kommt er dennoch zu einer ähnlich positiven Bewertung von Induktion wie Zahar.

Konventionen bereit, die hier nicht besprochen werden können. Festgehalten werden aber muß, daß Wahrscheinlichkeitsaussagen weniger streng und weniger leicht überprüfbar sind als deterministische Aussagen.

Hypothesen, die raumzeitliche Allgemeinheit beanspruchen, also Geltung immer und überall, die nicht nur überprüfbar sind, sondern außerdem auch schon mehrere Prüfungsversuche möglichst erfolgreich überstanden haben, die als Wenn-dann- oder Je-desto-Aussagen formuliert werden, bezeichnet man oft als Gesetze. In den Sozialwissenschaften bestehen beträchtliche Hemmungen, den Gesetzesbegriff zu verwenden, weil die Prüfungsversuche in Anbetracht des probabilistischen Charakters unserer Aussagen nicht sehr streng sein können, weil die Ergebnisse von Überprüfungen häufig einander widersprechen, weil raumzeitliche Allgemeinheit eher Ausnahme als Regel – vor allem in der Makrosoziologie – ist. Ohne raumzeitlichen Allgemeinheitsanspruch spricht man von Quasi-Gesetzen (Albert 1984, S. 132).

Systeme von zusammengehörigen Hypothesen bezeichnet man als Theorien. Ideal wären Theorien, die möglichst viele, möglichst streng und erfolgreich geprüfte Hypothesen streng logisch bzw. mathematisch aus möglichst wenigen übergeordneten Sätzen ableiten würden. Solche hypothetisch-deduktiven Theorien großer Reichweite haben wir in der Soziologie aber zumindest noch nicht. Die Ableitungszusammenhänge sind meist locker und gehorchen den Regeln der Plausibilität anstelle der formalen Logik oder Mathematik. Außerdem werden oft ad hoc Zusatzannahmen eingeführt. Deshalb spricht man oft von Prätheorie oder Erklärungsskizze statt von Theorie. Auch die Reichweite soziologischer Theorien ist meist gering. Weil der Anspruch mancher schlecht überprüfter oder gar nicht überprüfbarer ›Theorien‹ besonders groß ist, befürworten viele Sozialwissenschaftler die Beschränkung auf Theorien mittlerer Reichweite. Mit der Nutzen- oder Werterwartungstheorie gibt es aber meines Erachtens eine Theorie großer Reichweite – sie ist in der Psychologie, der Ökonomie, der Politikwissenschaft *und* der Soziologie anwendbar – die überprüfbar und überprüft ist und sich trotz etlicher Anomalien oder Falsifikationen *relativ* gut bewährt hat. Sicher bedarf diese Theorie dringend weiterer Verbesserungen, aber ich halte sie für *relativ* besser als ihre theoretischen Konkurrenten und werde sie deshalb in diesem Buch besonders ausführlich behandeln.

Es ist kein Zufall, daß ich bei dieser wissenschaftsphilosophischen Einleitung viel über Hypothesen, Überprüfung, Gesetze und Theorie gesprochen habe, aber noch nicht über Definitionen. Nach Auffassung des kritischen Rationalismus, wie er von Karl Popper begründet wurde, wie er in Deutschland vor allem von Hans Albert und Gerard Radnitzky verbreitet wird, spielen Definitionen nämlich eine untergeordnete Rolle in der Wissenschaft. Es geht nicht um Worte und deren Wesensgehalt, sondern um Sätze und Zusammenhänge. Definitionen sind nichts als Namen bzw. Abkürzungen. Das ist die nominalistische Begriffsauffassung.

Definitionen können nicht wahr oder falsch sein, wie die Aussage, je mehr X, desto mehr Y. Sie können nur unfruchtbar sein, d.h. die definierten Begriffe finden keine Verwendung in erfolgreichen Hypothesen oder Theorien. Die Fruchtbarkeit von Begriffen läßt sich grundsätzlich nur im theoretischen Kontext beurteilen. Begriffe können unzweckmäßig sein. Aus Verständigungsgründen ist es nicht sinnvoll, daß wir alle unsere eigene Begrifflichkeit schaffen.

Neben der Nominaldefinition als Namensgebung bzw. Abkürzung spielt auch noch die operationale Definition eine Rolle. Dabei werden die Meßprozeduren für das Vorliegen bzw. den Ausprägungsgrad von Merkmalen festgelegt. Man kann operationale Definitionen als meßtechnisch orientierten Spezialfall von Nominaldefinitionen auffassen.

Im Gegensatz zu Nachbardisziplinen wie der Psychologie oder Politischen Wissenschaft bemühen sich Soziologen eingehender um den Begriffsapparat. Manchmal wird von Soziologen sogar der Theoriebegriff auf Systematisierungen von Begriffen angewendet. Meines Erachtens ist das bedauerlich und spiegelt eine Überschätzung von Begriffssystemen unter vielen Soziologen wider, die ich persönlich befremdlich finde. Anstelle des anspruchsvollen Wortes Theorie paßt da besser ein bescheidenes wie begrifflicher Bezugsrahmen. Soziologen, die von solchen Begriffsschemata mehr halten als ich, gehen oft davon aus, daß begriffliche Systematisierung der erste Schritt auf dem Weg der Theoriebildung ist. Ich habe eher den Verdacht, daß in der Soziologie die Produktion von umfassenden Begriffsschemata allzu oft ein Alibi für die Arbeit an prüfbaren Theorien ist.

Auch wer begrifflichen Systematisierungsversuchen so skeptisch und distanziert wie ich gegenübersteht, muß dennoch einige dieser Begriffssysteme lernen bzw. lehren. Denn, sobald sich solche Begriffe und Systematisierungen einmal durchgesetzt haben, ist es aus Verständigungsgründen notwendig, die herrschenden Definitionen und Systeme zur Kenntnis zu nehmen, zu lernen und zu beherrschen. Gerade weil nach nominalistischer Auffassung Definitionen nicht so wichtig sind, kann man sich bis zum Aufzeigen ihrer Unfruchtbarkeit ruhig dem herrschenden Sprachgebrauch anschließen. Jedenfalls müssen Studenten der Soziologie auch die Begriffe lernen, mit denen Soziologen die soziale Wirklichkeit in den Griff zu bekommen versuchen.

In den Sozialwissenschaften heftiger als anderswo diskutiert wird das Werturteilsfreiheitsproblem, also die Frage, ob Wissenschaft ohne Werturteile möglich und erstrebenswert ist. Auch in dieser Frage orientiere ich mich wieder an Karl Popper (1969b) und Hans Albert (1977): Wer sich als Vertreter einer werturteilsfreien Wissenschaft bezeichnet, verwendet aus geistesgeschichtlichen Kontinuitätsgründen einen mißverständlichen Begriff. Absolute Werturteilsfreiheit kann es nicht geben. Wer eine Hypothese beurteilt, muß sich an Kriterien orientieren, an den dahinter liegenden Werten – etwa dem Wahrheitsideal.

Richtig verstanden ist das Verlangen nach Werturteilsfreiheit also ein Verbot der Vermischung und Verwechslung von verschiedenen Werten. Am Wahrheitsideal orientierte Werturteile müssen möglichst unabhängig von anderen Werturteilen, etwa der ideologischen oder politischen Wünschbarkeit, sein. Auch demjenigen, der sich voll zu bestimmten politischen oder ideologischen Werten bekennt, der sie durchsetzen will, ist nicht damit gedient, Wahrheitsfragen über Zusammenhänge als Wertfragen zu verkennen.

Ob Einkommensverbesserungen die Arbeitsplätze sicherer machen, ist keine Wertfrage, sondern eine Wahrheitsfrage. Ob Demokratie in Entwicklungsländern mit Wirtschaftswachstum oder egalitärer Einkommensverteilung kompatibel ist, ist auch keine Wertfrage, sondern eine Wahrheitsfrage. Manche Werte sind vielleicht nicht gleichzeitig erreichbar, selbst wenn wir das noch so sehr wollen.

Anhänger der sog. Werturteilsfreiheit verfechten also die Unabhängigkeit und Priorität des am Wahrheitsideal orientierten Werturteils vor anderen Werturteilen – nicht zuletzt im Interesse der Verwirklichung anderer Werte. Mit dem Holzhammer formuliert: Patienten werden nicht gesund, wenn oder weil Ärzte sich das wünschen, sondern wenn oder weil sie die wahre Krankheit erkennen und richtig behandeln. Noch so häufiges Scheitern bei der Suche nach der Wahrheit ist kein vernünftiger Grund damit aufzuhören. Das gilt in der Soziologie wie anderswo.

Anhänger der sog. Werturteilsfreiheit wehren sich gegen die Kritik an behaupteten Gesetzmäßigkeiten anhand von nicht am Wahrheitsideal orientierten Werturteilen. Sie sind aber – wie ich auch – umgekehrt dazu bereit, Werturteile anhand von vorläufig bestätigten Gesetzmäßigkeiten zu kritisieren. Dazu verwendet man sog. Brückenprinzipien (Albert 1977). Das Werturteil, man solle etwas tun, läßt sich erfahrungswissenschaftlich kritisieren, wenn man das Brückenprinzip »Sollen impliziert Können« akzeptiert. Ob etwas sein kann, ob eine Maßnahme wahrscheinlich den gewünschten Erfolg hat, ist eine Wahrheitsfrage. Wird sie verneint, dann läßt sich der Wunsch oder das Werturteil zugunsten einer Aktion als realitätsfremd und unmöglich zurückweisen. Erfahrungswissenschaft wird dann zum Instrument der Ideologiekritik.

Bisher habe ich viel zu allgemeinen methodologischen Fragen und noch gar nichts zur Soziologie gesagt. Das ist kein Zufall. Denn die Definition der Soziologie ist meines Erachtens nicht wichtiger als sonst Definitionen. Es ist nur eine Namensgebung und eine *vorläufige* Abgrenzung eines Arbeitsgebiets. Die Vorläufigkeit ergibt sich dabei zwangsläufig aus der prinzipiellen Vorläufigkeit menschlichen Strebens nach Wahrheit.

Falls etwa enge Zusammenhänge zwischen sozialpsychologischen und mikrosoziologischen Begriffen, Variablen, Hypothesen und Theorien bestehen, verliert eine Abgrenzung an Wert.[3] Mit Veränderung unseres Kenntnisstandes werden dann Abgrenzungen neu vorgenommen. Überspitzt formuliert kann man sogar sagen, daß aus unterschiedlichen Kenntnissen und Interessen verschiedener Soziologen verschiedene Abgrenzungen des Faches resultieren. Soziologie[4] wäre dann, was Soziologen machen. Obwohl ich den Wert von Soziologiedefinitionen recht skeptisch beurteile, möchte ich doch eine davon zitieren: »Soziologie ist die Untersuchung des Handelns von Menschen in Reaktion auf das Handeln anderer Menschen oder der diese repräsentierenden Instanzen (Scheuch und Kutsch 1975, S. 55).« Am besten gefällt mir an dieser Definition, daß man das Wort ›Soziologie‹ durch ›Sozialpsychologie‹ oder gar ›Ökonomie‹ ersetzen kann und die Definition auf die vermeintlich anderen Fächer immer noch paßt.

Nicht akzeptieren kann ich das Soziologieverständnis von Durkheim (1895/1965, S. 221), wonach das Fach »eine von den übrigen Wis-

---

[3] Wiswedes (1985) Lehrbuch der Soziologie verzichtet auf unfruchtbare Abgrenzungen zwischen der Sozialpsychologie und der Soziologie. Das zeichnet es vor anderen Einführungen aus.

[4] Der Begriff wurde im 19. Jahrhundert von dem Franzosen Auguste Comte geprägt.

senschaften nicht erforschte Gattung von Tatbeständen zum Stoffe hat«
und außerdem auch noch über eine eigene Methode verfügt oder verfügen sollte. Soziologen können und müssen für andere theoretische Sozialwissenschaften offen sein; sie können und müssen vor allem von der Sozialpsychologie und der Ökonomie viel lernen.

2. Individuum und Gruppe

Von wenigen Einsiedlern abgesehen leben Menschen in Familien, Gruppen und Gesellschaften. Der soziale Charakter menschlichen Lebens und Handelns kann deshalb mit Recht als anthropologische Universalie gelten. Fragen wir uns, warum Menschen sozial und nicht etwa vereinzelt leben, welche Vorteile sich für den Menschen aus dem Zusammenleben ergeben. Offensichtlich gäbe es ohne Zusammenleben keine Menschen (mehr). Fast ebenso offensichtlich reichen auch gelegentliche Geschlechtskontakte zwischen Männern und Frauen nicht aus, um die Reproduktion der Gattung Mensch sicherzustellen. Denn aus der langsamen frühkindlichen Reifung des Menschen folgt, daß für ihn soziale Fürsorge und Schutz wesentlich länger und intensiver sein müssen als bei anderen Säugetieren. Nicht unbedingt wie in unserer Gesellschaft, aber irgendwie muß diese soziale Fürsorge für den Nachwuchs sozial organisiert werden.

Familienähnliches Zusammenleben von Jung- und Elterntieren kann man auch sonst im Tierreich beobachten. Trotz des unterschiedlich schnellen Reifungsprozesses von Mensch und Tier kann dieser Unterschied *allein* nicht hinreichend den sozialen Charakter menschlichen Lebens und Handelns verständlich machen. Auch ein anderer naheliegender Gedanke greift zu kurz: Zusammenarbeiten, etwa beim Tragen und Heben, kann die Kräfteaddition erlauben. Auch bei der Jagd oder im Krieg ist die Gruppe dem Individuum überlegen. Diese Vorteile motivieren zur Zusammenarbeit – allerdings nur, wenn man Erkenntnis dieser Vorteile schon voraussetzt.[5] Damit stellt sich die Frage, ob die

---

[5] Genau genommen folgt aus der Erkenntnis der Vorteilhaftigkeit von Zusammenarbeit noch kein hinreichender Anreiz zur Zusammenarbeit, wie vor allem Olson (1968) in seiner ›Logik des kollektiven Handelns‹ gezeigt hat. Diese Probleme werden in den Abschnitten 3, 10 und 11 gründlich besprochen. Auch experimentelle Studien zeigen *nicht immer* die Überlegenheit von Gruppenleistungen verglichen mit der Summe von Individualleistungen (vgl. Stroebe and Frey 1982; Witte 1989, S. 507 f.).

Gruppe gegenüber dem Einzelnen auch *Erkenntnisvorteile* besitzt. Den *potentiellen* Leistungsvorteil der Gruppe dabei kann man auch experimentell dokumentieren.

Hofstätter (1971, S. 33) beschreibt ein ursprünglich von Poffenberger durchgeführtes Experiment. Zehn Vergleichsfiguren mit geringfügig unterschiedlichem Flächeninhalt, aber deutlich unterschiedlicher Form sind vorgegeben. Die sieben Versuchspersonen sollen herausfinden, welche der Vergleichsfiguren relativ größer als die anderen sind, und diese in eine Rangreihe bringen. Die Schwierigkeit der Aufgabe entsteht dadurch, daß die stark unterschiedlichen Formen die nur geringfügig unterschiedlichen Flächeninhalte kaum erkennbar werden lassen. Deshalb hat auch keine der sieben Versuchspersonen die Aufgabe allein richtig gelöst. Der beste »Sucher« bzw. erfolgreichste »Finder« verwechselt immer noch das größte mit dem drittgrößten oder das kleinste mit dem drittkleinsten Objekt und macht auch sonst etliche zusätzliche Fehler.

»Gruppen«bildung, d. h. genauer die Bildung synthetischer Gruppen, kann die Findeleistung erheblich verbessern. Dazu summiert man einfach die sieben Rangschätzungen der Versuchspersonen auf, dividiert durch deren Anzahl und erhält den mittleren Rangplatz als synthetische Gruppenschätzung. Im Gegensatz zum erfolgreichsten Individuum erkennt die Siebener-»Gruppe« jetzt das größte und die beiden kleinsten Objekte richtig.

Systematischer lassen sich Gruppen- und Individualleistungen mit Hilfe der Rangkorrelationen zwischen wahrer Lösung einerseits und Individual- oder Gruppenlösungen andererseits beurteilen. In unserem Beispiel korreliert[6] die Rangreihe der Siebener-Gruppe 0,79 mit der wahren Rangreihe, während die Individualleistungen zwischen −0,03 und +0,67 mit dem Kriterium korrelieren. Die synthetische Gruppe ist damit nicht nur besser als das durchschnittliche Mitglied, sondern sogar besser als das beste! Wenn man die Gruppengröße von 7 auf 20 Mitglieder erhöht, läßt sich eine weitere Verbesserung des Gruppenurteils und eine Steigerung der Korrelation auf 0,92 erreichen.

---

[6] Korrelationen können zwischen −1,00 und +1,00 variieren. Bei einer Korrelation von −1,00 oder +1,00 zwischen der Variablen X und der Variablen Y kann man bei Kenntnis von X mit Sicherheit auf Y schließen. Bei einer Korrelation von 0,0 sind derartige Schlüsse einfach unmöglich. Positive Korrelationen besagen, daß ein Objekt i bei hoher Merkmalsausprägung auf X in der Regel auch eine hohe Ausprägung auf Y zeigt. Negative Korrelationen besagen, daß ein Objekt j bei hoher Merkmalsausprägung auf X in der Regel eine niedrige Ausprägung auf Y zeigt.

Hofstätter (1971, S. 43) beschreibt noch ein weiteres, ursprünglich von Herzog übernommenes Experiment. Neun Sprecher im Alter von 12–58 Jahren haben 1931 dieselbe kurze Zeitungsmeldung im Wiener Rundfunk verlesen. Die Zuhörer sollten das Alter der Sprecher schätzen. 2700 Einsender haben sich am Radio-Experiment beteiligt. Die Qualität der Einzelschätzungen läßt sich wieder über die Korrelationen zwischen diesen und dem wahren Alter erfassen. Obwohl die 2700 Korrelationen nicht berichtet sind, kann Hofstätter mit Hilfe einer aus der Testtheorie übernommenen Formel ermitteln, daß die durchschnittliche Altersschätzung sehr, sehr schlecht gewesen sein muß, denn sie korreliert mit 0,001 fast gar nicht mit dem wahren Alter. Obwohl der durchschnittliche Einsender also extrem schlecht schätzte, ist die Gruppenleistung hervorragend. Das über 2700 Einsender gemittelte Schätzalter korreliert nämlich 0,76 mit dem wahren Alter. Gruppenbildung kann also unter Umständen aus den winzigsten Wissensfünkchen noch ein achtbares Resultat hervor»zaubern«. Aber wie und unter welchen Bedingungen?

Der Gruppenvorteil relativ zu den Individuen beruht auf der Möglichkeit des Fehlerausgleichs. Wenn Überschätzungen und Unterschätzungen des Sprecheralters gleich wahrscheinlich (bzw. häufig) sind, dann läuft die Berechnung von Mittelwerten auf einen Fehlerausgleich bzw. eine Elimination von Fehlern hinaus. Die Elimination von Schätzfehlern durch Fehlerausgleich gelingt dabei mit zunehmender Gruppengröße immer besser. Bei nur zwei Schätzern ist es ja noch möglich, daß sich beide in die gleiche Richtung verschätzen, bei Hunderten oder gar Tausenden wird das unwahrscheinlich.

Aber auch beim Übergang vom Individuum zur Zweiergruppe entsteht schon ein deutlicher Gruppenvorteil. Man stelle sich vor, daß zwei Versuchspersonen 10 Aufgaben innerhalb kurzer Zeit lösen sollen. Es handelt sich dabei etwa um Anagramm-Aufgaben, wobei etwa aus ›NESBE‹ ›BESEN‹ werden soll. Person A habe eine Lösungswahrscheinlichkeit von 0,5, d.h. A löse 5 der 10 Aufgaben. Person B habe eine Lösungswahrscheinlichkeit von 0,4, d.h. B löse nur 4 der 10 Aufgaben. Wieviele Aufgaben lösen beide zusammen?

Unterstellen wir zunächst, daß A und B voneinander unabhängig arbeiten. Dann gilt, daß beide Partner mit $p_A \cdot p_B = 0{,}5 \cdot 0{,}4 = 0{,}2$ Wahrscheinlichkeit finden, daß nur A findet mit $p_A \cdot (1-p_B) = 0{,}5 \cdot 0{,}6 = 0{,}3$, daß nur B findet mit $p_B \cdot (1-p_A) = 0{,}4 \cdot 0{,}5 = 0{,}2$, daß weder A noch B finden mit $(1-p_A) \cdot (1-p_B) = 0{,}5 \cdot 0{,}6 = 0{,}3$. Wenn man richtig gerechnet hat, dann müssen sich diese Wahrscheinlichkeiten zu 1,0 aufsummieren, weil wir alle denkbaren Möglichkeiten erschöpft haben.

Falls wir optimistischerweise unterstellen, daß derjenige, der eine richtige Lösung findet, auch seinen Partner davon überzeugen kann, dann ist die Wahrscheinlichkeit, daß die Gruppe $A + B$ nicht findet, gleich der Wahrscheinlichkeit, daß weder A noch B finden – in unserem Beispiel also 0,3. Während A 5 von 10, B 4 von 10 Aufgaben löst, werden beide zusammen 7 von 10 schaffen, d. h. die Gruppe wird mehr als das beste Mitglied erreichen.

Überlegen wir noch kurz, was bei steigender Gruppengröße passiert. Der Einfachheit halber unterstellen wir, daß jedes Individuum eine Erfolgswahrscheinlichkeit von 0,5 hat und deshalb auch eine Mißerfolgswahrscheinlichkeit von 0,5. Die Wahrscheinlichkeit, daß zwei nicht finden, ist $0{,}5^2 = 0{,}25$, daß drei nicht finden $0{,}5^3 = 0{,}125$, daß 4 nicht finden $0{,}5^4 = 0{,}0625$. Entsprechend sind die Erfolgschancen für einen 0,5, für zwei 0,75, für drei 0,875, für vier 0,9375. Das illustriert zweierlei, nämlich erstens den Vorteil einer großen Zahl von Gruppenmitgliedern, weil mehr Mitglieder weniger Fehler bedeuten, und zweitens den abnehmenden Zusatzerfolg durch weitere Mitglieder. Das zweite Mitglied bringt in unserem Beispiel noch einen Erfolgschancenzuwachs von 0,25 (oder 25 %), daß dritte nur noch 0,125, das vierte gar nur noch 0,0625.

Bisher haben wir festgestellt, daß Gruppen wegen des statistischen Fehlerausgleichs bei Suchaufgaben Individuen überlegen sind, daß diese Überlegenheit mit der Gruppengröße wächst. Hofstätter (1971, S. 42) bezeichnet deshalb die Gruppe als potentiell allwissend, denn unendlicher Gruppengröße entspricht dabei die perfekte Findeleistung. Die Überlegenheit der Gruppe bei Suchaufgaben ist allerdings an bestimmte Voraussetzungen geknüpft, die wir zwar implizit vorausgesetzt, aber noch nicht hinreichend expliziert haben. Damit zusammenhängt, daß sowohl das Figurenvergleichs- als auch das Radioexperiment sich auf synthetische im Gegensatz zu realen Gruppen beziehen. In beiden Fällen ist das »Gruppen«urteil ja nicht von der Gruppe, sondern vom Versuchsleiter durch Berechnung von Mittelwerten gebildet worden. In realen Gruppen hätte manches schief gehen können. Überlegen wir deshalb die Bedingungen, unter denen auch eine reale Gruppe vom Fehlerausgleich und der daraus resultierenden Überlegenheit der Gruppe profitieren kann.

Eine erste Voraussetzung dafür, daß Gruppenleistungen besser als Individualleistungen sein können, ist, daß die Gruppenmitglieder miteinander kommunizieren. Andernfalls könnte derjenige, der – vielleicht als Erster oder Einziger – die richtige Antwort findet, ja nicht auf die Gruppe einwirken und damit die gemeinsame Lösung bestimmen. Weil man Klein- oder Primärgruppen (im allgemeinen) durch Interaktionen definiert, dürfte diese Voraussetzung dort (meist) gegeben sein. Anders ist es bei Großgruppen wie etwa den Atomforschern. Die Kommunikationsbedingung ist verletzt, weil sowjetische und amerikanische Kollegen die Informationen nicht immer bereitwillig ausgetauscht haben. Die maximale »Gruppen«leistung kann deshalb nicht erreicht werden, d.h. der weltweite wissenschaftliche Fortschritt wird verlangsamt. (Wenn die weltpolitische Konkurrenz die staatliche Forschungsfinanzierung erhöht – wie bei der Atomforschung während des kalten Krieges plausibel – kann dieser Effekt allerdings mehr als kompensiert werden.)

Zweitens, wenn jemand die richtige Lösung eines Suchproblems vorschlägt, dann müssen die anderen auch diese Lösung akzeptieren – statt sich auf eine zwar falsche, aber weiter verbreitete Lösung zu einigen oder eine, die von einem populären oder rhetorisch geschickten Gruppenmitglied befürwortet wird. In Wirklichkeit ist die Richtigkeit einer Problemlösung nur selten so leicht erkennbar, wie wenn man beurteilen soll, ob NESBE dieselben Buchstaben wie BESEN enthält. Daß die Akzeptierungsbedingung oft verletzt wird, läßt sich gut mit Beispielen aus der Wissenschaftsgeschichte illustrieren. Das heliozentrische Weltbild wurde nicht sofort als richtig akzeptiert. Derjenige, der zuerst im Neandertaler einen Fund aus der Früh- oder Vorgeschichte der Menschheit erkannte, wurde lebenslänglich verlacht und erst nach seinem Tode rehabilitiert.

Die dritte Voraussetzung für einen Fehlerausgleich und darauf begründete erhöhte Gruppenleistung ist, daß die Gruppenmitglieder *unabhängig voneinander* suchen und Lösungsvorschläge unterbreiten. Wenn *B* immer das vorschlägt, was auch *A* sagt, kann *B* zur Korrektur von *A*s Fehlern nicht beitragen. Wenn *B* allen Lösungsvorschlägen von *A* automatisch ein Nein entgegensetzt, sind *B*s Vorschläge auch nicht mehr von den vorherigen *A*s unabhängig. Außerdem würde *B* mit der automatischen Oppositionsstrategie auch die Akzeptierungsbedingung verletzen. Die Unabhängigkeitsbedingung dürfte in realen Gruppen selten, wenn überhaupt je perfekt erfüllt sein – im Gegensatz zu synthetischen Gruppen, wo die Versuchspersonen überhaupt nicht miteinander interagieren.

Als vierte und letzte Voraussetzung kann man noch anführen, daß die Findewahrscheinlichkeit des Gruppenmitglieds über Null sein muß. Wo diese Bedingung nicht erfüllt ist, werden Individuen und Gruppen gleichermaßen erfolglos sein.

Das für synthetische Gruppen entwickelte Wahrscheinlichkeitsmodell der Gruppenleistung – wobei der synthetische Charakter die Erfüllung der besonders problematischen Bedingungen Unabhängigkeit der Lösungsvorschläge *und* Akzeptieren der Erkenntnisbeiträge sicherstellt – gibt das theoretisch erreichbare Maximum an, d.h. reale Gruppen liegen meist beträchtlich darunter, wenn auch vielfach über der besten Einzelleistung und häufiger noch über der Durchschnittsleistung (vgl. Kelley and Thibaut 1969; Witte 1989, S. 512 f.). Selbst wenn Gruppen den Fehlerausgleich zu nutzen verstehen, kann Gruppenarbeit allerdings immer noch ineffizient sein, wenn man gelöste Aufgaben pro Zeiteinheit als Kriterium verwendet, unter anderem weil manche richtige Lösungen gleichzeitig von zwei oder mehreren Mitgliedern vorgeschlagen werden und weil in der Praxis auch Organisationskosten entstehen dürften.

Bass (1977) berichtet über eine Studie, die die Leistungsfähigkeit von Gruppen- und Individualentscheidungen im Wirtschaftsleben untersucht. Befragt worden sind 118 amerikanische Unternehmen, die Produktionsstätten im Ausland aufgebaut haben. Die Entscheidungen darüber, wo man investieren solle, wurden teils von Einzelpersonen, teils von Kollegialorganen gefällt. Im Rückblick erwiesen sich dann die Entscheidungen als fruchtbarer, die von Gruppen statt von Individuen gefällt wurden.

Gruppen erzeugen nicht nur die Möglichkeit des Fehlerausgleichs, sondern auch Motivationseffekte, die recht problematisch sein können, wie die Experimente zum Hilfeverhalten zeigen (Latané and Rodin 1969; Bierhoff 1987). Dabei hören die Versuchspersonen, wie eine Büroangstellte im Nachbarraum erst auf einen Stuhl klettert, wie es dann kracht, und schließlich, daß die Frau stöhnt. Untersucht wird, ob die Versuchspersonen nachsehen, was passiert, bzw. ihre Hilfe anbieten. Alleine versuchen ca. 70 Prozent der Versuchspersonen zu helfen. Die Gegenwart anderer Personen, vor allem von Fremden oder von nicht aus der Ruhe zu bringenden Komplizen des Versuchsleiters, führt zur Reduktion der Hilfsbereitschaft. Sogar miteinander befreundete Versuchspersonen sind zusammen nur so hilfsbereit wie sonst eine Person und nicht etwa wie zwei unabhängig voneinander handelnde Personen ohne Kontakt miteinander. Man kann das als gruppeninduziertes Abschieben von Verantwortung bezeichnen.

Zusammenleben und -arbeiten von Menschen in Gruppen erlaubt also prinzipiell die notwendige lange Fürsorge für den Nachwuchs, die Zusammenfassung von physischen Kräften, unter Umständen auch die Zusammenfassung von Wissen bzw. Wissensfünkchen und die Verringerung von Fehlern. Der soziale Charakter der menschlichen Erkenntnis läßt sich auch mit dem Hinweis auf die Sprache, als Werkzeug des Denkens und der Übermittlung seiner Resultate, illustrieren. Vielleicht noch bedeutsamer ist, daß erst der soziale Kontakt dem Menschen Verhaltenssicherheit gibt. Nach Arnold Gehlen (1950) ist der Mensch ein instinktunsicheres Lebewesen. Während das Tier durch Instinkte und angeborene Auslösermechanismen Verhaltenssicherheit von der Natur her mitbekommt, muß der Mensch sich im sozialen Kontakt funktionale Äquivalente besorgen. Hofstätter (1971) spricht in diesem Zusammenhang von Gruppenleistungen vom Typus des Bestimmens, Soziologen meist von Normen. Der soziologische Begriff der Norm ist dabei allerdings enger als Hofstätters Bestimmungsleistung. Eine Bestimmungsleistung kann (muß aber nicht) auf rein kognitive Klärung beschränkt sein, während soziale Normen Handlungsweisen vorschreiben, die Erwartung der Normkonformität begründen, normbezogenes Verhalten bewerten, positiv im Falle der Konformität, negativ im Falle der Abweichung.

Der Mensch ist immer wieder mit Problemen konfrontiert, wo es keine oder unzureichende Kontrollmöglichkeiten zur Überprüfung des eigenen Urteils gibt. Beispiel: Wann ist ein Mensch erwachsen? Mit 18? oder 21? Das ist kein Such- und Findeproblem, wo es eine erkennbar richtige Antwort gibt, sondern ein Normierungs- oder Bestimmungsproblem. Der Gruppenkonsens schafft dabei soziale Gewißheit und entlastet das Individuum, d.h. vermittelt Verhaltenssicherheit. Dazu Hofstätter (1971, S. 63): »Wir verankern uns als soziale Wesen durch gegenseitige Abstimmung unserer Urteile in der Welt. Meistens tun wir noch ein übriges, um die getroffene Festsetzung zu sichern, wir statten diese nämlich mit dem Prädikat der ›Selbstverständlichkeit‹ aus.«

Gruppenleistungen vom Typus des Bestimmens können mehr oder weniger problematisch sein. Das Rechtsfahrgebot im Straßenverkehr illustriert eine Bestimmung, bei der es ausschließlich darauf ankommt, daß irgendeine Bestimmung vorgenommen und durchgesetzt wird, wo aber der konkrete Inhalt gleichgültig ist, weil ein Linksfahrgebot ebenso tauglich wie das Rechtsfahrgebot zur Verkehrsregelung wäre. Andere Bestimmungsleistungen sind inhaltlich nicht so beliebig. Man kann zwar das Erwachsensein und die entsprechenden Rollenverpflichtungen mit 18 oder 21 beginnen lassen, aber offensichtlich nicht mit 3 oder mit 82. In dieser Frage haben es (die meisten oder) alle Gesellschaften fertig gebracht, brauchbare Bestimmungsleistungen zu vollbringen, vielleicht weil es mit der durch das Lebensalter beeinflußten Leistungsfähigkeit des Menschen noch ein Außenkriterium gibt. Wo das völlig fehlt bzw. selbst erst durch eine Bestimmungsleistung erzeugt wird, können die Ergebnisse sozialer Reduktion von Ungewißheit so problematisch sein, wie wenn man Hexen für irgendwelche Übelstände verantwortlich macht und auf dem Scheiterhaufen verbrennt. Gruppenleistungen vom Typus des Bestimmens sind also einerseits unerläßlich und funktional im Sinne der Reduktion von Ungewißheit, andererseits nicht immer unproblematisch. Wenn Such- und Findeaufgaben schwierig sind, wenn man zwar prinzipiell, aber nicht leicht richtig und falsch unterscheiden kann, dann neigen Gruppen zu vorschnellen Bestimmungsleistungen bzw. dazu, Suchprobleme durch Bestimmung und Konsens zu beantworten.

Dazu als Illustration Sherifs Experiment zum autokinetischen Effekt (Hofstätter 1971, S. 58/59; Witte 1989, S. 479/480): Die Versuchspersonen befinden sich in einem völlig verdunkelten Raum, in dem ein kleiner, wenig intensiver Lichtpunkt kurze Zeit gezeigt wird. Weil menschliche Augenachsen niemals ganz ruhig bleiben, scheint sich der objektiv feststehende Lichtpunkt zu bewegen. Obwohl Versuchspersonen mit möglichst weit auseinander liegenden Individualschätzungen zu Dreiergruppen zusammengefaßt werden, führt Gruppenbildung und Kenntnis der anderen Schätzungen schnell zu einer Konvergenz der Schätzungen – auch ohne Konformitätsdruck seitens des Versuchsleiters. Es wird also eine Gruppenleistung vom Typus des Bestimmens erbracht, die auch aufrecht erhalten wird, wenn die Versuchspersonen nach dem Gruppenurteil wieder zu Einzelurteilen aufgefordert werden. Hofstätter (1971, S. 59) faßt den Befund folgendermaßen zusammen: »Hier wird also innerhalb einer sehr kleinen Gruppe eine Behauptung über die Konstitution der gemeinsamen Umwelt formuliert, die unbeschadet ihrer Falschheit eine gewisse Verbindlichkeit besitzt. Die Gruppe trägt, wie man auch sagen könnte, eine neue Ordnungstatsache in das Bild ihrer Welt.«

Eine der bedeutsamsten Gruppenleistungen vom Typus des Bestimmens ist die Unterscheidung zwischen »uns« und »denen« und die Zuschreibung von Merkmalen für »uns« und »die«, d.h. die Bildung von Stereotypen. Auf harmlose Art kann man das mit den Ferienlager-Untersuchungen Sherifs (nach Hofstätter 1971, S. 108 ff.) illustrieren. Der Versuch läuft in vier Phasen ab, wobei jede Phase drei oder vier Tage dauert. Teilnehmer an dem Versuch sind ca. 12jährige Jungen. In der ersten Phase haben die Jungen Gelegenheit, sich kennenzulernen. Dabei entwickeln sich spontan Freundschaftsbeziehungen.

Entgegen diesen anfänglichen Sympathien werden die Jungen in der zweiten und dritten Phase, die wir hier nicht unterscheiden wollen, in zwei Untergruppen mit je einem Dutzend Mitgliedern zusammengefaßt, die zusammen wohnen, arbeiten und spielen. Obwohl die Untergruppen entgegen den in der ersten Phase vorhandenen Sympathien gebildet worden sind, entwickeln sich in beiden Untergruppen – gemäß Homans' (1950/1972a) Kontakt-Sympathie-Regel[7] – schnell neue Sympathien und eine gemeinsame Interpretation der eigenen Untergruppe wie der Fremdgruppe. Beobachter haben die Jungen gefragt, ob die Mitglieder der eigenen oder der anderen Untergruppe (alle oder einige von ihnen) mutig, ausdauernd, ordentlich, hinterlistig, spielverderberisch oder unsauber seien. Beide Untergruppen vollbrachten die üblichen Bestimmungsleistungen: »Wir« sind eher »mutig, ausdauernd, ordentlich«. »Die« sind eher »hinterlistig, spielverderberisch und unsauber«. Man beachte, daß zunehmender Zusammenhalt in der eigenen Gruppe mit Abgrenzung und Ablehnung der Fremdgruppe einhergeht, daß das positive Autostereotyp sich durch Kontrast mit einem negativen Heterostereotyp manifestiert. Daß die Bestimmungsleistungen über den Charakter der Mitglieder der beiden Untergruppen sachlich gerechtfertigt sind – also von einem neutralen Beobachter nachvollziehbar – ist natürlich höchst unwahrscheinlich.

In der vierten und letzten Phase des Experiments ändern sich die Stereotype auch deutlich. Der Versuchsleiter reintegriert nämlich die beiden Untergruppen. Dabei verwendet er als Hilfsmittel den gemeinsamen Gegner, d.h. die Lagerteilnehmer sollen im sportlichen Wettkampf mit auswärtigen Mannschaften konkurrieren. Er schafft gemein-

---

[7] Homans (1950/1972a) selbst verwendet den einprägsamen Ausdruck Kontakt-Sympathie-Regel nicht. Außerdem hat Homans (1961/1972b) später darauf hingewiesen, daß nur belohnende Kontakte Sympathie erzeugen, nicht aber für mindestens einen Beteiligten unangenehme Kontakte, wie sie oft mit Hierarchien oder Autoritätsbeziehungen verbunden sind.

same Probleme, d.h. Lagerteilnehmer müssen gemeinsam die unterbrochene Wasserversorgung sicherstellen. Er eröffnet gemeinsame Chancen, wie die Entleihung eines Films, wozu beide Untergruppen finanziell beitragen müssen, oder einen gemeinsamen Ausflug. Die sachlich notwendigen, zunehmenden und positiven Kontakte zwischen den Untergruppen führen zum Abbau der Rivalitäten und zur Neubewertung des Heterostereotyps. Die eigene Untergruppe bleibt zwar mutig, ausdauernd und ordentlich, aber diese Prädikate werden jetzt auch der anderen Untergruppe zugestanden – wenn auch nicht ganz im gleichen Ausmaß wie der eigenen.

Die Tendenz zur Stereotypisierung und die Abwertung von Fremdgruppen ergibt sich zwangsläufig daraus, daß Gruppen zumindest partiell unabhängig von ihrer Umwelt eigene Normen entwickeln. Wer von den Normen abweicht, wird durch Mißbilligung sanktioniert. Nichtmitglieder müssen schon mangels Kenntnis der Normen abweichen, werden aber dennoch sanktioniert. Aber das ist nur eine partielle Erklärung für die negativen Heterostereotype, denn (amerikanische) Befragungspersonen sind auch bereit bei fiktiven Völkerschaften (z.B. Danireer) Bestimmungsleistungen zu vollbringen und diesen negative Charakteristika zuzuschreiben (Hofstätter 1966, S. 165).

Das Grundmuster der Stereotypenbildung läßt sich am anschaulichsten durch die »Schöpfungsgeschichte« der Irokesen illustrieren. Auch dort krönt Gott sein Werk mit der Erschaffung des Menschen. Er hat drei verschiedene Figuren aus Teig im Backofen. Zuerst nimmt er die eine heraus. Die ist unreif, nicht völlig durchbacken, bläßlich und weiß. Sie ist der Stammvater der Weißen. Nach einer Weile nimmt er die zweite Figur heraus. Die ist wohldurchbacken und schön gebräunt – die Freude des Schöpfers und der Stammvater der Indianer. Die dritte Figur hat Gott in seiner Freude über die wohlgeratene zweite vergessen und zu lange im Ofen gelassen; sie ist angebrannt und schwarz, der Stammvater der Neger.

Der Unterschied zwischen »uns wohl geratenen Irokesen bzw. Indianern« und den auf die eine oder andere Art mißratenen Weißen oder Schwarzen wird hier sogar auf Gott zurückgeführt. »Wir« sind auserwählt, »die« nicht – und man kann es deutlich sehen. Obwohl die Auto- und Heterostereotype moderner Gesellschaften meist nicht so schön bildhaft sind wie die der Irokesen, sind sie dennoch nach den gleichen Prinzipien aufgebaut.

Analogien zur willkürlichen Stereotypisierung im Sherif'schen Ferienlager, einschließlich des schnellen Wandels der Heterostereotype, lassen sich leicht finden: Während des 2. Weltkrieges war das amerikanische Heterostereotyp über die Russen positiver als über die Deutschen, mit dem Kalten Krieg wird es umgekehrt. Das Attribut der Grausamkeit hat den mutmaßlichen Träger gewechselt. Noch jüngeren Datums ist der Wechsel des Heterostereotyps über die Chinesen. Natürlich sind auch deutsche Stereotype ähnlichem Wandel unterworfen. Im zweiten Weltkrieg wurden Amerikaner bei uns anders beurteilt als in der Nachkriegszeit. Deutschland illustriert den interessanten Fall einer vorübergehenden Aufspaltung des Autostereotyps. Mit der Zonengrenze und der Teilung hatten die innerdeutschen Kontakte abgenommen. Nach der Homans'schen Kontakt-Sympathie-Regel führte das zu abnehmenden Sympathien und generell zu sich differenzierenden Vorstellungen und Gefühlen, auch zur Entwicklung eines westdeutschen Autostereotyps und eines ostdeutschen Heterostereotyps, wobei den Ostdeutschen die positiven Prädikate des »typischen Deutschen« Mitte der 60er Jahre vorenthalten wurden (Weede 1965; Hofstätter 1966, S. 449/50).

In Sherifs oben beschriebener Studie zum autokinetischen Phänomen gab es keine klar strukturierte Reizsituation. Die Beeinflußbarkeit des Menschen durch seine Mitmenschen läßt sich natürlich auch in klar strukturierten Situationen demonstrieren. Asch (vgl. Witte 1989, S. 480 f.) hat seinen Versuchspersonen eine Linie vorgegeben und sie aufgefordert, diejenige von zwei oder drei anderen Linien herauszufinden, die der Standardlinie in der Länge entsprach. Ohne irritierende soziale Einflüsse konnten 93 Prozent der Versuchspersonen diese Aufgabe richtig lösen. Vertraute des Versuchsleiters haben in der Experimentalsituation falsche Lösungen gewählt und damit die Versuchspersonen beeinflußt. Witte (1989, S. 480) faßt die Ergebnisse so zusammen: »Bei einer einheitlich falsch urteilenden Majorität von mindestens drei Personen erwiesen sich nur mehr 67 % der Urteile als richtig. Insgesamt wurden 80 % der Personen mindestens einmal von der Majorität zu einem Fehlurteil veranlaßt.« Die Erzeugung von massiv erhöhten Fehlerquoten in derartigen Experimenten setzt allerdings *einheitlichen* sozialen Druck durch Vertraute des Versuchsleiters voraus.

Vom Tachistoskop-Experiment mit dem autokinetischen Phänomen über das manipulierbare Heterostereotyp im Ferienlager und die Schöpfungsgeschichte der Irokesen bis hin zu zeitgeschichtlichen Wandlungen von Selbst- und Fremdbildern haben die Gruppenleistungen vom Typus des Bestimmens etwas Beunruhigendes an sich. Aber ohne sie auszukommen wäre wohl Utopie. Hofstätter (1971, S. 70–73) identifiziert die Bestimmungsleistungen von Gesellschaften geradezu mit deren Kultur. Wir zahlen vielleicht manchen Preis für einige unserer Bestimmungsleistungen, etwa nachdem wir Feinde »bestimmt« haben, aber wir zahlen auch für die Verunsicherung von Bestimmungsleistungen und den Abbau sozialer Gewißheit. So zitiert Hofstätter (1966, S. 227) eine Untersuchung, nach der unter Kindern von Einwanderern psychosomatische Leiden (Darmgeschwüre, Schilddrüsenerkrankungen) häufiger als unter ihren Eltern oder schon in der zweiten Generation in den USA geborenen Kindern sind. Warum? Vielleicht, weil sowohl den alteingesessenen Amerikanern als auch den Einwanderern soziale Selbstverständlichkeiten – wenn auch verschiedenen Inhalts – noch selbstverständlich sind, während den Kindern der Einwanderer zu Hause und unter Gleichaltrigen unterschiedliche Bestimmungsleistungen als selbstverständlich angesonnen werden.

Die Neigung zu Gruppenleistungen vom Typus des Bestimmens ist weit verbreitet. Vermutlich könnten Menschen ohne derartige Bestimmungsleistungen gar nicht leben, zusammenleben und zusammenarbeiten. Der Wissenschaftler – und damit auch der Soziologe – muß gegen diese Neigung ankämpfen. Denn der normale Mensch ›verwendet‹ Gruppenleistungen, um Gewißheit über den Besitz der Wahrheit zu erlangen. Er *begründet* den Wahrheitsanspruch mancher Aussagen mit der Zustimmung seiner Mitmenschen. Und diese Begründung des Wahrheitsanspruchs ist genauso wenig haltbar wie andere Begründungsversuche (vgl. Albert 1977, 1988; Radnitzky 1980). Dennoch haben auch Wissenschaftler immer wieder versucht, Aussagen durch Konsens zu ›begründen‹ und damit die zentralen Grundgedanken wissenschaftlicher Arbeit in den Hintergrund oder gar das Abseits gedrängt, nämlich die Notwendigkeit von Überprüfung und Kritik und fortlaufender Verbesserung unserer nomologischen Hypothesen.

3. Soziale Normen

Normen tragen zur Handlungsfähigkeit des Menschen bei, weil sie unsere Instinktarmut (Gehlen 1950) kompensieren, weil sie per Bestimmungsleistung die Offenheit oder Komplexität von Situationen reduzieren. Normen sind aber nicht nur Entlastung, sondern können auch als Belastung oder Zumutung empfunden werden, nämlich dann, wenn sie nicht mehr als selbstverständlich akzeptiert werden. Der Fremde oder das neue Mitglied einer Gruppe, periphere Mitglieder oder Leute, die gleichzeitig verschiedenen Gruppen mit verschiedenen Normen angehören, werden Normen eher als Zumutung empfinden als langjährige, zentrale Mitglieder nur einer Gruppe bzw. nur weniger Gruppen mit ähnlichen Normen. Neben gruppen- oder gesellschaftsfremden Normen können auch schnelle Wandlungsprozesse den Normen den Charakter des Selbstverständlichen nehmen, sie zur Zumutung werden lassen.

Vergesellschaftung bedeutet wechselseitige Verhaltensorientierung der beteiligten Menschen. Diese orientieren sich aber nicht nur am vergangenen, schon beobachteten Verhalten anderer, sondern auch am erwarteten bzw. zukünftigen Verhalten anderer. Die Orientierung an Erwartungen kann nur funktionieren, wenn Verhaltensregelmäßigkeiten dafür sorgen, daß unsere Erwartungen in der Regel eintreffen. Nur dann sind Normen *funktional*. Wegen unserer Orientierung am Verhalten anderer bleibt uns nicht gleichgültig, ob sich andere unseren Erwartungen entsprechend verhalten oder auch nicht, d.h. unsere Erwartungen sind desiderativ gefärbt. Werden diese erwarteten und oft gewünschten Verhaltensregelmäßigkeiten verletzt, dann bleibt das oft nicht folgenlos, sondern kann zu Sanktionen führen. Normen werden deshalb als »sanktionsbekräftigte Verhaltensregelmäßigkeiten« (Popitz 1980, S. 12) oder meines Erachtens besser als sanktionsbekräftigte Verhaltenserwartungen bezeichnet (denn die Erwartungen können ja enttäuscht werden).

Normen sind eine funktionale Notwendigkeit für Gesellschaften, d. h. in allen Gesellschaften muß es soziale Normen geben, wobei allerdings die inhaltliche Ausgestaltung der Normen recht verschieden sein kann. In Tibet ist (oder war) es angemessen, andere Leute mit herausgestreckter Zunge zu begrüßen. Der deutsche Lehrling sollte diese ›Grußform‹ gegenüber seinem Meister lieber nicht verwenden. Obwohl die These von der funktionalen Notwendigkeit sozialer Normen nichts über spezifische Norminhalte aussagt, ist diese Universalitätsthese dennoch nicht leer, sondern informationshaltig. Sie verbietet die Existenz von Gesellschaften, die ohne irgendwelche sozialen Normen auskommen. Solche Gesellschaften sind aber unbekannt. In sog. primitiven Gesellschaften sind die sozialen Normen sogar oft besonders streng.

Soziale Normen haben die Funktion, Verhalten zu regeln und damit prognostizierbar zu machen. Je nach Basis und Sanktionierung dieser Regelmäßigkeiten kann man zwischen Brauch, Sitte, Mode, Konvention und Recht unterscheiden. Zunächst wollen wir uns dabei den Sprachgebrauch *Max Webers* ansehen. Weber (1922/1964, S. 21) definiert: »Eine tatsächlich bestehende Chance einer *Regelmäßigkeit* der Einstellung sozialen Handelns soll heißen *Brauch*, wenn und soweit die Chance ihres Bestehens innerhalb eines Kreises von Menschen *lediglich* durch tatsächliche Übung gegeben ist. Brauch soll heißen *Sitte*, wenn die tatsächliche Übung auf langer *Eingelebtheit* beruht. ... Zum Brauch gehört auch die ›Mode‹. ›Mode‹ im Gegensatz zu ›Sitte‹ soll Brauch dann heißen, wenn (gerade umgekehrt wie bei Sitte) die Tatsache der Neuheit des betreffenden Verhaltens Quelle der Orientierung des Handelns daran wird.«

Nach Weber wird also der Oberbegriff Brauch nur durch Regelmäßigkeiten des Verhaltens definiert, bezeichnet der Unterbegriff Sitte althergebrachte Bräuche, der Unterbegriff Mode neue bzw. rasch wechselnde Bräuche. Soweit unterliegen der Klassifikation von Normen – ein in diesem Zusammenhang bei Weber selbst allerdings nicht auftauchender Begriff – nur Regelmäßigkeit und Traditionsbindung als Kriterien. Außerdem unterscheidet Weber (1922/1964, S. 24) aber auch noch nach der Art der Sanktionierung einer Abweichung vom normativ geforderten Verhalten: »Konvention soll die *innerhalb eines Menschenkreises* als ›geltend‹ gebilligte und durch Mißbilligung gegen Abweichung garantierte ›Sitte‹ heißen. Im Gegensatz zum Recht (im hier gebrauchten Sinn des Wortes) fehlt der speziell auf die Erzwingung eingestellte Menschen*stab*«. Anders ausgedrückt: Die Sitte wird zur Konvention, wenn ihre Verletzung sanktioniert wird, wenn grundsätzlich jedes Mitglied des betroffenen Sozialsystems zur Beteiligung an der Sanktionierung berechtigt oder berufen ist. Konvention als Unterbegriff zur Sitte ist damit indirekt auch Unterbegriff zu Brauch. Im Gegensatz dazu ist Recht unabhängig von faktischer Regelmäßigkeit und ausschließlich durch die Art der Sanktionierung definiert. Bei Rechtsverstößen darf nicht mehr jeder, sondern nur noch ein dafür zuständiger Stab die Sanktionen verhängen bzw. Strafen auferlegen.

Nicht jede Regelmäßigkeit des Verhaltens kann unter den Begriff der Norm subsumiert und als Brauch, Sitte, Mode, Konvention oder Recht klassifiziert werden. Daneben gibt es auch noch bloß interessenbedingte Regelmäßigkeiten des Verhaltens, wenn jemand etwas aus Nutzenerwägungen immer wieder tut. Zur Stabilisierung sozialer Beziehungen tragen nach Weber interessenbedingte Regelmäßigkeiten am wenigsten bei, Sitte und Konvention schon wesentlich mehr. Ob die Sanktionierung der Abweichler bloß konventionell oder rechtlich erfolgt, sagt nicht unbedingt etwas über die Befolgungschancen von Normen aus (Weber 1922/1964, S. 25/26). Normbefolgung ergibt sich vor allem aus den Legitimitätsvorstellungen: Je stärker die Normen als berechtigt akzeptiert werden, desto größer ist die Bereitschaft zum entsprechenden sozialen Handeln. (Webers Auffassung über die Hintergrundbedingungen der Normbefolgung wird allerdings nicht allgemein akzeptiert. Der von mir bevorzugte nutzentheoretische oder ›ökonomische‹ Erklärungsansatz sieht die Dinge anders. Vgl. Kapitel 10 unten.)

Neben dem Weber'schen Klassifikationsschema spielt noch ein anderes, auf den Amerikaner William Graham *Sumner* (1906/1940) zurückgehendes Schema eine besondere Rolle in der Soziologie. Dabei unterscheidet man soziale Normen nach dem expliziten und systematischen Charakter der normativen Ordnung, auch nach dem Bewußtseinsgrad, mit dem die Vorschriften zur Kenntnis genommen und befolgt werden. Sumner hatte sich das noch evolutionistisch vorgestellt, als Entwicklungsreihe von *Brauch* (folkways) über die *Sitte* (mores) hin zum *Recht* (stateways). Brauch ist systemlos, unreflektiertes, halb- oder unbewußtes Gewohnheitshandeln. Sitte ist zwar auch Gewohnheitshandeln, aber die sittlichen Vorschriften erreichen einen höheren Grad von Ausdrücklichkeit; sie sind bewußt und werden explizit bejaht.

Beim Brauch verhält man sich einfach ›so‹, bei der Sitte kann man es mit allgemeinen Prinzipien oder Werten begründen. Brauch und Sitte unterscheiden sich nicht nur im Ausdrücklichkeitsgrad sondern auch in der Absicherung durch Sanktionen. Der Fünf-Uhr-Tee oder die warme Mahlzeit zur Mittagszeit sind Bräuche. Verstoß wird gar nicht oder mit ›Verwunderung‹ sanktioniert. Die Grußsitten dagegen sollte man einhalten, wenn man nicht allgemeine oder gar nachdrückliche Mißbilligung ernten will. Der Lehrling, der die älteren Mitarbeiter und Vorgesetzten nicht zuerst grüßt, wird sicher einen schweren Stand haben.

Recht oder Gesetz sind explizit ausgearbeitete Vorschriften, meist schriftlich formuliert, zumindest der Intention nach oder relativ widerspruchsfrei, erlassen und geboten durch staatliche Instanzen.

Obwohl beim Sumner'schen Klassifikationsschema Ausdrücklichkeit das entscheidende Kriterium ist, beim Weber'schen generell mehrere Kriterien (faktische Übung, Sanktionierung) eine Rolle spielen und im Falle des Rechts ausschließlich der zur Sanktionierung befugte Stab als Kriterium dient, führen die beiden Schemata bei Recht und Gesetz eher zu übereinstimmenden Begriffen als bei Brauch oder Sitte. Denn bei Sumner steht die Ausdrücklichkeit der Formulierung rechtlicher Normen, bei Weber die Ausdrücklichkeit der Befugnis zur Sanktionierung im Vordergrund, die empirisch zusammenhängen dürften.

Schwieriger ist es, die Beziehungen zwischen den beiden Begriffsschemata bei Brauch und Sitte herauszuarbeiten. Brauch ist für Sumner wie für Weber sozial normierte Gewohnheit. Sumner hebt den unreflektierten Charakter des Brauchs explizit hervor, implizit ist das bei Weber mitgedacht. Allerdings behandelt Weber die Mode als eine Art Brauch, obwohl modisches Verhalten nicht immer dumpfes Gewohnheitshandeln ist. Deshalb decken sich die Bedeutungen von Brauch bei Sumner und Weber nur partiell.

Bei der Sitte hebt Sumner den höheren Bewußtseinsgrad als beim Brauch, Weber die stärkere Traditionsbindung (lange Eingelebtheit) hervor. Deshalb ähnelt Webers Sitte auch Sumners Brauch. Webers Grenze zwischen Sitte und Konvention entfällt bei Sumner ganz. Aber Webers Hinweis auf die stärkere Sanktionierung der Konvention legt es nahe, Webers Konventionsbegriff als Sumners Sittenbegriff ähnlich aufzufassen.

Damit wollen wir die Begriffsklärung abschließen und kurz auf den Zusammenhang von Sozialsystem und Bedeutung verschiedener Normen zu sprechen kommen (vgl. Scheuch und Kutsch 1975, S. 246). Sitten eignen sich vor allem dann zur Regelung von sozialen Beziehungen, wenn die Sichtbarkeit von Konformität oder Abweichung groß ist, so daß jedermann überhaupt erst in die Lage versetzt wird, Abweichler zu sanktionieren. Teilweise mag das vom geregelten Lebensbereich abhängen. Grußsitten etwa sind besonders sichtbar. Teilweise hängt das aber auch mit dem Ausmaß an Anonymität zusammen, das die Gesellschaft für ihre Mitglieder bereitstellt oder zuläßt. Abweichung ist auf dem Land sichtbarer als in der Großstadt. Auch soziale Mobilität in vertikaler wie horizontaler Richtung verringert die Sichtbarkeit der Abweichung und schwächt damit das Ordnungsprinzip Sitte. Nach Auffassung von Evolutionstheoretikern wie Sumner tritt mit zunehmender sozialer Differenzierung dann tendenziell das Recht an die Stelle der Sitte. Zumindest die These abnehmender Prägekraft sozialer Normen in mobilen modernen Gesellschaften wird auch von zeitgenössischen Theoretikern (z. B. Elster 1989) vertreten.

In der Entwicklungsgeschichte des Rechts spielen Sitten und Gebräuche natürlich eine wichtige Rolle, wie der Begriff des Gewohnheitsrechts andeutet. Beim angelsächsischen Recht ist das deutlicher als beim römischen Recht bzw. dem darauf aufbauenden kontinentaleuropäischen Recht. Durch Kodifizierung der Normen und Einschränkung des Sanktionsrechts kann Sitte oder Konvention zum Recht werden. Auch Widerspruch zwischen kodifiziertem Recht und Sitten ist denkbar. Rache oder Satisfaktion kann Sitte sein und vom Einzelnen als Verpflichtung erlebt werden, auch wenn das staatliche Recht mit der Sitte kollidiert oder sie einschränkt.

Mit der Besprechung von Sherifs Jugendlager-Experiment haben wir schon an einem Beispiel die Entstehung von Gruppenleistungen vom Typus des Bestimmens verfolgt. Der normative Charakter dieser Bestimmungsleistungen war allerdings nur undeutlich, obwohl Selbstbild und Fremdbild natürlich normative Implikationen haben. Wer sich selbst als fleißig und kameradschaftlich definiert, kann sich nicht immer vor Arbeit drücken. Umgekehrt trägt auch normative Differenzierung innerhalb und zwischen Gesellschaften zur Abgrenzung und sogar Herabsetzung von jeweils Außenstehenden bei – nach der ›Logik‹: Wer unsere Normen nicht befolgt, verdient Sanktionen, muß herabgesetzt werden.

Aus der Universalitätsthese sozialer Normen bzw. aus der Behauptung der funktionalen Notwendigkeit sozialer Normen folgt noch nicht, warum diese nützlichen Normen jemals entstanden sind. Mit Opp (1983) kann man vor allem drei Wege der Normenentstehung analysieren und sich dabei vorwiegend auf die Nutzen- oder Werterwartungstheorie bzw. den ökonomischen Erklärungsansatz (vgl. Kapitel 10) und sekundär auf die Lernpsychologie (vgl. Kapitel 9) stützen: (a) die Bewältigung externer Effekte, (b) Gewohnheitsbildung, (c) Ableitung sozialer Normen aus anderen Normen oder Werten bzw. die Dissonanzreduktion.

Soziales Handeln hat oft nicht nur für den Akteur, sondern auch für andere positive oder negative Nutzenfolgen, sogar wenn der Akteur anderen weder schaden noch nützen will. Ökonomen sprechen dann von positiven oder negativen Externalitäten. Das Vorliegen negativer Externalitäten läuft immer auf einen zumindest latenten Interessenkonflikt unter Menschen hinaus, denn die von negativen Nutzenfolgen Betroffenen haben ein Interesse daran, die negativen Externalitäten zu unterbinden oder ersatzweise vom Verursacher Entschädigung dafür zu erhalten. Der Akteur seinerseits möchte natürlich nicht in seiner Handlungsfreiheit beschränkt werden oder Schadenersatz leisten müssen. Normsetzung durch stillschweigende *oder* explizite Übereinkunft *oder* durch eine übergeordnete Instanz kann manche mit negativen Externalitäten verbundene Aktivitäten verbieten, bei anderen aber Entschädigungspflichten festlegen, damit also potentielle oder aktuelle soziale Konflikte beilegen. Wo Entschädigungspflichten vereinbart oder festgesetzt werden, muß der Akteur diese Handlungsfolgen in sein Kalkül einbeziehen. Die Kosten werden dann internalisiert. Soziale Normen dienen also aus dieser Perspektive der Internalisierung von Externalitäten.

Aus der Problematik negativer Externalitäten folgt nur, daß die Bildung und Durchsetzung sozialer Normen alle Beteiligten besser stellen kann als soziale Konflikte. Konflikte sind ja oft für beide Seiten kostspielig, manchmal nach großem Kraftaufwand dennoch unentschieden, so daß beide Seiten von Konfliktvermeidung hätten profitieren können. Der Konfliktverlierer kann in der Regel vor Ausbruch des Konfliktes und erst recht vor dem Einsatz von Gewalt mit milderen Bedingungen als danach rechnen. Aber selbst der mutmaßliche Sieger hat oft ein Interesse an Konfliktvermeidung, weil er sich seines Sieges oft nicht sicher sein kann, weil der Konflikt oft Werte zerstört, die er sich nur vorher, aber nicht mehr hinterher aneignen kann. Selbst wenn man ein allgemeines Interesse aller Beteiligten an normativer Regelung von Konflikten unterstellt, muß es aber nicht dazu kommen.

Manchmal sind die externen Kosten mancher Verhaltensweisen geringfügig, manchmal ist es schwer, die vielen davon Betroffenen und den Verursacher an einen Tisch zu bringen, manchmal sind die sog. Transaktionskosten einfach zu hoch, um externe Effekte zu internalisieren. Das ist vielleicht ein harmloser Fall, in dem auch Konfliktverhalten unterbleibt, weil die von geringfügigen Externalitäten Betroffenen lieber still ein bißchen leiden, als die Last des Sich-Wehrens auf sich zu nehmen. Aber die externen Kosten können hoch sein und trotzdem kann die soziale oder normative Regelung unterbleiben.

Normen können als Lösungen für Probleme verstanden werden, die sich aus der sozialen Interdependenz ergeben. Dabei hängt die Wahrscheinlichkeit der Problemlösung wesentlich von den Situationsmerkmalen ab. Mit Vanberg (1984b, S. 130) kann man (ohne den Anspruch auf eine erschöpfende Typologie zu erheben) zwischen Koordinationsproblemen einerseits und Gefangenendilemma-Situationen andererseits unterscheiden. Bei reinen Koordinationsproblemen ziehen alle Beteiligten manche Klassen von Handlungskombinationen anderen Klassen von Handlungskombinationen vor. Das Problem besteht eigentlich nur darin, daß mehr als eine Handlungskombination das Koordinationsproblem löst. Der Straßenverkehr ist ein anschauliches Beispiel dafür. Das Fahren muß koordiniert werden, aber es ist gleichgültig, ob durch ein Linksfahrgebot oder ein Rechtsfahrgebot. Alle Beteiligten sind daran interessiert, daß alle dieselbe Norm einhalten. Das reicht zwar nicht aus, um zu erklären, wie und warum man sich auf die eine oder die andere Norm einigt, aber zumindest erklärt es die allgemeine Bereitschaft, vorgeschlagene und Geltung beanspruchende Normen zu befolgen. Wer es nicht tut, schadet sich ja selbst. Auch die Einigung auf den konkreten Inhalt der Norm dürfte unproblematisch sein, wenn es *nur* darauf ankommt, daß alle denselben Inhalt (etwa: links oder rechts fahren) akzeptieren. Eine Vielzahl von Entscheidungsmodi – z. B. man akzeptiert den ersten Vorschlag oder man akzeptiert ein Mehrheitsvotum – müßte für rationale oder nutzenmaximierende Akteure akzeptabel sein.

Reine Koordinationssituationen sind gutartig in dem Sinne, daß sie die Entstehung und Durchsetzung von sozialen Normen erleichtern. Gefangenendilemma-Situationen sind bösartig, weil sie die Entstehung und Durchsetzung von koordinierenden Verhaltensregelmäßigkeiten erschweren. Der Name ›Gefangenendilemma‹ bezieht sich auf eine Situation, in der zwei Gefangene A und B die Möglichkeit haben, die ihnen zur Last gelegte Straftat zu leugnen (d. h. *miteinander* zu kooperieren) oder zu gestehen. Man stelle sich vor, daß die Dauer der Gefangenschaft bei den vier denkbaren Handlungskombinationen so aussieht:

		B	
		leugnen (kooperieren)	gestehen
A	leugnen (kooperieren)	−1, −1	− 20, 0
	gestehen	0, −20	− 10, −10

In dieser sog. Auszahlungsmatrix gibt die erste (links stehende) Zahl in jeder Zelle den Ertrag für A an, die zweite den Ertrag für B. Um anzudeuten, daß die Erträge (hier Dauer der Gefangenschaft) einen negativen Wert haben, habe ich das entsprechende Vorzeichen gewählt. Offensichtlich ist es für beide Akteure besser, miteinander zu kooperieren, also zu leugnen, als zu gestehen. Leugnen beide, droht jedem eine Gefangenschaft von 1 (wobei es für die Situationsstruktur gleichgültig ist, ob sich die Zahlen immer auf Tage, Wochen, Monate oder Jahre beziehen). Gestehen beide, droht jedem eine Gefangenschaft von 10 Zeiteinheiten. Offensichtlich ist es im gemeinsamen Interesse, miteinander zu kooperieren und zu leugnen, statt zu gestehen. Anders ausgedrückt: eine soziale Norm – nennen wir sie ruhig ›Ganovenehre‹ – die grundsätzlich die Zusammenarbeit mit den Strafverfolgungsbehörden ablehnt, wäre sehr praktisch für die beiden.

Das Dilemma besteht nun darin, daß die Situation mit ihren Handlungsoptionen und deren Erträgen es beiden nahelegt zu gestehen, statt die Norm der Ganovenehre zu beachten und zu leugnen. Betrachten wir das Problem zunächst aus der Perspektive von A, der den Schaden *für sich selbst* begrenzen will. Falls B leugnet, ist es für A besser zu gestehen, weil er dann sofort freigelassen wird, als zu leugnen, weil er dann noch eine Zeiteinheit gefangen bleibt. Falls B gesteht, ist es für A besser zu gestehen als zu leugnen, weil er dann nur zehn statt zwanzig Zeiteinheiten absitzen muß. Unabhängig davon, was B tut, ist es also immer in As Interesse zu gestehen. Als Nutzenmaximierer oder Schadensminimierer wird A also gestehen.

Betrachten wir dasselbe Problem aus der Perspektive von B. Falls A leugnet, ist es Bs Interesse zu gestehen, um sofort freigelassen zu werden, statt noch eine Zeiteinheit lang gefangen zu bleiben. Falls A gesteht, ist es auch in Bs Interesse zu gestehen, um nur 10 statt 20 Zeiteinheiten ›abzusitzen‹. Unabhängig von As Verhalten wird ein nutzenmaximierender bzw. schadensminimierender B also gestehen müssen.

Einige Merkmale der oben beschriebenen Dilemma-Situation sind unwesentlich, andere sind wesentlich in dem Sinne, daß sie die Strukturmerkmale von sog. Gefangenendilemmata beschreiben. Die Geschichte der beiden Gefangenen gehört zu den unwesentlichen Merkmalen. Auch die gewählten Zahlen gehören zu den unwesentlichen Merkmalen. Wesentlich ist, daß in sog. Gefangenendilemma-Situationen die Anreize so verteilt sind, daß Kooperation beider Akteure zwar im gemeinsamen Interesse liegt, weil für beide besser ist, miteinander zu kooperieren als die Kooperation zu verweigern, daß es aber individuell rational für jeden Akteur ist, die Kooperation zu verweigern. Gefangenendilemmata illustrieren also, daß es Situationen gibt, in denen individuell rationale Interessenverfolgung kollektiv suboptimale Resultate erzeugt. Wesentlich für Gefangenendilemmata ist außerdem, daß es für die Beteiligten optimal wäre, daß der andere oder die anderen kooperieren, man selbst aber von der Kooperationspflicht befreit bleibt.

Die Chance der Kooperation, der Normentstehung und Normdurchsetzung, wird besser, wenn *dieselben* Individuen *immer wieder* einander in Gefangenendilemma-Situationen gegenüberstehen, wenn ein Ende derartiger Interdependenz nicht abzusehen ist (vgl. Axelrod 1987; Homann 1989; Raub und Voss 1986, 1987; Vanberg 1984b). Dann kann man ja auf unkooperatives oder von einer potentiellen Kooperationsnorm abweichendes Verhalten beim nächsten Mal mit Sanktionen reagieren. Solche Sanktionen sind zwar im allgemeinen für beide Seiten kostspielig, aber der Sanktionierer steht sich im Gefangenendilemma immer noch besser, wenn er auf Kooperationsverweigerung mit Kooperationsverweigerung als mit Kooperation reagiert. Wer den Partnern immer wieder eigene Kooperation anbietet, aber auf Kooperationsverweigerung mit Sanktionen, also eigener Kooperationsverweigerung, antwortet, wird zumindest mit solchen Partnern schnell zu einer stillschweigenden Übereinkunft kommen, die dieselbe Strategie verfolgen.

Wer erkennt, daß der Partner auf Kooperation das nächste Mal mit Kooperation, auf Kooperationsverweigerung das nächste Mal mit Kooperationsverweigerung antwortet, hat einen Anreiz, dieselbe Strategie zu übernehmen. Denn die daraus resultierende Kooperation oder Verhaltensregelmäßigkeit erlaubt es allen Beteiligten, in unabsehbar langen Abfolgen von Gefangenendilemma-Situationen bessere Resultate als ohne Kooperation zu erzielen. Weil man sich mit Kooperationsverweigerung vorhersehbar selbst schadet, ist also in *manchen* Situationen die Etablierung von Verhaltensregelmäßigkeiten denkbar.

Sollensvorstellungen können als Sekundärerscheinungen betrachtet werden, die dann natürlich die Verhaltensregelmäßigkeit zusätzlich abstützen. Denkbar ist auch, daß die Akteure ihre Erfahrungen mit Kooperation und/oder normkonformem Verhalten verallgemeinern, d.h. sich auch da konform oder kooperativ verhalten, wo die Sanktionen der anderen das nicht nahelegen oder erzwingen. Das menschliche Unterscheidungsvermögen wird allerdings dieser Verallgemeinerungstendenz recht enge Schranken setzen.

Mit den obigen Ausführungen wollte ich darlegen, daß es zumindest in manchen Situationen – bei reinen Koordinationsproblemen ohne Interessengegensätze oder bei sich unabsehbar oft wiederholenden Gefangenendilemma-Situationen mit denselben Beteiligten und Beobachtbarkeit ihrer Handlungen – spontan zur Kooperation unter rationalen Egoisten und zur Entstehung von Verhaltensregelmäßigkeiten kommen *kann*, auch wenn es weder Führung noch Herrschaft noch einen Erzwingungsstab gibt. Aber es stellt sich die Frage, wieweit spontane Kooperation (und spontane gegenseitige Sanktionierung bei Kooperationsverweigerung!) die Entstehung und Durchsetzung sozialer Normen in Gesellschaft erklären können.

Die Chancen stabiler Kooperation hängen ja von einer Vielzahl von Bedingungen ab (vgl. dazu Axelrod 1987; Raub und Voss 1986, 1987; Vanberg 1984b): (a) Gefangenendilemma-Situationen müssen sich unabsehbar oft wiederholen, d.h. keine Situation darf vorhersehbar die letzte Entscheidungssituation für die Beteiligten sein. (b) Die Beteiligten müssen zukünftige Erträge hinreichend stark positiv bewerten. Je ähnlicher die Wertschätzung zukünftiger Erträge verglichen mit gleich hohen sofortigen Erträgen, desto größer sind die Kooperationsanreize. (c) Die Kooperationskosten in jeder einzelnen Situation sollten nicht allzu hoch sein. Je größer der Unterschied zwischen dem Ertrag bei eigener Kooperation und Kooperationsverweigerung des Partners einerseits und bei beiderseitiger Kooperationsverweigerung andererseits, desto schwieriger wird es, Kooperation als Verhaltensregelmäßigkeit zu etablieren. (d) Die interdependenten Partner müssen sich gegenseitig überwachen können. Wer nicht kooperiert, muß ja identifiziert werden können, um von den anderen durch Sanktionen zurück auf den Pfad der Kooperation gezwungen zu werden.

Vor allem in großen Gruppen sind sowohl die erste als auch die vierte Bedingung problematisch, d. h. man kann weder annehmen, daß *dieselben* Menschen *immer wieder miteinander* interagieren und also auf die Kooperationsbereitschaft immer derselben Partner angewiesen sind, noch daß Abweichungen von Sollenserwartungen oder kooperativen Verhaltensregelmäßigkeiten immer sichtbar genug sind, um Sanktionen auszulösen. Deshalb kann man mit Vanberg (1984a, S. 103; 1984b, S. 144) die Notwendigkeit organisierten Handelns als Voraussetzung sozialer Normierung zumindest für große Gruppen hervorheben.

Fruchtbar für die Erklärung der Entstehung und Durchsetzung sozialer Normen ist auch Vanbergs (1988) Hinweis, daß es rational für Individuen sein kann, nicht in jeder Situation neu zu entscheiden, sondern sich bestimmten Regeln anzuvertrauen. Das senkt zunächst mal die Entscheidungskosten. Wer in sich wiederholenden Gefangenendilemma-Situationen immer einer ›Tit-for-Tat‹-Strategie folgt, also immer mal wieder mit Kooperation beginnt, aber auf Kooperationsverweigerung das nächste Mal mit Sanktionen reagiert, muß gar nicht erst versuchen, die Strategie seines Gegenübers zu erkennen und eine darauf reagierende optimale Strategie zu entwickeln – was, wie Axelrod (1987) gezeigt hat, wirklich nicht leicht wäre.

Persönliche Entscheidungsregeln, die von konkreten Situationsmerkmalen absehen, dienen natürlich wie Einzelentscheidungen der individuellen Nutzenmaximierung bzw. Schadensminimierung. Eine sozial optimale Lösung von Interaktionsproblemen, die ja den Charakter von Gefangenendilemmata haben *können*, wird damit noch nicht geleistet. Meines Erachtens trägt aber die Befolgung zunächst rein persönlicher Regeln durchaus zur Entstehung gemeinsam akzeptierter und durchgesetzter Regeln bei. Um das einzusehen, stelle man sich eine unabsehbar lange Kette von Zwei-Personen-Gefangenendilemmata vor, in denen Menschen miteinander interagieren. Beide Beteiligten haben ein Interesse daran, beiderseitige Kooperationsverweigerung zu vermeiden. Beide Seiten wissen auch oder lernen bald aus Erfahrung, daß das eigene Optimum (*nur* der andere kooperiert) auf Dauer nicht erreichbar ist. Durch Wiederholung erhält das Gefangenendilemma damit auch Züge eines Koordinationsproblems. Hier helfen dann zumindest einfache und erkennbare persönliche

Entscheidungsregeln. Falls sie – wie ›Tit-for-Tat‹ – zur Nachahmung geeignet sind, um dann für beide Seiten bessere Resultate zu erzeugen, dann können persönliche Verhaltensregelmäßigkeiten zur Entstehung sozialer Verhaltensregelmäßigkeiten beitragen.

Damit hoffe ich gezeigt zu haben, daß auch rationale und eigennützige Individuen, die keiner übergeordneten Gewalt unterworfen sind, sich ›spontan‹ Verhaltensregelmäßigkeiten unterwerfen *können*, daß soziale Normen spontan entstehen können. Gleichzeitig ist aber auch schon angedeutet, daß der spontanen Entstehung von Kooperation und entsprechenden Normen durch Situationsmerkmale Grenzen gesetzt werden. Dabei spielt die Größe der Gruppe eine besondere Rolle.

Das läßt sich am besten mit Olsons (1968) Logik des kollektiven Handelns erläutern. Ausgangspunkt ist dabei die Definition von Kollektivgütern als solchen Gütern, von deren Genuß man andere Gruppenmitglieder nicht ohne weiteres ausschließen kann, wenn sie überhaupt beschafft werden. Wird die schlechte Luft in einem Raum durch Belüftung verbessert, profitieren alle davon, die sich darin aufhalten. Es ist einfach unpraktisch, den einen gute, den anderen schlechte Luft zuzuweisen. Ähnlich ist es mit dem Frieden oder der Vermeidung eines Atomkrieges. Es läßt sich nicht leicht einrichten, daß manche Leser dieses Buches sich des Friedens erfreuen und andere Bewohner derselben Stadt gleichzeitig im atomaren Inferno umkommen. Ähnlich ist es auch mit sozialen oder Rechtsnormen. Alle Verkehrsteilnehmer haben den Vorteil, wenn ein konsequentes Rechtsfahrgebot gilt und Unfälle selten werden und nicht jeder so fährt, wie es ihm in den Sinn kommt.

Nutzentheoretisch betrachtet kann man soziale Normen – oder auch »Recht und Ordnung« – als Kollektivgüter betrachten. Nach Olson (1968) ist zu erwarten, daß Gruppen bei rationalem Handeln der Einzelnen aber oft nicht zur Beschaffung von Kollektivgütern in der Lage sind. Betrachten wir eine große Gruppe, wo jeder ein teures Kollektivgut gern hätte. Viele Mitglieder sagen sich zu Recht: Ob das Kollektivgut beschafft wird, hängt von den Anstrengungen der anderen Gruppen- oder Gesellschaftsmitglieder ab, nicht von meinen Anstrengungen. Wenn alle anderen das Ihre beitragen und ich nichts, kann ich das Kollektivgut trotzdem genießen. Wenn nur ich beitrage und die anderen nichts, dann habe ich nur die Kosten, aber meine Anstrengungen reichen natürlich allein – oder sogar im Verein mit einer kleinen Minderheit Gleichgesinnter – nicht aus. Folglich ist es, unabhängig davon was die anderen tun, am besten, wenn ich keinen Beitrag leiste, sondern sog. Trittbrettfahrer werde.

Diese Tendenz zur Nichtbeschaffung von Kollektivgütern – und man kann und sollte meines Erachtens soziale Normen als Kollektivgüter auffassen – hängt zunächst einmal von der Gruppengröße ab.[8] Erstens wird es in kleinen Gruppen häufiger als in großen vorkommen, daß Einzelbeiträge zur Beschaffung überhaupt ins Gewicht fallen, womit der Beitragsanreiz in kleinen Gruppen steigt. Die Normbefolgung eines Einzelnen trägt offensichtlich um so stärker zur Durchsetzung einer Norm bei, je kleiner die Gruppe ist, der der Einzelne angehört. Zweitens kann in Kleingruppen oft besser als in Großgruppen sozialer Druck ausgeübt werden. Der Drückeberger oder Trittbrettfahrer wird beobachtet und kann unter sozialen Druck gesetzt werden, seinen Beitrag zu leisten. Er tut deshalb, was er soll. Drittens haben die Mitglieder von Kleingruppen häufig ein gewisses Interesse am Wohlergehen der anderen, ihrer Freunde oder Familienangehörigen. Das erhöht die Bereitschaft, die positiven Nutzenfolgen des eigenen Beitrages für andere bei der Beschaffung von Kollektivgütern mit zu berücksichtigen.

Ins Gewicht fallende Einzelbeiträge, sozialer Druck und ein gewisser Altruismus (der hier als Gruppenegoismus zu verstehen ist) erleichtern also Kleingruppen die Beschaffung von Kollektivgütern. Bei allen Gruppen spielt auch die Ungleichheit innerhalb der Gruppe noch eine Rolle. Wer viel mehr Interesse als andere an der Beschaffung eines Kollektivgutes hat, oder wer über wesentlich mehr Ressourcen als andere verfügt, oder wer als Anführer oder Herrscher die Anstrengungen der anderen veranlassen und Trittbrettfahrer sanktionieren kann, der wird eher als andere die Beschaffung kollektiver Güter in die Hand nehmen bzw. soziale Normen durchsetzen. Ungleichheit, Macht und Herrschaft sind also wichtige zur Beschaffung von Kollektivgütern oder zur Durchsetzung sozialer Normen beitragende Bedingungen (vgl. auch Dahrendorf 1974; Wiswede 1985, S. 201/202). Ungleichheit und Machtunterschiede erlauben es, Sanktionen durchzusetzen – und Nor-

---

[8] Olsons (1968) These, daß die Gruppengröße einen negativen Einfluß auf die Beschaffungschancen von Kollektivgütern ausübt, ist allerdings umstritten. Es gibt gute Gründe, an der Allgemeingültigkeit dieser These zu zweifeln. Nach Oliver and Marwell (1988) ist zumindest dann mit *verbesserten* Beschaffungschancen von Kollektivgütern bei *steigender* Gruppengröße zu rechnen, wenn die Beschaffungskosten mit Zunahme der Zahl der Gruppenmitglieder *unterproportional* steigen, wenn es keine Rivalität des Konsums gibt. Ein Leuchtturm für Seefahrer dürfte das illustrieren. Denn die Kosten steigen nicht, wenn sich mehr Seefahrer an dem Leuchtturm orientieren. Die Orientierung des Einen am Leuchtturm (sein ›Konsum‹) mindert auch nicht die Konsumchancen der Anderen.

men sind ja nur sanktionsbekräftigte Verhaltenserwartungen oder -regelmäßigkeiten.

Jedenfalls in großen Gruppen bzw. in ganzen Gesellschaften droht die Durchsetzung sozialer Normen, die Internalisierung externer Effekte an weitverbreiteter Neigung zum Trittbrettfahren, zum Nichtstun, zu scheitern – es sei denn, es gibt Mächtige, die andere mit Zwang sanktionieren können oder auch anderen positive selektive Anreize (Belohnungen) zur Normbefolgung vermitteln können.

Ungleichheit und Machtunterschiede erlauben aber nicht nur die Beschaffung von Kollektivgütern, die Durchsetzung sozialer Normen auch in Großgruppen oder Gesellschaften mittels Einsatz von selektiven Anreizen positiver Art bei Normbefolgung und Zwang bei Normabweichung, sondern sie erlauben es auch, daß die sozialen Normen von vielen ohnmächtigen Gruppenmitgliedern als Verhaltenszumutungen empfunden werden, daß die herrschenden Normen mehr im Interesse der Herrschenden als der Beherrschten liegen.

Bedeutsam für das Verständnis sozialer Normen ist neben dem Gefangenendilemma und dem Kollektivgutproblem auch noch die *Tragödie des Gemeindelandes* (Ostrom 1990). Dabei geht es um Anreize für die Hirten, immer mehr Tiere auf die allen Dorfbewohnern oder Stammesmitgliedern zugängliche Weide zu treiben. Zwar haben alle Hirten darunter zu leiden, wenn es zur Überweidung kommt und die Weide zuerst unergiebig und dann unfruchtbar wird, aber dennoch hat jeder den Anreiz, auf genau dieses für alle unerwünschte Ergebnis hinzuarbeiten. Wer im Interesse der Ressourcenschonung keine zusätzlichen Tiere anschafft und auf die gemeinsame Weide treibt, der trägt selbst die vollen Kosten dieses Verzichts, hat aber an dem daraus resultierenden künftigen Ertrag nur minimalen Anteil. Umgekehrt geht es dem, der rücksichtslos immer mehr Tiere auf die Weide treibt. Er hat selbst den vollen Ertrag, aber der Schaden verteilt sich auf viele Mitbenutzer der Weide. Die Anreizstruktur ist pervers und legt es allen nahe, auf den Ruin des Gemeindelandes durch Überweidung hinzuarbeiten. Dieselbe Anreizstruktur kann nicht nur die übermäßige Nutzung von Weiden, sondern auch von Wald, Fischgründen oder Grundwasser motivieren.

Gefangenendilemmata, Kollektivgutprobleme und die Tragödie des Gemeindelandes weisen auf die Schwierigkeiten hin, die der Kooperation zwischen den Menschen entgegenstehen können. Dennoch gibt es auch Unterschiede zwischen den angesprochenen Situationen. Ich meine hier nicht den oberflächlichen Unterschied zwischen Zwei-Personen-Gefangenendilemmata einerseits und N-Personen-Kollektivgutproblemen oder N-Personen-Gemeindelandproblemen andererseits. Es gibt ja auch N-Personen-Gefangenendilemmata. Mit Ostrom (1990) sollte man darauf verweisen, daß nicht alle Gemeindelandsituationen dem Gefangenendilemma insoweit entsprechen, daß man sich unabhängig vom Handeln der anderen *immer* dann am besten steht, wenn man selbst die Kooperation verweigert. Das ist nur manchmal so. Im Gegensatz zum Kollektivgutproblem gilt beim Gemeindeland die Rivalität des Konsums. Das ist eine zusätzliche Schwierigkeit. Bei der Bestandserhaltung gemeindelandartiger Ressourcen gibt es dieselben Trittbrettfahrtendenzen wie bei der Beschaffung von Kollektivgütern. Mit Ostrom (1990, S. 49; ähnlich Elster 1989, S. 15) kann man die Auffassung vertreten, daß die Bestandspflege aber nur dann aussichtsreich ist, wenn die Rivalitäten bei der Aneignung geregelt sind.

Merkmale erfolgreicher normativer Regelungen – Ostrom (1990, S. 90 f.) spricht hier von Institutionen – zur langfristigen Nutzung gemeinsamer Ressourcen sind: (a) Es muß ganz klar sein, wer die Ressource nutzen darf, und anderen muß der Zugang verwehrt werden. (b) Die Aneignungsregeln müssen den Bestandspflegeregeln entsprechen. Wer etwa das meiste Wasser für seine Felder erhält, muß auch entsprechend zur Pflege des Bewässerungssystems beitragen. (c) Diejenigen, die von den Regeln besonders stark betroffen werden, wirken auch an deren Gestaltung und Veränderung mit. (d) Die Nutzer überwachen sich gegenseitig oder sie lassen sich von Beauftragten überwachen, die sie einstellen und entlassen können. (e) Die Nutzer oder ihre verantwortlichen Beauftragten wenden die Sanktionen bei der Verletzung von Normen selbst an. Die Strafen sind verhältnismäßig, bei Ersttätern oder einer besonderen Notlage oft sogar milde. (f) Bei Streitigkeiten gibt es Konfliktregelungsmechanismen, z.B. Schiedsrichter, Gerichte etc. (g) Die Selbstorganisationsrechte der Betroffenen werden von den staatlichen Instanzen respektiert. (h) Oft gibt es auch verschachtelte Organisationsstrukturen und mehrere Ebenen. Auf unteren Ebenen ist dann die Zahl der Beteiligten geringer, was kollektives Handeln ja erleichtert.

Sofern die Normen oder Institutionen, die die Nutzung der gemeinsamen Ressource regeln, den ersten fünf genannten Merkmalen genügen, können die Individuen sich zur Einhaltung der Regeln *bedingt* verpflichten. Die Verpflichtung ist bedingt, weil sie davon abhängig ist, daß auch andere die Regeln akzeptieren und daß der langfristige Ertrag bei der Einhaltung der Regeln höher ist, als es sonst möglich wäre. Dafür sind Sanktionen unverzichtbar, die mit zunehmender Häufigkeit von Regelverletzungen durch denselben Täter und mit der Schwere des Delikts gesteigert werden müssen. Die Beteiligung an der Beobachtung der anderen Nutzer der Ressource, also potentieller Regelbrecher, schafft nicht nur ein öffentliches Gut, sondern auch ein privates Gut, nämlich Informationen darüber, ob es rational ist, an der eigenen *bedingten* Kooperationsbereitschaft festzuhalten (Ostrom 1990, S. 187).

An einer Stelle gibt es eine gewisse Spannung zwischen Olsons (1968) und Ostroms (1990) Auffassungen zum kollektiven Handeln. Ostrom (1990) verweist auf die Vorteile homogener Interessen unter den Nutznießern einer Ressource, Olson (1968) auf die Vorteile ungleich starker Interessen oder Ressourcenausstattung für die Beschaffung von Kollektivgütern. Nach meiner Auffassung ergänzen beide Gesichtspunkte einander. Ähnlich gerichtete Interessen oder Vorzeichenhomogenität dürften mit Ostrom (1990) kollektives Handeln erleichtern. Ungleiche Intensitäten des Interesses und ungleiche Ressourcenausstattung dürften mit Olson (1968) sicherstellen, daß jemand die Initiative ergreift oder daß kleine Teilgruppen im Interesse der Gesamtgesellschaft handeln (vgl. auch Oliver and Marwell 1988; Kapitel 11 unten).

Wie Opp (1983) mit Recht herausarbeitet, können Normen aber nicht nur als Mechanismen zur Bewältigung externer Effekte verstanden werden. Normen entstehen auch aus bloßen Gewohnheiten – wie vor allem Homans (1961/1972b) hervorhebt – oder aus Werten. Verhaltensregelmäßigkeiten entstehen meist durch Belohnungen (Homans 1961/1972b; Wiswede 1985). Was oft belohnt worden ist, wird man wieder tun. Sofern ein Verhalten in der Vergangenheit sehr oft belohnt worden ist, aber so gut wie nie bestraft, wird es nach einer Weile sozusagen zur ›zweiten Natur‹. Dann tut man es immer wieder, selbst ohne wiederkehrende Belohnungen zu empfangen. Bei sozialen Interaktionen aber dürfte es – jedenfalls in der Kleingruppe, wo ›man‹ einander kennt – durchaus negative Reaktionen geben, wenn man von seinen eigenen Gewohnheiten abweicht. Die anderen orientieren sich an meinem Verhalten, haben deshalb ein Interesse an meiner Berechenbarkeit, werden also die Einhaltung meiner eigenen Gewohnheiten tendenziell positiv sanktionieren, die Abweichung davon tendenziell negativ. So können aus bloßen Gewohnheiten Normen entstehen, die durch sprachliche Beschreibung im Sinne von »Du sollst ...« an Ausdrücklichkeit gewinnen.

Normen können aber nicht nur aus solchen Lernprozessen erwachsen, wo man selbst belohnt wird, sich Gewohnheiten zulegt, die Sanktionen der anderen das Festhalten an den eigenen Gewohnheiten bestärken, diese sozusagen zu Normen machen. Der Lernprozeß kann auch damit beginnen, daß man sieht, daß andere für ein bestimmtes Verhalten belohnt werden, daß man sich an diesem erfolgreichen Modell orientiert, es imitiert (Bandura 1977). Vor allem bei der Übernahme sozialer Normen durch Kinder dürfte das eine Rolle spielen. Beim Modell-Lernen ersetzt die Beobachtung der Belohnung zunächst die eigene Belohnung. Natürlich wird man die Gewohnheiten – etwa der Normbefolgung seitens eines Modells – nur dann übernehmen und beibehalten, wenn man selbst damit die erwarteten guten Erfahrungen macht.

Mit Opp (1983, S. 119) kann man unter Normen »relativ spezielle Erwartungsäußerungen« verstehen und unter Werten »relativ generelle Erwartungsäußerungen«. Wenn neue Normen vorgeschlagen oder ›erfunden‹ werden, haben diese bessere Durchsetzungschancen, wenn sie in das bestehende Normengefüge hineinpassen, wenn sie mit den dahinter liegenden Werten einer Gesellschaft kompatibel sind. Der gleichzeitige Geltungsanspruch psychologisch unvereinbarer Normen oder Spannungen zwischen allgemeinen Werten und spezifischen Normen würden sog. kognitive Dissonanzen hervorrufen (vgl. Festinger 1957), die der Mensch zu vermeiden trachtet. Bei Dissonanzen zwischen neuen Normen und alten Normen, zwischen neuen Normen und alten Werten, liegt es also nahe, die Dissonanz durch Zurückweisen der neuen Normen zu reduzieren. Das gilt vor allem dann, wenn die alten Werte und Normen freiwillig und gewohnheitsmäßig akzeptiert werden, also nicht dauernd mit Zwang und Gewalt durchgesetzt werden müssen. Eine neue Norm, die sich einfügt und keine Dissonanzen verursacht, stattdessen aber vielleicht eine neu entstandene Externalität beseitigt, hat gute Durchsetzungschancen.

Normen werden durch Sanktionen gestützt. Die Sanktionen selbst sind aber nicht willkürlich, sondern selbst wiederum normativ geregelt. Weit verbreitet ist eine normative Regelung der Sanktionen im Sinne der Verhältnismäßigkeit der Sanktionsmittel. Je schwerwiegender die Normübertretung, desto schwerwiegender wird und darf (normativ!) in der Regel die Sanktion sein.

Wenn man soziale Normen als Kollektivgüter erster Ordnung auffaßt, weil alle Mitglieder einer Gruppe von der Verhaltensregulierung durch Normen profitieren, dann kann man Sanktionen und Sanktionspflichten als Kollektivgüter zweiter Ordnung auffassen, weil die Erhaltung sozialer Normen auf Dauer Sanktionen zu ihrer Absicherung benötigt. Um das Problem des Trittbrettfahrens bei der Beschaffung des Kollektivgutes zweiter Ordnung in den Griff zu bekommen, also Menschen zur Mitwirkung bei Sanktionen zu veranlassen, sind selektive Anreize notwendig, etwa Beförderungschancen für eifrige professionelle Sanktionierer, wie Polizisten, oder soziale Anerkennung für Normalbürger, die Risiken auf sich nehmen, um zur Ergreifung von Verbrechern beizutragen (vgl. Opp 1989 zu dieser Problematik).

4. Abweichendes Verhalten und Kriminalität

Man kann zwischen sog. ›absolutistischen‹ oder ›normativen‹ und ›relativistischen‹ oder ›reaktiven‹ Vorstellungen über abweichendes Verhalten unterscheiden (Wiswede 1979). Auch in der sog. absolutistischen Konzeption ist Devianz aber *keine* dem Verhalten inhärente Eigenschaft, sondern Devianz ist ein Verstoß gegen eine oder mehrere Normen. Daß Normen gesellschafts- und kulturspezifisch sind – und nicht etwa selbstverständlich oder natürlich – wird bei der sog. absolutistischen Devianzvorstellung durchaus berücksichtigt. Die Labeling-Theoretiker (z. B. Becker 1973, dazu kritisch: Wiswede 1979, 1985) bevorzugen eine relativistische Konzeption von Devianz, bei der nicht mehr nur die Normabweichung des Verhaltens, sondern erst die soziale Reaktion das entscheidende Definitionsmerkmal ist. Für eine normative und gegen eine reaktive Definition von Devianz spricht vor allem, daß nur bei der ersteren der Zusammenhang von Devianz und sozialer Reaktion ein empirisches Problem bleibt, weil nur bei der ersteren auch unentdeckte Abweichung oder fälschliche Beschuldigung faßbar bleiben. Die Labeling-Theoretiker weisen allerdings zu Recht darauf hin, daß die Gefahr der Stigmatisierung bei der gleichen Tat je nach Schichtzugehörigkeit des Täters recht unterschiedlich ist. Daß Macht und Privileg die Kriminalstatistiken verzerren, ist plausibel. Aber das ist eigentlich ein Grund, Devianz nur als Normverstoß und nicht auch über die sozialen Reaktionen zu definieren.

Wenn man Devianz normativ definiert, kann man sich die Frage stellen, wessen normative Erwartungen verletzt werden, wie groß der Spielraum innerhalb der Norm ist, wie kontrollbedürftig soziale Situationen sind. Bei der Definition von Abweichung kommt es auf jene Erwartungen an, »die normativ verankert, zumal institutionalisiert und kodifiziert sind, bei denen relativ breiter Konsens besteht und hinsichtlich derer eine besondere Kontrollbedürftigkeit perzipiert wird, so daß eine Übertretung in besonderer Weise sanktionswürdig erscheint.

Sodann sind nicht irgendwelche Erwartungsheger relevant, sondern insbesondere jene, die mit besonderer Macht, insbesondere Sanktionsmacht ausgestattet sind (Wiswede 1979, S. 20/21).«

Bei den Labeling-Theoretikern sind Reaktionen nicht nur ein Definitionsmerkmal abweichenden Verhaltens, sondern auch eine wichtige (oder gar die wichtigste) Ursache davon. Plausibel ist daran der Gedanke, daß Reaktionen der Umwelt, vor allem Sanktionen, kriminelle Gewohnheiten verfestigen können, etwa weil konventionelle Betätigungsfelder dem Vorbestraften zunehmend verschlossen werden. Manche Labeling-Theoretiker wollen ganz auf die kausale Erklärung von Devianz verzichten. Das wäre allerdings nur dann einleuchtend, wenn Devianz nicht unabhängig von der ja immer selektiven Reaktion bestimmbar wäre. Auch die Hypothese der Verfestigung von Devianz durch Sanktionen ist schließlich ein Erklärungsversuch, der sogar eine gewisse Plausibilität beanspruchen kann.

Die Devianzforschung ist ideologieanfällig. Durch Ausklammern der Frage nach der Normentstehung oder der Frage, wessen Interessen welche Norm dient, können Status quo-Interessen begünstigt werden. Die Labeling-Theoretiker dagegen wollen die Interessen der Unterprivilegierten vertreten und oft auch die herrschende Ordnung denunzieren. Ein Zusammenhang zwischen den Inhalten mancher sozialer Normen – etwa beim Eigentumsschutz – und den Interessen der Herrschenden kann plausibel gemacht werden. Aber das gilt nicht überall. Mit Recht wendet Wiswede (1979, S. 34) ein: »Man kann z. B. schon nicht plausibel machen, daß Mord und Vergewaltigung, Heroingenuß oder Unzucht mit Abhängigen nur deshalb in das Feld der Abweichung geraten sind, weil ihre Einstufung als abweichend den Interessen der ›Herrschenden‹ dient. Ebensowenig dient es den Interessen der Herrschenden, wenn ein Vater eingesperrt wird, der sein Kind erschlug, weil es zu laut geschrien hat. Niemand dürfte wohl auch behaupten, daß Herr X an der Verkehrsampel bei ›rot‹ nur deshalb halten muß, weil dies den Interessen der ›Herrschenden‹ dient.«

Jedenfalls in pluralistischen Gesellschaften ist Herrschaft meist bereichspezifisch, so daß die ›Herrschenden‹, genauer: die in irgendwelchen Bereichen an Herrschaft Partizipierenden, eine recht heterogene Kategorie mit entsprechend heterogenen Interessen darstellen. Außerdem können selbst die ›Herrschenden‹ Normen nicht beliebig schnell ihren u.U. wechselnden Interessen anpassen. Ein konfliktsoziologisches Verständnis von abweichendem Verhalten kann deshalb zwar Aspekte des Devianzproblems erfassen, dieses aber nicht im ganzen in den Griff bekommen.

Bei polizeilichem Tatverdacht und gerichtlicher Beurteilung gibt es sicher systematische Verzerrungen, die aber häufig auf naive Verhaltenstheorien von Polizei und Justiz und nicht auf irgendwelche Interessen zurückzuführen sind. Wenn die Polizei die Hypothese vertritt, daß bestimmte Taten vor allem von bestimmten Personenkategorien verübt werden, werden diese ›bevorzugt‹ verdächtigt. Weil manche Richter an die abschreckende Kraft der Strafe glauben, an Generalprävention, urteilen sie härter als andere Richter. In beiden Fällen sind es nicht Interessen, die systematisch und tatunabhängig das Verhalten von Polizei und Justiz bestimmen, sondern Hypothesen, die nicht unbedingt dem Stand der Wissenschaft entsprechen.

Der herrschafts- und konfliktsoziologische Ansatz der Labeling-Theoretiker weist also zu Recht darauf hin, daß dieselbe Tat je nach sozialer Position des Täters recht unterschiedliche Reaktionen hervorrufen kann, daß die Stigmatisierung des Täters etwa zum Vorbestraften ihm konventionelle Lebenschancen nimmt und ihn deshalb vielleicht in eine kriminelle Karriere hineintreibt, aber der Ansatz leidet unter einer Definition, die Fragen verschüttet statt sie offenzulegen, und wohl auch daran, daß die meisten Labeling-Theoretiker zumindest implizit, zuweilen explizit überholte wissenschaftstheoretische Positionen vertreten. Deshalb ist ihr Beitrag zur Erforschung der Ursachen abweichenden Verhaltens nur punktuell bedeutsam.

Abweichendes Verhalten ist oft Folge ›falschen‹ Lernens oder ›gescheiterter‹ Sozialisation. Es gibt Anhaltspunkte dafür, daß Erziehungsdefekte wie Laxheit, Vernachlässigung, Inkonsistenz oder Überbehütung Dispositionen zu abweichendem Verhalten schaffen. Wenn die Normen unzureichend internalisiert werden, besteht bei fehlendem äußeren Halt die Gefahr, daß es zu abweichendem Verhalten kommt. Es gibt auch Anhaltspunkte für schichtspezifische Belastungen und daraus resultierende Sozialisationsdefekte. Auch das Familienleben spielt eine Rolle, wobei schlimmer als unvollständige Familien dauernd streitende Eltern sind (Wiswede 1979, S. 96).

Abweichendes Verhalten muß aber nicht Folge ›falschen‹ Lernens oder ›gescheiterter‹ Sozialisation sein. Vielleicht lernen manche Jugendliche nur allzu gut, aber von den falschen Leuten. Sutherland and Cressey (1960) behaupten in ihrer Theorie der *differentiellen Assoziation*, daß Kriminalität das Ergebnis von schlechtem Umgang, von

Gruppenzugehörigkeiten oder der Wahl von abweichenden Bezugsgruppen, ist. Das ist für manche Delikte, aber nicht für alle plausibel. Triebverbrechen oder Oberschichtsdelikte (wie Steuerhinterziehung oder Betrug) lassen sich auf diese Art nicht so leicht wie Banden- und Jugendkriminalität erklären.

Neben der Theorie der differentiellen Assoziation ist die Anomietheorie eine wichtige Theorie des abweichenden Verhaltens. Diese Theorie gibt es in drei Versionen mit unterschiedlichen Anomiebegriffen. Für Durkheim ist Anomie der Zusammenbruch regulativer Normen. Für Merton (1968) ist Anomie eine Diskrepanz zwischen Zielen und sozialstrukturell vorgegebenen Zugangschancen. Für Cloward (1968) ist Anomie ein Ungleichgewicht von Zielen, legitimen und illegitimen Zugangschancen.

Auf Durkheims Thesen will ich nur ganz kurz eingehen. Seines Erachtens entsteht Anomie oft aus übersteigerten Aspirationen, die ihrerseits sozial bedingt sind. Plötzliche Krisen oder unerwartete Prosperität können gleichermaßen habitualisierte Verhaltensmuster destabilisieren und unrealistische Erwartungen auslösen.

Nach Merton (1968, S. 284) ist Devianz das normale, d. h. zu erwartende, Resultat der Situation, in der sich manche Gesellschaftsmitglieder befinden: »Das Abweichen von institutionalisierten Erwartungen wird als Ergebnis des Auseinanderfallens von kulturell bedingten, grundlegenden Motivationen einerseits und der schichtbedingten beschränkten Verwirklichungschancen andererseits betrachtet. Die Kultur und die Sozialstruktur arbeiten hier gegeneinander.«

In einer gut integrierten Gesellschaft werden kulturelle Ziele vorgegeben und sozial gebilligte Mittel zu ihrer Erreichung angegeben. Weder die Ziele noch die Mittel werden überbetont, so daß Konformität gegenüber den Normen die Regel und Abweichung die Ausnahme sein kann. Wo vorgegebene Ziele und Mittel nicht zueinander passen, spricht Merton (1968, S. 292) in Anlehnung an Durkheim von Anomie, die er allerdings auf seine Art so definiert: »Als Anomie wird schließlich der Zusammenbruch der kulturellen Struktur bezeichnet, der besonders dort erfolgt, wo eine scharfe Diskrepanz besteht zwischen kulturellen Normen und Zielen einerseits und den sozial strukturierten Möglichkeiten, in Übereinstimmung hiermit zu handeln, andererseits.«

Abweichendes Verhalten wird bei Merton in eine allgemeinere Typologie eingebettet. *Konformität* ist dabei die Anpassung an wohl integrierte kulturelle Zielvorgaben und vorgesehene Mittel. Sie ist nicht in allen Gesellschaften und in allen Schichten derselben Gesellschaft gleichermaßen möglich. Wo nur noch die Ziele, nicht aber die Mittel akzeptiert werden, spricht Merton von *Innovation*. Wo nur noch die Mittel, nicht mehr die Ziele akzeptiert werden, spricht er von *Ritualismus*, wo beides abgelehnt wird, von *Apathie*. Eine fünfte Anpassungsform an sozio-kulturelle Vorgaben ist die *Rebellion*, wobei Ziele und Mittel der alten Ordnung abgelehnt werden, aber aktiv eine neue Ordnung mit anderen Zielen und Mitteln durchgesetzt werden soll.

Obwohl auch Ritualismus, Apathie und Rebellion Reaktionen auf Anomie sein können, ist in unserem Zusammenhang nur die sog. Innovation von Bedeutung. Der Ausdruck ist allerdings recht unglücklich gewählt, weil zwar manche, aber nicht alle neuen Verhaltensweisen kriminell sind. Schöpferische Unternehmertätigkeit, Erfindungen und Devianz werden unter dem heterogenen Begriff subsumiert (vgl. auch Wiswedes 1985, S. 162, Kritik, die ich hier übernommen habe).

Mertons Theorie sollte man auf dem Hintergrund der vom Anspruch her egalitären amerikanischen Wettbewerbsgesellschaft sehen, in der wirtschaftlicher Erfolg und Wohlstand allen als Ziele vorgegeben sind, aber offensichtlich nicht für alle gleichermaßen mit legalen Mitteln erreichbar sind. Schwarzen, Angehörigen der Unterschicht und Einwanderern wird zwar auch der Erfolgszwang zugemutet, aber sie haben nicht die gleichen Erfolgschancen. Ein extremes Beispiel für die völlige Mißachtung der Legitimität der Mittel zugunsten des Ziels ist die Karriere Al Capones.

Nicht die Tatsache, daß wirtschaftlicher Erfolg ungleich verteilt ist oder daß Chancengleichheit nicht immer und überall gegeben ist (oder auch nur gegeben sein kann), erklärt kriminelle Innovation und abweichendes Verhalten, sondern nur diese Merkmale zusammen mit dem egalitären Erfolgsdruck für alle. In einer Kastengesellschaft mit mehr Armut und mit weniger Chancengleichheit, aber auch mit weniger Erfolgszumutung für die unterprivilegierten Kasten kann der Situationsdruck zu krimineller Innovation geringer als in den USA sein.

Sofern eine Gesellschaft etwa der Unterschicht für diese kaum erreichbare Ziele vorgibt – wozu moderne Gesellschaften meines Erachtens neigen – kann dadurch ein Prozeß der Selbstverstärkung von Anomie eingeleitet werden. Zuerst weichen wenige von den erlaubten Wegen ab. Aber jede erfolgreiche Abweichung schafft unglücklicherweise Orientierungs- und Lernmodelle und schwächt die Legitimität der vorhandenen Normen. Damit trägt sie zu weiterer Abweichung bei.

Clowards (1968) Theorie greift Grundgedanken der Theorie der differentiellen Assoziation bzw. der Subkulturtheorie und solche aus Mertons Theorie auf. Nach Cloward (1968, S. 320) »geht die Anomietheorie davon aus, daß konventionelle Mittel unterschiedlich plaziert sind, daß manche Menschen infolge ihrer sozialen Stellung Vorteile genießen, die anderen verschlossen sind.« Analog gibt es aber auch unterschiedliche und ebenfalls sozial vermittelte Zugangschancen zu illegitimen Mitteln. Auch abweichendes Verhalten, wie Diebstahl, will gelernt sein, braucht eine Subkultur als Nährboden, wo Kinder diese und andere Fähigkeiten von Erwachsenen lernen können. Selbst wenn das Lernmilieu »günstig« ist, können aber – genau wie im normalen Arbeitsleben – nicht genug Zugangschancen für alle Anwärter auf kriminelle Positionen offen stehen. Denn Slums und kriminelle Subkulturen sind oft hochgradig organisiert, nicht etwa desorganisiert. Die Mafia läßt sich nicht ungestraft von kleinen Gaunern ins Werk pfuschen.

Zu den je nach Schichtzugehörigkeit unterschiedlichen Zugangschancen zu illegitimen Mitteln schreibt Cloward (1968, S. 331/332): »von den verschiedenen Kriterien, die den Zugang zu illegitimen Mitteln bestimmen, sind die Schichtunterschiede wohl die bedeutsamsten. ... Die meisten Angehörigen der mittleren oder höheren Schichten – auch wenn sie daran interessiert sind, kriminelle Karrieren der ›unteren Schicht‹ einzuschlagen – würden wegen unzulänglicher Vorbereitung Schwierigkeiten haben, dieses Ziel zu erreichen. ... Aus denselben Gründen ist für Personen der unteren Schicht der Zugang zu vielen ›White Collar‹-Rollen versperrt.« Während man die Fertigkeiten für Unterschichtskriminalität oft von erfahrenen Kriminellen lernt (vielleicht im Gefängnis!), ist bei der ›besseren‹ Kriminalität oft ein normaler Beruf das Lernmilieu.

Nach der Merton'schen Anomietheorie ist die Diskrepanz zwischen Erfolgsziel und Zugang zu legitimen Mitteln eine wichtige zu krimineller Abweichung beitragende Bedingung, der Sozialisationsprozesse natürlich entgegenwirken können. Nach Cloward wird fehlender Zugang zu legitimen Mitteln aber nur dann zu abweichendem Verhalten führen, wenn illegitime Mittel leicht zur Verfügung stehen. Sofern beide Arten von Mitteln nicht greifbar sind, erwartet Cloward Rückzug und Apathie, was sich in Landstreicherei, Sucht oder Alkoholismus äußern kann. Vor allem bei Mitgliedern der Unterschicht erwartet Cloward solche Rückzugserscheinungen erst nach Mißerfolgen mit legitimen *und* illegitimen Mitteln.

Sowohl Merton als auch Cloward implizieren, daß ein signifikanter Zusammenhang zwischen Schichtzugehörigkeit und Kriminalität besteht. Eine gründliche Reanalyse der bis Mitte der 70er Jahre publizierten empirischen Studien von Tittle, Villemez, and Smith (1978) zeigt allerdings, daß der Zusammenhang sehr schwach ist. Erstens läßt er sich nur dann überhaupt nachweisen, wenn man sich auf offizielle Statistiken statt auf Berichte von Befragten verläßt. Zweitens hat der Zusammenhang, jedenfalls in den USA, abgenommen. Je jünger die Untersuchungen, desto dichter an Null ist der Zusammenhang zwischen Schichtzugehörigkeit und Kriminalität. Erstaunlicherweise ist der Zusammenhang bei Eigentumsdelikten annähernd genauso geringfügig wie bei Gewaltverbrechen.

Bisher habe ich es noch nicht für nötig gehalten, zwischen abweichendem Verhalten und Kriminalität zu unterscheiden. Implizit habe ich kriminelles Verhalten als eine Art abweichenden Verhaltens, ja als die bedeutsamste Art des abweichenden Verhaltens, aufgefaßt. Zweifellos beanspruchen Subkultur- und Anomietheorien nicht nur abweichendes Verhalten von Jugendlichen am Rande der Legalität, sondern auch eindeutig kriminelles Verhalten zu erklären, wie etwa Diebstahl und Raub. Aber es ist zumindest denkbar, daß manche Arten kriminellen (illegalen) Handelns nicht Abweichung von außerrechtlichen Normen (d. h. operational: unter Nichtjuristen vertretenen Verhaltenserwartungen), sondern geradezu deren Erfüllung bedeuten. Außerdem ist denkbar, daß manche Arten von abweichendem oder kriminellem Verhalten Reaktionen auf abweichendes oder kriminelles Verhalten anderer sind. Diese Probleme werden in der Theorie sozialer Kontrolle (Black 1983, 1984) aufgegriffen, die ich jetzt referieren werde:

Wer von anderen in seinen Rechten oder Interessen beeinträchtigt wird, kann sich entweder selbst helfen oder an dafür zuständige gesellschaftliche Instanzen wenden. Vor allem in kleinen, rückständigen, staatenlosen Gesellschaften nimmt die Selbsthilfe breiten Raum ein, ist man vielfach zur Selbsthilfe nicht nur berechtigt, sondern bei Strafe des Ehr- oder Prestigeverlustes geradezu verpflichtet. Aber auch in modernen westlichen Gesellschaften haben staatliche Instanzen und der Rechtsweg die Selbsthilfe nur eingeschränkt, nicht aber abgeschafft. Zumindest ein Teil der zeitgenössischen Kriminalität ist – nach Black (1983, 1984) – nichts anderes als der Versuch, sich selbst vor als abweichend empfundenem Verhalten anderer Personen zu schützen. Tötungsdelikte und Körperverletzungen ergeben sich üblicherweise beim Versuch der Kontrolle des Verhaltens anderer, die man schon lange und gut kennt. Selbst Raub und Diebstahl ist manchmal eine illegale Form der Schuldeneintreibung bzw. wird von Täter und Opfer so empfunden.

Zum Verhältnis von Selbsthilfe und staatlicher Rechtsordnung schreibt Black (1983, S. 39, meine Übersetzung), »daß der Staat in der modernen Gesellschaft nur theoretisch ein Monopol über den legitimen Gebrauch von Gewalt zu erwarten hat ... In Wirklichkeit blüht die Gewalt (vor allem im zeitgenössischen Amerika) und betrifft normale Bürger, die ihr Verhalten als völlig normale Ausübung sozialer Kontrolle zu begreifen scheinen. Man kann deshalb feststellen, daß der Kampf zwischen Recht und Selbsthilfe nicht im Mittelalter endete ... Er dauert an.«

Da Selbsthilfe nicht nur als subjektives Recht, sondern contra legem sogar als moralische Pflicht empfunden werden kann, kann der Staat so motivierte kriminelle Handlungen kaum abschrecken. Denn nach Black (1983, S. 39, meine Übersetzung) gilt: »In dem Ausmaß, in welchem die Leute sich moralisch dazu verpflichtet fühlen, Verbrechen zu begehen, scheint die Fähigkeit des Strafrechts, das zu entmutigen, sein sogenannter Abschreckungseffekt, notwendigerweise geschwächt. Tötungsdelikte, die als Form der Todesstrafe verübt werden, scheinen schwerer abschreckbar zu sein als solche, die bei der Verfolgung persönlichen Nutzens begangen werden.« Kleinere Selbsthilfeverbrechen oder -vergehen werden von staatlichen Instanzen seltener und milder als die Selbsthilfe-Tötung verfolgt, können deswegen auch nicht leicht abgeschreckt werden.

Selbsthilfe führt aber nicht nur zu besonders schwer abschreckbaren Delikten, sondern schreckt ihrerseits ab – oft besser als die Instanzen des Rechtsweges, weil Selbsthilfe oft schnell und hart durchgreift. Der Einbrecher kann – vor allem in den USA, wo Schußwaffenbesitz weit verbreitet ist – von seinem Opfer hingerichtet werden, obwohl das Gesetzbuch für Einbrüche nicht die Todesstrafe vorsieht. Weil harte oder »übertriebene« Selbsthilfe besser als die langsame staatliche Justiz mit ihrem Schutz für die Angeklagten abschreckt, kann man mit Black (1983, S. 40, meine Übersetzung) auch bezweifeln, ob die Einschränkung derartiger Selbsthilfe (durch staatliche Strafandrohung) *nur* positive Effekte hat: »Vielleicht ist ein Teil der räuberischen Verbrechen in der modernen Gesellschaft das Resultat eines Niedergangs der Selbsthilfe.«

In Selbsthilfe und Rechtsweg sieht Black (1983, S. 41, meine Übersetzung) zwei alternative Kanäle der sozialen Kontrolle, wo die Verstopfung des einen die Verwendung des anderen wahrscheinlicher macht – wörtlich: »Selbsthilfe-Verbrechen sind wahrscheinlicher, wo das Recht weniger einsetzbar ist. Das ist dort am deutlichsten, wo Rechtsschutz aus prinzipiellen Gründen verweigert wird, etwa wo eine Vereinbarung gegen das Gesetz verstößt. Eine Wettschuld beispielsweise ist nicht einklagbar, und dasselbe gilt für Transaktionen mit unerlaubten Narkotika, Prostitution, gestohlene Güter und derartiges.« In diesen Bereichen kann es also keine Alternative zur Selbsthilfe geben.

Rechtsschutz steht nicht für alle Bevölkerungsgruppen und bei allen Gelegenheiten gleichermaßen bereit. Angehörige der Unterschicht haben es schwer, sich Rechtsschutz zu verschaffen – bei Kleinigkeiten gegen andere Angehörige der Unterschicht, generell gegen Angehörige privilegierter Schichten. Dasselbe gilt für rassische oder ethnische Minderheiten oder auch für Jugendliche, die Grund zur Klage gegen Erwachsene zu haben glauben. Außerdem hat der Staat auch Hemmungen, bei intimen Beziehungen oder innerhalb der Familie einzugreifen. Deshalb ist es nicht verwunderlich, daß bei den genannten Personenkreisen und Situationen Selbsthilfe-Delikte an der Tagesordnung sind. Wenn dagegen zwei einander relativ fremde erwachsene Mitglieder der oberen Schichten Streit miteinander haben, wird der Streit wahrscheinlich auf dem Rechtsweg ausgetragen.

Selbsthilfe und Rechtsweg sind also alternative Formen sozialer Kontrolle. Selbsthilfe-Delikte sind schwer abschreckbar, tragen aber zur Abschreckung anderer Delikte bei. Der Staat akzeptiert manche Formen der Selbsthilfe (etwa Notwehr) und verfolgt andere. Die Gesellschaft kann contra legem sogar manche Formen der Selbsthilfe zur Pflicht machen, wenn oktroyierte Rechtsnormen von allgemein empfundenen Normen abweichen.

Meines Erachtens sind die Grundgedanken der besprochenen Theorien – der differentiellen Assoziation bzw. der Subkultur, der Anomie und der Chancenstruktur oder auch der sozialen Kontrolle – mit der Werterwartungs- oder Nutzentheorie kompatibel, also auch mit dem Menschenbild des homo oeconomicus (vgl. Frey und Opp 1979, Opp 1989). Manche Subkulturen und ›Freunde‹ vermitteln kriminelle Fähigkeiten und Tips, senken also die Kosten kriminellen Handelns. Außerdem verändern kriminelle Freunde die eigenen Präferenzen, neutralisieren ein schlechtes Gewissen oder erleichtern den Einstieg in die Bandenkriminalität. Die nach Merton Anomie erzeugende Spannung zwischen angesonnenen Zielen und versperrten legalen Wegen mindert zumindest die Opportunitätskosten kriminellen Handelns. Die Chancenstrukturtheorie kann als Synthese der Subkultur- und der Mertonschen Anomietheorie aufgefaßt werden, enthält also implizit beide Argumente, die in das Kosten-Nutzen-Kalkül von Tätern eingehen. Die Kontrolltheorie weist – soweit ähnlich dem Mertonschen Ansatz – darauf hin, daß die Opportunitätskosten kriminellen Handelns gering sind, wenn keine legalen Gelegenheiten zur sozialen Kontrolle anderer vorhanden sind. Sogar einzelne Gesichtspunkte der Labeling-Theorie lassen sich entsprechend reformulieren: Wer einmal vorbestraft ist, für den hat die Gesellschaft die Opportunitätskosten weiteren kriminellen Handelns gesenkt. Alle bisher diskutierten Erklärungsskizzen lassen sich nicht nur zumindest teilweise in die Terminologie einer anderen Theorie überführen, sie haben auch zumindest teilweise gleiche prüfbare Implikationen: Bei vielen Arten von Delikten (z. B. Diebstahl, Raub, Körperverletzung) sollten die Täter überproportional den unteren und nur sehr selten den oberen Schichten entstammen.[9]

Weil man viele kriminalsoziologische Thesen in die Sprache der Nutzentheorie und Mikroökonomie überführen kann, ist es nicht verwunderlich, daß sich neuerdings auch Ökonomen (z. B. McKenzie and Tullock 1978) dem Problem zuwenden. Sie neigen allerdings zu einigen anderen Auffassungen als die meisten Soziologen, vor allem zu einer positiveren Bewertung des Abschreckungseffektes von Strafen. Wenn Kriminalität die Folge eines rationalen Abwägens von Kosten und Nutzen ist, muß eine glaubwürdige Strafandrohung abschrecken. In dieser ›ökonomischen‹ Perspektive bedeuten mildere Strafen nichts als eine Ermutigung von Verbrechen – und soziologische Theorien, die Milde befürworten, sind eine zu steigender Kriminalität beitragende Bedingung (McKenzie and Tullock 1978a, S. 191)! Tatsächlich ist es al-

---

[9] Der Zusammenhang zwischen niedriger Schichtzugehörigkeit und abweichendem Verhalten kann allerdings verschieden interpretiert werden. Vielleicht ist die Armut, vielleicht aber auch *relative* Deprivation Determinante der Kriminalitätsanfälligkeit. Auf Aggregatdatenniveau, d. h. beim Vergleich von Stadtregionen, spricht Friedrichs (1985) Studie mit deutschen Daten für die erste These, die Studie von Blau and Blau (1982) mit amerikanischen Daten für die zweite These.

lerdings *nicht* so, daß die Abschaffung der Todesstrafe regelmäßig zur Zunahme von Mord und Totschlag geführt hat, wie nach der Abschreckungshypothese zu erwarten wäre (vgl. Archer and Gartner 1984, S. 118–139).

Zwar behauptet die ökonomische Kriminalitätstheorie einen Abschreckungseffekt von harten Strafen und hohen Aufklärungsquoten, aber das Bild kompliziert sich, wenn man von einfachen zu differenzierten Versionen der ökonomischen Theorie übergeht (vgl. Opp 1989). Denn der direkte Abschreckungseffekt von Strafen kann neutralisiert *oder überkompensiert werden* durch indirekte Effekte von Strafen, etwa die von den Labeling-Theoretikern betonten Auswirkungen der Brandmarkung als Vorbestrafter, der deshalb im legalen Bereich kaum noch Chancen hat und deshalb in kriminelle Karrieren abgedrängt wird.

Soziologen und Ökonomen mögen sich in vielen Fragen uneinig sein, aber sie sind sich einig in der Vernachlässigung von genetischen und Persönlichkeitsvariablen. Im 19. Jahrhundert war das ein dominanter, wenn nicht gar der dominante Erklärungsansatz für abweichendes Verhalten. Im Laufe des 20. Jahrhunderts ist der Ansatz aus der Mode gekommen – vielleicht mehr aus politischen als aus wissenschaftlichen Gründen. Inzwischen gibt es aber – ausgehend von der Intelligenzforschung (vgl. dazu etwa Vernon 1979 oder Bouchard et al. 1990) – eine wachsende Zahl anglo-amerikanischer Psychologen, die die Unterbewertung von genetischen und Persönlichkeitsvariablen für verfehlt halten.

Eysenck (1977, S. 128) behauptet aufgrund umfangreicher empirischer Forschungen, daß die Erblichkeit bei Persönlichkeitseigenschaften ähnlich wie bei der Intelligenz ca. 70 % betrage. Er unterscheidet zwischen drei zentralen Persönlichkeitsdimensionen: Extraversion (Gegenteil: Introversion), Neurotizismus und Psychotizismus. Kriminelle leiden unter einer typischen Merkmalskombination. Sie sind nach Eysenck (1977, S. 70) in der Regel extrovertierter, neurotischer und psychotischer als der Durchschnitt der Bevölkerung. Aus der These der Erblichkeit kriminogener Persönlichkeitseigenschaften folgt, daß diejenigen, die zu einem Delikt neigen, auch verstärkt zu anderen Delikten neigen. Eysenck (1977, S. 42/43) weist darauf hin, daß diejenigen, die Verkehrsdelikte begehen, auch besonders oft sonstiger Straftaten beschuldigt werden. Das spricht für die These einer allgemeinen, deliktübergreifenden kriminellen Disposition.

Warum bestimmte Persönlichkeitsmerkmale zur Kriminalität prädestinieren, erläutert Eysenck bei der Extraversion auf eine leicht nachvollziehbare Art und Weise. Nach seinen Forschungsergebnissen sind Extrovertierte schwerer als Introvertierte konditionierbar. Sie lernen nicht leicht, auf Verbotenes mit Angst oder Furcht zu reagieren. Deshalb hat Bestrafung auch meist nicht die erwünschten Effekte. Zwar sind Extrovertierte wegen ihrer geringen Konditionierbarkeit besonders gefährdet, aber es gibt auch Ausnahmen. In einer kriminellen Subkultur, wo die Eltern asoziales Verhalten fördern und das Kind zum Nachwuchskriminellen erziehen (wollen), wird das extrovertierte Kind unter Umständen wegen seiner geringen Lernfähigkeit weniger als das introvertierte gefährdet sein! Wenn Persönlichkeit und Konditionierbarkeit bzw. Lernfähigkeit weitgehend ererbt sind und Kriminalität häufig Folge nicht ausreichender Konditionierung ist, dann müssen die schwer Konditionierbaren besonders sorgfältig konditioniert werden. Eysenck hofft mit Hilfe von Verhaltenstherapien und Psychopharmaka die Lernfähigkeit von Kriminellen zu verbessern und sie so zu resozialisieren. Die These von der anlagebedingten Kriminalitätsneigung ist also durchaus mit der Möglichkeit einer Therapie durch Umweltmanipulation kompatibel!

Obwohl sich die oben skizzierte ›ökonomische‹ Abschreckungstheorie und Eysencks eben skizzierte psychologische Theorie in mancher Beziehung unterscheiden, sollte man den Widerspruch auch nicht überbewerten. Die ökonomische Theorie abstrahiert von Persönlichkeitsunterschieden und arbeitet mit einem Modell eines hypothetischen Normalmenschen. Eysencks Theorie deutet an, daß bei stark abweichender Persönlichkeit das Normalmodell nicht länger tragfähig ist. Eine Synthese beider Ansätze ist durchaus denkbar. Vermutlich sind nicht alle Delikte gleichermaßen genetisch bedingt und nicht gleichermaßen schwer abschreckbar. Mich jedenfalls würde es wundern, wenn Abschreckung bei Steuerhinterziehung oder Verkehrsdelikten und bei Morden im Affekt gleichermaßen schwer oder leicht zu bewerkstelligen ist.

Aber ich will den Exkurs in die Arbeit der Nachbardisziplinen an dieser Stelle abbrechen. Der Blick über den soziologischen Tellerrand hinaus dürfte schon gezeigt haben, daß auch die anderen Sozialwissenschaften interessante Aussagen beizutragen haben, die wir benötigen, um abweichendes Verhalten besser erklären und besser kontrollieren zu können.

5. Aktivität, Interaktion und Gefühl im Gruppenleben

Die Analyse der Interdependenz von Aktivität, Interaktion und Gefühl im Gruppenleben ist sowohl das Arbeitsgebiet der gesamten Mikrosoziologie, als auch das spezifische Thema von Homans' (1950/1972a) ›Theorie der sozialen Gruppe‹. In diesem Kapitel kann es nur um das engere Problem gehen, also nur die Analyse von Aktivität, Interaktion und Gefühl aus einer spezifischen Perspektive. Die Auseinandersetzung mit dieser schon über vier Jahrzehnte alten Theorie lohnt sich auch heute noch, weil die Theorie prüfbare und bewährte Aussagen enthält. Jeder dieser drei Grundbegriffe – Aktivität, Interaktion und Gefühl – steht für ein ganzes Variablenbündel. Die Homans'schen Grundbegriffe sind ein Fragenkatalog, mit dem wir an die Analyse von Gruppen herangehen sollen: Was tun die Mitglieder einer Gruppe? Wer hat mit wem Kontakt? Was empfinden die Gruppenmitglieder? Homans' Vorgehen und seine Verallgemeinerungen sollen zunächst mit Beispielen aus dem sog. »*Bank Wiring Observation Room*« illustriert werden.

Dieser Teil der Analyse bezieht seine Datenbasis von einer Untersuchung in den Hawthorne-Werken der Western Electric Company in Chicago. Die Daten sind zwischen 1927 und 1932 erhoben worden. Die Firma stellte unter anderem Telefonausrüstungen her. Uns geht es hier um eine Gruppe von 14 Arbeitern, die in einem Raum zusammen waren. Es handelt sich um neun sog. Drahtarbeiter, drei Löter – wobei ein Löter drei Drahtarbeitern zugeordnet ist – und zwei Prüfer. Von den drei Löteinheiten arbeiteten die beiden vorn im Raum plazierten an sog. Schließergeräten, die hinten plazierten an sog. Wählergeräten. Obwohl die Arbeiten relativ ähnlich waren, differenzierte die Firma zwischen Schließer- und Wählergerätearbeitern. Die ersteren erhielten etwas mehr Lohn als die letzteren. Außerdem mußten neue an Wählergeräten anfangen. Das Lohnsystem der Firma war kompliziert. Es gab Differenzierungen im Stundenlohn neben Akkordlohnelementen.

Außerdem hing der Lohn eines Arbeiters zumindest kurzfristig stärker von der Gruppenproduktivität als von seiner persönlichen Arbeitsleistung ab.

In der Arbeitsgruppe haben sich leistungseinschränkende Vorstellungen durchgesetzt. Die Arbeiter entwickelten Normen darüber, wieviel an einem Tag gearbeitet werden sollte, und daß die durchschnittliche Stundenleistung im Bericht ziemlich konstant sein sollte.

Homans (1950/1972a, S. 102) definiert Gruppe durch »Interaktion ihrer Teilnehmer«. Je nach Interaktionsdichte kann man Gruppen meist auch in Untergruppen oder Cliquen zerlegen. Jede Gruppe lebt in einer physischen, technischen und sozialen Umwelt und kann deren Forderungen nicht außer acht lassen. Die Aktivitäten, Interaktionen und Gefühle bzw. deren Zusammenhänge nennt Homans das *äußere System*, soweit sie das Überleben der Gruppe in ihrer Umwelt sicherstellen. Obwohl *Homans* eine gegenseitige Abhängigkeit von Umweltanforderungen und Gruppenverhalten postuliert, *fängt seine Analyse der Gruppe immer beim äußeren System an*, bei den umweltbedingten Beschränkungen des Gruppenlebens.

Zum äußeren System rechnet Homans (a) die Gefühle, die die Arbeiter von Außen mit in ihre Gruppe hineinbringen – etwa den Wunsch, Geld zu verdienen –, (b) die Aktivitäten, die die Firma von ihren Arbeitern erwartet bzw. die von den Ingenieuren der Firma erdacht worden sind, und (c) die Interaktionen bzw. die Zusammenarbeit, die die Firma etwa zwischen Drahtarbeitern und ihrem Löter oder ihrem Prüfer erwartet. Damit die Gruppe im Bank Wiring Observation Room als Arbeitsgruppe überleben kann, müssen offensichtlich folgende Umweltanforderungen erfüllt sein: Die Arbeiter müssen tun, was sie sollen. Die Drahtarbeiter und Löter müssen zusammenarbeiten (interagieren). Die Leute müssen bezahlt werden. Damit ist das Gruppenverhalten zwar noch nicht in allen Einzelheiten bestimmt, aber ein Rahmen für seine Entwicklung abgesteckt.

Gefühle, die dem *äußeren System* zuzurechnen sind, wie das Motiv, Arbeit und Lohn zu erhalten, *erfordern bestimmte Aktivitäten und Interaktionen*. Die durch das äußere System bedingten Interaktionen schaffen ihrerseits neue Gefühle. Nach Homans (1950/1972a, S. 125): »Die Interaktion im äußeren System führt zu Gefühlen, die wir als Teil des inneren Systems behandeln, weil sie nicht von den Mitgliedern in die Gruppe mit eingebracht, sondern vielmehr in den Angehörigen durch ihr Leben in der Gruppe selbst erst ausgelöst worden sind«. Das

Gruppenleben schafft nach Homans' (1950/1972a, S. 125) Verallgemeinerung deshalb neue Gefühle, weil »Personen, die häufig miteinander in Interaktion stehen, dazu tendieren einander zu mögen«. Diese Hypothese wird manchmal auch als *Kontakt-Sympathie-Regel* bezeichnet. Man beachte, daß Homans (1950/1972a, S. 126) eine gegenseitige Abhängigkeit von Interaktion und Gefühl (im inneren System) postuliert: »Wenn die Interaktionen zwischen den Mitgliedern einer Gruppe im äußeren System häufig sind, werden Gefühle der Neigung zwischen ihnen entstehen, und diese Gefühle führen dann ihrerseits wiederum über die Interaktionen des äußeren Systems hinaus zu neuen Interaktionen«.

Betrachten wir kurz den Informationsgehalt bzw. die Falsifizierbarkeit der Kontakt-Sympathie-Regel. Danach sollten Sympathien innerhalb von Arbeitseinheiten, d. h. hier Löt- und Prüfeinheiten, wegen der notwendigerweise höheren Interaktion größer sein als zwischen den Arbeitseinheiten, wo der Kontakt etwas geringer ist. Weil die Mitglieder der zweiten Löteinheit zu verschiedenen Prüfeinheiten gehören, sollte die Sympathie innerhalb dieser Einheit geringer als innerhalb der beiden anderen Löteinheiten sein. Beide Konsequenzen aus der Kontakt-Sympathie-Regel haben sich durch Beobachtung bestätigen lassen. Kontakt bringt nach Homans nicht nur Sympathie, sondern Sympathie fördert ihrerseits Interaktionen über die Anforderungen des äußeren Systems hinaus. Danach sollten die Löt- und Prüfeinheiten – vor allem die erste und die dritte Löteinheit, die nicht in verschiedene Prüfeinheiten zerfallen – wegen der kontaktbedingten Sympathie weitere «soziale« Kontakte miteinander pflegen. Auch das läßt sich beobachten, weil gemeinsam Süßigkeiten gekauft werden, man miteinander spielt, sich miteinander die Arbeit durch Arbeitstausch interessanter gestaltet, einander bei der Arbeit hilft.

Der von Homans postulierte Zusammenhang von Interaktion und Gefühl kann nicht nur zu einem besseren Verständnis des gruppeninternen Geschehens führen, sondern hat auch für die Außenbeziehungen einer Gruppe Konsequenzen. Weil *Gruppe durch größere Interaktionsdichte definiert* ist, kann die folgende Hypothese (Homans 1950/1972a, S. 127) als *Spezialfall der Kontakt-Sympathie-Regel* gelten: »Eine Abnahme in der Häufigkeit der Interaktion zwischen den Mitgliedern einer Gruppe und Außenstehenden, begleitet von einer Verstärkung der negativen Gefühle gegenüber Außenstehenden, wird die Häufigkeit der Interaktion und die Stärke der positiven Gefühle unter den Gruppenmitgliedern erhöhen und vice versa«.

Auch für diese Hypothese kann Homans bestätigendes Material heranziehen. Die Arbeitsgruppe im Bank Wiring Observation Room ist nämlich zu Beginn der Studie aus einer größeren Gruppe herausgelöst und in einem kleineren, separaten Raum untergebracht worden. Diese räumliche Trennung bewirkte eine Kontaktminderung zwischen den 14 Arbeitern und ihren ehemaligen Raumgenossen. Nach einer Weile ließen sich Ansätze für Abneigung und Rivalität feststellen (z.B. Klagen darüber, daß die anderen zuviele Werkszeitungen bekämen).

Homans weiß natürlich, daß nicht jede Interaktion Sympathien stiftet. Die Interaktion zwischen zwei Streitenden kann heftig und intensiv sein, ohne daß dadurch freundschaftliche Gefühle begünstigt werden. Deshalb *schränkt* Homans (1950/1972a, S. 129) den *Geltungsanspruch der Kontakt-Sympathie-Regel ein*: »Zwei Personen, die miteinander in Interaktion stehen, tendieren nur dann zu gegenseitiger Zuneigung, wenn die von jedem der beiden ausgeübten Aktivitäten den anderen nicht zu sehr stören. Falls sich einer von ihnen in aufreizender Weise verhält, kann die bloße Tatsache, sie zusammenzubringen und ihre Interaktion zu erhöhen, eher die ungünstigen als die günstigen Gefühle steigern«. Homans (1950/1972a, S. 130) erwähnt noch zwei spezielle Bedingungen, an die der Geltungsanspruch der Kontakt-Sympathie-Regel geknüpft ist:

(a) »Auch sind Interaktion und Freundschaftlichkeit wiederum nur dann positiv verbunden, wenn die Autorität nicht zu den ›anderen Dingen‹ gehört und in die in Frage stehende Situation eingeht«. Danach erhöht also Kontakt unter Gleichen die Sympathie, aber nicht zwischen Vorgesetzten und Untergebenen. Im Bank Wiring Observation Room verstand sich einer der Prüfer als Vorgesetzter der Männer seiner Prüfeinheit. Die Kontakte zwischen ihm und seinen Männern führten zu soviel Feindseligkeit, daß die Werksleitung ihn aus dem untersuchten Arbeitsraum anderswohin versetzen mußte.

(b) »Die Interaktion wird von Freundschaftlichkeit unter den Gruppenangehörigen nur begleitet, wenn sich die Gruppe als Ganzes in ihrer Umwelt am Leben erhält«. Anders ausgedrückt: Je erfolgreicher eine Gruppe bei der Verwirklichung der durch das äußere System vorgegebenen Ziele ist, desto stärker wird Kontakt unter den Gruppenangehörigen deren Sympathien füreinander fördern.

Gruppenverhalten entfaltet sich, weil Interaktion freundschaftliche Gefühle fördert, die ihrerseits auf mehr Interaktion und mehr Aktivität zurückwirken. Neben diesem Entfaltungs- postuliert Homans (1950/

1972a, S. 133) auch noch einen *Standardisierungsprozeß*: »Je häufiger Personen miteinander in Interaktion stehen, desto mehr tendieren ihre Aktivitäten und Gefühle dazu, sich in mancher Hinsicht einander anzugleichen. Je mehr außerdem die Aktivitäten und Gefühle eines Menschen denjenigen anderer Menschen ähneln, um so wahrscheinlicher ist es, daß sich die Interaktion zwischen ihm und diesen anderen erhöhen wird«.

Diesem Standardisierungsprozeß unterliegen vor allem die Gefühle bzw. *Vorstellungen* der Gruppenmitglieder darüber, wie man sich *verhalten sollte, also Normen*. Oben hatte ich schon auf die leistungseinschränkende Norm im Bank Wiring Observation Room hingewiesen. Homans (1950/1972a, S. 138/139) schreibt folgendes zum Prozeß der Normenbildung: »So ist es zum Beispiel klar, daß sich Normen nicht aus dem Nichts verwirklichen, sondern aus ausgeübten Aktivitäten entstehen. ... Je häufiger Menschen miteinander in Interaktion stehen, desto mehr nähern sich die von ihnen vertretenen Normen einander an, ganz ähnlich, wie das auch bei ihren Gefühlen und Aktivitäten der Fall ist. ... Ohne Zweifel variieren die in einer Gruppe anerkannten Normen etwas von Person zu Person und von Untergruppe zu Untergruppe, und doch stehen sich die Gruppenmitglieder häufig näher in den von ihnen vertretenen Normen als in ihrem offenkundigen Verhalten«. Auch das ist eine prüfbare Hypothese, die sich im Bank Wiring Observation Room illustrieren läßt. Man ist sich ziemlich einig darüber, was eine faire Tagesleistung ist, was zuviel oder was zu wenig ist, aber dennoch leisten Einzelne etwas mehr als normativ vorgegeben, während andere weit unter der Norm bleiben.

Normen sind Verhaltensvorschriften, die sich in Anbetracht des von Person zu Person variierenden Befolgungsgrades als Beurteilungsmaßstab und damit als Basis für die interne Differenzierung sozialer Gruppen verwenden lassen. Homans (1950/1972a, S. 151) schlägt folgende Hypothese dazu vor: »Je höher der Rang einer Person in einer Gruppe ist, um so mehr stimmen ihre Aktivitäten mit den Gruppennormen überein. Diese Hypothese gilt sowohl für Untergruppen als auch für Einzelmenschen. Die Beziehung ist dabei streng gegenseitig«. Also: Hoher Rang verpflichtet einerseits zur Normerfüllung, ist andererseits auch deren Konsequenz.

Im Bank Wiring Observation Room ließ sich dazu folgendes beobachten: Die Schließergerätearbeiter beanspruchten den höheren sozialen Rang, denn ihre Stundenlöhne lagen etwas höher, denn Anfänger mußten an Wählergeräten beginnen. Dieser Ranganspruch der Schließergerätearbeiter ist von Außen – von der Firmenleitung, ihrer Lohn- und Einstellungspolitik – nahegelegt worden. Nach Homans' Hypothese ist zu erwarten, daß die ranghöheren Schließergerätearbeiter sich normkonformer als die rangniederen Wählergerätearbeiter verhalten. Tatsächlich kamen die Schließergerätearbeiter dem Gruppenideal einer fairen Tagesarbeit ziemlich nahe, während die Wählergerätearbeiter deutlich darunter lagen.

Die beobachtete Korrelation zwischen Rang und Normerfüllung geht aber nicht nur auf die anfänglichen, äußerlichen Rangunterschiede zurück, sondern auch auf die Rückwirkungen der unterschiedlichen Normerfüllung auf den Rang. Weil die Wählergerätearbeiter nach der Norm zu wenig leisteten, blieb ihr Rang niedrig.

Auch innerhalb der ranghöheren Gruppe ließ sich noch beobachten, daß das ranghöchste bzw. beliebteste Mitglied die Normen besonders gut erfüllte. Als Modifikation bzw. Einschränkung des Geltungsanspruchs der Rang-Normerfüllungs-Interdependenz erwähnt Homans (1950/1972a, S. 154) vor allem die Rangsicherheit bzw. »daß sich ein Mensch um so weniger um die Einhaltung der Gruppennormen zu kümmern braucht, je sicherer er sich seines Ranges in der Gruppe ist«.

Sozialer Rang beeinflußt nicht nur Aktivitäten bzw. inwieweit die Aktivitäten den Normen entsprechen, sondern auch die Kontakte. Dazu Homans (1950/1972a, S. 154/155): *»Je höher der Rang einer Person ist, um so größer wird der Bereich ihrer Interaktionen sein«*. Und: *»Eine Person von höherem sozialen Rang als eine andere leitet für letztere häufiger Interaktion ein als diese für sie«*. Danach stehen ranghohe Personen also an zentraler Stelle in Kontaktnetzen und spielen eher eine aktive als eine passive Rolle. Rang und günstige Position im Kontaktnetz können einander gegenseitig fördern.

Im Bank Wiring Observation Room äußerten sich diese Regeln z.B. darin, daß die ranghöheren Arbeiter an Schließergeräten mit allen drei Lötern die Arbeit tauschten, die rangniederen Arbeiter an Wählergeräten nur mit ihrem Löter. Außerdem leiten immer die ranghöheren und auch besser bezahlten Drahtarbeiter, nicht die rangniederen Löter den Tausch der Arbeit ein.

Weil die Löter auch im äußeren System – also im Produktionsprozeß – auf die Drahtarbeiter warten mußten bzw. diesen zur Hand gingen, kann der Arbeitstausch zwischen Lötern und Initiative ergreifenden Drahtarbeitern auch als Illustration für Homans (1950/1972a,

S. 155) nächste Hypothese gelten: »*Eine Person, die im äußeren System Interaktionen für eine andere einleitet, wird im inneren System dazu tendieren, das gleiche zu tun*«. Der Arbeitstausch unter Drahtarbeitern und Lötern gehört ja dem inneren System zu, denn nach den Anordnungen der Firmenleitung ist er verboten.

Im Bank Wiring Observation Room hat sich die Herausbildung des inneren aus dem äußeren System besonders gut beobachten lassen, weil die Arbeitsgruppe ja gebildet worden ist, um spezifische Arbeiten zu erledigen. Das innere System entstand erst aus den vom äußeren System her notwendigen Interaktionen, indem freundschaftliche Gefühle, soziale Kontakte, standardisierte Gefühle, Vorstellungen und Normen entwickelt wurden, die ihrerseits teilweise vom äußeren System vorgebene Rangabstufungen verstärkten. Das innere System wirkte dann aber auf das äußere System zurück. Das ist beim eigentlich verbotenen Arbeitstausch und bei der durch Gruppennormen bedingten Leistungseinschränkung offensichtlich. Damit liegt die Frage nahe, ob die Rückwirkungen des inneren Systems auf das äußere die Gruppe als Gruppe überlebensfähiger werden lassen oder eher das Gegenteil. Homans verzichtet hier auf eine generelle Antwort, weil diese seines Erachtens gar nicht gegeben werden kann. Allerdings hebt er hervor, daß sich immer ein sog. inneres System neben dem äußeren entfalten wird.

Bei seiner Analyse des sozialen Wandels verläßt Homans (1950/1972a) den ›Bank Wiring Observation Room‹ und wendet sich anderen Beispielen zu. Homans (1950/1972a, S. 319) unterscheidet zwei Arten des sozialen Wandels: Desintegration und Konflikt. *Desintegration* ist »gekennzeichnet durch die geringe Anzahl der Aktivitäten, in denen die Mitglieder zusammenwirken, durch den niedrigen Grad des Kontaktes zwischen den Individuen und durch einen Mangel an Kontrolle, welche die Gruppe über ihre Angehörigen ausübt«. Zum Konflikt bemerkt Homans (1950/1972a, S. 320): «Beim sozialen Konflikt braucht es keine Verminderung der Anzahl der von der Gruppe ausgeübten Aktivitäten, keine abnehmende Häufigkeit der Interaktionen und keinen Verlust der Kontrolle im Sinne der Hemmung des individuellen Verhaltens zu geben. Es kommt aber in anderer Hinsicht zu einer Schwächung der Kontrolle: durch einen Wandlungsprozeß gerät eine Untergruppe mit der anderen oder mit der größeren Gesellschaft in Konflikt, von der sie ein Teil ist«.

Betrachten wir zunächst die soziale Desintegration in *Hilltown*, einem Städtchen von ca. 1000 Einwohnern im Jahre 1945. Hilltown hatte im 19. Jahrhundert mehr Einwohner als im 20. Von früher drei Universalläden hat nur einer überlebt. Industrie gibt es kaum noch. Viele Bewohner von Hilltown arbeiten in benachbarten Industriestädten. Auch die landwirtschaftliche Struktur hat sich geändert. Früher gab es viele Farmen, die sich mit fast allem selbst versorgten. Jetzt gibt es nur noch wenige, größere, spezialisierte Farmen, die vielfach in den Händen finnischer Zuwanderer sind.

Bei der Analyse des sozialen Wandels in Hilltown beginnt Homans mit den *Gefühlen des äußeren Systems*, d. h. mit den Gefühlen, die die Menschen in die Gruppe bzw. Gemeinde mit einbringen. Dazu gehört das Bedürfnis, seinen Lebensunterhalt zu verdienen bzw. es im Leben zu etwas zu bringen. Im 19. Jahrhundert brachte das die Menschen in Hilltown zusammen. Denn sie *arbeiteten im Ort* oder der nächsten Umgebung. Sie waren auf *nachbarschaftliche Hilfeleistung* angewiesen – z. B. wenn eine Scheune abgebrannt war und schnell wieder aufgebaut werden mußte. In solchen Fällen organisierte man damals sog. *Arbeitskränzchen*, die notwendige Aktivitäten erledigten und die sozialen Interaktionen unter den Menschen stärkten.

Im 20. Jahrhundert haben die Gefühle und Bedürfnisse des äußeren Systems ganz andere Konsequenzen. Wer es zu etwas bringen will, wer Geld verdienen will, *der verläßt Hilltown* entweder für immer – daher der Bevölkerungsverlust – oder *zumindest tagsüber, um anderswo zu arbeiten*. Aktivitäten, die die Menschen Hilltowns zusammenbringen, und Interaktionen sind also rückläufig. Diese Veränderungen im äußeren System wirken auf das innere System ein.

Nach der *Kontakt-Sympathie-Regel* bedeutet abnehmende Interaktion im äußeren System zunächst weniger Sympathie im inneren System und deshalb auch abnehmende Interaktionen im inneren System. Aus Homans' Hypothesen folgt also, daß mit abnehmender Zusammenarbeit im Ort bzw. mit abnehmender Notwendigkeit zur Zusammenarbeit auch das soziale Leben verarmt. Das ist in der Tat der Fall.

Im vorigen Jahrhundert traf man sich nicht nur bei den Arbeitskränzchen, sondern besuchte einander häufiger, traf sich in den drei damals existierenden Universalgeschäften zur Unterhaltung, ging gemeinsam in eine der drei Kirchen oder in die Stadtversammlung. Und man klatschte ausgiebig und mit Hingabe.

Im Jahre 1945 sind Besuche unter den Bewohnern Hilltowns seltener geworden. Das eine überlebende Universalgeschäft ist kein sozialer Mittelpunkt mehr. Stadtversammlung und Kirchen sind schlecht besucht. Selbst der Klatsch hat an Intensität verloren. All das bedeutet nicht unbedingt soziale Isolation der Einwohner Hilltowns. Denn der Lebenskreis vieler Bewohner ist nicht auf Hilltown beschränkt. Aber das Leben in der Gemeinde ist durch rückläufige Kontakte und Gefühlsbindungen gekennzeichnet.

Nach Homans gibt es neben der in der Kontakt-Sympathie-Regel angesprochenen *Entfaltungstendenz* des sozialen Lebens auch noch eine *Standardisierungstendenz*, die das Verhalten der Gruppenmitglieder und mehr noch deren Vorstellungen und Gefühle einander angleicht. Homans (1950/1972a, S. 341) formuliert dazu folgende Hypothese: »*Eine Abnahme in der Interaktion zwischen den Mitgliedern einer Gruppe und in der Anzahl der Aktivitäten, an denen sie zusammen teilnehmen, hat eine Verminderung des Ausmaßes zur Folge, in welchem die Normen allgemein verbreitet und jedermann klar sind*«. Der normative Verfall in Hilltown läßt sich mit rückläufigem Besuch von Kirchen und Stadtversammlung, mit steigenden Scheidungszahlen und sich lockernder Sexualmoral, mit abnehmender Sanktionierung auch bei ernsteren Normübertretungen, wie Veruntreuung städtischer Gelder, belegen.

Soziale Normen und deren Erfüllung bestimmen nach Homans den sozialen *Rang* von Gruppenmitgliedern wie auch den des Gruppenführers. Das setzt allerdings voraus, daß die sozialen Normen deutlich und klar sind. Deshalb gelten zwei weitere Hypothesen Homans (1950/ 1972a, S. 343): »*Mit Abnahme der Anzahl der von den Mitgliedern einer Gruppe ausgeübten Aktivitäten wird auch die auf der Führerschaft in diesen Aktivitäten beruhende soziale Rangeinstufung weniger definitiv. ... Mit Abnahme des Ausmaßes, in welchem die Normen einer Gruppe allen Gruppenmitgliedern deutlich sind und von diesen vertreten werden, wird auch die Rangeinstufung der Gruppenmitglieder weniger definitiv*«.

In Hilltown ist die Zusammenarbeit der Menschen rückläufig, sind deshalb (s.o.) auch die Normen weniger deutlich, müßte also auch der Konsens darüber, wer ein »guter, ehrbarer Bürger« ist, wer welchen sozialen Rang hat, am Verschwinden sein. Tatsächlich ordnen 1945 fast alle Einwohner sich und ihre Mitbewohner der breiten Mittelschicht zu und verzichten damit weitgehend auf Rangdifferenzierung. Für Homans ist das also nicht eine erfreuliche Egalisierungstendenz, sondern Folge oder Anzeichen der sozialen Desintegration.

Soziale Konflikte analysiert Homans (1950/1972a) am Beispiel einer

Elektrogerätefirma. Hier interessieren wir uns für die Gruppe der ca. 40 leitenden Angestellten, die teilweise auch Aktionäre der Firma waren. Von der Vorbildung her handelt es sich bei allen um Ingenieure. Aber nur ein Teil der leitenden Angestellten, die sog. Konstruktionsingenieure, übten tatsächlich typische Ingenieurstätigkeiten aus. Die anderen wurden zwar Allgemeiningenieure genannt, waren aber mit so fachfremden Aufgaben wie Buchhaltung, Finanzierung oder Verkauf beschäftigt. Obwohl die Firma gut bezahlte und als Ingenieursparadies galt, gab es Mißstimmungen zwischen der Geschäftsleitung und den Konstruktionsingenieuren. Deshalb wurden 1939 zwei Sozialforscher mit einer Untersuchung beauftragt, auf die sich Homans stützt.

Zwischen 1932 und 1939 hat sich die Firma gut entwickelt und ist expandiert. Dabei mußte sich allerdings die Organisationsstruktur ändern. Ursprünglich wurde die Firma vom Direktor persönlich und in kollegialer Zusammenarbeit mit den Konstruktionsingenieuren geleitet. Die Konstruktionsingenieure hatten damals auch ziemlich diffuse Arbeitsbereiche. Sie konnten etwa in die Herstellung eingreifen oder direkte Kundenkontakte pflegen. Im Laufe der Jahre schrumpfte einerseits der Tätigkeitsbereich der Konstruktionsingenieure durch klarere Abgrenzungen, schoben sich andererseits ein Entwicklungsausschuß und der Finanzverwalter als effektive Zwischeninstanzen zwischen Konstruktionsingenieure und den technisch interessierten Direktor. Weil sich der Direktor mehr und mehr aus dem Alltagsgeschäft zurückzog, wurde zudem der Finanzverwalter für praktische Zwecke der Chef der Firma.

Wie auch sonst beginnt Homans bei der Analyse mit den Gefühlen des äußeren Systems. Die leitenden Angestellten kamen in die Firma mit dem Wunsch gut zu verdienen, schnell befördert zu werden, selbständig arbeiten zu dürfen und natürlich ihre Ingenieurskenntnisse anzuwenden. In der Frühphase der Firmenentwicklung war all das auch gegeben. Expansion und organisatorische Umstrukturierung der Firma – also letztlich Notwendigkeiten der Anpassung an die Umwelt zwecks Überleben der Firma – schränkten Selbständigkeit und Interaktionsbereich der Konstruktionsingenieure ein und verlängerten den Kommunikationsweg zum Direktor über Zwischeninstanzen bzw. entwerteten die noch bestehenden direkten Kontakte zum Direktor, weil der Finanzverwalter immer wichtiger wurde. Der mit in die Firma gebrachte Wunsch, möglichst selbständig arbeiten zu dürfen, wurde also immer weniger realisierbar.

Uns interessieren vor allem die durch den schrumpfenden Interaktionsbereich ausgelösten sozialen Prozesse im inneren System. Dazu schreibt Homans (1950/1972a, S. 379): »*In dem Maße, in welchem der Interaktionsbereich eines Menschen abnimmt, er weniger häufig mit den Führern seiner Gruppe in Interaktion steht und das Gebiet, auf dem er Autorität ausübt, eine Einschränkung erfährt, wird auch sein sozialer Rang fallen*«. In der Elektrogerätefirma fühlten sich die Konstruktionsingenieure durch zunehmende Arbeitsteilung und abnehmende Aktivitäts- und Interaktionsbreite sowie zunehmende Distanz zum Chef immer mehr an den Rand gedrängt, zumal gleichzeitig sog. Allgemeiningenieure in Produktion, Absatz und Finanzabteilung immer zentraler wurden.

Die Unzufriedenheit der Konstruktionsingenieure beruhte aber nicht nur auf dem relativen Interaktions- und Rangverlust, sondern auch auf der zunehmenden *Diskrepanz* zwischen den *sozialen Normen* der Firma und der *Wirklichkeit*. In den aus den Gründerjahren der Firma stammenden Normen wird *Kollegialität* und *informelle Zusammenarbeit*, die Gemeinschaft der Ingenieure, hervorgehoben. Je größer und arbeitsteiliger die Firma wurde, desto weniger konnten diese Normen verwirklicht werden. Während die Firmenleitung unter dem Anpassungsdruck des Marktes, also der Umwelt, ein neues Organisationsschema entwickelte, orientierten sich die Konstruktionsingenieure noch an den alten Normen. Der Konflikt zwischen Firmenleitung und der Gruppe der Konstruktionsingenieure ist also auch normativer Art. Obwohl die Reorganisationen der Firma diese der Umwelt besser angepaßt haben, laufen die inneren Rückwirkungen dieses Anpassungsprozesses dennoch auf eine potentielle Gefährdung der Gruppe der leitenden Angestellten bzw. ihrer Firma hinaus. Weil sich die Firma den Marktgesetzen nicht entziehen konnte, blieb als Instrument der Konfliktmilderung nur möglich, die Normen der neuen Organisation anzupassen.

In seinem späteren Werk ›Elementarformen des sozialen Verhaltens‹ führt Homans (1961/1972b) Normen und Konformität auf die Individualinteressen der Akteure zurück. Nach seiner Auffassung wird menschliches Verhalten durch Belohnungen verstärkt oder bei deren Ausbleiben ausgelöscht. Die Existenz einer Norm setzt in der Regel voraus, daß zumindest einige Mitglieder des Sozialsystems ein Interesse an der Befolgung der Norm haben. Andere Mitglieder haben zwar kein konkretes Interesse an der Norm, aber die stört sie auch nicht. Dann können sie die Befolgung der ihnen eigentlich gleichgültigen Norm gegen sozialen Beifall und Anerkennung der Interessenten an der Norm ›tauschen‹, d. h. sie ernten die Früchte der Konformität. Wer eine Norm ablehnt, weil sie mit seinen Interessen oder Werten unvereinbar ist, muß als Abweichler mit Sanktionen rechnen. Er verletzt die Interessen oder Gefühle der Mehrheit und die zahlt es ihm heim. So weit eine austauschtheoretische Erklärungsskizze für Normen. Auf die Austauschtheorie sozialen Verhaltens werden wir später noch ausführlich zu sprechen kommen.

6. Position, Status, Rolle

Normen sind Verhaltensvorschriften, die Verhaltenserwartungen begründen und mit Sanktionen durchgesetzt werden. Beim Begriff der Norm fehlt allerdings noch die Bindung der Verhaltensvorschriften an bestimmte Positionen in der Sozialstruktur. Diese ist beim Begriffspaar Status-Rolle oder auch Position-Rolle gegeben. Man kann zwar mit Homans (1969, S. 95) Rollen als Normenbündel verstehen, aber das als Rolle bezeichnete Normenbündel kann nicht losgelöst von der sozialen Differenzierung bzw. von der Position des Rollenträgers im Sozialsystem verstanden werden.

Der Rollenbegriff geht auf den Amerikaner Ralph Linton zurück. Er beschäftigte sich vorwiegend mit wenig differenzierten und schriftlosen Stammesgesellschaften. Diese sind durch eine kleine Anzahl von verschiedenen Positionen charakterisiert, die jeweils mit verschiedenen Verhaltenserwartungen verbunden sind: Etwa Häuptling, Familienältester, Jäger, Mutter, Jungmann, unverheiratetes Mädchen. Diese Positionen unterscheiden sich nicht nur in den Pflichten oder Verhaltenszumutungen, sondern auch in den Rechten, im Einfluß, im Rang oder im Prestige. Deshalb nannte Linton diese Position auch Status. Status bezeichnet also gleichzeitig die Position in einer Sozialstruktur, die sich daraus ergebenden Rechte und Pflichten bzw. Verhaltenserwartungen *und* die Bewertung dieser Position, d.h. deren Rang. Spätere Soziologen haben oft zwischen Position und Status unterschieden, d.h. mit Position den Platz in der Sozialstruktur einschließlich der sich daraus ergebenden Rechte und Pflichten bezeichnet, mit Status den der Person zugeordneten Rang.

Linton selbst schreibt zum Verhältnis von Status und Rolle (nach Siebel 1974, S. 111): »Ein Status, der von dem Individuum zu unterscheiden ist, das ihn einnehmen mag, ist einfach eine Zusammenfassung von Rechten und Pflichten ... Eine Rolle stellt den dynamischen Aspekt des Status dar. Das Individuum ist sozial einem Status zugeordnet und hat ihn inne im Verhältnis zu anderen Status. Wenn es die Rechte und Pflichten, die den Status konstituieren, wahrnimmt, so übt es seine Rolle aus. Status und Rolle sind ganz untrennbar, die Unterscheidung zwischen ihnen ist nur von akademischem Interesse«.

Zur Klassifikation von Rollen bzw. zu ihrer Charakterisierung kann man die *Parsons'*schen ›*pattern variables*‹ verwenden, obwohl diese eigentlich primär als Handlungs- und Orientierungsalternativen gedacht sind. Parsons (1951, S. 67) unterscheidet zwischen:

(a) affektiver und affektiv-neutraler Orientierung,
(b) Orientierung an eigenen oder gemeinsamen Interessen,
(c) partikularistischer und universalistischer Orientierung,
(d) Orientierung an vorgegebenen und zugeschriebenen Eigenschaften oder an erworbenen Eigenschaften bzw. Leistung,
(e) diffuser Orientierung und Orientierung an spezifischen Eigenschaften.

Diese Handlungsalternativen können als multidimensionale Aufspaltung der Dichotomie Gemeinschaft-Gesellschaft bei Ferdinand Tönnies verstanden werden. Für Gemeinschaft typisch ist affektive, partikularistische, diffuse Orientierung an vorgegebenen und zugeschriebenen Eigenschaften. Für Gesellschaft typisch ist affektiv-neutrale, universalistische, spezifische Orientierung an durch Leistung erworbenen Eigenschaften.

Wenden wir Parsons Orientierungsalternativen zur Beschreibung von Rollen an. Dabei vernachlässige ich die Unterscheidung zwischen Orientierung an eigenen und Gemeinschaftsinteressen, weil Rollen meines Erachtens immer letztere berücksichtigen, und damit dieser Gesichtspunkt *hier* vernachlässigt werden kann. Je nachdem, ob eine Rolle Selbstdisziplin erfordert oder nicht, ist sie affektiv oder affektiv-neutral orientiert. Die Rolle des Kindes oder auch der Mutter ist zweifellos stärker affektiv orientiert als fast alle Berufsrollen.

Eine Rolle kann partikularistisch sein, d. h. an persönlichen Beziehungen zu anderen orientiert, oder universalistisch, d. h. Rechte und Pflichten sind im Hinblick auf allgemeine Kriterien definiert. Die Rollen von Kind, Mutter, aber auch Vater sind partikularistisch, die des Wissenschaftlers ist universalistisch definiert – nicht primär über seine Beziehungen zu Kollegen und Studenten, sondern über seinen Beitrag zum Erkenntnisfortschritt.

Positionen und Rollen können durch Zuschreibung oder durch Leistung erworben werden. In Lintons schriftlosen Gesellschaften sind zugeschriebene Rollen besonders bedeutsam: Geschlechtsrollen, Altersrollen und Verwandtschaftsrollen. Auch Herrschaftsrollen sind manchmal zugeschrieben, etwa wenn adelige Herkunft Voraussetzung für ihre Übernahme ist. Berufsrollen in modernen Gesellschaften sind dagegen meist an zu erwerbende Qualifikationen und Leistungsnachweise geknüpft.

Funktional spezifische Rollen werden durch klar eingegrenzte Funktionen definiert. Funktional diffuse Rollen enthalten nur ungenaue Verhaltenserwartungen und lassen einen größeren Spielraum bei der Interpretation von Rechten und Pflichten. Die Rollen des Freundes oder des Nachbarn oder des Familienoberhauptes sind funktional diffus, Berufsrollen in modernen Gesellschaften sind im allgemeinen funktional spezifisch. Aber auch unter den Berufsrollen gibt es Unterschiede im Ausmaß der funktionalen Spezifizität. Die Aufgabe des Fließbandarbeiters ist funktional sehr spezifisch, die des Fabrikdirektors viel weniger. Oft sind höherrangige Rollen funktional diffuser als niederrangige Rollen. Aber nicht immer: die Rolle des Kindes ist zweifellos nicht funktional spezifisch und hat dennoch niederen Rang.

Im Vorgriff auf die Makrosoziologie kann man sagen, daß Modernisierung im wesentlichen darin besteht, die Berufsrollen von den zugeschriebenen, partikularistischen und funktional diffusen Verwandtschaftsrollen zu trennen, sowie die Berufsrollen selbst tendenziell immer stärker funktional spezifisch und universalistisch und nach Leistungskriterien zu gestalten (vgl. Hoselitz 1969).

Linton hatte jeder Position – oder, wie er sagte, jedem Status – eine Rolle zugeordnet, also ein Bündel von Verhaltenserwartungen. Merton (1973b) hält es für sinnvoller, einer Position mehrere Rollen oder Sätze von Verhaltenserwartungen zuzuordnen, wofür er den Begriff »*Rollen-Set*« entwickelt. Als Positionsinhaber kommt man nämlich in Kontakt mit verschiedenen anderen Personen, die unterschiedliche, sogar einander widersprechende Verhaltenserwartungen haben können. Man beachte, daß Merton unterschiedliche Verhaltenserwartungen an dieselbe Position bzw. ihren Inhaber hervorhebt, nicht die ebenfalls vorhandene Tatsache, daß Menschen meist mehrere Positionen innehaben, z.B. die des Lehrers, Ehemanns und Vaters, woraus sich ebenfalls konfligierende Erwartungen ergeben können. Nicht dem Status-Set, sondern dem Rollen-Set gilt seine Aufmerksamkeit.

Als Beispiel wählt Merton vor allem die Position des Lehrers, die Beziehungen zu Schülern, Eltern, Schulkommission und anderen Lehrern begründet. Schon allein weil die Mitglieder dieses Rollen-Sets selbst unterschiedliche Positionen in der Gesellschaft innehaben, weil die Interessen, Wertvorstellungen und Erwartungen der Menschen wesentlich von deren Positionen beeinflußt sind, muß es also zu unterschiedlichen Erwartungen kommen, denen der Positionsinhaber nicht im gleichen Ausmaß nachkommen kann. Dieselbe Maßnahme kann etwa den Kollegen als pädagogisch wertvoll, der Schulkommission als Firlefanz und manchen Eltern als subversiv vorkommen. In Anbetracht dieser strukturell in Rollen-Sets angelegten Konflikte stellt sich die Frage nach konfliktmildernden Mechanismen, ohne die Gesellschaften kaum existieren könnten. Merton (1973 b, S. 325) nennt sechs Mechanismen, die dem Rollen-Set inhärente Konflikte mildern können:

(a) »Der Aufprall verschiedenartiger Erwartungen seitens derer in einem Rollen-Set wird gemildert durch die grundlegende strukturelle Tatsache, daß *diese Personen unterschiedlich stark in die Beziehung verwickelt sind.*« Bleiben wir beim Lehrerbeispiel. Die meisten Eltern messen der Beziehung zwischen ihnen und dem Lehrer keine besondere Bedeutung bei. Auch wenn sie Vorstellungen davon haben, was ein Lehrer tun sollte, und wenn der unter dem Einfluß von Ausbildung und Kollegen etwas anderes tut, werden sie nicht viel dagegen unternehmen. Ein Verstoß gegen die Verhaltenserwartungen bleibt dann wirkungslos.

(b) Die Mitglieder eines Rollen-Sets unterscheiden sich nicht nur in der Bedeutung, die sie der sozialen Beziehung beimessen, sondern auch in ihrer *Macht* (= Durchsetzungschance) bzw. Autorität (= legitime Durchsetzungschance). Bei widersprüchlichen Erwartungen kann der Positionsinhaber diese Machtunterschiede berücksichtigen und etwa den Erwartungen der Mächtigen besonderes Gewicht zuweisen. Oft wird natürlich die Macht mancher Person durch deren Desinteresse an der Beziehung neutralisiert.

(c) Üblicherweise ist man als Positionsinhaber *nicht gleichzeitig* in Interaktion mit allen Mitgliedern seines Rollen-Sets. Soweit das der Fall ist, ist man strukturell der Beobachtung bestimmter Set-Mitglieder bei der Interaktion mit anderen Set-Mitgliedern entzogen. Wer immer den Erwartungen der anwesenden im Gegensatz zu den abwesenden Set-Mitgliedern besonderes Gewicht zuweist, wird nicht in Konflikt mit den anderen kommen.

Die Abschirmung vor Beobachtung muß nicht nur zeitökonomisch bedingt sein (der Lehrer kann nicht gleichzeitig unterrichten, Elternabend abhalten und an einer Konferenz teilnehmen), sie kann auch institutionalisiert sein. Die Schweigepflicht von Ärzten oder Priestern erlaubt es ihnen, den Erwartungen der ihnen Anvertrauten nachzukommen, ohne daß andere, die das entsprechende Rollenverhalten vielleicht kritisieren würden, überhaupt Einblick erhalten. Abschirmung vor Beobachtung ist allerdings eine zweischneidige Angelegenheit. Zuviel beeinträchtigt die soziale Kontrolle, zuwenig kann das Ausfüllen der Rollenverpflichtungen unmöglich machen.

(d) Wenn die Mitglieder eines Rollen-Sets *überblicken, daß sie widersprüchliche Erwartungen an denselben Positionsinhaber haben*, dann wird aus seinem in gewisser Weise deren Problem, was ihn entlastet, unter Umständen sogar zum lachenden Dritten machen kann. Manchmal ist es also im Interesse des Positionsinhabers, die Mitglieder des Rollen-Sets auf miteinander inkompatible Ansprüche aufmerksam zu machen, sie zu einer Kompromiß- und Konsenslösung zu veranlassen.

(e) Wer eine Position innehat, hat meist auch *Kollegen in recht ähnlichen Positionen*, die folglich ähnlich inkonsistenten Verhaltenserwartungen ausgesetzt sind. Normative und organisatorische Unterstützung von Gleichgestellten kann die Widerstandskraft des Positionsinhabers stärken.

(f) Manchmal, allerdings nur selten, hat der Positionsinhaber auch die *Möglichkeit der Radikalkur*. Er kann seinen Rollen-Set verkleinern, indem er Kontakte abbricht, und damit die Diskrepanzen unter den ihm zugemuteten Verhaltensweisen verringern.

Diese sechs Mechanismen der Milderung von dem Rollen-Set inhärenten Konflikten reichen natürlich nicht in allen Fällen aus, um reibungsloses Funktionieren zu ermöglichen. Aber jeder der Mechanismen trägt zur Entlastung bei. Oder: bei Überlastung eines Positionsinhabers funktionieren die sechs Mechanismen meist nicht hinreichend.

Mertons Vorschlag, einer Position bzw. einem Status nicht eine einzelne Rolle, sondern einen ganzen Rollensatz zuzuordnen, d.h. die potentielle Widersprüchlichkeit der Verhaltenserwartungen einerseits über Status- bzw. Positionssatz, andererseits über Rollensätze abzubilden, ist nicht die einzige Möglichkeit. Scheuch und Kutschs (1975,

S. 111 f.) Konzept der Status- und Rollenkonfiguration leistet ähnliches, kann dort nachgelesen werden, wird hier nicht weiter besprochen.

Rollen umfassen Rechte und Pflichten, Verhaltensvorschriften und -erwartungen. Dahrendorf (1958) faßt Rollen primär als dem Individuum von der Gesellschaft zugemutete Verhaltensregelung auf, Rollenhandeln als Entpersönlichung, das mit Sanktionen durchgesetzt wird. Diese Perspektive ist doppelt problematisch. Erstens wird damit implizit eine Individualität ohne soziale Einbindung postuliert, das Reich der Freiheit jenseits von Normen, Rollen und Sozialsystem angesiedelt. Ohne soziale Normen – und Rollen sind positionsspezifische Normenbündel – kommt aber das instinktarme Lebewesen Mensch nicht aus. Der von allen Sozialbezügen befreite Mensch ist nicht vorstellbar; Schritte in diese Richtung laufen eher auf Verunsicherung als auf Befreiung hinaus.

Zweitens hat Rollenhandeln nicht generell Zwangscharakter. Das Rollenhandeln einer Mutter ist auch durch biologische Antriebe unterstützt, gilt in den meisten Gesellschaften als völlig selbstverständlich, muß gerade deshalb nur in Ausnahmefällen mit Sanktionen durchgesetzt werden. Das Ausmaß oder die Häufigkeit der Sanktionierung ist, wie dieses Beispiel zeigt, kein geeigneter Maßstab für die soziale Bedeutung von Rollen bzw. Rollenhandeln, sondern eher für die mangelnde Selbstverständlichkeit dieses Handelns in einem Sozialsystem. Mehr noch als von biologischer Unterstützung hängt das freiwillige Rollenhandeln natürlich von erfolgreicher Sozialisation der Person ab.

Eng mit dem Begriff der Rolle hängt der der Institution zusammen. Homans (1969, S. 95) versteht unter Institution ein Rollenbündel, so wie er Rollen als Normenbündel auffaßt. Als Beispiel kann die Institution der Ehe dienen. Sie enthält die Rollen des Ehemannes und der Ehefrau. Wie Normen und Rollen dienen auch Institutionen der Regelung des Verhaltens. König (1958, S. 135) definiert deshalb »Institution ... (als) ... die Art und Weise, wie bestimmte Dinge getan werden müssen«. Institutionen sollten nicht mit Assoziationen verwechselt werden. König (1958, S. 138) unterscheidet: »Einer Assoziation gehört man an als Mitglied; einer Institution kann man nicht angehören, man ist ihr vielmehr unterworfen«. Aber Assoziationen haben meist Institutionen, die das Verhalten regeln.

In Anlehnung an Parsons bezeichnen viele Soziologen nicht jedes aufeinander abgestimmte Rollenbündel als Institution, sondern nur solche Rollenintegrate, die von strategischer Bedeutung für das Sozialsystem sind. Die strategische Bedeutung wird ihrerseits manchmal mit Sinndeutung verbunden bzw. als Sinndeutung verstanden. Das zeigt etwa Scheuch und Kutschs (1975, S. 211) Definition: »Institution sei genannt ein Regelsystem für einen Komplex von ritualisierten Verläufen, das als System mit einer Sinndeutung verbunden ist, und dessen Änderung als Verletzung von wichtigen Selbstverständlichkeiten bewertet wird«.

Die oben besprochene mikrosoziologische Rollentheorie ist eine spezifische Variante eines allgemeinen sozialwissenschaftlichen Forschungsprogramms, das über die Fachdisziplin Soziologie in andere Sozialwissenschaften hinausgreift und auch in jüngster Zeit mit Nachdruck verfochten wird (z. B. Elster 1989a, March and Olsen 1989). Dabei wird die handlungsprägende Kraft von Regeln, Standardprozeduren, Normen und Institutionen betont, aber auch, daß diese Vorgaben nicht immer konsistent sind, so daß Wahlmöglichkeiten bzw. Interpretationsfreiraum bleiben. In dieser Perspektive bestimmen Verpflichtungen und *berechtigte* Erwartungen im Gegensatz zu bewerteten Konsequenzen oder Werterwartungen das Handeln. Ich stehe dieser Perspektive vor allem deshalb skeptisch und distanziert gegenüber, weil ich nicht sehe, wie im Rahmen dieses Ansatzes die Entstehung von Normen und Institutionen auch nur genauso ansatzweise und lückenhaft wie im 3. Kapitel oben erklärt werden kann, und welche möglichst streng prüfbaren makrosoziologischen Konsequenzen dieser Ansatz hat. Meines Erachtens eignet sich der Ansatz eher zur Deskription als zur systematischen Erklärung. Grundsätzlich kann man sich natürlich auch eine Integration dieses Ansatzes und der Werterwartungstheorie denken. Wenn Regeln, Normen oder Standardprozeduren oft inkonsistent sind und deshalb Entscheidungen zwischen ihnen getroffen werden müssen, dann ist denkbar, daß Kosten-Nutzen-Kalküle der Akteure weitgehend bestimmen, welche Normen oder Standardprozeduren Akteure bevorzugen. Oder: Regeln und Standardprozeduren senken die Entscheidungskosten. Bei Konflikten zwischen ihnen werden zusätzliche Entscheidungen notwendig, die unter Zweckmäßigkeitsgesichtspunkten getroffen werden können. Mertons oben besprochene Ausführungen zum Rollenkonflikt sind meines Erachtens mit einer derartigen Synthese kompatibel.

7. Sozialisation

Im Prozeß der Sozialisation wird das Individuum in die Gesellschaft eingebunden. Weil menschliche Existenz nur als soziale Existenz denkbar ist, kann auch Persönlichkeitsentfaltung ohne Sozialisation nicht sinnvoll erfaßt werden. Unter *Sozialisation* versteht man die Übertragung von Verhaltensweisen, Normen und Werten auf eine Person, so daß die Erwartungen anderer zu Erwartungen der Person an sich selbst werden. Der Begriff der Sozialisation ist weiter als der der Erziehung, denn mit *Erziehung* verbindet man ja die Vorstellung der gezielten Einwirkung durch spezifisch dafür legitimierte Erzieher (wie Eltern oder Lehrer). Erziehung trägt zwar zur Sozialisation bei, aber auch Gleichaltrige, Freunde und Nachbarn beeinflussen die Sozialisation, oft ohne es zu wissen oder zu wollen. Vielfach unterscheidet man zwischen *primärer Sozialisation* oder Sozialisation im engeren Sinne in der frühkindlichen Phase und späterer sekundärer Sozialisation für bestimmte Positionen und Rollen im Sozialsystem.

Mit *Enkulturation* bezeichnet man die Verinnerlichung von Normen und Werten, von Maßstäben und Symbolen einer Kultur. Man kann Enkulturation entweder als Teilprozeß der Sozialisation begreifen oder als primär auf die Gesellschaft und ihre Kultur bezogen, während Sozialisation im engeren Sinne dann primär auf Rollenübernahme in der Familie hin bezogen wäre. Der Sprachgebrauch ist da nicht ganz einheitlich. Klar verschieden von der Enkulturation als Verinnerlichung der Normen und Werte der eigenen Kultur ist die *Akkulturation* als Aneignung von fremden Kulturelementen.

Zentrale Elemente der Sozialisation im engeren Sinne sind *Identifikation* und deren Resultat, die *Internalisierung* von Normen und Verhaltensweisen. Identifikation bezieht sich primär auf Anerkennung und Nachahmung der Eltern durch ihre Kleinkinder. Sie geben Verhaltensmodelle ab, an ihrem Beispiel kann das Kind auch erste Rollen, wie die Geschlechtsrollen, ablesen und erlernen. Nach psychoanalytischer Auffassung (Freud 1939/1953) ist die Identifikation des Kindes mit dem strengen Vater auch für die Bildung des Überichs bzw. des Gewissens verantwortlich. Durch Identifikation mit dem potentiell strafenden Vater werden dessen Normen internalisiert, wird äußere Kontrolle weitgehend durch innere Kontrolle ersetzt.

Sozialisation verläuft schichtspezifisch. Eine weit verbreitete Hypothese besagt, daß Internalisierung von Werten und Normen und damit innere Kontrolle des Verhaltens für die Mittelschicht typischer als für die Unterschicht ist, daß folglich die Angehörigen der Mittelschicht primär internalisierter sozialer Kontrolle unterliegen, die Angehörigen der Unterschicht primär durch externe Kontrolle und Sanktionen zur Einhaltung sozialer Normen veranlaßt werden. Während in der Unterschicht Unterordnung und Konformität Erziehungsziele sind, treten in der Mittel- und Oberschicht Selbstbestimmung, Kreativität und Aufstiegsorientierung an deren Stelle (Lange 1990, S. 239).

Zum Zusammenhang von Sozialisation und Persönlichkeit einerseits und Sozialsystem andererseits hat David Riesmann (1958) in seinem Buch »Die einsame Masse« interessante Vorstellungen entwickelt: Danach dominierte in frühen Phasen der Entwicklung westlicher Industriegesellschaften der innengeleitete Persönlichkeitstyp, während in späteren Phasen, also heutzutage, der außengeleitete Typ überwiegt.

Der psychoanalytische Erklärungsansatz für die Sozialisation, der ja die Identifikation mit dem strengen Vater betont, die Internalisierung seiner Normen, wäre danach zwar zu Freuds Zeiten gültig gewesen, kann aber die zeitgenössische Realität in den wohlhabenden Industriegesellschaften nicht mehr beschreiben. Die Väter sind nicht mehr streng genug, um dem Freud'schen Modell zu entsprechen. Die Bedeutung von Familie, Nachbarschaft und Kirche bei der Sozialisation hat abgenommen. Normen werden nicht mehr im gleichen Ausmaß wie früher internalisiert. Gehorsam und Unterordnung haben seit Jahrzehnten eine abnehmende Bedeutung als Erziehungsziele (Lange 1990, S. 81).

Während der Einfluß der Eltern und vor allem des Vaters auf die Persönlichkeitsentwicklung des Kindes zurückgeht bzw. -gegangen ist, spielen die Gleichaltrigen, die Massenmedien, also das Fernsehen und vor allem das Werbefernsehen, und auch die Schule eine immer wichtigere Rolle. Wer unter diesen Einflüssen aufwächst, reagiert nach Riesman viel sensibler auf das Urteil der gerade gegebenen sozialen Umwelt und paßt sich ihr an. Gerade weil die internalisierten Maßstäbe weitgehend fehlen, fällt der außengeleiteten Person die Anpassung an eine sich rasch wandelnde Industrie- und nicht zuletzt auch Konsumgesellschaft mit ihren Moden leicht.

Sozialisation kann primär durch Ältere oder in späteren Phasen auch primär durch Gleichaltrige vermittelt werden. Der Konformitätsdruck bei Sozialisation durch Gleichaltrige ist meist stärker als bei Sozialisation durch Ältere. Aus dem Altersunterschied kann das Kind gegenüber den Eltern eine besondere Schutzbedürftigkeit und einen Anspruch auf Nachsicht ableiten, gegenüber Gleichaltrigen aber entfällt dieser mildernde Umstand.

Gesellschaften unterscheiden sich nicht nur in der Art der Sozialisation und sozialen Kontrolle oder im so hervorgebrachten Persönlichkeitstypus, sondern auch in den Übergängen von einer Sozialisationsphase zur nächsten oder im Abschluß von Sozialisationsphasen. Bei schriftlosen Stammesgesellschaften wird Sozialisation oft abrupt für erfolgreich erklärt, wird mit dramatischen Initiationsriten ein plötzlicher Zuwachs an Rechten und Pflichten vermittelt. Ein Junge kann heute noch die Rolle des Kindes spielen, wenige Tage, Wochen oder Monate später schon voll als erwachsen gelten.

In modernen Gesellschaften sind die Übergänge gleitender: Der Grundschule wird eine Vorschule und dieser ein Kindergarten vorgeschaltet, um den Übergang vom unbelasteten Spielkind zum Schulkind zu erleichtern. Auch das Erwachsenwerden geschieht stufenweise: Schulabschluß oder Abschluß der Lehre, juristische Volljährigkeit und finanzielle Selbständigkeit und Eigenverantwortung fallen nur selten zusammen. Mit zunehmend gleitenden Übergängen aus einer altersspezifischen Rolle in die nächste haben sich auch die Übergangsriten weitgehend verflüchtigt, obwohl im religiösen Lebensbereich – etwa bei der protestantischen Konfirmation – noch Überbleibsel aufzufinden sind.

Art und Intensität der Sozialisation hängen auch von der Homogenität oder Heterogenität der zu sozialisierenden Personen ab. Weil Sozialisation ja Übernahme von standardisierten Verhaltensmustern beinhaltet, muß sie bei homogenen Gruppen leichter fallen als bei heterogenen, kann sie bei homogenen Gruppen mit weniger formalen Regeln und weniger expliziten Sanktionen auskommen.

Die enorme soziale Differenzierung in modernen Gesellschaften, das reichhaltige Angebot an verschiedenen Positionen, Status und Rollen, die sich daraus ergebenden Wahlmöglichkeiten, aber auch Rollenkonflikte und einander widersprechende Einflüsse bei der Sozialisation haben den Individualismus begünstigt. Widersprüchliche Sozialisationseinflüsse und partiell miteinander unvereinbare Rollen verhindern, daß der Mensch ganz in der Rolle aufgeht, daß sein Verhalten allzu standardisiert wird. In weniger komplexen, traditionalen Gesellschaften ist Individualismus weit weniger verbreitet und wird unter Umständen kaum Künstlern, oder so weit es sie schon gibt Wissenschaftlern, zugestanden, die in westlichen Gesellschaften nicht nur Individualisten sein dürfen, sondern gemäß Rollendefinition sein müssen.

Kriminalität als extreme Form abweichenden Verhaltens sieht auf den ersten Blick so aus, als ob sie Ergebnis erfolgloser Sozialisation wäre. Von der Perspektive der Gesamtgesellschaft her betrachtet ist das auch sinnvoll. Aber man sollte auch berücksichtigen (vgl. Kapitel 4 oben), daß auch kriminelles Verhalten erlernt werden kann oder muß, daß kriminelle Subkulturen ihre eigenen Normen und beträchtlichen Konformitätsdruck kennen. Aus der Perspektive des kriminellen Milieus ist der Kriminelle unter Umständen erfolgreich sozialisiert. Kriminalität kann also das Ergebnis von Normenkonflikten sein. Mit zunehmender sozialer Differenzierung wächst die Menge konkurrierender Normen und die Gefahr ihrer Relativierung, weil man notwendig immer mehr Normverletzung beobachten muß, oder die Gefahr der Herausbildung von Subkulturen, die zentrale Normen der Gesellschaft nicht akzeptieren. Bei sozialer Desintegration spricht man mit Durkheim auch von *Anomie*. Anomie bezeichnet die Lockerung der sozialmoralischen Leitideen einer Gesellschaft bis an den Rand der Normlosigkeit (vgl. Kapitel 4 oben).

Der Prozeß der Sozialisation kann als *Lernprozeß* verstanden werden (vgl. Herkner 1987; Hilgard and Bower 1966; Hofstätter 1957). Was man lernt, hängt weitgehend von den eigenen Belohnungs- und Bestrafungserfahrungen ab (vgl. auch Kapitel 9 unten). Damit wünschenswerte Gewohnheiten nicht allzu schnell beim Ausbleiben von Belohnungen wieder vergessen oder verlernt werden, ist es wichtig, daß Belohnungen unregelmäßig und relativ selten statt regelmäßig und ausnahmslos erfolgen. Herkner (1987, S. 43) und Wiswede (1991, S. 75) gehen so weit, den Prozeß der *Internalisierung* auf derartige Verstärkungspläne zurückzuführen.

Manche Dinge empfinden Menschen als Belohnung; bei anderen dagegen erlernen sie erst, etwas als Belohnung zu empfinden. Diesen Prozeß bezeichnet man als sekundäre Reaktionsverstärkung. Herkner

(1987, S. 42/43) beschreibt ihn kurz und prägnant so: »Jeder neutrale Reiz kann ein *sekundärer* Verstärker (oder ein sekundärer Strafreiz) werden, wenn er wiederholt gemeinsam mit oder unmittelbar vor einer Verstärkung (oder einem Strafreiz) dargeboten wird. Die sekundäre Verstärker- bzw. Strafreizqualität wird jedoch wieder abgebaut, wenn der sekundäre Verstärker oder Strafreiz häufig allein auftritt. Auch diese Extinktion erfolgt langsamer, wenn die Koppelung von neutralem Reiz und Verstärker bzw. Strafreiz selten oder unregelmäßig war.«

Der Sozialisationsprozeß wird aber nicht nur von den eigenen Belohnungs- und Bestrafungserfahrungen bestimmt, sondern auch von Beobachtungen darüber, wofür andere belohnt oder bestraft werden (Bandura 1977). Anders ausgedrückt: auch stellvertretende Verstärkung von Modellpersonen kann wirken, indem man erwartet, daß man selbst ähnlich wie die Modellperson für dasselbe Verhalten belohnt oder bestraft wird. Dann kommt es zur *Identifikation* und *Imitation*. Inhaltlich kann das Lernen am Modell zu so unterschiedlichen Resultaten wie aggressivem oder altruistischem Verhalten führen.

Im Sozialisationsprozeß lernt man notwendigerweise und unvermeidlicherweise auch, sich Autoritätspersonen unterzuordnen und zu gehorchen. Nicht nur ein Blick zurück in die Geschichte, sondern auch experimentelle Studien können den problematischen Charakter dieser Erscheinung aufzeigen. In Milgrams (1974; auch Günther 1987) Experimenten spielten Versuchspersonen die Rolle des Lehrers. Die Lehrer sollten den Schülern, die Komplizen des Versuchsleiters waren, bei Fehlern Elektroschocks verabreichen: beim ersten Fehler 15 Volt, beim zweiten 30 Volt etc. bis hin zu 450 Volt. Zur Demonstration bekam zunächst einmal der Lehrer selbst einen harmlosen Probeschock von 45 Volt. Ermittelt werden sollte in diesem angeblichen Lernexperiment, wie weit die Versuchspersonen in der Rolle des Lehrers bei der Bestrafung der Schüler gehen. Abhängige Variable war also die Aufkündigung des Gehorsams der Versuchspersonen in der Rolle des Lehrers gegenüber der Autoritätsperson Versuchsleiter oder auch der instruktionswidrige vorzeitige Abbruch des Experiments.

Natürlich haben die Komplizen des Versuchsleiters, die sog. Schüler, keine echten Elektroschocks erhalten, sondern nur so getan ›als ob‹. Von 75 bis 135 Volt gab es leichte Schmerzensäußerungen, ab 150 Volt den Ruf ›Holen Sie mich hier raus‹, später qualvolles Brüllen, bis schließlich die sog. Schüler gar nicht mehr reagierten. In der Standardvariante des Experiments hörten die Versuchspersonen in der

Rolle des Lehrers nur die Reaktionen ihrer sog. Schüler, sahen sie aber nicht. Vor dem Experiment hatten Psychologen und Psychiater eigentlich erwartet, daß die meisten Versuchspersonen kaum über 135 Volt hinausgehen würden. Tatsächlich haben über 62 % der Versuchspersonen bis zum Ende mitgemacht und Schocks bis 450 Volt auszuteilen geglaubt. Zittern, Schwitzen, Stottern und ähnliche Reaktionen bei den Versuchspersonen in der Rolle der Lehrer spricht dafür, daß diese tatsächlich glaubten, ihren Schülern große Schmerzen zuzufügen.

Variation der Versuchsbedingungen hat den Prozentsatz der ›gehorsamen‹, also bis zu 450 Volt Schocks austeilenden, Versuchspersonen verändert. Aber selbst bei Berührungsnähe von Versuchsperson (Lehrer) und Opfer (Schüler) waren es noch 30 Prozent. Wo die Versuchspersonen das Schocken nur beenden konnten, indem sie einen weiteren Komplizen des Versuchsleiters unterbrachen, da haben sogar über 92 Prozent das volle Schockprogramm akzeptiert. Derartige Experimente sind in Amerika, Deutschland und Jordanien mit ähnlichem ›Erfolg‹ durchgeführt worden. In sonst recht verschiedenen Kulturen werden die Menschen offenbar in ähnlicher Weise zum Respekt vor Autoritäten und zum Gehorsam erzogen. Das ist wohl einerseits unvermeidbar, andererseits aber schafft diese Gehorsamsbereitschaft offensichtlich breiten Spielraum für den Mißbrauch von Autorität.

8. Referenzgruppen

Einstellungen und Verhalten von Menschen werden nicht nur von Gruppen geprägt, denen man angehört, sondern auch von sog. Referenzgruppen, von denen man sich ohne Zugehörigkeit beeinflussen läßt. Man kann analytisch zwischen zwei Arten von Referenzgruppen unterscheiden, obwohl dieselbe Referenzgruppe unter Umständen gleichzeitig beide Funktionen wahrnehmen kann: *Komparative* Referenzgruppen dienen als Vergleichsstandard für die Selbsteinschätzung. Beispiel: Man beurteilt sein eigenes Einkommen relativ zu dem bestimmter anderer Gruppen, d. h. relativ zu Referenzgruppen. *Normative* Referenzgruppen dienen als Bezugsquelle von Normen, Einstellungen und Werten. Anstelle von Referenzgruppen können allerdings auch sog. *Referenzindividuen* den Vergleichsstandard für Selbsteinschätzung oder die Bezugsquelle für soziale Normen abgeben. Bei normativen Referenzgruppen unterscheidet man zwischen *positiven und negativen Referenzgruppen*. Bei positiven Referenzgruppen ist man zur Übernahme von deren Normen, Werten und Einstellungen bereit, während man bei negativen Referenzgruppen die eigenen Normen, Werte und Einstellungen zwar in Abhängigkeit von denen der Referenzgruppe, aber im Kontrast dazu bildet.

Gruppen, in denen man Mitglied ist, können Konformitätsdruck ausüben. Bloße Referenzgruppen können das nicht. Ihr Einfluß hängt von der freiwilligen Übernahme von Normen ab. Falls Mitgliedschafts- und Referenzgruppe auseinanderfallen und ihre Normen und Einstellungen inkompatibel sind, werden die *Einstellungen der Referenzgruppe sich im Denken*, die der *Mitgliedschaftsgruppe* stärker *im Verhalten* niederschlagen. Das ist eine plausible Hypothese, weil nur die Mitgliedschaftsgruppe über Sanktionen Konformität sicherstellen kann.

Man kann seine eigene Mitgliedschaftsgruppe zur Referenzgruppe wählen, aber nicht jeder tut das. Manchmal wählt man auch Gruppen als Referenzgruppe, denen man zwar noch nicht angehört, denen man aber zukünftig angehören möchte. Im Zuge *antizipierender Sozialisation* übernimmt man Normen, Einstellungen und Werte von der Gruppe, deren Mitglied man werden möchte. Solche Referenzgruppen können im Gegensatz zu anderen *Konformitätsdruck* ausüben, indem sie die *Zulassung* zur Mitgliedschaft von vorheriger Sozialisation abhängig machen.

In der sozialen Realität gibt es für jeden meist eine *Vielzahl von Referenzgruppen*. Für verschiedene Lebens- und Einstellungsbereiche kann man unterschiedliche Referenzgruppen anerkennen und auswählen. Außerdem ändern sich die Referenzgruppen üblicherweise von *Lebensabschnitt* zu Lebensabschnitt.

Wenn man die *Referenzgruppen* von *Menschen* kennt, kann man mit einem gewissen Erfolg deren Selbsteinschätzung sowie Normen, Werte und Einstellungen, eventuell sogar Verhalten erklären oder *prognostizieren*. Die Referenzgruppe kann man entweder *empirisch* – z. B. durch Befragung – oder aufgrund *theoretischer* Überlegungen feststellen. Empirische Erhebung ist prinzipiell weniger problematisch, aber meist teuer und manchmal nicht praktizierbar. Für *theoretisch* gerechtfertigte Zuordnung von Referenzgruppen zu Individuen müßte man wissen, nach welchen *Kriterien* man sich seine Referenzgruppe aussucht. Es herrscht weitgehend Übereinstimmung in der Sozialpsychologie und Mikrosoziologie, daß perzipierte *Ähnlichkeit* und damit Vergleichs*relevanz* zwischen Individuum und Referenzgruppe z. B. auf Statusdimensionen eine wichtige Rolle spielt. Beispiel: Arbeiter wählen andere Arbeiter und nicht Großindustrielle, Bauern oder Minister als Referenzgruppe und vergleichen etwa ihr Einkommen mit dem anderer Arbeitergruppen – oft aus demselben Betrieb, derselben Ortschaft, derselben Branche. Oder man wählt eine wohlbekannte Referenzgruppe, die in der Einkommens- oder Prestigehierarchie *etwas* privilegierter als die eigene Gruppe ist. Dann kann dabei relative *Deprivation* entstehen. Das muß aber nicht so sein. Der Einkommens- oder Prestigeunterschied zugunsten der Referenzgruppe könnte ja durch deren Seniorität, anstrengendere Arbeit (z. B. Nachtschichten) oder höhere formale Bildung gerechtfertigt sein. Hyman (1968, S. 357, meine Übersetzung), faßt das so zusammen: »Wenn die Wahlrichtung nach oben deutet, wird die Deprivation wahrscheinlich dadurch eingeschränkt, daß man eine Gruppe wählt, deren Unähnlichkeit in anderen Merkmalen die gegenwärtige unterwertige Position der Person legitimiert, die den Vergleich anstellt.«

Normative Referenzgruppen beeinflussen nicht nur die eigene normative Orientierung, Werte und Einstellungen, sondern werden manchmal auch aufgrund der Ähnlichkeit der normativen Orientierung von Ego und Referenzgruppe ausgewählt. *Ähnlichkeit* von Ego und Referenzgruppe kann also sowohl *Ursache als auch Wirkung der Referenzbeziehung* sein.

Referenzgruppen unterscheiden sich in der *Sichtbarkeit* ihrer Identität und mehr noch ihrer Normen, Werte und Einstellungen. Je weniger deutlich erkennbar die normative Orientierung einer Referenzgruppe, desto weiter kann die Kluft zwischen der angestrebten und der tatsächlichen Konformität mit der Referenzgruppe werden.

Mit Hilfe des Begriffs komparativer Referenzgruppen kann man erklären, warum absolute und relative Deprivation recht weit auseinander fallen können. Runciman (1966) hat in englischen Umfragestudien gezeigt, daß Arbeiter meist andere Arbeiter als Bezugsgruppe wählen und sich deshalb kaum depriviert fühlen. Obwohl Angestellte bzw. Angehörige der Mittelschicht im allgemeinen objektiv besser als die Arbeiter gestellt waren (und sind), fühlten sie sich dennoch unerwartet stark depriviert.

9. Der lernpsychologische Erklärungsansatz für soziales Handeln

Im 5. Kapitel haben wir Homans' (1950/1972a) induktiv entwickelte Hypothesen kennengelernt, jetzt werden wir uns mit Homans' (1961/1972b; 1972c) Versuch beschäftigen, soziologische auf lernpsychologische Aussagen zu reduzieren. Nach Homans sind die Aktivitäten von Individuen die grundsätzlichen Elemente bei sozialwissenschaftlichen Erklärungen. Menschliche Aktivitäten werden gesteuert von ihren Konsequenzen, vom Schaden oder Nutzen, den sie dem Akteur bringen. Nicht-soziales Verhalten, wie z.B. das eines Fischers in der Einsamkeit, und soziales Verhalten sind dabei denselben Gesetzmäßigkeiten unterworfen. Die Erklärung sozialen Verhaltens wird nur deswegen komplizierter, weil man dieselben Gesetzmäßigkeiten gleichzeitig auf mehrere Akteure, die einander beeinflussen, anwenden muß. Grundsätzlich aber gibt es keine bedeutsame Grenze zwischen Psychologie und Soziologie, denn alle Regelmäßigkeiten des sozialen Verhaltens lassen sich auf psychologische Gesetze zurückführen.

Homans geht von fünf Haupthypothesen aus, mit deren Hilfe sich dann weitere, weniger allgemeine Regelmäßigkeiten ableiten lassen. Diese Haupthypothesen sind zwar der behavioristischen Psychologie – vor allem den Arbeiten des Lernpsychologen Skinner – entnommen, geben deren Ergebnisse aber, wie Homans zugibt, nur sehr ungenau wieder. Homans beansprucht nur ungefähre Geltung seiner Haupthypothesen. Wenn man wie Homans von der behavioristischen Psychologie ausgehend zu soziologisch interessanten Aussagen kommen will, hat man wohl auch gar keine andere Wahl als die grobe Vereinfachung der psychologischen Basis.

Zuerst nennt Homans (1972c, S. 62) die *Erfolgshypothese*:

(a) Je häufiger die Aktivität einer Person belohnt wird, mit um so größerer Wahrscheinlichkeit wird diese Person die Aktivität ausführen.

Diese Erfolgshypothese ist ungenau, weil sie nicht berücksichtigt, daß unregelmäßig belohnte Aktivitäten häufiger als regelmäßig belohnte Aktivitäten ausgeführt werden, daß unregelmäßig belohnte Aktivitäten seltener oder langsamer als vorher regelmäßig belohnte Aktivitäten wieder aufgegeben werden – wovon unter anderem Lotterien leben. Wie oben (Kapitel 7) schon erwähnt, behindert diese Vereinfachung vor allem das Verständnis von Internalisierung und Sozialisation. Außerdem wird hier vernachlässigt, daß kürzere Zeitabstände günstiger als längere Zeitabstände zwischen Aktivität und Belohnung sind, wenn eine Aktivität häufiger auftreten soll.

Jede menschliche Aktivität ereignet sich in einem Umfeld von Reizen oder Stimuli. Reize, die oft mit belohnten Aktivitäten zusammen aufgetreten sind, lösen die belohnten Aktivitäten aus. Homans illustriert das mit einem Fischer, der die Erfahrung macht, daß die Fische in schattigen Teichen besonders gut anbeißen. In Zukunft wird er dann schattige Teiche suchen. Homans (1972c, S. 63) formuliert die *Reizhypothese* folgendermaßen:

(b) Wenn in der Vergangenheit ein bestimmter Reiz oder eine Menge von Reizen eine Aktivität begleitet hat, die belohnt worden ist, dann wird eine Person um so eher diese oder eine ähnliche Aktivität ausführen, je ähnlicher die gegenwärtigen Reize den vergangenen sind.

Die erste Hypothese hatte behauptet, daß Menschen aus Erfahrung lernen, daß sie tun, was ihnen wohltut. Die zweite Hypothese behauptet, daß Menschen ihre Erfahrungen verallgemeinern, daß sie unterstellen, daß Aktivitäts-Belohnungsabfolgen in ähnlichen Situationen wiederkehren. Beide Hypothesen zusammen implizieren, daß die Gewohnheiten von Menschen weitgehend das Produkt ihrer Vergangenheit sind. Außerdem weist Homans darauf hin, daß Menschen nicht nur aus eigenen Erfolgen und Erfahrungen lernen, sondern auch aus Beobachtung anderer, aus deren Erfolgen oder Mißerfolgen. Wer sieht, daß andere Fischer in einem Teich nie Erfolg haben, wird sich eher einen anderen suchen, wo er erfolgreiche Fischer beobachten kann.

An dieser Stelle schon werden einige Schwierigkeiten bei der Überprüfung und Anwendung der Homans'schen Verhaltenshypothesen klar. Ohne Kenntnis der Vergangenheit eines Akteurs, seiner Erfolge und der diese Erfolge begleitenden Reizsituationen, kann man sein Verhalten schlecht vorhersagen. Da muß man sich oft mit Raten behelfen und etwa Annahmen darüber machen, daß bestimmte Dinge von vielen Menschen – zumindest in gewissen Gruppen, Kulturen, Gesellschaften – als Belohnung empfunden werden. Das erschwert die Anwendung. Bei der Überprüfung der Hypothesen besteht zusätzlich die Gefahr, daß man den belohnenden Charakter einer Aktivitätskonsequenz aus der Wiederholung der Aktivität schließt. Dann ist die Erklärung tautologisch, denn wir folgern den Erfolg der Aktivität aus ihrer Wiederholung, so daß Widerlegung unserer Hypothese undenkbar wird. Entweder wird eine Aktivität wiederholt, dann war sie erfolgreich. Oder sie wird nicht wiederholt, dann war sie eben nicht erfolgreich. Solche tautologischen Erklärungen aber sind wissenschaftlich absolut wertlos.

Obwohl der Tautologievorwurf sehr, sehr schwerwiegend ist, sollte man ihn auch nicht übertreiben. Denn unabhängig von den Folgen oder Konsequenzen von Aktivitäten wissen wir von manchen Dingen, daß sie Belohnungen darstellen. Eine gesunde Ratte, die man 10 Stunden hungern läßt, wird danach Futter als Belohnung empfinden. Auch beim Menschen gibt es ähnlich eindeutige Belohnungen, die die experimentelle und damit recht strenge Überprüfung von Erfolgs- und Stimulushypothese zulassen. Von Homans' Vereinfachung (unregelmäßige Belohnungen) abgesehen, haben sich diese Hypothesen dabei recht gut bewährt. Daß reale Lebenssituationen sich nicht ebenso gut wie experimentell kontrollierte zur Überprüfung nomologischer Hypothesen eignen, ist eine alte Erfahrung auch der Naturwissenschaften. Kein Naturwissenschaftler würde die Fallgesetze bei unregelmäßigem Wind am Herbstlaub studieren!

Außerdem gibt es noch andere Möglichkeiten, um dem Tautologieproblem zu entgehen und Überprüfbarkeit der Hypothese herzustellen. Man kann in einem ersten Experiment ermitteln, ob etwas eine Belohnung darstellt und erwartungsgemäß die Aktivität verstärkt. In einem zweiten Experiment verwendet man dann dieselbe Belohnung, um das Versuchstier oder die Versuchsperson andere Aktivitäten ausüben zu lassen. Ob dieselbe Belohnung transsituational wirkt, aber ist nicht mehr aufgrund logischer Überlegungen entscheidbar (Meehl 1950). Schließlich kann man auch noch Belohnungshierarchien aufstellen, wenn man mit der Transsituationalität in Schwierigkeiten gerät. Dazu ein Beispiel: Der Pudding kann als Belohnung eingesetzt werden, damit ein Kind seine Suppe ißt. Aber mit demselben Pudding kann man das Kind nicht dazu bringen, keine Schokolade vor dem Mittagessen zu verzehren. Falls man solche Belohnungshierarchien kennt bzw. ermittelt hat, kann man wieder mit dem Belohnungsbegriff arbeiten (vgl. dazu Hilgard and Bower 1966, S. 480–487).

Aus der Erfolgshypothese und der Reizhypothese ergibt sich, daß erfolgreiche Aktivitäten einen gewissen Eigenwert erhalten können. Denn die oft belohnte Aktivität wird dabei zum Stimulus der Erfolgserwartung, fängt an Spaß zu machen und trägt ihren Lohn schließlich in sich selbst. Es entsteht (intrinsische) Motivation. Auch den Belohnungswert sog. sekundärer Belohnungen, wie den des Geldes, muß man erst erlernen (vgl. Wiswede 1991, S. 164). Einerseits erschweren solche sekundären oder gar tertiären etc. Belohnungen und Verstärkungsprozesse die Anwendung der Homans'schen Hypothesen, andererseits kann man ohne sekundäre, tertiäre etc. Reaktionsverstärkung die Komplexität menschlicher Belohnungen und Belohnungshierarchien gar nicht verstehen.

Damit sind wir bei der *Werthypothese* (Homans 1972c, S. 64).:

(c) Je wertvoller die Belohnung einer Aktivität für eine Person ist, desto eher wird sie diese Aktivität ausführen.

Belohnungen bzw. Folgen von Aktivitäten können positiven und negativen Wert haben. In letzterem Falle spricht man von Bestrafungen. Nach der Werthypothese führen Bestrafungen dazu, daß bestimmte Aktivitäten nicht mehr ausgeführt werden. Zur Verhaltenssteuerung eignen sich Belohnungen mit positivem Wert aber besser als Bestrafungen, denn Belohnungen verstärken das belohnte Verhalten und damit ein bestimmtes Verhalten, denn Strafen verhindern zwar ein bestimmtes Verhalten, aber sie erhöhen unter Umständen die Wahrscheinlichkeit eines anderen, genauso unerwünschten Verhaltens bis auch dieses bestraft worden ist. Weil es eine Belohnung ist, Strafen zu entgehen, verstärken Strafen ja alle nicht ebenfalls bestraften alternativen Verhaltensweisen. Weitere Komplikationen bei Strafen werden in der fünften Hypothese angesprochen.

In der Werthypothese wird impliziert, daß Menschen ihre Verhaltensoptionen miteinander vergleichen, daß sie Nutzen und Kosten berücksichtigen. Für unseren Fischer in der Einsamkeit besteht der Nutzen des Fischens darin, daß es ihm Spaß macht oder – je nach seinen sonstigen Lebensumständen – daß er Nahrung findet. Die Kosten können etwa im Anmarschweg zu einem fischreichen Teich oder See bestehen. Vor allem aber auch bestehen die Kosten im entgangenen Nutzen, der mit alternativen Verhaltensweisen erzielt werden könnte. Das eine tun, heißt nun mal, das andere lassen und auf die entsprechenden Belohnungen zu verzichten. Unser Fischer in der Einsamkeit kann nicht gleichzeitig ein Feld bestellen oder Bridge in der Großstadt bei seinen Freunden spielen oder sich ein Autorennen ansehen.

Nach der Werthypothese wägt man also Kosten und Nutzen von alternativen Aktivitäten ab und wählt dann die beste. Das ist natürlich ein subjektiver (nicht unbedingt bewußter) Prozeß, in den die subjektiv perzipierten Alternativen, Wert- und Kostenvorstellungen eingehen. Und die sind weitgehend von den Erfahrungen eines Menschen geprägt.

Auch die Werthypothese ist ungenau. Denn, wenn eine Aktivität gleichzeitig hoch belohnt und bestraft wird, wenn Nutzen und Kosten sehr hoch sind, dann kann es schwer fallen, sich zu entscheiden. Bei gleichzeitiger Appetenz durch die hoch geschätzte Belohnung und Aversion wegen der befürchteten Strafe müssen emotionale Begleiterscheinungen wie Angst eigentlich noch berücksichtigt werden. Im Interesse der Einfachheit seiner Erklärungsskizze verzichtet Homans darauf.

Als nächstes nennt Homans (1972c, S. 66) die *Entbehrungs-* und *Sättigungshypothese:*

(d) Je häufiger eine Person in der nahen Vergangenheit eine bestimmte Belohnung erhalten hat, desto weniger wertvoll wird für sie jede zusätzliche Belohnungseinheit.

Ein Beispiel: Wer fischt, um seinen Hunger zu stillen, wird gerade bei Erfolg seiner Tätigkeit nach einer Weile damit aufhören. Die Erfolgshypothese kann also von der Sättigungs- und Werthypothese überlagert werden – aber immer nur für begrenzte Zeit. Anwendung und Überprüfung der Homans'schen Hypothesen in lebensnahen Kontexten werden dadurch erschwert bzw. wir werden zu Annahmen über Sättigung und dadurch bedingten zeitweiligen Wertverfall von Belohnungen genötigt.

Bisher hat Homans mit Steuerung durch Erfolg, Verallgemeinerung, Kosten, Nutzen und zeitweilige Sättigung ein teils mechanistisches, teils kalkulierendes Menschenbild entworfen. Den Rationalitätsbegriff vermeidet er allerdings bewußt. Was noch fehlt, ist das Gefühlsleben.

Von besonderer Bedeutung ist dabei der Ärger (oder die Wut). Der wird in der *Frustrations-Aggressions-Hypothese* behandelt (Homans 1972c, S. 68):

(e) Wenn die Aktivität einer Person nicht wie erwartet belohnt oder unerwartet bestraft wird, wird die Person ärgerlich, und im Ärger sind die Ergebnisse aggressiven Verhaltens belohnend

Zentralbegriff dabei sind die Erwartungen. Die sind in der Reizhypothese definiert. In ähnlichen Situationen erwartet man danach ähnliche Belohnungen für dieselbe Aktivität. Nach der Erfolgshypothese gilt, daß die Frustration um so größer ist, je häufiger – und man sollte hinzufügen: regelmäßiger – bisher die Aktivität belohnt wurde. Nach der Werthypothese steigt die Frustration mit dem Wert der nicht-realisierten Belohnung. Nach denselben Hypothesen gilt aber auch, daß die ausbleibende Belohnung oder unerwartete Strafe das erste Mal härter trifft und mehr frustriert als das zweite oder gar zehnte Mal. Bleibt die erwartete Belohnung oft aus, tritt stattdessen Strafe, dann lernt man eben um, baut neue und inhaltlich andere Erwartungen auf. Bei Homans ist Frustration also eng an die Überraschung gebunden, der Mensch damit implizit als kognitive Ordnung liebendes Tier dargestellt.

Auch die Frustrations-Aggressions-Sequenz ist nur eine sehr grobe Vereinfachung. Denn Experimentalpsychologen haben längst festgestellt, daß Frustration weder hinreichende noch notwendige Bedingung von Aggression ist (vgl. den Überblick bei Heckhausen 1989, S. 305 f.). Auch Homans selbst kann Aggressionen ja anders erklären. Wenn aggressives Verhalten belohnt wird, dann ist nach der Erfolgshypothese unabhängig von jeder Frustration Wiederholung zu erwarten. Die Erfolgshypothese kann allerdings nur instrumentale Aggression erklären, die Frustrations-Aggressions-Hypothese auch besinnungslose Wut, wobei das Abreagieren seinen Lohn in sich selbst trägt.

Für den Soziologen kann sich der Wert der fünf Homans'schen Haupthypothesen zum menschlichen Verhalten nur darin erweisen, daß diese fruchtbar für die Erklärung sozialen Verhaltens gemacht werden. Dem wollen wir uns jetzt zuwenden. Homans illustriert die Verwendbarkeit seiner Hypothesen vor allem mit drei Menschen im Büro, mit Person und später dem Dritten Mann als Anfängern und dem Anderen als älterem, erfahrenen Kollegen. Wie entwickeln sich deren Kontakte? Bleiben wir zunächst bei Person und dem Anderen. In der beschriebenen Situation wird der Anfänger Person Schwierigkeiten bei seiner Arbeit haben, Rat brauchen. Der Andere kann Rat geben, Person damit die Erfüllung seiner Pflichten ermöglichen. Da liegt es nahe, daß Person den Anderen um Rat fragt, guten Rat bekommt und sich herzlich beim Anderen bedankt. Man könnte auch sagen: Person und der Andere tauschen Rat gegen sozialen Beifall. Sozialer Beifall und dringend notwendiger Rat dürfte den weitaus meisten Menschen als Belohnung erscheinen. Nach der Erfolgshypothese ist dieser Tausch also erklärbar. Gibt der Andere keinen Rat, wird er nicht durch Anerkennung belohnt. Bittet Person nicht um Rat, wird er vielleicht vom Chef gerüffelt, weil er seine Arbeit so schlecht macht. Natürlich müssen beide, Person und der Andere, schon die Erfahrung mit einbringen, daß Hilfe oft zu Anerkennung führt, daß Bitten um Rat oft positiv beschieden werden. Solche Vorerfahrungen bringt man aber aus der Kindheit mit.

Person und der Andere aber können noch andere Hypothesen illustrieren. Je mehr sie Rat gegen Anerkennung getauscht haben, desto eher werden Person mit Rat und der Andere mit Dank gesättigt, denn Person weiß jetzt, wie man es macht, denn für den Anderen steigen zudem die Zeitkosten mit jedem Rat mehr, weil er zu weniger eigener Arbeit kommt, d.h. sein Profit sinkt und die eigene Arbeit zu erledigen wird damit nach der Werthypothese wichtiger als das weitgehend gesättigte Bedürfnis nach Dank. Am nächsten Tag, wenn Person vielleicht vor einer neuen, ihm schwer erscheinenden Aufgabe steht, kann sich die Lage wieder ändern, ist auch der Andere weniger mit Anerkennung gesättigt, wird der Tausch Rat oder Hilfe gegen Dank wieder profitabler für beide. Nach der Reizhypothese erwarten beide Seiten sogar, daß ein derartiger Tausch künftig funktioniert.

Person und der Andere haben also Erwartungen aufgebaut, belohnen einander nach der Erfolgshypothese, werden in Bezug auf die ausgetauschten Belohnungen relativ gesättigt, so daß diese vorübergehend an Wert verlieren, wenden sich dann vorübergehend nur ihrer eigenen Arbeit zu. Wenn der Andere nun plötzlich sich weigert, z. B. weil er selbst vor einer ungewöhnlich schweren Aufgabe steht, Rat und Hilfe zu geben, dann wird Person frustriert. Person hat nun keinen Anlaß mehr zur Dankbarkeit. Ganz im Gegenteil: Den Anderen zu ärgern und zu verletzen, wird für Person ein Herzensbedürfnis. Wenn der Andere aufgrund seiner sozialen Erfahrungen das weiß, dann wird sein Nutzen-Kosten-Vergleich nicht zwischen den Alternativen ruhiges Arbeiten oder Unterbrechungen durch Rat plus Dank, sondern zwischen Störung durch gezielte Bösartigkeiten von Person oder Störung durch Bitten und Dankbarkeit stattfinden. Spätestens nach ersten Erfahrungen wird man davon ausgehen können, daß sich realistische Erwartungen einspielen.

Normen sind verfestigte Verhaltenserwartungen. Wenn Person und der Andere regelmäßig Rat und Hilfe gegen Dank und Anerkennung tauschen, dann wird Person nach den Erfolgs- und Stimulushypothesen erwarten, daß seinen Bitten um Rat auch künftig vom Anderen entsprochen wird, dann wird der Andere von Person erwarten, daß dieser auch künftig ihm mit Hochachtung begegnet. Die Basis solcher Normen ist dabei die Erfahrung. In Homans (1974, S. 98, meine Übersetzung) Worten: »Was ist, wird stets zu dem, was sein sollte.« Falls die Erwartungen des einen durch den anderen enttäuscht werden, dann kann das auch ausgesprochen werden – etwa: Es ist unfair, daß du mir jetzt nicht hilfst. Solche Ausdrücklichkeit schafft zusätzliche Stimuli für konformes Verhalten. Falls man durch das unerwartete Fehlverhalten des anderen hinreichend frustriert ist, wird man aggressiv und sanktioniert den anderen – nach der Frustrations-Aggressions-Hypothese.

Nach der Reizhypothese werden normative Erwartungen auch generalisiert. Ein Beispiel: Wenn der Andere bei einer Arbeit Person hilft, dann neigt Person dazu, auch bei anderen, ähnlichen Arbeiten Hilfe vom Anderen zu erwarten. Normative Erwartungen werden aber nicht nur im eigenen Interesse – nach der Erfolgs- oder der Werthypothese – eingehalten, d.h. man tauscht nicht nur eigene gegen fremde Normkonformität, sondern Normkonformität wird zur sekundären Belohnung und beginnt damit, ihren Wert in sich zu tragen. Wer immer wieder erlebt, daß die Befolgung von Normen belohnt wird, wird nach den Erfolgs- und Reizhypothesen auf die Perzeption von Normen überhaupt mit Konformität reagieren. Gelegentliche Mißerfolge werden den Konformisten nicht entmutigen, vor allem dann nicht, wenn er schon früher die Erfahrung gemacht hat, daß Konformität oft, aber nicht ausnahmslos belohnt wird.

Homans lernpsychologischer Erklärungsansatz ist ebenso wie der nutzentheoretische oder ökonomische dem methodologischen Individualismus zuzurechnen. Aber gerade beim Problem sozialer Normen gibt es deutliche Unterschiede. Für Homans entstehen Normen spontan aus der Erwartung, daß das was *war*, so bleiben *soll*, wobei die Erwartungsbildung vorwiegend in seiner Reizhypothese angedeutet wird. Bei Normabweichung wird entsprechend der Frustrations-Aggressions-Hypothese sanktioniert und damit wird zur Konformität angehalten. Aus nutzentheoretischer oder ökonomischer Perspektive sind Normen kollektive Güter. Denn Normen regeln das Verhalten, machen uns für einander berechenbar und jeder, der sie kennt, profitiert von ihrer Existenz. Weil die Durchsetzung von Normen in großen Gruppen immer in erster Linie Resultat des Handelns der anderen ist, weil man vom Genuß von Normen nicht ohne weiteres ausgeschlossen werden kann, liegt es nahe, selbst *nicht* systematisch zur Erhaltung oder Durchsetzung von Normen beizutragen, d.h. sich nur danach zu richten, wenn Konformität im eigenen Interesse liegt, und auch nicht an der Sanktionierung gegen andere Normbrecher mitzuwirken. Mit anderen Worten: Weil Normen durch Sanktionen durchgesetzt werden müssen, ist auch der Verzicht auf Sanktionierung von Abweichlern eine Form des Trittbrettfahrens. In ökonomischer oder nutzentheoretischer Perspektive erscheinen Normdurchsetzung und Sanktionierung kontingent und problematisch, bei Homans spontan und unproblematisch.

Normalerweise wird sich der Kontakt von Person und dem Anderen schnell über den Austausch von Rat und Dank hinaus entwickeln. Beide machen ja die Erfahrung, daß der Kontakt mit dem anderen angenehm ist und werden deshalb nach der Reizhypothese dazu neigen, vom anderen weitere Belohnungen zu erwarten, wenn der Kontakt ausgeweitet wird. Sie fangen z. B. an, über Privates, den Chef oder Politik zu reden. Die meisten Menschen empfinden Bekräftigung der eigenen Auffassung als Belohnung, Widerspruch als unangenehm. Deshalb werden Person und der Andere dazu neigen, sich in ihren Meinungen anzugleichen.

Denn wenn Person eine Auffassung äußert, die der vom Anderen deutlich widerspricht, dann wird der Andere enttäuscht sein, weil das Gespräch nicht so angenehm wie erwartet verläuft. Nach der Reizhypothese neigt der Mensch ja zu konsistenten Erwartungen. Wenn der Tausch Rat gegen Dank für den Anderen angenehm ist, dann erwartet er auch angenehme Unterhaltung anstelle eines hitzigen Disputs. Die Angleichungstendenz in kleinen Gruppen beruht also vor allem auf der Reizhypothese, der Frustrations-Aggressions-Hypothese und der Erfolgshypothese. Als lernfähige Menschen werden Person und der Andere nach einer Weile zu vermeiden wissen, den anderen unnötig zu ärgern. Es kann natürlich auch dazu kommen, daß Person und der Andere einander so frustrieren, daß sie zunehmend die Verärgerung des anderen als Belohnung für sich empfinden. Dann ist nach der Reizhypothese zu erwarten, daß auch der Austausch von Hilfe gegen Anerkennung darunter leidet.

Menschliche Aktivitäten beschränken sich nicht auf Zweierbeziehungen. Austausch und Kooperation können auch indirekt sein. Wenn Person, der Andere und der Dritte Mann irgendwelchen Arbeitspraktiken nachgehen, von denen sagen wir Person und der Andere befürchten, daß sie vom Boss mißbilligt würden, dann werden sie eine Norm entwickeln, dem Boss nichts zu verraten. Den Mund zu halten, ist für Person und den Anderen dann Belohnung in sich, weil die vom Boss befürchtete Strafe ausbleibt. Der Dritte Mann dagegen, der keine Angst vor dem Chef hat, wird sich trotzdem an das Schweigegebot halten, um nicht seine Kollegen zu frustrieren und sich deren Zorn auszusetzen. Person und der Andere belohnen das kollegiale Verhalten vom Dritten Mann mit Anerkennung, obwohl dessen Verhalten oder genauer Unterlassung nach außen gerichtet ist.

Ob die Gruppennormen mehr oder weniger gut eingehalten werden, hängt natürlich davon ab, wie wohl sich die Mitglieder in der Gruppe fühlen, oder technisch ausgedrückt: wie kohäsiv oder kohärent die Gruppe ist. Die Hypothese Kohäsion fördert Konformität kann dabei auf die grundsätzlicheren Erfolgs-, Wert- und Frustrations-Aggressions-Hypothesen zurückgeführt werden.

Betrachten wir die Lage eines potentiellen Nichtkonformisten. Wenn seine Nichtkonformität alle anderen frustriert, muß er mit mehr Sanktionen rechnen, als wenn einige andere sich seiner Haltung anschließen. Die Macht der Gruppe über den Nichtkonformisten hängt also einmal von ihrer Geschlossenheit ab. Außerdem ist der Gruppeneinfluß maximal, solange die Gruppe ihre schärfsten Sanktionen noch nicht eingesetzt hat. Für den Nichtkonformisten verschwindet der Anreiz zur Konformität, wenn die Gruppe ihn schon so sehr bestraft hat, daß sein Interesse an Rache und Vergeltung – gemäß Frustrations-Aggressions-Hypothese – alle anderen Interessen überwiegt.

Menschen belohnen oder bestrafen einander. Damit beeinflussen sie sich gegenseitig. Bei asymmetrischem Einfluß spricht man von Macht. Solange nur Person und der Andere im Büro arbeiten, hat der erfahrene Andere sicher bessere Chancen des Machterwerbs als der Anfänger Person. Aber das steigert sich, wenn mit dem Dritten Mann ein weiterer Anfänger hinzukommt. Person und der Dritte Mann konkurrieren dann um Rat und Hilfe vom Anderen. Im Interesse seiner eigenen Arbeit kann der Andere für die beiden Anfänger nicht doppelt so viel Zeit einsetzen wie für einen, obwohl beide natürlich doppelt so viel Rat und Hilfe brauchen. Nach der Werthypothese mindern die Kosten des Anderen aber seine Hilfsbereitschaft. Person und der Dritte Mann können dem nur entgegenwirken, wenn ihr Dank und ihre Anerkennung herzlicher oder gar demütiger ausfallen, womit die Kosten bei Person und dem Dritten Mann steigen. Indem beide mehr für die Hilfe zahlen, schwächen sie zudem das Interesse des Anderen an weiterer Anerkennung – nach der Sättigungshypothese. Die Konkurrenz zwischen Person und dem Dritten Mann um die Hilfe des Anderen wird deshalb dazu führen, daß zwar der Andere alle Anerkennung, die er will, bekommt, aber Person und der Dritte Mann werden sich mit weniger Hilfe zufrieden geben müssen als sie brauchen.

Weil des Anderen Hilfe die gesuchtere bzw. knappere Belohnung ist als die Anerkennung von Person oder vom Dritten Mann, wird er mächtiger. Er kann die beiden stärker beeinflussen als sie ihn. Er ist auf den Austausch mit Person oder dem Dritten Mann weniger angewiesen als diese auf den Austausch mit ihm. Das kann sich natürlich ändern, wenn Person und der Dritte Mann sich organisieren, wenn danach der Andere nicht mehr die Möglichkeit hat, den einen gegen den anderen auszuspielen. Die Machtbasis liegt jedenfalls in der unterschiedlichen Fähigkeit, andere zu belohnen oder zu bestrafen – und die ist sehr kontextabhängig. Für den Anderen davon, ob er ein oder zwei Anfänger als Kollegen hat. Allgemein können so verschiedene Fähigkeiten wie Intelligenz oder rohe Körperkräfte Macht begründen.

Gerade weil Person und der Dritte Mann vom Anderen Rat und Hilfe so nötig brauchen, müssen sie dafür mit soviel Anerkennung und Dank zahlen. Dabei kommt es aber nicht auf das wahre Interesse von Person oder vom Dritten Mann an, sondern auf den Eindruck, den der Andere davon hat. Wenn Person und der Dritte Mann es schaffen, den Eindruck zu erwecken, sie kämen notfalls auch ohne Hilfe aus, oder sie könnten sich schlecht und recht gegenseitig weiterhelfen – auch wenn das objektiv falsch ist – dann wird der Andere von einer schwächeren Machtposition aus für weniger Dankbarkeit Rat und Hilfe geben. Ob solches Taktieren (»bargaining«) zwecks Verbesserung der eigenen Austauschbedingungen lohnt, hängt natürlich vom Wert der getauschten »Güter« ab und den Kosten des Taktierens. Im orientalischen Basar empfindet man die Zeitkosten des Feilschens als geringfügig, im europäischen Kaufhaus denkt man da anders. Außerdem ist der Preis der Waren relativ zu den Stundenlöhnen im Basar höher als im europäischen Kaufhaus. Nach der Werthypothese läßt sich daraus ableiten, wo gefeilscht wird und wo nicht.

Statusunterschiede gehen letztlich auf Machtunterschiede und damit auf die Fähigkeit, stark nachgefragte Belohnungen zu liefern, zurück. Aber Statusunterschiede sind darüber hinaus verfestigte Machtunterschiede, wobei die Verfestigung eine Verallgemeinerung nach der Reizhypothese ist. Bei dieser Verallgemeinerung spielt die Sprache, die verbale Einordnung als hoch oder niedrig, als mehr oder weniger, eine entscheidende Rolle. Danach reagieren Menschen auf Statusunterschiede, d. h. Machtunterschiede anzeigende Stimuli, und nicht mehr nur auf Machtunterschiede selbst. Das Interesse der Leute mit hohem Status an verbaler Anerkennung dieses Status und damit Verfestigung ihrer Machtposition ist klar. Aber warum gewöhnen die anderen, weniger privilegierten sich diesen Sprachgebrauch jemals an? Nach der Erfolgshypothese haben sie oft gar keine Wahl. Wenn ein zusätzlicher Neuling in die Gruppe vom Anderen, Person und dem Dritten Mann kommt, selbst wenn er im Gegensatz zu Person und dem Dritten Mann nicht die Hilfe des Anderen braucht, dann kann er trotzdem nicht so reden und tun, als ob der Andere nicht mehr als Person, der Dritte Mann und er selbst wäre. Das würde ihm der Andere verübeln und Person und der Dritte Mann würden ihn nicht verstehen. Unverständnis und Kopfschütteln ist aber für wenige Menschen eine Belohnung.

Mit der Verfestigung der Machtunterschiede durch sprachliche und andere Symbole im Statussystem entstehen neue Belohnungen. Mehr als andere zu gelten, von den anderen entsprechend behandelt zu werden, wird zur Belohnung für diejenigen, die ihren Mitmenschen besonders viel bieten können. Dadurch kann Zuerkennung von Status gegen konkrete Leistungen getauscht werden.

Nach der Reizhypothese können alle möglichen Merkmale von Statushöheren und sogar der Kontakt mit ihnen zu Statussymbolen werden. In vielen Gesellschaften sind Alter und Geschlecht mit der Fähigkeit, viel für andere tun zu können, korreliert, sind Alter und Geschlecht deshalb Statussymbole. Andere Statussymbole wie Sprache, Kleidung und Kontakte können leichter manipuliert werden. Wer mehr als andere gelten will, kann deshalb versuchen, einen entsprechenden Eindruck zu erwecken. Weil Aufsteiger im Statussystem sich oft zwanghaft um geschickte Manipulation von Statussymbolen bemühen, kann auch die souveräne Vernachlässigung von Statussymbolen wieder zum Statussymbol werden. Oder vielleicht sollte man auch sagen: Wer ganz oben ist, duldet keine Statussymbole neben seiner eigenen Person und erschwert damit Aufsteigern die Konkurrenz.

Statussymbole gestalten soziale Interaktionen reibungsloser. Neulinge in einer Gruppe können an den Symbolen erkennen, wer zu befehlen gewohnt ist, wem man zuvorkommend gegenüber treten sollte. Für die Statushöheren bringen die Symbole Entlastung mit sich. Denn die Symbole warnen die potentiellen Herausforderer davor, mit wem sie es zu tun bekommen könnten. Statussymbole können die Forderung nach besonderem Respekt oder gar Unterwerfung signalisieren und damit achtlose Herausforderungen unterbinden. Die implizite Drohung ist dabei billiger als die tatsächliche Ausführung der Drohung, d.h. die Bestrafung des Herausforderers, die nach der Frustrations-Aggressions-Hypothese Feinde schafft.

Wenn Person, der Andere und der Dritte Mann lange genug im Büro zusammenarbeiten, dann wird sich ein Statussystem mit dem Anderen an der Spitze herauskristallisieren. Person und der Dritte Mann werden anerkennen, daß der Andere mehr kann, daß er deshalb bessere Behandlung als sie beide verdient. Falls Person und der Dritte Mann gleichermaßen Rat und Hilfe vom Anderen suchen, werden beide erwarten, daß sie für das gleiche Maß an Hilfe mit ungefähr dem gleichen Ausmaß an Anerkennung bezahlen. Falls Person sich besonders um den Anderen bemüht, aber beobachtet, daß der Dritte Mann muffelig und undankbar ist und dennoch vom Anderen ebenso freundlich wie er selbst beraten wird, dann wird Person sich zurückgesetzt fühlen. Nach der Reizhypothese erwartet Person, daß in ähnlichen Umständen die gleiche Aktivität zu ähnlichem Erfolg führt. Nach der Werthypothese erwartet Person, daß seinen höheren Kosten auch eine höhere Belohnung entspricht. Andernfalls fühlt Person sich ungerecht behandelt oder relativ depriviert, wird frustriert und aggressiv.

Gerechtigkeit bzw. relative Deprivation ist dabei eine Frage der Erwartungen. Falls der Dritte Mann wesentlich älter als Person ist, falls Alter in einer Gesellschaft zu den Statussymbolen gehört und höhere Ansprüche legitimiert, dann wird Person akzeptieren, daß der Dritte Mann Rat und Hilfe zu günstigeren Bedingungen erhält als er selbst. Ungerechtigkeit setzt also enttäuschte Erwartungen voraus.

Für den statushöheren Anderen empfiehlt es sich, auf Gerechtigkeit zu achten. Dadurch vermeidet er Frustrationen bei Person oder dem

Dritten Mann, die diese im Ärger dazu veranlassen könnten, das Statussystem infrage zu stellen. Gerecht zu sein wird deshalb nach der Stimulushypothese oft zum Symbol und nach der Erfolgshypothese gleichzeitig zur Stütze von hohem Status. Denn die meisten Menschen empfinden es als angenehm, gerecht, d. h. erwartungskonform, behandelt zu werden.

Führung ist gleichzeitig Ursache und Wirkung von hohem Status. Die Grundregel des Führens ergibt sich aus der Erfolgs- und der Werthypothese. Die Leute akzeptieren Vorschläge oder Befehle um so eher, je häufiger das in der Vergangenheit erfolgreich war, je wertvoller die durch Folgebereitschaft zu erwerbenden Belohnungen waren bzw. sind. Das erklärt, warum Führung Ursache von hohem Status ist. Aber warum werden Vorschläge oder Befehle eines Anführers das erste Mal befolgt? Offensichtlich muß er schon vorher mächtig sein, d. h. über knappe Ressourcen bzw. Belohnungen verfügen. Nach der Reizhypothese glaubt man ihm, wenn er zusätzliche knappe Belohnungen für den Fall in Aussicht stellt, daß man seinen Vorschlägen folgt. Außerdem kann der Mächtige auch direkt Gehorsam als Gegenleistung für seine eigenen knappen Leistungen verlangen.

Wenn der Mächtige zum Anführer geworden ist, kann er die Aktivitäten seiner Gruppe koordinieren und etwa die Vorteile der Arbeitsteilung ausnutzen. Dadurch werden oft neue Belohnungen verfügbar, die die einzelnen Gruppenmitglieder *nicht allein* erwerben können. Die Verfügung über zusätzliche Belohnungen und die Verteilung durch den Anführer steigern dann weiter seine Macht und seinen Status. Je mehr die Gruppe sich daran gewöhnt, den Anregungen, Forderungen und Befehlen des Anführers zu folgen, desto mehr Autorität hat er. So wie der Anführer durch wiederholte Erfolge seine Autorität aufbaut, kann er sie durch wiederholte Mißerfolge auch wieder gefährden. Der Mißerfolg muß nicht immer darin bestehen, daß seine Vorschläge unerwartete oder unerwünschte Resultate bringen, sondern er kann auch darin bestehen, daß er die Kosten der Folgebereitschaft für seine Leute unterschätzt, daß sie ihm nicht folgen. Nach der Reizhypothese ist solcher Ungehorsam ein gefährlicher Präzedenzfall.

Normen sind verfestigte Erwartungen, wobei die Erwartungen letztlich auf faktische Regelmäßigkeiten in der Vergangenheit zurückzuführen sind. Manche dieser Erwartungskomplexe richten sich an diejenigen, die bestimmte Positionen in Gruppen innehaben, z. B. den Anführer, das durchschnittliche Mitglied oder den Außenseiter. Dann spricht man von Rollen. Die Veränderungen von Rollen in konkreten Gruppen sind mit Hilfe der fünf Homans'schen Verhaltenshypothesen erklärbar. Dann, wenn etablierte Verhaltensregelmäßigkeiten nicht mehr den erwarteten Erfolg bringen, werden sie nach einer Weile modifiziert oder aufgegeben.

Mit der Herausbildung eines Statussystems und von Führungsrollen wird die Gruppe einerseits effizienter, werden mehr Belohnungen für die Mitglieder verfügbar, andererseits steigen auch die Kosten – für den Anführer der Erfolgszwang, für die Gruppenmitglieder der Gehorsamszwang. Diese Kostensteigerung zusammen mit der Annäherung an die Sättigungsgrenze bei vielen von Anführer und Gruppe gemeinsam erarbeiteten Belohnungen läßt nach der Werthypothese eine gewisse Trennung von öffentlichem und privatem Gruppenleben erwarten. Anführer bzw. Führungsgruppe und normale Gruppenmitglieder gehen einander nach getaner Arbeit aus dem Wege, um unter Gleichen, d.h. ohne Gehorsams- oder Erfolgszwang, den Feierabend zu verbringen. Nur für den sozialen Aufsteiger lohnt es sich, auch sozial mit dem oder den Etablierten zu verkehren. Das Statussymbol ›Kontakt mit besseren Leuten‹ ist ihm manches Opfer und anfängliche Demütigung wert.

In einer strukturierten Gruppe mit Macht-, Status- und Rollendifferenzierung wird die Normkonformität vom Status abhängig. Maximale Konformität ist dabei in der Mitte der Statushierarchie zu erwarten. Nichtkonformität ist riskant, weil dadurch die Interessen und Gefühle der anderen verletzt werden können, weil dadurch implizit auch der Anspruch auf eine bessere Position angemeldet werden kann. Die Statushöheren und die Gleichrangigen haben noch ein Sanktionsmittel, die Rückstufung zum Außenseiter oder marginalen Mitglied. Weil diese Sanktion für die ohnehin ganz unten stehenden Mitglieder fehlt, haben diese keinen Anreiz mehr zur Konformität. Die Gruppe ist mäßig schlechtes Betragen von ihren Randfiguren gewöhnt, wird keine zusätzlichen Sanktionen für normale Abweichungen ersinnen als besonders niedrigen Status. Ist besonders niedriger Status einmal zugeschrieben, dann verfestigt er sich als sich selbst erfüllende Prophezeiung.

Für diejenigen, die besonders hohen Status innehaben, zahlt sich aus anderen Gründen Konformität nicht aus. Mit den Wölfen zu heulen, erhöht nicht das Ansehen des Führers – weder wenn eine Aufgabe erfolgreich, noch wenn sie erfolglos angegangen wird. Man wird ja gerade dadurch zum Führer, daß man etwas leistet, was andere nicht können.

Der Anführer braucht also ab und zu Erfolge, die sein überlegenes Urteil gegenüber dem Gruppenurteil beweisen. Erfolgreiche Nichtkonformität ist Teil seiner Rolle.

Nach diesem kurzen Überblick über Homans' Theorie elementaren sozialen Verhaltens stellt sich die Frage, wie man diese Theorie beurteilen sollte. Zunächst einmal kann man sagen, daß Homans' Verhaltenstheorie stärker mit Sätzen als mit Begriffen arbeitet. Durch Aufstellung von nomologischen Hypothesen nähert sich Homans den Idealen der Wissenschaftslehre stärker als das etwa die Rollentheorie tut.[10] Die Schwierigkeiten mit den Homans'schen Hypothesen entstehen vor allem dadurch, daß sie zu tautologischem Gebrauch oder Mißbrauch einladen, daß die teilweise gegenläufigen Prognosen – etwa nach der Erfolgshypothese einerseits und der Wert- und Sättigungshypothese andererseits – ohne Quantifizierung der Konzepte Sättigung, Wert etc. nicht zu einem abschließenden Urteil bzw. einer prüfbaren Erwartung zusammengesetzt werden können. Homans liefert uns zwar Hypothesen, aber die Randbedingungen müssen wir allzu oft erraten. Das zusammen mit dem Eingeständnis bloß näherungsweiser Gültigkeit, d. h. der Zulassung einer nicht näher spezifizierten Menge von Ausnahmen, verringert die Strenge der Überprüfung und die Verwendbarkeit der Homans'schen Theorie für Zwecke der Erklärung und Prognose. Andererseits ist die Theorie recht allgemein und kann eine Fülle von empirischen Befunden aus Psychologie und Mikrosoziologie integrieren.

---

[10] Vgl. dazu vor allem die gründliche Arbeit von Boger (1986). Von ihm weiche ich allerdings in mehrfacher Hinsicht ab. Ich verwende erstens den weiten und undifferenzierten Tautologiebegriff, den Boger beklagt, der nicht zwischen logisch wahren Aussagen unterscheidet und solchen, wo ›nur‹ operational unabhängige Messungen der ›kausal‹ unabhängigen und abhängigen Variablen fehlen. Mit diesem undifferenzierten Sprachgebrauch folge ich wohl der herrschenden Praxis unter Sozialwissenschaftlern. Mich interessieren hier weniger die Gründe für die Unmöglichkeit der Überprüfung als die Tatsache bzw. Mißbrauchsmöglichkeit selbst. Zweitens fällt es mir schwer, Bogers Deutung der Austauschtheorie als radikal-behavioristisch zu akzeptieren. Meines Erachtens kommt Boger zu seiner Interpretation, weil er sich *ausschließlich* auf die behavioristisch inspirierten Haupthypothesen konzentriert und daraus ›abgeleitete‹ Hypothesen nicht berücksichtigt, weil er Homans' Verwendung der Alltagssprache statt einer technischen Sprache nicht ernst genug nimmt. Drittens ist mir vor allem Bogers Interpretation der Werthypothese und die daraus folgende Charakteristik als unprüfbar zu eng. Meines Erachtens haben wir oft *unabhängige* Information über die Werte von Belohnungen (wie im bei Boger, 1986, S. 90 oben besprochenen Chinesen-Beispiel), die die Anwendung und Überprüfung der Hypothese bei *anderer Interpretation* erlauben.

10. Der ›ökonomische‹ Erklärungsansatz für soziales Handeln (rational choice)

Der ökonomische Erklärungsansatz faßt den Menschen als Nutzenmaximierer auf, der sich um Entscheidungen bemüht, die die Werterwartung maximieren. Werterwartungen sind dabei das Produkt der Nutzenfolgen des Handelns und der zugeordneten Wahrscheinlichkeit. Dabei geht man *üblicherweise* davon aus, daß subjektive Wahrscheinlichkeiten nur zufällig um die objektiven Wahrscheinlichkeiten bzw. relativen Häufigkeiten schwanken. Man wird sich also für Handlungen entscheiden, die mit größerer Wahrscheinlichkeit nützlichere Folgen haben. Weil die Entscheidung für eine bestimmte Handlungsweise immer den Verzicht auf alternative Handlungen impliziert, entstehen bei jeder Entscheidung und Handlung zumindest Opportunitätskosten.

Die Werterwartungs- oder Nutzentheorie enthält nur minimale Rationalitätsstandards (vgl. Opp 1979; Oberschall 1980, S. 40). Sie läßt offen, ob der Vergleich verschiedener Handlungsalternativen nach dem Wert der Konsequenzen und der Wahrscheinlichkeit, daß die Ereignisse auftreten, bewußt oder unbewußt abläuft. Sie läßt auch zu, daß die subjektiven Wahrscheinlichkeiten von den objektiven abweichen. Sie behauptet nur, daß Menschen Handlungsalternativen wahrnehmen, erwartete Handlungsfolgen und deren Auftretenswahrscheinlichkeit bewerten und danach die günstigste Alternative auswählen. Zumindest verhalten sich die Menschen nach dem ökonomischen Erklärungsansatz so, als ob sie das täten. Manche Autoren (McKenzie and Tullock 1978a, S. 9) bezeichnen diesen Versuch der Nutzenmaximierung (und nichts Anspruchsvolleres!) als Rationalität.

Bei der Anwendung des ökonomischen Erklärungsansatzes ergeben sich oft Informationsprobleme. Wir wissen nicht immer, welche Handlungsalternativen Akteure wahrnehmen, was sie als nützlich oder schädlich, als wahrscheinlich oder unwahrscheinlich beurteilen. Wenn man die Nützlichkeit der Handlungsfolgen aus der Wahl der dazu führenden Handlung schlösse, dann würde man die Theorie tautologisch verwenden und hätte keinerlei Chance, ihre Mängel herauszufinden.

Tautologischer Mißbrauch des ökonomischen Erklärungsansatzes ist zwar möglich, aber nicht notwendig, wie u.a. die Hypothesen über die Zusammenhänge von Preisen einerseits und angebotenen oder nachgefragten Mengen andererseits illustrieren. Im allgemeinen unterstellen Ökonomen, daß die angebotene Menge einer Ware mit dem Preis steigt, weil nutzenmaximierende Anbieter bei steigenden Preisen Anreize verspüren, ihre Tätigkeit auf die Produktion entsprechender Güter zu verlagern. Sie unterstellen außerdem, daß die nachgefragte Menge einer Ware mit steigendem Preis sinkt, weil nutzenmaximierende Käufer bei steigenden Preisen eher andere Waren nachfragen. Diese Beispiele zeigen, daß die Werterwartungstheorie oder der ökonomische Erklärungsansatz nicht tautologisch verwendet werden müssen.

Der Informationsgehalt der üblichen Nutzen- oder Werterwartungstheorie wird auch dadurch bewiesen, daß experimentelle Studien (Kahneman and Tversky 1979, 1984; Tversky and Kahneman 1986; Tversky, Slovic and Kahneman 1990) inzwischen gezeigt haben, daß diese Theorie revisionsbedürftig ist. Der klassische ›homo oeconomicus‹ impliziert also keine allgemein richtige Theorie des Entscheidungsverhaltens. Es gibt zumindest folgende typische Abweichungen:

(a) Die meisten Menschen bevorzugen einen sicheren, kleineren Gewinn gegenüber einem größeren, wahrscheinlichen Gewinn, auch wenn der Erwartungswert des letzteren über dem ersteren liegt. Vor die Wahl zwischen einem sicheren Gewinn von 240 Dollar und einer 25 % Chance eines 1000 Dollar-Gewinns gestellt, haben sich 84 % für den sicheren Gewinn entschieden (Tversky and Kahneman 1986, S. 255), obwohl der Erwartungswert der riskanten Alternative 250 statt 240 Dollar betrug. Bei der Entscheidung zwischen verschiedenen *gewinnbringenden* Optionen sind also die meisten Menschen *risikoscheu*.

(b) Die meisten Menschen sind aber *risikofreudig*, wenn es um die *Vermeidung von Verlusten* geht. Vor die Wahl zwischen einem sicheren Verlust von 750 Dollar und einer 75 %igen Chance des Verlustes von 1000 Dollar gestellt, d. h. vor die Wahl zwischen Alternativen mit identischen Werterwartungen, haben sich 87 % für die 25 %ige Hoffnung auf Verlustvermeidung und damit für die 75 %ige Gefahr eines größeren Verlustes entschieden (Tversky and Kahneman 1986, S. 255). Die durch die Hoffnung auf Verlustvermeidung motivierte Risikoakzeptanz kann fatale Konsequenzen haben.

(c) Der eigene *Besitz* wird hoch bewertet und hartnäckig verteidigt. Verluste werden stärker als Gewinne in gleicher Höhe empfunden und bewertet. Die Aussicht, mit je 50 % Wahrscheinlichkeit eine bestimmte Geldsumme zu gewinnen oder zu verlieren, ist ausgesprochen unattraktiv. Die meisten Studenten sind nicht bereit, bei Münzenwurf auf Zahl oder Blatt zu setzen, solange der Gefahr eines 10-Dollar-Verlustes weniger als die gleich große Hoffnung (im Sinne gleicher Wahrscheinlichkeit) auf einen 30-Dollar-Gewinn entspricht (Kahneman and Tversky 1984, S. 342).

(d) Das Entscheidungsverhalten hängt von der Art der Darbietung bzw. der Problemformulierung ab. *Äquivalente Probleme* können zu recht *unterschiedlichen Lösungspräferenzen* führen. Bei einer Anfangsausstattung von 300 Dollar bevorzugen 75 % einen sicheren Zugewinn von 100 Dollar statt einer 50 %igen Chance, 200 Dollar dazu zu gewinnen. Bei einer Anfangsausstattung von 500 Dollar bevorzugen nur noch 36 % den sicheren Verlust von 100 Dollar statt der je 50 %igen Chance, 200 Dollar zu verlieren oder zu behalten (Tversky and Kahneman 1986, S. 258). Obwohl die erstgenannte Option bei beiden Formulierungen den Akteuren 400 Dollar einbringt und die zweite mit je 50 % Wahrscheinlichkeit 300 oder 500 Dollar, ist die Attraktivität der Optionen offensichtlich davon abhängig, ob man Gewinnchancen, die Vorsicht stimulieren, oder Verlustgefahren, die Risikobereitschaft auslösen, wahrnimmt, wobei die Anfangsausstattung den Referenzpunkt für mehr oder weniger darstellt.

In einem anderen Beispiel (Tversky and Kahneman 1986, S. 254/255) läßt man die Befragten zwischen chirurgischen Eingriffen und Bestrahlungstherapie bei einer (vorgestellten) schweren Krankheit wählen. Formuliert man das Problem als *Überlebenschance*, dann entscheiden sich 18 % für Bestrahlung, die alle Patienten die Behandlung selbst überleben läßt, 77 von 100 für mindestens 1 Jahr und 22 für mindestens 5 Jahre, anstelle des chirurgischen Eingriffs, den 90 von 100 überleben sollen, den 68 von 100 ein Jahr und 34 von 100 fünf Jahre überleben. Wenn man dasselbe Problem so umformuliert, daß von *Sterbe-* statt von *Überlebensquoten* die Rede ist, dann entscheiden sich 44 (statt 18) Prozent für die Bestrahlungstherapie. Der *Effekt des Rahmens* auf die Entscheidungen gilt ziemlich unabhängig davon, ob man Ärzte, Patienten oder statistisch geschulte Studenten befragt!

Die Problemformulierung beeinflußt auch die Akzeptanz von Löhnen. 7 % Lohnkürzung in einem inflationsfreien Umfeld wird von

62 % als ›sehr unfair‹ abgelehnt, nur 5 % Lohnerhöhung bei 12 % Inflation, was annähernd auf dieselbe Kaufkraftkürzung hinausläuft, wird nur noch von 22 (statt 62) Prozent abgelehnt (Tversky and Kahneman 1986, S. 262). Die offene Lohnkürzung greift den *Besitzstand* in transparenter Weise an. Der Verzicht auf vollen Inflationsausgleich fällt leichter, weil generell Opportunitätskosten als nicht so belastend wie direkte Kosten empfunden werden.

Wenn man Versuchspersonen befragt, wieviel Zeit und Mühe sie bereit sind aufzuwenden, um eine Preisermäßigung von 5 Dollar zu erreichen, hängt die Antwort wesentlich davon ab, ob das eine Ermäßigung von 15 auf 10 Dollar oder von 125 auf 120 Dollar bedeutet. Dieselbe Ermäßigung ist dann wesentlich attraktiver, wenn sie einen großen als einen kleinen Anteil des Kaufpreises ausmacht (Kahneman and Tversky 1984, S. 347).

Läßt man Versuchspersonen zwischen einem wahrscheinlichen kleinen Gewinn und einem unwahrscheinlichen großen (mit relativ höherem Erwartungswert) wählen, läßt man sie außerdem den Verkaufswert der beiden Optionen beurteilen, dann neigen annähernd die Hälfte aller Beteiligten dazu, zwar den kleinen wahrscheinlichen Gewinn dem großen unwahrscheinlichen Gewinn vorzuziehen, aber dennoch den Verkaufswert der Option für den unwahrscheinlichen großen Gewinn höher als den der Option für den wahrscheinlichen kleinen Gewinn anzusetzen (Tversky, Slovic, and Kahneman 1990). Die offenbarten Präferenzen hängen offensichtlich von der Erhebungsprozedur ab. Die Präferenzen können sich in Abhängigkeit von der Prozedur sogar ins Gegenteil verkehren.

(e) *Sehr niedrige Wahrscheinlichkeiten* beeinflussen Entscheidungen auf ungewöhnliche Weise. Sie werden entweder übergewichtet *oder* ganz vernachlässigt (Kahneman and Tversky 1984, S. 345). Vor die Wahl zwischen einem Gewinn von 5000 mit einer Chance von 1:1000 und einem sicheren Gewinn von 5 gestellt, entscheiden sich 72 % für die sehr kleine Chance, sehr viel zu gewinnen (Kahneman and Tversky 1979, S. 281). Das gilt, obwohl bei höheren Wahrscheinlichkeiten sichere Gewinne gegenüber äquivalenten, aber risikobehafteten Werterwartungen vorgezogen werden. *Sehr niedrige Wahrscheinlichkeiten großer Gewinne* können also *Risikoakzeptanz* auslösen. (Lotterien leben davon.)

Obwohl normalerweise die Bereitschaft, Verluste hinzunehmen, gering ist und diese Gefahr normalerweise Risikoakzeptanz auslöst, gilt das nicht bei sehr kleinen Risiken. Vor die Wahl zwischen der 1 Promill-Gefahr eines Verlustes von 5000 und der Sicherheit eines Verlustes von 5 gestellt, entscheiden sich 83 % für den sicheren Verlust (Kahneman and Tversky 1979, S. 281). *Sehr niedrige Risiken großer Verluste* können also *Risikoscheu* auslösen.

(f) Die *Transparenz* der Problemlage bestimmt die Entscheidungen. Wo die Überlegenheit einer Alternative ganz offensichtlich ist, fällt rationales Entscheiden leicht. Tversky and Kahneman (1986, S. 263) lassen zwischen zwei Lotterien wählen:

	Erträge von A und B	
90 % weiße Kugeln	0	0
6 % rote Kugeln	45	45 ⎫
1 % grüne Kugeln	30	45 ⎭
1 % blaue Kugeln	−15 ⎫	−10
2 % gelbe Kugeln	−15 ⎭	−15

Weil die Lotterie B offensichtlich bessere Erträge als A verspricht, haben auch alle Versuchspersonen diese gewählt. Faßt man aber jeweils zwei Farben mit gleichem Ertrag zusammen, wie oben angedeutet, und ordnet die Farb-Etiketten etwas verwirrend zu, erhält man die äquivalenten Lotterien C und D.

	Erträge von C und D	
90 % weiße Kugeln	0	0
6 % rote Kugeln	45	x
7 % rote Kugeln	x	45
1 % grüne Kugeln	30	−10
3 % gelbe Kugeln	−15	x
2 % gelbe Kugeln	x	−15

Obwohl Lotterie D nur eine Re-Etikettierung von B und C von A ist, obwohl D und B besser als A und C sind, habe sich 58 % für die schlechtere Lotterie C entschieden (Tversky and Kahneman 1986, S. 265).

Streng genommen ist die Werterwartungstheorie in ihrer einfachen, üblichen Form und das damit verbundene Menschenbild des homo oeconomicus *nicht* haltbar. Soweit Soziologen mit demselben oder einem *sehr* ähnlichen Menschenbild arbeiten (z.B. Boudon 1979, 1980; Coleman 1986, 1990; Lindenberg 1985, 1989a; Opp 1979; Weede 1986a, 1989) sind deren Arbeiten davon ebenfalls betroffen.[11] Dennoch werden die meisten Anwendungen des homo oeconomicus durch die bei Kahneman and Tversky (1979, 1984; Tversky and Kahneman 1986) aufgezeigten Probleme nicht einfach weggewischt. Auch Kahneman and Tversky fassen die Attraktivität von positiven Nutzenfolgen und die Vermeidung von negativen Nutzenfolgen ja noch als *monotone* Funktion der Eintretenswahrscheinlichkeit auf. Je wahrscheinlicher positive Folgen sind, desto attraktiver sind die Handlungen, die sie erzeugen. Je wahrscheinlicher negative Folgen sind, desto unattraktiver sind die Handlungen, die sie erzeugen. Kahneman and Tversky (1979, 1984; Tversky and Kahneman 1986) ergänzen allerdings, daß die meisten Menschen die Sicherheit von positiven Folgen so schätzen, daß sie risikoscheu werden; daß die meisten Menschen eine so starke Abneigung gegen Verluste haben, daß sie zu deren Abwehr eine ungewöhnliche Risikobereitschaft zeigen; daß die meisten Menschen bei sehr niedrigen Wahrscheinlichkeiten die davon berührten Nutzenfolgen übermäßig stark gewichten. Außerdem weisen sie darauf hin, daß die Nutzenmaximierung bei offensichtlichen Lösungen leichter als bei schwierigen Problemen fällt, daß Rahmenbedingungen, wie Frageformulierungen oder Ausgangspunkt der Entscheidung oder der einstufige oder mehrstufige Entscheidungscharakter, unser Verhalten bestimmen. Man kann die Modifikationen der Werterwartungstheorie – wie Boudon (1979, S. 65) oder Tversky and Kahneman (1986, S. 273) – als Hinweise auf die Grenzen menschlicher Rationalität auffassen.

Für Soziologen, Ökonomen und Politikwissenschaftler mindestens so bedeutsam wie das Problem *individueller* Abweichungen von rationaler Interessenverfolgung ist die Frage, ob Institutionen, Organisationen, Verbände oder der Staat dafür sorgen, daß diese Abweichungen auf gesellschaftlicher Ebene reduziert oder gar verstärkt werden. Plausibel ist die Vermutung, daß Wettbewerbsmärkte zur Reduzierung irrationaler Entscheidungen beitragen. Der demokratische Wohlfahrtsstaat dürfte Abweichungen von rationalem Handeln verstärken, weil er

---

[11] Bei Esser (1990) und Lindenberg (1989a) gibt es interessante Versuche, über den klassischen homo oeconomicus hinauszukommen. – Einen Überblick über die Arbeiten von Psychologen zur Werterwartungstheorie gibt Heckhausen (1989, S. 168–188). – Die Beziehungen zwischen verschiedenen Versionen der Werterwartungs- oder Nutzentheorie analysiert Stephan (1990, S. 101 f.).

Erfolg durch Steuern belastet und Mißerfolg durch Transferzahlungen mildert. Bürokratien dürften die Tendenz, Opportunitätskosten bzw. entgangene Gelegenheiten unterzubewerten, im allgemeinen verstärken (vgl. Frey and Eichenberger 1991).

Der These der Nutzenmaximierung wird manchmal das Prinzip des ›satisficing‹ oder der ›bounded rationality‹ (Simon 1982) entgegengestellt. Danach suchen Akteure nicht die beste Handlungsoption im Sinne der Nutzenmaximierung, sondern nur eine akzeptable oder befriedigende, um die Informations- und Entscheidungskosten zu minimieren. Ich sehe keinen grundsätzlichen Unterschied zwischen ›satisficing‹ oder ›bounded rationality‹ und Nutzenmaximierung.[12] Wenn man von ›satisficing‹ oder ›bounded rationality‹ spricht, weist man damit implizit auf beträchtliche Informations- und Entscheidungskosten hin. Bei hohen derartigen Kosten wird man rationalerweise versuchen, den Nettonutzen durch Abbruch der Informationssuche und schnelle Entscheidung zu maximieren. Außerdem sehe ich auch nicht, wie man mit Hilfe von ›satisficing‹ oder ›bounded rationality‹ die von Kahneman and Tversky aufgezeigten (und oben diskutierten) Anomalien erklären oder gar vorhersagen kann.

Grundsätzlich bleibt das Hauptproblem nutzentheoretischer und verwandter Erklärungsansätze ziemlich unberührt davon, ob man Maximierung oder ›satisficing‹ unterstellt. In beiden Fällen sollte man den Informationsgehalt der Prämisse nicht übertreiben (vgl. dazu Simon 1985, S. 293; ähnlich zur Werterwartungstheorie Wiswede 1991, S. 116). In beiden Fällen müssen Annahmen gemacht werden über die perzipierten Handlungsalternativen, die Präferenzen und die subjektiven Wahrscheinlichkeiten. In jedem Falle hängen konkrete Erklärungen ganz wesentlich von den entsprechenden zusätzlichen Annahmen ab.

Weit verbreitet ist die Zusatzannahme, daß der homo oeconomicus im eigenen Interesse entscheidet. Das kann zweierlei bedeuten. Entweder man unterstellt egoistisches Handeln, d.h. die Bereitschaft, die Nutzenfolgen des eigenen Tuns für andere zu vernachlässigen, oder man unterstellt (mit Brunner 1987, S. 373) nur ein Interesse daran, sich auf sein eigenes Urteil über die wahrscheinlichen Handlungsfolgen und

---

[12] Vgl. dazu Riker and Ordeshook (1973, S. 21–23) und Langlois (1990). Auch Coleman (1990, S. 18) meint, daß die Maximierung im strengen Sinne des Wortes erst bei quantitativer Fassung der Theorie bedeutsam wird. Im Gegensatz zu Coleman (1990) versuche ich das in diesem einführenden Text erst gar nicht.

deren Nutzen zu verlassen.¹³ Im Kleingruppenbereich dürfte die weniger restriktive Annahme oft sinnvoller sein. Je größer eine Gruppe oder ein Kollektiv ist, für desto realistischer halte ich im allgemeinen die restriktivere Egoismus-Annahme. Wenn man behauptet, daß Menschen nur von den Nutzenfolgen ihres Handelns für sie selbst motiviert werden, verwendet man offensichtlich eine sparsamere und informationshaltigere Erklärungsstrategie als diejenigen, die auch die mutmaßlichen und meist kaum abschätzbaren Nutzenfolgen des Handelns für andere in die Erklärung mit einbeziehen wollen.

Mit Lindenberg (1985, S. 250–252; 1990) bin ich der Auffassung, daß der ökonomische Erklärungsansatz dann und nur dann fruchtbarer als der lernpsychologische Ansatz ist, wenn man auf in der Regel kaum erhebbare Informationen über Individuen und deren Merkmale verzichtet. Zwar sind manchmal, d.h. bei der Analyse bestimmter sozialer Probleme, spezifische Zusatzannahmen über Informationsdefizite, subjektive Situationsdefinitionen oder ›framing‹ erforderlich, aber daraus folgt nicht, daß derartige Komplikationen immer und überall eingeführt werden sollten, d.h. auch dort, wo diese Komplikationen überflüssig sind und nicht zu wesentlich besseren Erklärungen oder Prognosen führen (Lindenberg 1990). In der Soziologie geht es ähnlich wie in der Ökonomie und Politikwissenschaft, aber im Gegensatz zur Psychologie um Erklärungen und Vorhersagen auf höher aggregiertem Niveau (als dem des Individuums), oft um Aussagen über typische oder durchschnittliche Akteure oder deren Interaktionen. Weil Präferenzen schwer unabhängig von Handlungsfolgen meßbar sind – und ohne unabhängige Messungen ja nur tautologische ›Erklärungen‹ möglich sind – weil Präferenzen außerdem von Individuum zu Individuum variieren, spricht viel für die heuristische Regel der meisten Ökonomen, nämlich Erklärungsversuche bei Verhaltensveränderungen bevorzugt auf Handlungsbeschränkungen und Handlungskosten, z.B. zeitlicher und monetärer Art, zu konzentrieren (z.B. Frey, 1990, S. 5, 26). Mit der alternativen Strategie von auf Präferenzen (oder Normen) und deren Veränderung abgestellten Erklärungsversuchen hat die Soziologie we-

---

¹³ Das Interesse an eigenen Entscheidungen wird auch in der psychologischen Reaktanztheorie (vgl. etwa Wiswede 1991, S. 94 f.; Witte 1989, S. 277 f.) anerkannt. Danach führt die äußere Einengung der Handlungsfreiheit bzw. die Gefahr des Kontrollverlustes zu motivationalen Spannungszuständen und/oder Versuchen zur Wiederherstellung der Freiheit.

nig überzeugende Erfolge erreicht (Lindenberg 1985, S. 253; Opp 1986).

Allgemein mit der Werterwartungstheorie oder dem ökonomischen Erklärungsansatz für menschliches Handeln verbunden ist auch die Annahme des abnehmenden Grenznutzens, weil der Nutzen eines Gutes oder einer Leistung meist mit zusätzlichen Einheiten sinkt. Der Nutzen aus den ersten zwei oder drei Mahlzeiten pro Tag ist zweifellos höher als der aus der sechsten oder siebten. Bei manchen Gütern, wie vor allem bei sozialer Anerkennung, verläuft die Abnahme des Grenznutzens zusätzlicher Einheiten allerdings recht langsam, *sehr* viel langsamer jedenfalls als bei Nahrungsmitteln.

Der bedeutsamste zeitgenössische Vertreter der Nutzen- oder Werterwartungstheorie bzw. der ökonomischen Handlungstheorie *in der Soziologie* ist James Coleman (1990). Elemente von Colemans Handlungstheorie sind Akteure und Ressourcen, Interessen und Kontrolle. Akteure verfügen über bzw. kontrollieren Ressourcen, benötigen eigene oder fremde Ressourcen, um ihre Interessen zu verwirklichen, und können die Kontrolle über Ressourcen aneinander abtreten. Bei gegebener Anfangsausstattung mit Ressourcen führt der freiwillige Austausch zur Besserstellung aller Beteiligten. Das bedeutet aber auch, daß freiwilliger Austausch die Interessen oder Bedürfnisse der Akteure nach deren Verfügung über Ressourcen gewichtet. Wo es negative Externalitäten und damit verbundene Interessenkonflikte gibt, da erreicht freiwilliger Austausch kein soziales Optimum mehr.

Die Ressourcen, die Menschen tauschen, sollten allgemein nicht als Güter aufgefaßt werden, sondern als Handlungsrechte. Denn Handlungs- oder Verfügungsrechte an einem Gut können verschiedenen Akteuren zugewiesen sein. Ganz deutlich ist das beim Teileigentum an Ferienwohnungen, wo jeder Teileigentümer das Gut einige Zeit nutzen darf. Auch bei Erziehungsrechten und -pflichten geschiedener Eltern gegenüber ihren Kindern ist klar, daß Handlungsrechte aufgeteilt werden können. In modernen Unternehmen sind die Rechte der Unternehmensführung und der Ertragsbeteiligung weitgehend getrennt. Die Leitungsrechte liegen bei angestellten Managern, die Ertragsrechte bei Kapitaleignern.

Handlungsrechte beruhen auf Zustimmung, die ihrerseits von den Machtverhältnissen beeinflußt wird. Weil Rechte das Resultat von Konsens sind, können Rechte auch ohne Entschädigung bei Auflösung des Konsenses einfach entfallen. Ab und zu kommt es auch zur Neuzuweisung von Rechten. Früher hatten die Raucher das unbestrittene Recht, in Gegenwart von Nichtrauchern einfach zu rauchen. Zunehmend geht das Recht, das Rauchen zu erlauben oder zu verbieten, von den Rauchern auf anwesende Nichtraucher über. In diesem Falle sind neue Informationen über die Schädlichkeit des passiven Rauchens für die Übertragung von Rechten (mit) verantwortlich. Nicht in jeder Gesellschaft hat jeder Akteur das Recht, über seine eigenen Handlungen zu verfügen. Das gilt etwa nicht oder nur stark eingeschränkt für Kinder, in manchen Gesellschaften auch nicht für Sklaven oder noch nicht einmal für Frauen.

Wer das Recht hat, die Handlungen anderer zu kontrollieren oder zu bestimmen, verfügt über Autorität. Autorität kann durch nach Macht gewichteten sozialen Konsens, durch einseitige Abtretung oder durch Tausch erworben werden. Wenn jeder selbst das Recht der Kontrolle über seine eigenen Handlungen hat – jedenfalls bei solchen Handlungen, die anderen nicht schaden – dann hat das den Vorteil, daß faktische und zugewiesene Kontrollrechte identisch sind, also das Überwachungsproblem entfällt. Es besteht nach Coleman *kein* eindeutiger Zusammenhang zwischen der Freiwilligkeit der Unterordnung unter die Autorität eines anderen und dem Befolgen seiner Anweisungen auch ohne Überwachung und Sanktionsrisiko. Denn das Befolgen der Anordnungen eines anderen ist zumindest immer mit Opportunitätskosten verbunden, weil man nicht gleichzeitig seine eigenen Interessen verfolgen kann.

Coleman (1990, S. 72 ff.) unterscheidet verbundene (conjoint) und unverbundene (disjoint) Autoritätsbeziehungen, wobei sich die Verbundenheit auf gemeinsame Interessen bezieht. Bei Verbundenheit durch gemeinsame Interessen dienen die Anordnungen der Autoritätsperson auch den Interessen derer, die seiner Autorität unterliegen. Wer sich verirrt hat, unterstellt sich gern, freiwillig und einseitig der Autorität dessen, der ihm verspricht, ihn auf vertraute Pfade zurückzuführen. Auch bei psychopathologischer oder sozialer Desorientierung oder bei der Notwendigkeit, gemeinsam Kollektivgüter (also Güter, die allen Gruppenmitgliedern zugute kommen, *falls* sie beschafft werden) zu beschaffen, kann es rational sein, sich der Autorität eines anderen zu unterstellen.

Wo Autoritätsstrukturen aufgrund gemeinsamer Interessen bestehen und freiwillig anerkannt werden, werden die der Autorität unterworfenen einander gegenseitig ermutigen, der Autorität zu folgen. Sie werden aber nicht unbedingt selbst sorgfältig den Anordnungen folgen. Man hat zwar ein Interesse daran, daß die Autoritätsperson handeln kann, aber man möchte die Handlungskosten unter Umständen auf die anderen Gruppenmitglieder abwälzen.

Verbundenheit der Interessen von Autoritätsperson und Autoritätsunterworfenen ist relativ selten, weil Konsens über Ziele und Führungseignung vorausgesetzt werden muß. Bei unverbundenen Autoritätsbeziehungen ist das nicht nötig. Da wird man für die Anerkennung der Autorität von Arbeitgebern, Vorgesetzten und Machthabern durch Lohn, Gehalt oder andere Gegenleistungen entschädigt. Aus der Interessendiskrepanz bei unverbundenen Autoritätsbeziehungen resultiert die Notwendigkeit, die Durchsetzung der Anordnungen der Autoritätsperson zu überwachen. Auch wenn man die Kontrollrechte an den eigenen Handlungen, etwa in der Arbeitszeit, gegen Gegenleistungen freiwillig abgetreten hat, behält man ja ein Interesse daran, eigenen Neigungen statt Anordnungen nachzugehen. Unter Umständen wird man sich sogar mit Kollegen darauf verständigen, die Leistungen während der Arbeitszeit zu beschränken.

Autoritätsbeziehungen können enge oder weite Handlungsbereiche umfassen, spezifische Gebote oder nur Verbote implizieren (und im Rahmen des Erlaubten viel Entscheidungsfreiheit lassen), einfach oder komplex sein. Bei einfachen Autoritätsbeziehungen, wie im europäischen Feudalismus, tritt man Kontrollrechte an eine bestimmte andere Person ab, die diese aber nicht weiter delegieren kann. Der Bauer schuldet nur seinem Herrn, nicht aber dem Oberherrn seines Herrn Gehorsam. Es gibt keine direkte Autoritätsbeziehung zwischen Bauern und Oberherrn. Bei komplexen Autoritätsbeziehungen können Kontrollrechte auch übertragen werden, so daß etwa in Bürokratien höhere Instanzen die Befehlsgewalt direkt an sich ziehen können. Autorität muß nicht bewußt ausgeübt werden. Meinungsführern kann sie ungewollt und unbemerkt zugeschrieben werden.

Bei vielen Transaktionen werden Gegenleistungen erst mit einer gewissen Zeitverzögerung erbracht. Wer vorleistet, muß dann Vertrauen in seinen Partner haben. Vertrauen ermöglicht manche Handlungen oder Transaktionen, die ohne Vertrauen unmöglich wären. Zwar kann es mißbraucht werden, aber gerechtfertigtes Vertrauen dient der Besserstellung des Vertrauenden. Die Plazierung von Vertrauen in andere ist rational, wenn die Gewinnerwartung (bei gerechtfertigtem Vertrauen) größer als die Verlustgefahr ist oder – wie Coleman (1990, S. 99) formuliert – wenn das Verhältnis der Gewinn- zur Verlustwahrscheinlichkeit größer als das zwischen Verlust- und Gewinnausmaß ist. Über die Zeit stabile Sozialbeziehungen und dichte Kontaktnetze, wo Vertrauensbruch sich schnell herumspricht, machen Vertrauensbruch kostspieliger und damit unwahrscheinlicher. (Wer Vertrauensbrecher sanktioniert, trägt zur Beschaffung eines öffentlichen Gutes bei.)

In einem Sozialsystem, wo es zu vielfältigen Tauschbeziehungen kommt, definiert Coleman (1990, S. 132 f.) Macht als die Anfangsausstattung eines Akteurs mit Ressourcen. Macht ist danach Merkmal von Akteuren, nicht von Beziehungen. Der Wert von Ressourcen ergibt sich aus dem Interesse mächtiger Akteure an den Ressourcen, wird also als Tauschwert verstanden.

In unverbundenen Autoritätssystemen sollen Untergeordnete (oder Agenten) im Interesse von Übergeordneten (oder Auftraggebern), denen sie Kontrollrechte an ihren Handlungen abgetreten haben, handeln. Obwohl sich der Agent gegen Gegenleistung freiwillig in den Dienst des Auftraggebers gestellt hat, resultiert aus der Interessendivergenz zwischen Auftraggeber und Agenten ein mangelnder Arbeits- und Sorgfaltsanreiz für letzteren. Mit Hilfe von Überwachung, Akkordlohn und/oder Bonuszahlungen versucht man, das in den Griff zu bekommen. Verschwinden des Problems setzt mehr, nämlich Interessenangleichung des Beauftragten an die des Auftraggebers, voraus. Manchmal kommt es zur Identifikation mit Gruppen, Unternehmen oder der Nation. Coleman erwähnt auch die Identifikation der Mutter mit ihrem Kleinkind, ihre Übernahme von seinen Interessen.

Bei komplexen Autoritätsbeziehungen werden nicht nur Kontrollrechte übertragen, sondern auch das Übertragungsrecht an diesen Kontrollrechten. Dann können Kontrollrechte an Inhaber bestimmter Positionen delegiert werden statt an konkrete Personen geknüpft zu sein. Autoritätssysteme unterscheiden sich darin, inwieweit die der Autorität Unterworfenen deren Ausmaß begrenzen oder umgestalten oder sich der Autorität entziehen können.

Vertrauensverhältnisse können direkt sein oder von anderen vermittelt werden. Man vertraut etwa jemandem, weil man einem Ratgeber, der dazu geraten hat, vertraut. Oder man vertraut jemandem, weil eine vertrauenswürdige Person für dessen Wohlverhalten garantiert und haftet. Oder man vertraut einem politischen oder wirtschaftlichen Unternehmer, der die Ressourcen vieler bündelt und seinerseits anderen vertraut. Bei gegenseitigen Vertrauensverhältnissen ist Vertrauensbruch kostspieliger und seltener als bei einseitigen, bei verbundenen Autoritätssystemen kostspieliger und seltener als bei unverbundenen.

Das Ausmaß eigenen Vertrauens in andere ist z.T. Resultat direkter Beobachtung, z.T. aber auch davon abhängig, wer sonst noch derselben Person vertraut. Deshalb kann es leicht zur Wirkungsfortpflanzung bei Vertrauensentzug kommen. Coleman (1990, S. 196, meine Übersetzung) schlägt dazu folgende Hypothesen vor:

»Erstens führt die Vermehrung des Vertrauens zu erhöhten sozialen Handlungsmöglichkeiten für diejenigen, denen vertraut wird, beispielsweise (aber nicht nur) Eliten. Der Entzug des Vertrauens hat den gegenteiligen Effekt. Zweitens bedeutet die Abhängigkeit der Erfolgsaussichten dessen, dem vertraut wird, vom Ausmaß des Vertrauens, das in ihn investiert wurde, daß die Zunahme des Vertrauens zu weiterer Zunahme und der Entzug zu weiterem Entzug führt. Deshalb ist der Prozeß unstabil. Drittens schafft der weitgehende Entzug des Vertrauens von einer Elite Druck, anderswo Vertrauen zu investieren.«

Massenverhalten wird oft als emotional, suggestibel oder irrational bezeichnet. Gerade deshalb hält Coleman (1990, S. 197) derartiges Verhalten für eine Herausforderung für Theoretiker, die von der Rationalitätsprämisse ausgehen. Bei kollektivem Verhalten von Massen kommt es oft zu einseitigen Übertragungen von Kontrollrechten an andere Personen.

Ob Massen – etwa in einem brennenden Saal – sich geordnet verhalten oder in Panik verfallen, ist eine Frage der Anreizstruktur. Ist das geordnete Verlassen des Saales nicht vorher geübt, was die perzipierte Wahrscheinlichkeit eines geordneten Verlassens erhöhen würde und damit die eigene Bereitschaft daran mitzuwirken, dann legt die Anreizstruktur eine Panik nahe. Nach Coleman (1990, S. 212) gilt, daß sofortige Flucht für jeden nützlich erscheint. Der Versuch, an einer ordentlichen Räumung des Saales durch Verzicht auf Drängeln mitzuwirken, kann dagegen kostspielig sein. Wenn sich alle individuell rational oder nutzenmaximierend verhalten, dann wird es nicht zur ordentlichen Räumung des Saales kommen und alle riskieren, in der Panik totgetrampelt zu werden. Die Chancen zur Vermeidung einer Panik verbessern sich nur dann, wenn die betroffene Menge heterogen ist, so daß bestimmten Personen Vorbildwirkung zukommt bzw. ihnen Kontrollrechte zugewiesen werden.

Während Heterogenität in potentiell Panik auslösenden Situationen zur Verhinderung von irrational erscheinendem Massenverhalten beitragen kann, kann Heterogenität bei Demonstrationen und Unruhen deren Radikalität verschärfen. In einem spontanen Prozeß entzieht man dabei den etablierten Autoritäten die Kontrollrechte über das Verhalten. Weil Rechte immer das Resultat von Konsens sind, können Rechte auch nur durch kollektives Handeln wieder entzogen werden. Außerdem schützt die Masse den Einzelnen vor Vergeltung der etablierten Autoritäten. Heterogenität der Demonstranten bedeutet, daß einige besonders risikobereit und radikal sind, also zuerst vorpreschen und damit das Risiko für ihre Nachfolger reduzieren.

Soziale Normen geben an, welche Handlungen als korrekt oder angemessen, als falsch oder unangemessen gelten. Coleman (1990, S. 242, meine Übersetzung) betont, daß Normen durch zielgerichtetes Handeln entstehen: »Sie werden wegen ihrer Zweckmäßigkeit geschaffen, weil Personen, die Normen begründen oder zu ihrer Erhaltung beitragen, die Vorzüge von der Beachtung der Norm für sich selbst oder den Schaden von der Mißachtung der Norm sehen. Normen werden üblicherweise durch Sanktionen erzwungen. ...« Coleman (1990, S. 243) definiert Normen dadurch, daß Handlungsrechte nicht beim Akteur selbst liegen, sondern bei anderen, die von normgeleitetem Verhalten profitieren. Wie Handlungsrechte allgemein setzen auch Normen einen Konsens voraus, der von den Machtverhältnissen wesentlich beeinflußt wird.

Normen können Gebote oder Verbote enthalten. Sie können *verbunden* (conjoint) oder *unverbunden* (disjoint) sein, je nachdem ob diejenigen, die der Norm unterworfen sind, auch von ihr profitieren (conjoint) oder nicht (disjoint). Manchmal kommt es bei Normen nur darauf an, daß man sich irgendwie einigt, um negative Externalitäten zu vermeiden, wie beim rechts oder links Fahren im Straßenverkehr. Nicht der Inhalt der Norm, sondern ihr Vorhandensein ist wichtig. Dann spricht Coleman (1990, S. 249) von *konventionellen* Normen. Wo auch der Inhalt der Norm die Interessen der Betroffenen berührt, d.h. der Akteure, die ihr unterliegen, oder die derer, die davon profitieren, da spricht Coleman von *essentiellen* Normen.

Erste Voraussetzung für die Entstehung von sozialen Normen ist die Existenz von Externalitäten. Negative Effekte unseres Handelns auf andere schafft bei den anderen ein Interesse an der Reduzierung dieses Handelns. Positive Effekte unseres Handelns für andere schaffen bei diesen ein Interesse an der Fortsetzung oder Verstärkung dieses Handelns. Dadurch entsteht sozusagen Nachfrage nach Normen oder Mitbestimmung am Handeln der Verursacher von Externalitäten. Bei nur zwei Akteuren können diese das Problem der Externalitäten, z.B. bei einem Gefangenendilemma, noch dadurch in den Griff bekommen, daß sie einfach die Kontrollrechte tauschen. Bei einer Vielzahl von Akteuren reicht das nicht aus, um positive Externalitäten zu bestätigen und negative zu reduzieren. Da werden Normen notwendig. Nach Coleman (1990, S. 251, meine Übersetzung):

»Aber die Entstehung einer Norm beruht auf den Externalitäten einer Handlung, die nicht durch einfache Transaktionen überwunden werden können, bei denen die Kontrolle der Handlung auf diejenigen übertragen werden, die die Externalitäten erfahren ... Eine Implikation davon ist, daß die potentiellen Nutznießer der Norm alle diejenigen sind, die in gleicher Weise von der Handlung betroffen werden. Wenn eine Norm entsteht, werden es diese Personen sein, die den Anspruch partieller Kontrolle über die Handlung erheben und die diesen Anspruch ausüben, indem sie versuchen den Handelnden so zu sanktionieren, daß er das tut, was ihnen nützt, oft auf Kosten des Akteurs selbst. Eine weitere Implikation besteht darin, daß potentielle normative Konflikte entstehen, wo eine Handlung für die einen positive und für die anderen negative Externalitäten hat.«

Weil nach Colemans Theorie Normen nur dort entstehen dürfen, wo es Externalitäten gibt, sollte man nach Gegenbeispielen suchen. Coleman untersucht deshalb Bekleidungs- und Höflichkeitsnormen. Bei Bekleidungsnormen und eventuell auch bei Höflichkeitsnormen gibt es vor Existenz der Norm und unabhängig von dieser keine Externalitäten. Aber die Einführung der Norm schafft positive Externalitäten, weil man so Gruppensolidarität ausdrücken oder sich von unteren Schichten absetzen kann. Normen dienen also nicht nur der Reduzierung von negativen, sondern auch der Produktion von positiven Externalitäten. Das könnte leicht nach einer funktionalistischen ›Erklärung‹ sozialer Normen aussehen. Aber Coleman (1990, S. 259) betont, daß das Interesse an oder die Nachfrage nach Normen nur eine von zwei notwendigen Bedingungen für die Entstehung von Normen ist.

Bei verbundenen Normen, wo diejenigen von der Norm profitieren, deren Verhalten dadurch geregelt wird, ist die Effizienz von Normen leicht beurteilbar. Bei unverbundenen Normen gibt es Interessengegensätze zwischen denen, die profitieren, und denen, die Normen unterworfen sind. Dann spiegeln Normen wesentlich auch die effektive Nachfrage danach, d.h. die gesellschaftlichen Machtverhältnisse, wieder. Denn die Wirksamkeit von Sanktionen hängt davon ab, wer sanktioniert und wer sanktioniert wird. Die Mächtigen können Normen leichter durch Sanktionen durchsetzen und sie können sich leichter normativen Zumutungen entziehen. In Colemans (1990, S. 264, meine Übersetzung) Worten: »Sowohl die Verletzung von Normen als auch die Sanktionierung (der Normverletzung anderer, E. W.) sollten mit der Machtposition zusammenhängen ...«

Wo Externalitäten ein Interesse an der Existenz von Normen schaffen, stellt sich die Frage, wie oder unter welchen Bedingungen Normen durchgesetzt werden können. Wo – wie bei verbundenen Normen und gleichgerichteten Interessen am unproblematischsten – Normen ein öffentliches Gut darstellen und daraus die Neigung zum Trittbrettfahren resultiert, da kann man die Sanktionierung als öffentliches Gut zweiter Ordnung auffassen, wobei wiederum ein entsprechendes Trittbrettfahrerproblem entsteht.

Denn wenn Normabweichung nicht hinreichend mit negativen Sanktionen bestraft wird, dann wird sich die Norm nicht durchsetzen oder halten lassen. Der Bedarf an oder die Nachfrage nach Normen wird also nur da befriedigt, wo das Sanktionierungsproblem gelöst wird – sei es weil (fast) alle sich an Sanktionen beteiligen, sei es weil einige ›heroische‹ Sanktionierer die Norm durchsetzen.

Wo nur die Nachfrage nach Normen besteht, kommt es zum Trittbrettfahren, wenn die Kosten eigenen Handelns im Sinne der Norm größer sind als der Nutzen des entsprechenden eigenen Handelns. Das Trittbrettfahrerproblem kann nach Coleman (1990, S. 274, meine Übersetzung) durch gegenseitige soziale Anerkennung für konformes Verhalten oder für die Sanktionierung von Abweichung überwunden werden: »Wenn die Interessen einer Anzahl von Personen durch die gleichen Ergebnisse befriedigt werden, dann hat jeder einen Anreiz, die anderen dafür zu belohnen, daß sie diesem Ziel zuarbeiten. Tatsächlich kann es im Interesse eines jeden sein, eine Norm mit dem Ziel durchzusetzen, daß es negative Sanktionen für Drückebergerei und positive Sanktionen für Beiträge zum gemeinsamen Ziel gibt. Wenn die Norm und die Sanktionen durchgesetzt werden, dann gibt es für jede Person zwei Befriedigungsquellen, wenn man auf das Ziel hinarbeitet: die objektive Interessenbefriedigung durch den Beitrag eigenen Handelns zum Ergebnis und die Belohnungen, die die anderen deshalb vermitteln, weil man zum Erreichen (*ihrer*, E. W.) Ziele beiträgt ... Die Kombinationen beider Vorteile kann größer als die Kosten sein, die aus der Mühe resultieren.«

Nach Coleman entstehen Trittbrettfahren und Übereifer (zeal) unter in einer Beziehung ähnlichen Bedingungen, d.h. dem gemeinsamen Interesse an der Durchsetzung einer Norm oder der Beschaffung eines öffentlichen Gutes. Wo es nicht genug Ermutigung durch andere als selektive Anreize gibt, kommt es zum Trittbrettfahren. Wo Ermutigung reichlich vorhanden ist, kann es sogar zum Übereifer kommen. Enge Kontaktnetze unter denen, die von der Norm profitieren, sind eine Voraussetzung für eifriges Sanktionieren und tragen damit zur Normdurchsetzung bei. Auch Heterogenität unter den potentiellen Sanktionierern kann die Durchsetzung von Normen erleichtern.

Heroische (negative) Sanktionierung durch Einzelne muß in der Regel durch inkrementelle (positive) Sanktionierung innerhalb eines Kontaktnetzes von Nutznießern der Norm abgestützt werden. Nach Coleman (1990, S. 283, meine Übersetzung): »Wo es aussieht, als ob Sanktionen heroisch von einer einzigen Person ohne soziale Unterstützung durchgesetzt werden, da kann es tatsächlich Unterstützung durch andere Akteure geben, denen die Handlungen des Ziels der Sanktionen Externalitäten auferlegen würden. Es ist auch wahr, daß eine solche Unterstützung der Sanktionierung weniger kostspielig als die Sanktionierung selbst ist und deshalb kein Potential für die Erzeugung des Unwohlseins hat, die die ursprüngliche Sanktionierung für den Sanktionierer produzieren kann.«

Normdurchsetzung ist nicht gegen jedermann gleichermaßen möglich. Manche Akteure sind zu mächtig. Andere können durch Entzug von sozialer Anerkennung nicht mehr sanktioniert werden, weil sie nichts zu verlieren haben. Wieder andere können sich durch Abwanderung sozialen Sanktionen allzuleicht entziehen.

Bei Normen tritt man Kontrollrechte über eigenes Verhalten an andere ab. Bei verbundenen Normen kann man das vernünftigerweise tun, weil man ja auch Kontrollrechte über das Verhalten anderer erhält.

Coleman erklärte den Schritt vom Bedarf nach Internalisierung von Externalitäten zur Norm durch soziale Anerkennung für Sanktionierer, d.h. für Normdurchsetzung. Diese ist seines Erachtens an dichte Kontaktnetze gebunden. Ähnlich erklärt er Wahlbeteiligung wesentlich mit den Auswirkungen von Normen, also letzthin wieder gegenseitiger Anerkennung für normgerechtes Verhalten, d.h. Wählen. Meines Erachtens fragt sich, ob dieser Ansatz prognostisch viel hergibt: Wenn es zur Normbildung kommt, dann hat es genug Anerkennung für Sanktionierer gegeben. Andernfalls eben nicht.

Internalisierung sozialer Normen läßt sich im Rahmen einer Theorie rationalen Handelns nicht leicht analysieren. Aber sie trägt zweifellos zur Verringerung der externen Sanktionsnotwendigkeit bei. Coleman (1990, S. 296 ff.) merkt dazu an, daß Internalisierung effizienter ist, wenn viele statt nur einzelner Normen von einem Vorbild übernommen werden sollen, daß Internalisierung in eng verflochtenen und Großfamilien eher als bei lockeren Familienverbänden, Kleinfamilien oder gar unvollständigen Familien stattfindet.

Autorität (als Abtretung von Ressourcen oder Handlungsrechten an andere), Vertrauen (darein, daß andere beim Handeln die eigenen Interessen berücksichtigen) und soziale Normen (zur Internalisierung von Externalitäten) können als soziales Kapital aufgefaßt werden. Nach Coleman (1990, S. 302, meine Übersetzung): »Soziales Kapital wird durch seine Funktion definiert. Es ist keine Einheit, sondern besteht aus verschiedenen Einheiten, die zwei gemeinsame Merkmale haben: Sie bestehen aus einem Aspekt der Sozialstruktur und sie erleichtern den Individuen innerhalb der Struktur manche Handlungsweisen. Wie andere Kapitalformen ist Sozialkapital produktiv, indem es manche Zwecke erreichbar werden läßt, die sonst nicht erreichbar wären.« Während Humankapital auf individuelle Eigenschaften verweist, geht es beim Sozialkapital um Merkmale von Sozialbeziehungen, die Individuen nutzbar machen können. Organisationen, die zu irgendeinem Zweck gegründet sind, können unter Umständen auch für ganz andere Zwecke nutzbar gemacht werden (Coleman 1990, S. 312 f.).

Weil soziales Kapital (wie soziale Normen) nicht nur denen nutzt, die in seine Beschaffung investieren, vermutet Coleman (1990, S. 317), daß es oft als Nebenprodukt anderer Handlungen entsteht. Hintergrundbedingungen für seine Beschaffung sind dichte Kontaktnetze, stabile Kontakte und unter Umständen Ideologie.

Normen und Autoritätsbeziehungen beinhalten die Abtretung individueller Kontrollrechte. Dazu Coleman (1990, S. 325 f., meine Übersetzung): »Rationale Individuen können bestimmte Kontrollrechte über ihre Handlungen abtreten, entweder gegen extrinsische Kompensation oder in der Erwartung, daß die Ausübung der Autorität (durch andere, E. W.) ihnen nützt. Bei der Schaffung einer verbundenen Norm schaffen die Individuen, die gleichzeitig Ziele und Nutznießer der potentiellen Norm sind, im Grunde eine Autoritätsbeziehung. Als Individuen werden sie Untergeordnete, weil sie die Kontrollrechte über eine bestimmte Klasse von Handlungen abgegeben haben. Als Kollektiv werden sie Übergeordnete, weil sie als Kollektiv oder Körperschaft Rechte erworben haben.« Ob die Körperschaft eine Art Verfassung und Organe zur Handlungsfähigkeit benötigt oder die Existenz von Normen und Sanktionen ausreicht, ist unter anderem eine Frage der Mitgliederzahl.

Verfassungen können, wie Normen und Autoritätsbeziehungen, *verbunden* und *unverbunden* sein, je nachdem ob die Nutznießer der Verfassung mit denen identisch sind, die ihren Regelungen unterliegen, oder nicht. Bei der Übertragung von Rechten auf Körperschaften und deren Organe geht es um die Reduzierung von negativen Externalitäten und das Nutzen von positiven Externalitäten. Coleman (1990, S. 343) weist darauf hin, daß für die zuerst genannte Aufgabe u.U. weniger Kompetenzen als für die zweite, d. h. die Realisierung gemeinsamer positiver Projekte, notwendig sind, daß übertragene Kompetenzen auch mißbraucht und gegen den Willen der ursprünglichen Inhaber bzw. die Mitglieder der Körperschaft gewendet werden können.

Im allgemeinen sind Verfassungen zumindest teilweise unverbunden, d.h. die Interessen der einen bestimmen die Körperschaft, deren Organe und Handeln, und andere (oder auch andere) sind dem unterworfen. Coleman (1990, S. 348, meine Übersetzung) vermutet: »Die Existenz von Heterogenität unter den Individuen in Bezug auf Macht und in Bezug auf die Mischung von Nutznießer- und Zielinteressen wird fast mit Sicherheit dazu führen, daß zu viele Rechte auf Körperschaften übertragen werden.«

Nach Michels (1910/1970) Oligarchiegesetz entwickeln die Führer von Körperschaften oder Organisationen Eigeninteressen. Außerdem werden sie relativ unabhängig von der Zustimmung der Geführten. Dem kann man durch funktionelle, territoriale und andere Gewaltenteilung und Wettbewerb um Führungspositionen entgegensteuern.

Bei Körperschaften stellt sich die Frage, wie die Individuen deren Verhalten bestimmen. Denkbar ist, daß Einzelnen die Entscheidungsgewalt für Zeitabschnitte übertragen wird (unter Umständen mit Rotation), daß Einzelnen je nach Interesse die Entscheidungsgewalt übertragen wird oder daß man abstimmt. Bei Abstimmungen ist es wünschenswert, die Transitivität individueller Präferenzen auf die kollektive Ebene hinüberzuretten, die kollektiven Entscheidungen an die Interessen der Mitglieder zu binden, das Trittbrettfahrerproblem der weitgehenden Apathie zu überwinden und Handlungsfähigkeit herzustellen sowie die Sezession oder Revolte von Mitgliedergruppen zu verhindern.

In kleinen Gruppen wird oft auf Abstimmung verzichtet und es kommt nach Diskussion zum Konsens. Dabei setzen sich die Teilnehmer durch, denen andere besonders verpflichtet sind, oder die, die soviel Interesse haben, daß sie bereit sind, neue Verpflichtungen einzugehen. Oft gilt auch die Norm, Gesichtspunkte gar nicht zu erwähnen, die nicht als Gruppeninteresse gedeutet werden können. Jeder wird quasi verpflichtet, nicht nur aus seiner persönlichen Position heraus, sondern allgemein aus allen Positionen heraus Gesichtspunkte zu diskutieren. In Unternehmen und Bürokratien treten Individuen Handlungs- bzw. Kontrollrechte, also Ressourcen, an die Körperschaft ab. Aber sie behalten trotzdem ihre Eigeninteressen. Nach Coleman (1990, S. 422, meine Übersetzung): »Ihre Interessen wird es immer geben und sie können nie überwunden werden. Ihre Interessen werden normalerweise gegen den vollen Einsatz ihrer Ressourcen durch die Körperschaft gerichtet sein, weil jener volle Einsatz die Verwendung dieser Ressourcen anderswo vereitelt.« Das Eigeninteresse derer übersehen zu haben, die Positionen in Bürokratien ausfüllen, das hält Coleman für einen schwerwiegenden Mangel der Weberschen Theorie. Bei Michels wird er partiell korrigiert, denn die Parteiführer sind ja eigentlich Beauftragte der Parteimitglieder, erarbeiten sich aber wegen ihrer Eigeninteressen eine weitgehende Unabhängigkeit von ihren »Auftraggebern«.

Man ordnet sich in eine Körperschaft oder Organisation ein, um besser den eigenen Interessen dienen zu können. Coleman (1990, S. 425) vermutet, daß die Bereitschaft zur Einordnung in Organisationen in westlichen Wohlfahrtsstaaten mit einer gut ausgebildeten Bevölkerung im Schwinden begriffen ist.

Formale Organisationen sind Gefüge von Positionen und damit verbundenen Handlungs- und Kontrollrechten. Die Struktur besteht aus Beziehungen zwischen Positionen (Rechten und Pflichten), nicht aus Beziehungen zwischen Personen. Nicht alle Beziehungen zwischen Positionen müssen in dem Sinne lebensfähig sein, daß jeder von jedem anderen Positionsinhaber, mit dem er in Beziehung steht, etwas Wertvolles erhält. Für die Lebensfähigkeit der Organisation reicht es minimal, wenn jeder Beschäftigte oder Positionsinhaber von ihr genug erhält, um seine Funktionen zu erfüllen, und wenn die Organisation als Ganzes von den Positionsinhabern zu diesem Zweck genug erhält.

Einerseits kann eine solche globale Lebensfähigkeit von Unternehmen oder Körperschaften leichter als die Lebensfähigkeit aller konstituierenden Beziehungen in der Struktur erreicht werden, andererseits wird eine solche Struktur verwundbarer für Störungen. Die Überwachungsprobleme wachsen. Dabei ist es wichtig, daß die Rückmeldungskanäle kurz sind und die Kontrollrechte so vergeben werden, daß sie den Interessen der Akteure entsprechen. Weil die Leistungen *vieler* Personen oder Positionsinhaber in *ein* Produkt eingehen, besteht immer die Gefahr des Trittbrettfahrens. Bei der Ressourcenzusammenlegung und körperschaftlichem Handeln kommt es auch leicht zur Entfremdung.

Die Verwendungsrechte über persönliche Ressourcen in Körperschaften kann man über Abwanderung(sdrohungen) oder Widerspruch verteidigen. Obwohl Körperschaften die ihnen übertragenen Rechte wieder an Individuen als Positionsinhaber delegieren müssen, kommt es dabei immer zu einer Umverteilung von Kontrollrechten, d.h. einige Individuen verlieren dabei viel mehr an Kontrollrechten (im Unterschied zu Erträgen!) als sie gewinnen.

Der ökonomische und der lernpsychologische Erklärungsansatz haben etliche Gemeinsamkeiten. Beide gehen vom methodologischen Individualismus aus und wollen soziale Erscheinungen unter Rückgriff auf individuelles Handeln erklären. Beide unterstellen, daß die Handlungsfolgen für den Akteur sein Verhalten steuern. Es gibt sogar Formulierungen der Erfolgs- und der Werthypothese bei Homans (1969, S. 105), die den Eindruck erwecken können, daß die ›ökonomische‹ und die ›lernpsychologische‹ Werterwartungstheorie einige gemeinsame Hypothesen enthalten, nämlich: »1. Menschen werden um so eher eine Tätigkeit ausführen, je wertvoller ihrer Einschätzung nach die Belohnung für diese Tätigkeit ist. 2. Menschen werden um so eher eine Tätigkeit ausführen, je höher sie die Wahrscheinlichkeit einschätzen, die Belohnung zu bekommen.« Zusammen mit der Aussage über Sättigung bzw. abnehmenden Grenznutzen bilden diese Sätze den gemeinsamen Kern beider Erklärungsansätze im Rahmen des methodologischen Individualismus. Meines Erachtens eignet sich der lernpsychologische Erklärungsansatz tendenziell besser für die Analyse von Routinehandlungen mit geringer Bewußtseinsbeteiligung und der ökonomische Erklärungsansatz tendenziell besser für die Analyse von Entscheidungen in Situationen, wo signifikante Kosten auftreten können. Außerdem wird der lernpsychologische Ansatz fast nur in der Mikrosoziologie, der ökonomische auch in der Makrosoziologie angewendet.

11. Kollektives Handeln, Rationalität und Solidarität

Der ›klassische‹ Beitrag zur Analyse des kollektiven Handelns stammt von Mancur Olson (1968). Olson unterstellt rationales Handeln, d.h. dasselbe Menschenbild wie auch Coleman. Ziel seiner Überlegungen ist es aufzuzeigen, warum Menschen vor allem in großen Gruppen oft nicht in der Lage sind, ihren gemeinsamen Interessen gemäß zu handeln. Das gilt dann, wenn es um die Beschaffung von Kollektivgütern geht. Deren wichtigstes Merkmal ist es ja, daß kein Gruppenmitglied vom Genuß des Gutes ausgeschlossen werden kann – egal, ob es einen Beschaffungsbeitrag leistet oder nicht. In dieser Situation entstehen Anreize zum sog. Trittbrettfahren (oder Schwarzfahren). Man genießt gern die von anderen beschafften Kollektivgüter, aber man beteiligt sich nur ungern an den Kosten.

Nach Olson (1968) und einer Vielzahl von experimentellen Studien (vgl. Stroebe and Frey 1982) wird es vor allem in großen Gruppen Trittbrettfahrer geben. Je größer die Gruppe ist, desto weniger fällt der eigene Beitrag zur Beschaffung von Kollektivgütern ins Gewicht. Wenn sich alle so verhalten – wenn also alle nur von den Nutzenfolgen ihres Tuns *für sich selbst* motiviert werden – dann wird die Beschaffung des Kollektivgutes unterbleiben. Das gilt auch dann, wenn der Nutzen bei Beschaffung des Kollektivgutes *für alle Mitglieder zusammen* größer als die notwendigen Beschaffungskosten ist.

Bei kleinen Gruppen sind die Chancen für die Verwirklichung gemeinsamer Interessen bzw. die Beschaffung von Kollektivgütern nach Olson (1968) *wesentlich* besser. Erstens fällt der einzelne Beschaffungsbeitrag in Kleingruppen eher als in Großgruppen ins Gewicht. Man wird eher dann den eigenen Beitrag zu den Beschaffungskosten tragen wollen, wenn damit die Beschaffungschance oder Beschaffungsmenge spürbar vergrößert wird als dann, wenn (wie in Großgruppen) nur die eigenen Kosten spürbar sind. Zweitens können in Kleingruppen auch eher als in Großgruppen *selektive Anreize*, wie soziale Anerkennung oder die Zuschreibung von Prestige, eingesetzt werden, um freiwillige Beschaffungsbeiträge zu veranlassen. Das setzt natürlich voraus, daß in Kleingruppen das Verhalten in der Regel für die Mitglieder sichtbarer als in Großgruppen ist.

Drittens ist *meines Erachtens* auch die übliche Prämisse der meisten Nutzentheoretiker und Ökonomen in Kleingruppen problematischer als in Großgruppen, nämlich die Annahme, daß uns die Nutzenfolgen unseres Tuns für andere Gruppenmitglieder einfach gleichgültig sind. In auch nur halbwegs funktionierenden Familien, also einer bestimmten Art von Kleingruppe, muß diese Annahme falsch sein. Wenn Eltern die Bedürfnisse und Interessen ihrer Kleinkinder grundsätzlich nicht mit-bedenken würden, wäre die Menschheit wohl schon ausgestorben. Generell gilt, daß ein Interesse am Wohlergehen anderer die Beschaffungschance für Kollektivgüter erhöht, daß derartige interdependente Nutzenfunktionen eher in kleinen als in großen Gruppen anzutreffen sind.

Auch Ungleichheit innerhalb von Gruppen kann nach Olson (1968) wesentlich zur Beschaffung von Kollektivgütern bzw. zur Durchsetzung gemeinsamer Interessen beitragen. Wer besonders stark an einem bestimmten Kollektivgut interessiert ist, wird deshalb eher als andere auch zu Opfern bereit sein. Wer über besonders viele Ressourcen verfügt, wird deshalb eher als andere *im eigenen Interesse* einen Teil seiner Ressourcen für die Beschaffung von Kollektivgütern einsetzen, auch dann wenn das anderen das Trittbrettfahren erlaubt.

Solange wir nur Desinteresse am Wohlergehen anderer voraussetzen, wird damit ja Neid und Mißgunst – das ›Leiden‹ am Wohlergehen anderer – ausgeschlossen. Unter Egoisten (nicht aber unter Neidern und Mißgünstigen) kann es deshalb zur *Ausbeutung der Großen durch die Kleinen* kommen. Diese These impliziert eine positive Korrelation zwischen der Ressourcenausstattung von Akteuren und dem relativen Beschaffungsbeitrag (z.B. als Proportion der eigenen Ressourcen) andererseits.[14]

---

[14] Olson and Zeckhauser (1966) haben das am Beispiel der Aufteilung der Verteidigungslasten unter den NATO-Mitgliedern illustriert. Dabei gelten Abschreckung bzw. Verteidigungsfähigkeit als kollektive Güter. Ausbeutung der Großen durch die Kleinen bedeutet, daß mit zunehmender Größe eines Mitgliedstaates (etwa über das Bruttosozialprodukt operationalisiert) auch die relativen Verteidigungslasten (etwa über den für Verteidigung bereitgestellten Prozentsatz des Bruttosozialprodukts operationalisiert) steigen.

In großen Gruppen müssen nach Olson (1968) selektive Anreize (d. h. Belohnungen, die nur Beiträgern, nicht aber Trittbrettfahrern zugute kommen) oder Zwang (also negative ›selektive Anreize‹, von denen nur Beiträger verschont werden) eingesetzt werden, damit Kollektivgüter überhaupt beschafft werden können bzw. gemeinsame Interessen von Gruppen durchgesetzt werden können. Die Tatsachen, daß alle Staaten Steuerzahlungen mit Zwangsmaßnahmen durchsetzen, daß diese Mittel zumindest unter anderem auch für Kollektivgüter, wie ›Recht und Ordnung‹, Verteidigung oder Umweltschutz, eingesetzt werden, illustrieren die Notwendigkeit von Zwang in Großgruppen. Orden und Verdienstkreuze oder auch Prestigezuweisung illustrieren die Verwendung selektiver Anreize.

Olsons (1968) ›Logik‹ hat eine Vielzahl von teilweise kritischen Reaktionen ausgelöst, von denen ich nur auf wenige eingehen kann und will. Mit Oliver and Marwell (1988) kann man bezweifeln, ob die *Beschaffungschance* oder die Beschaffungsmenge von Kollektivgütern tatsächlich immer mit zunehmender *Gruppengröße* abnimmt. Das ist ihres Erachtens *nur dann* einleuchtend, wenn die Beschaffungskosten mindestens proportional mit der Zahl der Gruppenmitglieder und Nutzer oder Genießer des Kollektivgutes (im Falle seiner Beschaffung) steigen. Falls eine Verdoppelung oder Verdreifachung der Gruppengröße auch (mindestens) zu einer Verdoppelung oder Verdreifachung der Beschaffungskosten eines Kollektivgutes führt, ist leicht einzusehen, daß die positiven Nutzenfolgen des Einzelbeitrages immer weniger sichtbar werden, daß damit die Anreize zum Trittbrettfahren steigen.

Falls oder wo aber die Kosten nur unterproportional mit der Gruppengröße steigen, ist nicht einzusehen, warum Gruppengröße zur Nichtbeschaffung oder suboptimalen Beschaffung von Kollektivgütern beitragen sollte. Dazu ein Beispiel: Ein Leuchtturm ist ein kollektives Gut für die Seefahrer, die sich mit seiner Hilfe besser orientieren können. Seine Bau- und Betriebskosten sind unabhängig von der Zahl der Seefahrer, denen er zugute kommt. Technisch ausgedrückt: Es herrscht Nichtrivalität des Konsums. Daß einer sich am Leuchtturm orientiert, rivalisiert in keiner Weise mit den Konsumchancen anderer. Unter diesen Bedingungen ist nicht einzusehen, warum nur Leuchttürme gebaut werden sollten, die wenigen Seefahrern dienen, nicht aber solche, die gleichzeitig sehr vielen Seefahrern dienen.

Im Gegenteil: Wahrscheinlich werden vor allem und frühzeitiger solche Leuchttürme gebaut, die vielen Seefahrern dienen. Bei vielen

Schiffseignern wird sich eher als bei wenigen Schiffseignern eine Teilgruppe von Leuten finden, die besonders stark an dem Leuchtturm interessiert sind (etwa weil sie immer wieder eine bestimmte Route befahren), die besonders ressourcenstark sind (und deshalb auch viele Schiffe besitzen) und die deshalb im eigenen Interesse das Kollektivgut Leuchtturm beschaffen und anderen die Möglichkeit des Trittbrettfahrens einräumen.

Praktisch dürfte Gruppengröße ja meist mit Heterogenität der Mitglieder korrelieren und damit ›Ausbeutungsrisiken‹ für die Großen seitens der Kleinen implizieren. Bei Nichtrivalität des Konsums, unterproportional steigenden Beschaffungskosten, bei positiver Korrelation von Gruppengröße *und* Heterogenität wird der Olson'sche Zusammenhang zwischen Gruppengröße einerseits und Nichtbeschaffung oder suboptimaler Beschaffung von Kollektivgütern andererseits *nicht* mehr gelten.

Während Oliver and Marwell (1988) Olson (1968) im wesentlichen ›nur‹ die Vernachlässigung der Nichtrivalität des Konsums und des Verhältnisses von Gruppengröße und Beschaffungskosten für Kollektivgüter vorwerfen, geht Hechter (1987) noch weiter. Er akzeptiert und radikalisiert folgenden Grundgedanken: Je größer der Öffentlichkeitsgrad des angestrebten Gutes ist, d. h. je weniger der Konsum des einen den Konsum anderer beeinträchtigt, *und* je schwerer es ist, Trittbrettfahrer auszuschließen, desto schwerer ist es, die Produktion oder Beschaffung von Gütern sicherzustellen und damit gemeinsame Interessen zu realisieren. Aber Hechter (1987, S. 9 f.) verweist darauf, daß es schwer ist, die Produktion wirklich öffentlicher Güter in großen Gruppen jemals zu erklären.

Denn Zwang setzt einen Zwangsapparat (oder den Staat) voraus. Die Existenz eines Zwangsapparates, der zur Beschaffung öffentlicher Güter eingesetzt werden kann, kann selbst als öffentliches Gut aufgefaßt werden. Ähnliches gilt für selektive Anreize, die zu Beschaffungsbeiträgen motivieren können. Die Erklärung der Beschaffungschance mancher öffentlicher Güter durch die vorherige Existenz anderer öffentlicher Güter, nämlich eines Apparates, der selektive Anreize und Zwang einsetzt, ist offensichtlich unbefriedigend, weil nur eine Verschiebung des Erklärungsproblems.

Hechters (1987, S. 10) Diagnose geht in die Andeutung eines Ausweges über, wobei er im Unterschied zu Olsons (1968) oder meinem eigenen Sprachgebrauch zwischen *öffentlichen* und kollektiven oder *quasi-öffentlichen*[15] Gütern unterscheidet: »Auf der Basis rationaler Entscheidungen gibt es keine zufriedenstellende Erklärung für die Produktion reiner öffentlicher Güter. Das gilt aber nicht für die Produktion kollektiver (oder quasi-öffentlicher) Güter, die bis zu einem gewissen Grade Nichtbeiträgern vorenthalten werden.« Die Drohung, vom Genuß eines beschafften quasi-öffentlichen Gutes ausgeschlossen zu werden, dient dann als selektiver Anreiz, zu seiner Beschaffung beizutragen.

Wo private Güter für den Markt hergestellt werden, ist Solidarität kaum notwendig. Man kooperiert einfach gegen Entlohnung. Bei der Beschaffung quasi-öffentlicher Güter aber müssen private Ressourcen für kollektive Zwecke bereitgestellt werden. Solidarität ist also notwendig. Sie ist wegen der Möglichkeit des Ausschlusses auch denkbar, d. h. die Trittbrettfahrtendenz muß nicht obsiegen. Die Ausschließbarkeit hängt nicht nur von physischen Merkmalen von Gütern, sondern auch vom technologischen Fortschritt (z. B. Verkoden von Informationen und entsprechende Empfangsgeräte) und rechtlichen Entwicklungen (wie Patenten) ab.

Gruppen unterscheiden sich im Ausmaß, in dem sie ihren Mitgliedern Verpflichtungen auferlegen. Soweit die Erfüllung der Pflichten durch private Güter bzw. Entlohnung entgolten wird, hält Hechter das für unproblematisch. Wo es um immanente Güter, die die Mitglieder für sich produzieren und selbst genießen, geht, ist die Trittbrettfahrtendenz ein größeres Problem. Die Verpflichtungen, die die Gruppen ihren Mitgliedern auferlegen, können dabei mit Steuerlasten verglichen werden, wobei Drückebergerei ja weit verbreitet ist. Die Belastungsfähigkeit der Mitglieder resultiert aus deren Abhängigkeit von ›ihrer‹ Gruppe, d.h. sie steigt mit dem Fehlen anderer Gruppen, dem Mangel an Informationen darüber, den ›Umzugs‹kosten und den erst im Laufe der Zeit entstehenden sozialen Bindungen unter den Mitgliedern. Auch rituelle (wie im Kastensystem) oder rechtliche Vorschriften können die Abhängigkeit des Individuums von ›seiner‹ Gruppe erhöhen und damit den Spielraum für große Belastungen. Im Wohlfahrtstaat sieht Hechter

---

[15] Allgemein werden die Ausdrücke ›öffentliche‹ und ›kollektive‹ Güter synonym gebraucht. Das werde ich im Gegensatz zu Hechter (1987) auch tun. Aber Hechters Unterscheidung zwischen ›öffentlichen‹ und ›quasi-öffentlichen‹ Gütern ist wichtig, weil nur bei letzteren Trittbrettfahrer unter vertretbarem Aufwand ausgeschlossen werden können. Nur sollte man ›kollektiv‹ nicht als Synonym für ›quasi-öffentlich‹ verwenden und damit zur Begriffsverwirrung beitragen.

(1987, S. 48) eine Instanz, die die Abhängigkeit des Individuums von vielen Gruppen verringert. Soweit hat er Recht, er vergißt aber hinzuzufügen, daß derselbe Wohlfahrtstaat die Abhängigkeit des Individuums vom Staat selbst umso größer werden läßt, je mehr er Funktionen von anderen Gruppen abzieht und übernimmt.

Die Belastbarkeit der Gruppenmitglieder hängt aber nicht nur von deren Abhängigkeit ab, sondern auch von der Kontrollkapazität. Ohne Kontrolle werden auch abhängige Mitglieder nicht ihren Verpflichtungen nachkommen. Die Kontrollkapazität ist eine Frage der Beobachtbarkeit von Abweichung und der Sanktionen, die bis zum Ausschluß aus der Gruppe reichen können. Zu den Determinanten der Solidarität schreibt Hechter (1987, S. 53/54, meine Übersetzung): »Solidarität kann nur durch die Kombination von Abhängigkeit und Kontrolle erreicht werden ... die Aussichten für Solidarität sind in solchen Situationen am günstigsten, wo Individuen wenigen Bezugsquellen von Leistungen gegenüber stehen, wo sie nur minimale Möglichkeiten der gleichzeitigen Zugehörigkeit zu vielen Gruppen haben und wo ihre soziale Isolation besonders groß ist.« Das kann man mit religiösen Gruppen illustrieren. Seitdem (oder wo) diese keine Monopolisten (mehr) sind, können sie den Gläubigen auch nur noch geringe Lasten auferlegen.

Nach Hechter (1987, S. 59 f.) setzt solidarisches Handeln Beobachtbarkeit des Verhaltens und Sanktionierung, also förmliche Kontrollen, voraus. Das wird manchmal bestritten, weil nicht alle Menschen immer zum Trittbrettfahren neigen, weil wir sozialisiert und Normen internalisiert werden. Das Lernen im Sozialisierungsprozeß kann entweder auf direkter Reaktionsverstärkung oder Lernen am Modell und Imitation beruhen. Beides setzt förmliche Kontrolle voraus: bei der direkten Art des Lernens die Kontrolle des Verstärkungsschemas, bei der indirekten Art die Kontrolle der sozialen Beziehungen, also der Modellwahl über differentielle Assoziation. Hechter (1987, S. 69, meine Übersetzung) faßt zusammen: »Weit davon entfernt eine Alternative zu formalen Kontrollen zu sein, ist Sozialisation selbst das Produkt dieser Kontrollen. Nimmt man die Kontrollen fort, dann verschwindet auch die Internalisierung sozialer Normen.« Denn Sozialisation läuft darauf hinaus, daß man lernt, Belohnungen oder Bestrafungen für soziales oder asoziales Verhalten zu erwarten.

Natürlich können formale Kontrollen bei Machtungleichheit leicht von oben nach unten durchgesetzt werden. Aber formale Kontrollen können auch unter Gleichen auf freiwilliger Basis geschaffen werden, sofern die Kontrolle notwendig zur Güterbeschaffung ist und Trittbrettfahrer ausgeschlossen werden können. Das illustriert Hechter zunächst mit rotierenden Kreditvereinigungen, die man heute noch überall in Entwicklungsländern beobachten kann. Grundsätzlich zahlen dabei alle Mitglieder einen bestimmten Betrag ein, der dann zu einem Zeitpunkt einem einzigen Mitglied zur Verfügung gestellt wird. Der Vorgang wiederholt sich mindestens solange, bis alle einmal in den Genuß der Gruppenzahlung gekommen sind.

Beitragsverweigerung kann nur diejenigen in Versuchung bringen, die schon in den Genuß ihrer Auszahlung gekommen sind. Sozialer Druck macht das bei dichten Kontaktnetzen unwahrscheinlich. Außerdem sanktionieren auch Nichtmitglieder den Vertrauensbruch im eigenen Interesse, weil niemand mehr einen Vertrauensbrecher in eine derartige Vereinigung aufnehmen würde. In der Regel kennen solche Vereinigungen auch strenge Zugangsregeln, die etwa neuen Mitgliedern erst zuletzt ihre Auszahlung zugestehen oder die nur Verwandte aufnehmen oder die nur Leute aufnehmen, die wegen sozialer und Eigentumsbindungen das Dorf nicht verlassen können und wollen. Hier werden also – in Hechters Terminologie – Kollektivgüter (die ja für ihn keine öffentlichen Güter sind) beschafft und gleichzeitig von rationalen Individuen freiwillig rudimentäre Kontrollen institutionalisiert.

Nach Hechter (1987, S. 121, meine Übersetzung) sind die frühen Gewerkschaften oft aus Versicherungsvereinen auf Gegenseitigkeit hervorgegangen: »Weil sie zur Bereitstellung gemeinsamer privater Güter gebildet wurden, gibt es am Anfang kein Trittbrettfahrerproblem. Um ihre Versicherung zu bekommen, werden die Mitglieder dazu veranlaßt, formale Kontrollen zum Schutz des gemeinsamen Fonds zu akzeptieren. Sobald es den gemeinsamen Fonds gibt, kann er auf vielfältige Weise genutzt werden. Es gibt keinen inhärenten Grund, der die Mitglieder einer Versicherungsgruppe daran hindern kann, ihre Guthaben in einen Streikfonds zu verwandeln und sich selbst in eine Gewerkschaft.« Man muß sich die Entwicklung also *zweistufig* vorstellen. Zunächst werden nur Kredit oder Versicherung angestrebt. Dazu müssen *formale Kontrollen, ein Kollektivgut*, sein. Ist das beschafft, können *weitere Kollektiv- oder öffentliche Güter* beschafft werden.[16]

---

[16] Sobald Kollektiventscheidungen in eine Reihe von nacheinander erfolgenden Entscheidungen zerlegt werden, taucht allerdings ein zusätzliches Problem auf. Denn dabei verändern sich notwendigerweise die Handlungsanreize. Generell nehmen die Konsum-

Sanktionen sind notwendig, um Beitragszahlungen, Pflichterfüllung und Konformität sicherzustellen. Je wahrscheinlicher die Entdeckung von Abweichung, je härter die Sanktion, desto eher tut man, was von einem erwartet wird. Das gilt in Unternehmen, die für den Markt produzieren und ihre Arbeitskräfte für deren Leistungen kompensieren, ebenso wie in Gruppen, die für ihre eigenen Mitglieder Güter oder Leistungen erzeugen. Die Kontrollen können dabei entweder an den Inputs oder den Outputs ansetzen. Der Unternehmer muß die Kontrolle in der Regel an Beauftragte oder Agenten abtreten. Da diese eigene Interessen verfolgen (können), ist die Kontrolle der Beschäftigten oft ungenügend. Um das Problem zu mildern, wird manchmal den Beauftragten das Residualeinkommen aus der Produktion ihrer Mannschaft übertragen. Zwar erhöht das die Effizienz der sozialen Kontrolle der Beschäftigten, aber der Ertrag kommt dann dem Beauftragten statt dem Auftraggeber zugute.

Output-Kontrolle ist bei Mannschaftsproduktion kaum möglich; denn Drückeberger lassen sich dadurch nicht identifizieren und zu stärkeren Anstrengungen veranlassen. Außerdem besteht die Gefahr, daß Outputkontrolle die Beschäftigten zu rücksichtslosem Umgang mit Kapitalgütern bzw. Werkzeugen veranlaßt. Auch das wissenschaftliche Management mit seinen Zeit- und Bewegungsstudien ist ein Versuch der Kontrolle, der allerdings nur bei stark standardisierter (oder standardisierbarer) Tätigkeit erfolgversprechend ist.

Wo es sog. interne Arbeitsmärkte, also Aufstiegschancen im Unternehmen, gibt, da produziert das Unternehmen nicht mehr nur für den Markt, sondern bietet seinen Mitarbeitern auch sog. immanente Güter, d.h. solche für die Gruppe selbst (wie Karrieremuster). Die Entlassungsdrohung wird unter diesen Bedingungen eine härtere Sanktion und kann unter Umständen detailliertere Kontrollen ersetzen.

Auch in freiwilligen, weltanschaulich motivierten Gemeinschaften (›intentional communities‹) gibt es nach Hechter ein schwerwiegendes Kontrollproblem. Erfolgreich sind solche Gemeinschaften, die das Problem der Kontrolle relativ gut lösen. Sie bemühen sich um die Trans-

---

anreize auf Kosten der Investitionsanreize zu, weil man *nicht* sicher sein kann, daß die Investitionen später so genutzt werden, wie man selbst das wünscht (vgl. Kliemt 1990b, S. 146). Man kann sagen, daß man für die Zusammenarbeit mit anderen den Preis zahlt, eigene Entscheidungsketten nicht mehr so gut koordinieren zu können. Das müßte als Bremse bei der Investition in formale Kontrollen wirken, die nach Hechter (1987) ja Voraussetzung für die Beschaffung echter öffentlicher Güter sind.

parenz der Tätigkeit ihrer Mitglieder, die genaue Spezifikation der Pflichten – wodurch Abweichungen ja leichter sichtbar werden – öffentliche Beichten und die Mitwirkung an gemeinsamen Entscheidungen, um abweichende Präferenzen früh sichtbar werden zu lassen. Privatsphären und Privateigentum werden oft bewußt eingeschränkt. Soziale und kulturelle Homogenität erleichtert die gegenseitige Verhaltensinterpretation. Hierarchien und symbolische Unterscheidungen schaffen Sanktionsmöglichkeiten unterhalb der Möglichkeit des Ausschlusses oder Verstoßens von Gruppenmitgliedern. Die Abwanderungskosten werden erhöht, indem der Neuzugang der Gemeinschaft sein Eigentum übertragen muß, seine sozialen Kontakte vorwiegend auf die Binnengruppe konzentrieren muß und in der Gemeinschaft spezifische Regeln und Verfahren ›erlernt‹, die außerhalb absolut wertlos sind.

Hechters (1987, S. 166/167, meine Übersetzung) ›Solidaritätstheorie‹ ist eine Theorie der Bedingungen, unter denen Trittbrettfahren unwahrscheinlich bzw. vermeidbar wird; sie ist eine Theorie, die sich deutlich von normativistischen Auffassungen abhebt: »In der Theorie der Gruppensolidarität gibt es nur ein Mittel, Trittbrettfahren und Abweichung zu reduzieren, nämlich Kontrolle. Das impliziert, daß ökonomische Kontrollmechanismen die meisten erfolgreichen Gruppen charakterisieren sollten. ... Wenn dieselben Mechanismen, die in der *Gemeinschaft* Mitwirkung erzeugen, es auch in der *Gesellschaft* tun, dann muß diese ehrwürdige soziologische Unterscheidung offensichtlich neu bewertet werden. Die *Gemeinschaft* ist nicht deshalb solidarischer als die *Gesellschaft*, weil sie umfassendere normative Internalisierung bedeutet oder ein größeres Ausmaß der Verpflichtung erzeugt, sondern weil ihre Institutionen eine wirtschaftlichere Kontrolle des Verhaltens ihrer Mitglieder erlauben.«

Ähnlich wie Hechter (1987) stellt auch Heckathorn (1989) das Kontroll- und Sanktionsproblem in den Mittelpunkt seiner Überlegungen zur Möglichkeit der Verwirklichung gemeinsamer Interessen bzw. zur Beschaffung von Kollektivgütern. Bei Hechter hängt die Lösbarkeit des Problems wesentlich davon ab, daß zunächst Güter beschafft werden, von deren Genuß Nichtbeiträger ausgeschlossen werden können, also private oder höchstens quasi-öffentliche Güter, daß ein Kontrollapparat aufgebaut wird, bevor man zur Beschaffung anderer öffentlicher Güter übergeht. Die Versorgung mit quasi-öffentlichen Gütern funktioniert dabei als selektiver Anreiz für die Akzeptanz eines

Kontrollapparates und damit der Beschaffung eines echten öffentlichen Gutes. Die Beschaffung von echten Kollektivgütern ist danach ein zweistufiger Prozeß. Das Problem der Zweistufigkeit wird bei Heckathorn (1989) etwas anders gesehen. Wenn es um die Beschaffung von Kollektivgütern – im Sinne Olson's (1968), *nicht* im Sinne Hechter's (1987), dessen Sprachgebrauch ich nicht folgen möchte – geht, hat das Individuum nach Heckathorn (1989, S. 80) vier Möglichkeiten: 1. Man kann voll kooperieren, d.h. den eigenen Beitrag leisten *und* Nichtbeiträger sanktionieren. 2. Man kann heuchlerisch kooperieren, d.h. den eigenen Beitrag verweigern, aber an der Sanktionierung von anderen Nichtbeiträgern mitwirken. 3. Man kann privat kooperieren, d.h. seinen eigenen Beitrag leisten, aber nicht an der Sanktionierung von Nichtbeiträgern mitwirken. 4. Man kann konsequent auf Kooperation verzichten, d.h. weder einen Eigenbeitrag leisten, noch an Sanktionen gegen andere Nichtbeiträger mitwirken.

Diese vier Möglichkeiten entstehen deshalb, weil es im Grunde immer um ein Doppelproblem geht: sowohl um den Eigenbeitrag, als auch um die Mitwirkung an Sanktionen. Nach Heckathorn (1989, S. 81) neigen Menschen eher zur Kooperation zweiter Ordnung, d.h. zur Mitwirkung an Sanktionen, als zur Kooperation erster Ordnung, d.h. zur Leistung von Eigenbeiträgen. Wenn die eigene Mitwirkung an Sanktionen genug andere zu Beiträgen veranlaßt, dann wird das Kollektivgut ja beschafft. Während zunehmende Gruppengröße, jedenfalls dann wenn die Beschaffungskosten nicht nur unterproportional wachsen, dazu tendiert, den Anreiz für Eigenbeiträge zu senken, gilt das nicht unbedingt für heuchlerische Kooperation, d.h. bloße Mitwirkung an der Sanktionierung anderer. Weil die heuchlerische Kooperation vieler das Zurückhalten von Eigenbeiträgen kostspielig macht, tendiert sie dazu, sich selbst abzuschaffen. Was als heuchlerische Kooperation beginnt, kann unter dem damit verbundenen Sanktionsdruck als volle Kooperation enden. Daß Heuchelei eine beitragende Bedingung zur Beschaffung von Kollektivgütern sein kann, ist sicher eine unerwartete Konsequenz des nutzentheoretischen Erklärungsansatzes in der Soziologie.

In meinen eigenen Arbeiten (Weede 1986a) habe ich vor allem das Problem positiver selektiver Anreize bedacht. Bei Olson (1968) ist deren Inhalt ja weitgehend offengelassen. Bei ihm und auch in der soziologischen Literatur findet man vor allem (gerechtfertigte) Hinweise auf die Bedeutung, die soziale Anerkennung als selektiver Anreiz hat. Dem möchte ich nicht widersprechen, aber darüber hinaus im Anschluß an Hirsch (1980) auf Positionsgüter verweisen.

Wichtigstes Merkmal von Positionsgütern ist die Rivalität des Konsums. Wer ein Positionsgut erwirbt, muß notwendigerweise die Zugangschancen anderer zu diesem Positionsgut reduzieren. Zwar können auch außergewöhnlich schöne Grundstücke in einem dicht besiedelten Land oder die Originalgemälde besonders beliebter alter Meister Positionsgüter sein – denn wenn einer diese Güter erwirbt, dann können andere sie nicht mehr erwerben – aber soziologisch am bedeutsamsten sind privilegierte oder Führungspositionen. Danach sind Positionsgüter ja auch benannt. Wer eine Führungsposition einnimmt, verwehrt *deshalb* anderen den Zugang zu dieser Führungsposition.

Konflikte um Positionsgüter sind unvermeidbar: Denn es ist noch nicht einmal denkbar, daß alle mit Positionsgütern versorgt werden. Auch exponentielles Wirtschaftswachstum wird es nicht ermöglichen, daß *jeder* einen echten van Gogh im Wohnzimmer hängen hat, ein einsames Haus an einem schönen See bewohnt, beruflich eine Führungsposition innehat und zu Hause Butler und Dienstmädchen beschäftigt. (Wer sollte dann noch Butler oder Dienstmädchen sein?)

Meine These besteht nun in der Behauptung, daß neben sozialer Anerkennung Positionsgüter die wichtigste Art von selektiven Anreizen darstellen, daß Gruppen und besonders Großgruppen, die sich mit Kollektivgütern versorgen wollen, Positionsgüter als selektive Anreize einsetzen müssen, um die ersten Beiträge zur Beschaffung von öffentlichen Gütern zu motivieren. Mit Hechter (1987) bin ich der Meinung, daß der bedeutsamste und erste Schritt zur Beschaffung echter öffentlicher Güter, wo Ausschluß der Nichtbeiträger vom Konsum unmöglich ist, in der Regel im Aufbau eines Herrschaftsapparates besteht, der Zwang und positive selektive Anreize anwenden kann. Die leitenden Positionen in einem solchen Apparat aber sind Positionsgüter, d. h. sie können nur wenigen oder gar nur einer Person zugewiesen werden. Ohne die Hoffnung auf Positionsgüter könnten die meisten Großgruppen die strategisch wichtigen frühen Beiträge zur Beschaffung von Kollektivgütern gar nicht motivieren.

Indem Großgruppen Positionsgüter vergeben, schaffen oder verfestigen sie soziale Ungleichheit. Schon Olson (1968) hatte darauf hingewiesen, daß Ungleichheit der Ressourcen zur Beschaffung von öffentlichen Gütern beiträgt. Ungleichheit ist sowohl Resultat des Beschaffungsprozesses von Kollektivgütern, als auch eine Determinante dieses Beschaffungsprozesses. Wer über besonders reichhaltige Ressourcen verfügt, hat auch besonders gute Chancen, Positionsgüter zu erwerben.

Mit meiner Hervorhebung von Positionsgütern als selektiven Anreizen für Beiträge zur Beschaffung von Kollektivgütern habe ich implizit auch schon Michels' (1910/1970) ›ehernes Oligarchiegesetz‹ akzeptiert. Denn dieses besagt ja nur, daß Organisationen Hierarchien herausbilden müssen, also Positionsgüter vergeben müssen, wenn sie die Interessen ihrer Mitglieder durchsetzen wollen, also Kollektivgüter beschaffen wollen. Im Gegensatz zu Michels habe ich mich dabei aber ähnlich wie Wippler (1982) um eine systematische Begründung aus der Perspektive der Werterwartunges- oder Nutzentheorie bemüht.

Von Wippler (1982) übernehmen möchte ich auch die Hypothesen, daß Hierarchien und Oligarchien in der Regel um so ausgeprägter sind, je größer die Gruppe ist, je heterogener die Ressourcenausstattung der Mitglieder ist und je weniger Kontakt die normalen (nicht mit Leitungsfunktionen betrauten) Gruppenmitglieder miteinander haben. Bei schwachen Kontaktnetzen unter den Normalmitgliedern hängt ja die Koordination von deren Handeln weitgehend von der Führung ab, ist auch eine ›Befreiung‹ der Mitgliedschaft von dieser Führung kaum organisierbar. Dazu ist am ehesten noch eine künftige Führungsgruppe in der Lage, also die investitionswilligen Aspiranten auf und aussichtsreichen Konkurrenten um Positionsgüter. Dazu hat Michels (1910/1970, S. 352) geschrieben: »… eine Minderheit löst eine andere Minderheit in der Herrschaft über die Masse ab.« Geltungsvoraussetzung dieses Oligarchiegesetzes ist letztlich nur die Neigung des Nutzenmaximierers zum Trittbrettfahren.

Die menschliche Neigung zum Trittbrettfahren ist auch in einer Vielzahl von experimentellen Studien erforscht worden (z.B. Isaac, Walker and Thomas 1984; Kim and Walker 1984; Marwell and Ames 1979, 1980). Die Ergebnisse sind leider nicht eindeutig. Einerseits gibt es oft eine gewisse Neigung der Versuchspersonen zum Trittbrettfahren, andererseits ist das Trittbrettfahren nicht so weit verbreitet, wie es nach dem hier referierten *und vertretenen* Erklärungsansatz der Fall sein sollte. (Zwar ist denkbar, daß die weit verbreitete Akzeptanz von Fairness-Normen das Trittbrettfahrerproblem mildert, wie von Elster (1989a) behauptet wird, aber im Rahmen des hier vertretenen Ansatzes läßt sich ein solches Argument nur ad hoc einführen. Außerdem würde es die Gefahr der Immunisierung der ›rational choice‹-Theorie gegen Kritik erhöhen.)

Eine ähnliche Anomalie gibt es auch beim Wahlverhalten. Denn ein gutes Parlament, eine gute Regierung und daraus resultierend eine gute Politik sind ja Kollektivgüter. Die Wählerschaften von Massendemokratien sind große Gruppen. Das Gewicht einer jeden Stimme kann deshalb nur ganz winzig sein. In dieser Situation ist es für jeden rational (im Sinne von nutzenmaximierend), Trittbrettfahrer zu werden und anderen die Beschaffung des Kollektivgutes ›vernünftige Politik‹ zu überlassen. Die Nutzentheorie legt also den Individuen in demokratischen Massengesellschaften zwei Verhaltensweisen nahe. Erstens sollte fast niemand sich politisch informieren und seine Stimme wohlüberlegt abgeben. Zweitens sollte fast niemand überhaupt zur Wahl gehen.

Die erste Erwartung bezeichnet man als rationale Ignoranz. Meines Erachtens ist das politische Informationsniveau nicht nur des Durchschnittswählers, sondern selbst bei promovierten Sozialwissenschaftlern noch hinreichend gering, daß die Erwartung rationaler Ignoranz als bestätigt gelten muß. Bisher habe ich jedenfalls noch keinen Kollegen getroffen, der sowohl über Sicherheitspolitik (Verteidigung) *als auch* über Umweltprobleme *als auch* über Fragen der Wirtschaftsordnung und Sozialpolitik in irgendeinem anspruchsvollen Sinne informiert ist. (Natürlich bin auch ich selbst nur selektiv informiert, d. h. in wichtigen Politikbereichen ›rational ignorant‹.)

Die zweite Erwartung, die einer winzigen Wahlbeteiligung, wird offensichtlich durch die Erfahrung widerlegt. In Europa werden oft Wahlbeteiligungen über 80 % erreicht. Selbst in den USA wird zuweilen noch die 50 %-Schwelle überschritten – obwohl die Amerikaner sich *zunehmend* ›theoriekonform‹ verhalten. Trittbrettfahren bei Wählern ist also seltener, als es die Theorie erlaubt.

Nimmt man beide Befunde, d.h. die erwartete rationale Ignoranz und die unerwartet hohe Wahlbeteiligung zusammen, liegt es nahe zu schließen, daß die ökonomische Theorie vor allem dort in Schwierigkeiten gerät, wo die Handlungskosten minimal sind, wie beim Spaziergang zum Wahllokal, daß die Erwartungen aber eintreffen, wo die Handlungskosten erheblich werden, wie bei der Beschaffung politischer Informationen.[17] Für die abnehmende Gültigkeit bzw. Anwend-

---

[17] Vgl. dazu auch Kliemt (1990b, S. 93), nach dessen Auffassung gedankenlose Verhaltensroutinen erst von einem gewissen Grad der Kostspieligkeit des Handelns an überwunden werden. Nach Elster (1989b, S. 26/27) ist ›rational choice‹ bei ›kleinen‹ Problemen nicht anwendbar, weil die Suchkosten nach einem Optimum höher als die Erträge der Suche sind, ist ›rational choice‹ aber auch bei ›großen‹ Problemen oft nicht

barkeit des ökonomischen Erklärungsansatzes in Situationen mit geringfügigen Kosten spricht auch die Tatsache, daß die Wahlbeteiligung in benachbarten amerikanischen Millionenstädten sich in den 70er Jahren sehr deutlich unterschied, je nachdem ob man den Bürgern das Wählen leicht machte, wie in Philadelphia, oder schwer, wie in New York (vgl. Hardin 1991, S. 371). Bei hinreichend hohen Kosten verzichtet die Mehrheit der Wahlberechtigten auch tatsächlich der theoretischen Erwartung entsprechend auf die Ausübung ihres Wahlrechts.

Rationale Ignoranz und politisches Desinteresse sind aber nicht gleichmäßig in der erwachsenen Bevölkerung verteilt. Nicht zufällig hatte ich oben ›rationale Ignoranz‹ (und Wahlenthaltung) nur für ›fast alle‹ erwartet. Wer Positionsgüter erwerben will – vom Amt des Bundeskanzlers über Abgeordnetenmandate bis hin zu Privilegien für relativ kleine Gruppen – der ist selektiven Anreizen ausgesetzt, die ihn ›rationale Ignoranz‹ und politische Apathie überwinden lassen. Die Ungleichheit unter den Menschen im Ausmaß an politischer Information und politischem Engagement ist nicht nur Hintergrund für das Wirken des Michels'schen (1910/1970) Oligarchiegesetzes, sondern auch für die tatsächlichen Effekte demokratischer Politik (vgl. Kapitel 17 unten).

---

anwendbar, weil unsere Präferenzen unvollständig sind und Ungewißheit die Abschätzung von Wahrscheinlichkeiten vereitelt. Er gesteht dem ›rational choice‹-Ansatz die größte Erklärungskraft bei Problemen mittlerer Bedeutsamkeit zu.

12. Familie und Verwandtschaft

Ehe, Familie und Verwandtschaft sind universal-menschliche Erscheinungen, die sozialer Regelung unterliegen. Die Universalität von Ehe und Familie hängt offensichtlich mit der Langsamkeit der frühkindlichen Reifung des Menschen und der außerordentlichen Abhängigkeit des Kindes von elterlicher Fürsorge ab. Aus der Universalität von Ehe, Familie und Verwandtschaft darf aber nicht die Universalität oder »Natürlichkeit« bestimmter Formen abgeleitet werden.

Die *Ehe* ist eine Institution, die angibt, wie die Familie aufgebaut werden soll, welche Rechte (z. B. gemeinsame Wohnung) und Pflichten (z. B. ökonomische Zusammenarbeit) für die Ehepartner daraus resultieren, welche Rollen den Ehepartnern zugewiesen werden. Man unterscheidet vor allem zwei Eheformen, nämlich *Monogamie* oder Einehe und *Polygamie* oder Vielehe. Bei letzterer unterscheidet man weiter zwischen *Polyandrie* (viele Männer, eine Frau) und *Polygynie* (viele Frauen, ein Mann). Während in modernen Gesellschaften die Monogamie überwiegt, ist in primitiven und auch in einigen zivilisierten außereuropäischen Gesellschaften die Polygamie weit verbreitet. Die Polyandrie ist die seltenere Form der Polygamie. Es gibt sie meist nur bei schlechten ökonomischen Bedingungen oder bei starkem Männerüberschuß. Zuweilen kennen Gesellschaften sowohl Polyandrie als auch gleichzeitig Polygynie – wie etwa das alte Tibet, wo in der Oberschicht die Polygynie, in der Unterschicht die Polyandrie überwogen hat.

Bei der Polygamie werden oft institutionelle Vorkehrungen gegen Rivalität und Eifersucht unter den Frauen getroffen. Das kann etwa die Vorschrift sein, daß die Frauen Schwestern sein müssen, oder daß die Frauen zusammen mit ihren eigenen Kindern in verschiedenen Häusern leben sollen, daß der Mann turnusmäßig mal bei der einen, mal bei der anderen Frau übernachtet, daß die erste Frau bestimmte Vorrechte hat und Autorität gegenüber den anderen Frauen ausübt. Unter Umständen hängt auch das Prestige eines Mannes von der Anzahl seiner Frauen ab, das Prestige der Frauen aber von dem des Mannes. Dann steigt das Prestige einer Frau, wenn ihr Mann weitere Frauen heiratet. In ländlichen Gesellschaften kann jede weitere Frau auch Entlastung bei der Feldarbeit bedeuten.

Bei den Familien unterscheidet man vor allem 3 Formen: 1. die *Kern- oder Kleinfamilie*, bei der die Ehegatten zusammen mit ihren Kindern die Familie ausmachen, 2. die *polygame Familie*, bei der mehrere Kernfamilien durch ein gemeinsames Mitglied, d. h. meist den Familienvater und -vorstand, zusammengehalten werden, 3. die *erweiterte Familie*, der mehr als zwei Generationen angehören. Während bei der polygamen Familie die Erweiterung auf den Gattenbeziehungen oder der Ehe beruht, ist sie bei der erweiterten Familie auf Erweiterung der Eltern-Kind-Beziehungen gegründet. Weil das Individuum normalerweise zwei Kernfamilien angehört, unterscheidet man auch noch zwischen *Herkunfts-* und *Zeugungsfamilie*.

Die institutionelle Regelung der Ehe wird ergänzt durch *Residenzregeln*. Hier unterscheidet man (a) *patrilokale* Residenz beim Vater des Mannes – besonders bei Jägern und Viehzüchtern, (b) *matrilokale* Residenz bei den Eltern der Frau – vor allem bei Ackerbau treibenden Völkern, wo zudem die Feldarbeit den Frauen zugewiesen ist, (c) seltener: *avunkulokale* Residenz beim Bruder der Mutter des Mannes, (d) *neolokale* Residenz an einem neuen Ort. Die Residenzregeln hängen einerseits eng mit der institutionellen Form der Ehe, andererseits auch eng mit den ökonomischen Institutionen der Gesellschaft zusammen. Monogamie und neolokale Residenz erzeugen die Kernfamilie, die ihrerseits sowohl horizontale als auch vertikale Mobilität erleichtert und damit gut zu den Bedürfnissen einer modernen Industriegesellschaft paßt. Ein anderes aufeinander abgestimmtes Muster ist die Polygamie und patrilokale »Residenz« bei nomadisierenden Viehzüchtern – etwa islamischen Glaubens. Damit ist auch angedeutet, daß Ehe und Familie vielfach der religiösen Regelung unterliegen.

»Soziologisch versteht man also unter Verwandtschaft primär nicht die (blutsmäßige) Abstammung, sondern die Art und Weise, nach der Normen, Rang und Würden wie auch Eigentumsstücke übertragen werden (König 1958, S. 67)«. Ein Beispiel für die Unabhängigkeit biologischer und sozial geregelter Verwandtschaft aus unserer eigenen Gesellschaft ist der alte – inzwischen abgeschaffte – BGB-Paragraph 1589, Absatz II: »Ein uneheliches Kind und dessen Vater gelten nicht als verwandt«. Man unterscheidet folgende *Abstammungsregeln*: 1. *patrilineare* Abstammung begründet Verwandtschaft des Kindes mit dem Vater und dessen Angehörigen, 2. *matrilineare* Abstammung begründet Verwandtschaft mit der Mutter und deren Angehörigen, 3. *bilaterale* Abstammung begründet Verwandtschaft mit beiden Seiten. Außerdem gibt es noch *doppelte* Abstammung, wobei etwa matrilineare Abstammung für Töchter und patrilineare für Söhne gelten kann, wobei Ego etwa mit dem Großvater väterlicherseits und der Großmutter mütterlicherseits verwandt sein kann.

Ein fast universales Merkmal von Gesellschaften ist das *Inzesttabu*, womit bestimmte Sexual- und Ehepartnerschaften durch soziale Regelung verboten werden, vor allem zwischen Mutter und Sohn, Vater und Tochter, Bruder und Schwester. Von den Ausnahmen des Inzesttabus innerhalb der Kernfamilie sind die Geschwisterehen ägyptischer Herrscher wohl am bekanntesten. Die spezielle Ausformung des Inzesttabus hängt natürlich von den Abstammungsregeln einer Gesellschaft ab. Das Inzesttabu kann auch recht entfernte oder im biologischen Sinne gar nicht verwandte Personen betreffen. Die Kehrseite des Inzesttabus ist das *Exogamiegebot*, d.h. die Vorschrift, sich den Ehepartner außerhalb einer sozial definierten Gruppe zu suchen. Gebote und Verbote der Heiratsregeln zusammen verbieten vielfach die Binnenheirat in eng definierten (Verwandtschafts-) Gruppen, gebieten sie aber in weiter definierten (Stammes-) Gruppen. Die Vorschrift zu einem gewissen Grad von Außenheirat hat die *Funktion*, verschiedene Familien aneinander zu binden und die Solidarität in größeren sozialen Gruppen zu festigen.

Mit zunehmender sozio-ökonomischer Entwicklung ändert sich auch die Familie. So gibt es *Trends* zur *Kernfamilie*, zum *Funktionsverlust* der Familie, zur *leichteren Auflösung* der Familie. Das Zurücktreten der erweiterten Familie und überhaupt der verwandtschaftlichen Bindungen entspricht den *Mobilitätsbedürfnissen* einer sich wandelnden, arbeitsteiligen Wirtschaft. Außerhalb von Landwirtschaft und Handwerk ist die Familie keine Produktionseinheit mehr. Sie hat den größten Teil ihrer wirtschaftlichen *Funktionen eingebüßt*, womit die emotionale und sexuelle Bindung der Ehepartner aneinander automatisch bedeutsamer wird. Einen *weiteren Funktionsverlust* erleidet die *kinderlose* Familie. Mit dem zunehmenden Funktionsverlust der Familie steigt tendenziell die *Scheidungsrate*. Außerdem spielen natürlich legale Zulässigkeit der Scheidung, religiöse Duldung bzw. abnehmender

Einfluß der Religion auf das Alltagsleben, individualistische Moral, Industrialisierung und Urbanisierung eine Rolle (vgl. Hartmann 1989, Lange 1990).

Die zentrale Aufgabe der Familie ist die Kinderpflege und Sozialisation, d.h. die Übertragung von Verhaltensdispositionen von den Eltern auf die Kinder. Lern- und Sozialisierungsprozesse werden gefördert durch Eindeutigkeit und Konsistenz der Bekräftigungsmechanismen. Dazu Neidhardt (1974, S. 292): »Wenn heute belohnt wird, was gestern bestraft wurde, dann entsteht Verhaltensunsicherheit. Die Welt erscheint chaotisch, unstrukturierbar, eben deshalb auch unlernbar; Apathie folgt daraus. Um dies zu vermeiden, wird von der Umwelt des Kindes ein Minimum an Konsistenz verlangt«. In kleinen und homogenen Gesellschaften ist diese Konsistenz leichter als in komplexen und heterogenen Gesellschaften erreichbar. Deshalb ist in komplex-heterogenen Gesellschaften die Dauerpflegeperson auch von besonderer Bedeutung. Sie reduziert Komplexität für das Kind, stabilisiert Gewohnheiten und trägt zur Entwicklung von Optimismus und Urvertrauen bei. Klinische Studien haben gezeigt, daß das Fehlen liebevoller Zuwendung bzw. von Dauerpflegepersonen Kinder verkümmern oder gar sterben läßt. Das Bedürfnis des Kindes verlangt also – nach Neidhardt (1974, S. 294) – »gesellschaftliche Normen, welche die für das Kind notwendigen Leistungen der Dauerpflegeperson als moralische Verpflichtung definieren. Diese Normen müssen plausibel sein, damit sie breite Anerkennung finden können; ist diese vorhanden, sichert ihre Einhaltung ein Prestige, das denen, welchen es zuerkannt wird, als eine Belohnung erscheint, die sie zu Dauerpflegeleistungen motiviert«.

In unserer und in den meisten anderen Gesellschaften ist die Mutter diese Dauerpflegeperson. Im Rahmen der familiären Arbeitsteilung ist primär sie für Geburt, Pflege und Erziehung der Kinder zuständig, während der Vater immer noch primär die wirtschaftliche Versorgung der Familie sicherstellen soll und damit die ungestörte Mutter-Kleinkind-Beziehung, die Rolle der Mutter als Dauerpflegeperson, erst ermöglicht. Für den Sozialisationsprozeß ist primär nicht so bedeutsam, ob die Rolle der Dauerpflegeperson von der leiblichen Mutter oder von einer Großmutter oder Adoptivmutter übernommen wird, ob die wirtschaftliche Absicherung der Beziehung zwischen Kleinkind und Dauerpflegeperson vom leiblichen Vater oder vom Adoptivvater oder Großvater übernommen wird, sondern vielmehr, daß diese Rollen überhaupt ausgefüllt werden.

Die funktional aufeinander abgestimmten Rollen von Kindern und Eltern tragen auch zur Stabilisierung der Ehe der Eltern bei. Denn kinderlose oder kinderarme Ehen werden häufiger als kinderreiche Ehen geschieden.

Die Übernahme der Mutterrolle kann eine außerordentliche Belastung darstellen, wenn Familien unvollständig sind und die Mütter auch noch die finanzielle Absicherung zu leisten haben; (vorwiegend in der Unterschicht) wenn die Mutter zusätzlich *mit*arbeitet, um den materiellen Lebensstandard der Familie zu halten, und dadurch ebenfalls überlastet wird; wenn die »alte« Arbeitsteilung zwischen den Geschlechtern nicht mehr als legitim gilt, eine »neue« sich noch nicht verfestigt hat, und dadurch die Beziehungen zwischen den Eltern und zwischen Eltern und Kindern belastet werden; (vorwiegend in der Mittel- und Oberschicht) wenn die Mutter weniger aus Geldnot als wegen meist zurecht gefürchteter Karrierenachteile oder auch wegen Freude an ihrer Arbeit diese nicht jahrelang aufgeben will, um »nur« Dauerpflegeperson zu sein.

Für das Kleinkind ist die Familienleistung »Komplexitätsreduktion« wichtig. Durch die Dauerpflegeperson Mutter, durch die Einschränkung der anderen Kontakte auf Vater und Geschwister sowie meist nur 3 bis 4 weitere Familien (oft Verwandte), durch Wirtschaftsfremdheit und ideologisch-moralische Homogenität wird die Welt vereinfacht. Für das größere Kind ist dieselbe Familien»leistung«, nämlich Komplexitätsreduktion, unter Umständen ein Mangel an geistiger Anregung. Als instrumentaler, nach Außen orientierter Führer der Familie kann der Vater hier noch am ehesten Abhilfe schaffen (bzw. konnte es unter der ›alten‹ Rollenteilung).

Die Sozialisationsleistung der Familie hängt nicht nur von der internen Rollendifferenzierung, sondern auch von der Position der Familie in der Gesellschaft, von der Schicht, ab. Selbständigkeit ist eher ein Erziehungsziel der Oberschicht, Ordnung und Fleiß der Mittelschicht, Gehorsam und Unterordnung höchstens noch der Unterschicht (Lange 1990, S. 81). Außerdem sind die Erziehungsziele dem sozialen Wandel unterworfen. Im Nachkriegsdeutschland gab es lange einen Trend weg von autoritären Erziehungszielen hin zu liberalen Leitbildern.

Das Familienleben wird von der Gesellschaft normativ geregelt, damit die Familien der zentralen Aufgabe nachkommen, für den Nachwuchs zu sorgen und ihn zu sozialisieren. Das Subsystem Familie wird auch in die Gesamtgesellschaft eingebettet. Traditionell – heute weniger als früher – hat die Schicht- oder Klassenzugehörigkeit der europäischen und amerikanischen Familie vorwiegend vom Beruf des Mannes und Vaters abgehangen. Parsons (1964, S. 103/104) arbeitet die positiven Funktionen dieses Tatbestandes für die Gesellschaft heraus: »Indem die Zahl der status-tragenden Berufsrollen in der Kernfamilie auf eine beschränkt ist, wird einmal jeder Statuswettbewerb, insbesondere zwischen Ehemann und Ehefrau ausgeschaltet, der die Solidarität der Ehe zerstören könnte. So lange die Wege zum Leistungserfolg getrennt bleiben und nicht direkt vergleichbar sind, haben Eifersucht, Minderwertigkeitsgefühle und dergleichen nur wenig Gelegenheit, sich zu entwickeln. Zweitens trägt dies zu größerer Klarheit in der Definition der Situation bei, indem sie den Status der Familie in der Gemeinde relativ bestimmt und eindeutig macht. Es weist vieles darauf hin, daß diese relative Bestimmtheit des Status einen wichtigen Faktor für die psychische Sicherheit darstellt«. Die primäre Abhängigkeit des Familienstatus von dem des Familienoberhaupts schafft danach erstens Klarheit und psychische Sicherheit, schaltet zweitens Konkurrenz unter den Ehegatten aus.

Der Zusammenhang zwischen dem Beruf des Mannes und dem Status der Frau hat natürlich auch dann seine problematischen Aspekte, wenn die Arbeitsteilung zwischen den Geschlechtern – Berufstätigkeit für den Mann, Hausfrauen- und Mutterrolle für die Frau – in der Gesellschaft noch fraglos hingenommen wird, was heutzutage offensichtlich nicht mehr der Fall ist. Die persönlich-subjektive Entscheidung der Frau für einen bestimmten Mann hat dadurch langfristige wirtschaftliche und Statusfolgen, die zudem zum Zeitpunkt der Eheschließung nicht unbedingt zuverlässig abzusehen sind – je jünger und beruflich unfertiger der Ehemann, desto weniger. Dazu Parsons (1964, S. 77): »In einer Gesellschaft, in der der individuelle Leistungserfolg so stark betont wird, ist es allerdings nicht überraschend, daß sich bei der Frau ein gewisses romantisches Heimweh nach jener Zeit entwickelt, in der ihr die Wahl noch offen stand«. Im Gegensatz zur Bauersfrau kann die städtische Mittelklassefrau nicht zum gemeinsamen Berufserfolg beitragen, sondern nur vom Berufserfolg des Mannes mit-profitieren oder auch darunter leiden.

Ein anderer problematischer Aspekt der Verschränkung von Familiensystem und Berufssystem durch die Berufsrolle des Ehemannes und Vaters ist, daß die Arbeitsteilung zwischen den Geschlechtern den Bereich gemeinsamer Interessen und Tätigkeiten der Ehegatten einschränkt. Auch das kann die Beziehung zwischen den Ehegatten belasten.

Die dem Westen eigentümliche Verknüpfung von Familie und Beruf, d.h. die Isolierung der Kernfamilie und die statusdeterminierende Berufstätigkeit des Familienvaters, wirft nicht zuletzt außerhalb der Kernfamilien, bei den Alten, Probleme auf. Wenn die Kinder groß geworden sind, wenn die Altersgrenze überschritten ist, sind sie innerhalb der Verwandtschaft wie im gesellschaftlichen Leben isoliert. Pensionierungstod und erhöhte Selbstmordrate bei den Alten dokumentieren das Problem.

Auf den ersten Blick sieht es nicht so aus, als ob die Art, in der die Ehe institutionalisiert ist, weitreichende Folgen für die Gesamtgesellschaft und ihre sozio-politische Stabilität hätte. Dennoch hält Andreski (1968a, S. 19) die Monogamie für *einen* entscheidenden Grund, warum die Innenpolitik europäischer Staaten relativ gewaltfrei war, warum europäische politische Strukturen verglichen etwa mit asiatischen immer schon so beständig und stabil waren. Was für ein Gedankengang steckt hinter dieser Hypothese?

Die häufigste Form der Polygamie ist die Polygynie, d. h. die Vielweiberei. Wenn Männer mehr als eine Ehefrau haben dürfen, dann werden vor allem Männer aus der Oberschicht diese Möglichkeit nutzen. Haben die Männer der Oberschicht viele Frauen, ist zu erwarten, daß sie auch viele Kinder haben. Umgekehrt bedeutet die Vielweiberei in der Oberschicht, daß Frauen in der Unterschicht relativ knapp sein müssen, daß also die Unterschicht weitgehend monogam sein muß, ja sogar zumindest einige Männer aus der Unterschicht keine Familien gründen können. Die Schichtabhängigkeit des Ausmaßes der Polygamie erzeugt unterschiedliche Reproduktionsraten in den Ober- und Unterschichten einer Gesellschaft. In relativ statischen Gesellschaften, die weder durch wirtschaftliches Wachstum im Innern noch durch militärische Expansion nach Außen neue privilegierte Positionen schaffen, bedeutet das, daß es relativ viele Bewerber für die durch natürlichen Abgang frei werdenden privilegierten Positionen gibt, daß es zu wenig Anwärter für die unterprivilegierten Positionen gibt.

Dieses Ungleichgewicht in den durch die Eheform bedingten Reproduktionsraten verschiedener sozialer Schichten hat zwei Effekte: Einmal wird der Konkurrenzkampf unter den Kindern der Reichen und Mächtigen verschärft. Ein bekanntes Beispiel sind die Kämpfe unter islamischen Prinzen. Nur einer von vielen Brüdern und Halbbrüdern konnte hoffen, das Erbe des Vaters anzutreten. Der sicherste Weg, die eigene Herrschaft gegen brüderliche Konkurrenz abzusichern, war es, die Brüder und Halbbrüder zu töten. Eine Alternative war es, sie zumindest lebenslänglich einzusperren. Weil der Kampf um die Nachfolge oft mit Armeen geführt wurde, also durch Bürgerkrieg, hat das offensichtlich direkt die politische Stabilität und, weil diese eine Voraussetzung für Wirtschaftswachstum ist, auch die wirtschaftliche Entwicklung beeinträchtigt.

Wenn sich die Oberschicht schneller als die Unterschicht reproduziert, bedeutet das außerdem, daß die Aufstiegschancen für begabte Kinder aus der Unterschicht besonders schlecht sein müssen. Die privilegierten Positionen sind dann ja besonders heiß umkämpft und die Kinder der Reichen und Mächtigen haben wegen der Verbindungen ihrer Väter einen Startvorteil beim Wettbewerb mit den Kindern aus den unteren Volksschichten. Die Verstopfung der individuellen Aufstiegskanäle läßt dann nur noch kollektive Aktionen der Unterprivilegierten gegen die Privilegierten zu, das kann z.B. eine Verschärfung des Klassenkampfes bedeuten. Die faktische Vielweiberei in Teilen der lateinamerikanischen Oberschicht ist nach Andreski (1969) ein zeitgenössisches Beispiel für die Verschärfung des Klassenkampfes durch polygame Oberschichten.

In vielen modernen europäischen Gesellschaften ist die Lage ganz anders. Nicht nur in der legalen Theorie, sondern auch in der sozialen Praxis herrscht Monogamie. Außerdem ist die Gebärfreudigkeit in den Oberschichten eher geringer als in den Unterschichten. Die unterschiedlichen Reproduktionsraten der sozialen Schichten allein erzwingen also schon ein offenes Gesellschaftssystem, das den sozialen Aufstieg ermöglicht. Weil individueller Aufstieg so eine Alternative zum kollektiven Kampf gegen die Herrschenden ist, wird das gesellschaftliche System stabilisiert.

In gewisser Weise kannte das christliche Europa dank des Zölibats immer schon das Phänomen einer zu geringen Reproduktion der oberen Schichten und damit Aufstiegschancen für die Kinder der Unterschichten. Die katholische Geistlichkeit konnte sich dank des Zölibats nicht durch Berufsvererbung aus sich selbst erneuern. Deshalb mußte der Klerus immer für andere Volksschichten offenbleiben und der Unterschicht Aufstiegschancen bieten.

Andreskis Thesen über die politischen und wirtschaftlichen Folgen der Polygynie kann man so zusammenfassen: Weil Vielweiberei dazu führt, daß vor allem Männer in privilegierter sozialer Lage viele Frauen haben, kommt es dadurch zu einer überhöhten Reproduktion von Anwärtern auf privilegierte Positionen und zu einer zu geringen Reproduktion von Anwärtern auf niedrige Positionen. Das verschärft den Machtkampf unter den Privilegierten und verringert die Aufstiegschancen derer, die bescheidenen Verhältnissen entstammen. Beides trägt zur Verschärfung von Interessenkonflikten und Machtkämpfen bei. Die von der Polygynie geförderte sozio-politische Instabilität beeinträchtigt auch die wirtschaftlichen Entwicklungschancen.

In den letzten Jahren ist auch der ökonomische Erklärungsansatz auf die Familie angewendet worden (McKenzie and Tullock 1978a; Becker 1982; recht kritisch: Meyer 1979, 1987). Den Grundgedanken kann man mit Meyer (1979, S. 286), der die Ehe als ›Koalition‹ bezeichnet, so beschreiben: »In der Sicht des Ökonomen gehen Menschen eine Koalition dann und nur dann ein, wenn sie jedem Koalitionspartner Vorteile bietet, die er außerhalb dieser Koalition nicht erzielen kann. Eine Zweierkoalition zwischen Mann und Frau ist vermutlich eine effiziente Art, eine Vielzahl von Bedürfnissen zu befriedigen. Die von der Zweierkoalition betriebenen Aktivitäten umfassen: Qualität der täglichen Mahlzeit, Zahl und Qualität der Kinder, Versorgung des Partners im Krankheitsfall, Erholung von des Tages Mühe, kameradschaftliche Gemeinschaft, die als Liebe bezeichneten physischen und gefühlsmäßigen Beziehungen der Geschlechter. Zum Betreiben all dieser Aktivitäten sind knappe Ressourcen, nämlich Zeit und Markterzeugnisse, erforderlich. Die Chancen für eine bestimmte Zweierkoalition nehmen zu, je mehr ergänzendes Ressourcenkapital der Koalitionspartner besitzt oder anders ausgedrückt: je wirksamer die eigenen Mittel durch eine Fusionierung mit den Potenzen des Partners eingesetzt werden können.«

Im Gegensatz zu anderen denkbaren Koalitionen zu Produktions- und/oder Konsumzwecken sind Ehe und Familie auf die Geburt und Erziehung von Kindern hin ausgerichtet. Genau daran knüpft Becker (1982, S. 266–269) mit seinen Erklärungsversuchen für Monogamie und Polygamie an. Die über alle Zeiten, Räume und Kulturen weite Verbreitung der Monogamie erklärt er neben der meist annähernd gleich großen Zahl von Männern und Frauen auch mit dem abnehmenden Grenznutzen, den ein zusätzlicher Ehepartner einbringen kann. Für Geschlechtsverkehr, Geburt von Kindern, häusliche Arbeitsteilung usw. sind ja nur zwei Partner verschiedenen Geschlechts notwendig. Die relativ weitere Verbreitung der Polygynie als der Polyandrie erklärt Becker damit, daß die Vaterschaft bei der Vielehe zweifelhaft sein kann, die Mutterschaft aber nicht. Bei der Polygynie gibt es nur einen Mann, so daß die Identifikation des Vaters der Kinder in dieser Art von polygamer Familie kein Problem ist.

Ein Problem der ökonomischen Familientheorie ist, daß zumindest implizit, manchmal explizit, freie Partnerwahl und eine Art Heiratsmarkt vorausgesetzt werden. Für zeitgenössische westliche Gesellschaften, also bei erheblicher raumzeitlicher Begrenzung des Geltungsanspruchs, ist das akzeptabel, generell aber kaum. Das zeigt folgende von Beckers (1982, S. 272) Aussagen über die Partnersuche: »Die Suche wird um so länger dauern, je größer der erwartete Nutzen zusätzlicher Suche. Da der Nutzen um so größer sein wird, je länger die erwartete Dauer der Ehe ist, werden die Leute sorgfältiger suchen und später heiraten, wenn sie erwarten, länger verheiratet zu sein, beispielsweise wenn eine Scheidung schwieriger ist ... Die Suche wird auch um so länger dauern, je unterschiedlicher die potentiellen Partner sind, denn in dem Fall wäre der erwartete Gewinn weiteren ›Probierens‹ größer. Folglich liegt unter sonst gleichen Bedingungen das Heiratsalter in dynamischen, mobilen und inhomogenen Gesellschaften generell höher als in statischen, homogenen Gesellschaften.«

Als geeignet dürften Partner gelten, die ähnliche Präferenzen in Bezug auf Lebensführung, Kinderzahl und familiäre Arbeitsteilung haben. Wenn das von Persönlichkeitsmerkmalen und von der Schicht abhängt, dann ist zu erwarten, daß Menschen bevorzugt ihre Partner in der gleichen Schicht suchen, daß in Bezug auf Schicht und deren Korrelate (wie Intelligenz, Ausbildung und in manchen Gesellschaften sogar Rasse) heterogene Ehen weniger stabil sein sollten.

Aber nicht in allen Beziehungen läßt die ökonomische Theorie erwarten, daß sich gleich zu gleich gesellt. Kann etwa eine Frau genauso viel auf dem Arbeitsmarkt verdienen wie ein gut verdienender Mann, dann sind die ähnlichen Fähigkeiten beider nicht komplementär. Die alte europäische Arbeitsteilung – er verdient das Geld, sie versorgt Haushalt und Kinder, oder abgeschwächt: seine Karriere geht vor, sie verdient nur dazu – wird beiden Seiten eher einleuchten, wenn sie weniger als er verdienen *kann*. Dabei ist es fast gleichgültig, woran ihre verringerten Verdienstchancen liegen – ob an kürzerer Ausbildung (von den Eltern mit ›Mädchen heiraten ja doch‹ begründet) oder an diskriminierenden, die Frauen systematisch benachteiligenden Aufstiegschancen, Löhnen und Gehältern. Für ehewillige Männer und Frauen sind das Daten, die nicht ohne weiteres in absehbarer Zeit geändert werden können. Jedenfalls gibt es Studien, nach denen ein zunehmender Beitrag der Frau zum Haushaltseinkommen zur Reduzierung der Ehestabilität beiträgt (vgl. Hartmann 1989, S. 124).

Denkbar wäre – und das ist jetzt reine Spekulation oder auch Hypothesenbildung – daß der Abbau der Diskriminierung von Frauen bei den Ausbildungs-, Aufstiegs- und Verdienstchancen die Anreize zur Eheschließung und/oder Geburt von Kindern bei intelligenten Frauen in relativ privilegierter sozialer Lage (etwa ab obere Mittelschicht) so weit verringert, daß gerade die begabtesten Frauen für Reproduktionszwecke nicht mehr zur Verfügung stehen. Wenn man das Resultat der psychologischen Forschung akzeptiert, wonach Intelligenz überwiegend erblich ist (Bouchard et al. 1990, Urbach 1974, Vernon 1979), dann könnte der an sich wünschenswerte Abbau von Diskriminierung durchaus unerwünschte Nebeneffekte haben.

Denkbar ist allerdings auch, daß mit zunehmender Selbstverständlichkeit der Berufstätigkeit *beider* Ehepartner, nicht nur der Marktwert von Männern mit Karriere- und Verdienstchancen steigt, sondern auch der von Frauen (Mare 1991). Dann müßte die Tendenz intelligenter, gut ausgebildeter und gut verdienender Menschen, sich möglichst gleichwertige Ehepartner zu suchen, die Ungleichheit zwischen Familien verstärken.

Obwohl es über alle Altersgruppen gesehen in Deutschland mehr Frauen als Männer gibt, herrscht auf dem deutschen Heiratsmarkt ein ausgesprochener Frauenmangel (Jürgens und Pohl 1985). Das liegt erstens daran, daß mehr Jungen als Mädchen geboren werden und dank der modernen Medizin auch das heiratsfähige Alter erreichen, daß zweitens junge Männer nicht nur mit gleichaltrigen Männern, sondern auch mit älteren Männern um passende Frauen konkurrieren, daß drittens in Anbetracht der Norm, wonach der Mann eher älter als die Frau sein darf oder soll, bei einer schrumpfenden Bevölkerung jeder Männergeneration eine etwas zahlenschwächere Generation etwas jüngerer Frauen gegenübersteht. Mit Jürgens und Pohl (1985, S. 173) muß man deshalb feststellen: »Mehrere hunderttausend Männer haben somit in unserer Gesellschaft keine Heiratschance.« Das betrifft in Anbetracht der aus ökonomischer Perspektive leicht einzusehenden Präferenz von Frauen für Männer mit gehobenem Sozialstatus vor allem Männer aus der Unterschicht.

In den westlichen Industriegesellschaften gibt es einen säkularen Rückgang der Kinderzahl. Weil die Ehepartner sich ja nicht Geburten und frühkindliche Sterbefälle, sondern überlebende Kinder – für Becker (1982, S. 213) ›langlebige Konsumgüter‹ – wünschen, trägt allein schon der Rückgang der Kindersterblichkeit zur Absenkung der gewollten Geburtenzahlen pro Frau bei. Ein weiterer Faktor ist die säkulare Zunahme des Wissens bei Empfängnisverhütung. Zufälle oder Unfälle zwingen Eltern zunehmend weniger das ›Konsumgut‹ Kinder auf, wenn sie lieber in den Erwerb anderer Konsumgüter investieren möchten. Außerdem haben die Bevölkerungsverschiebung vom Land (wo es relativ billiger ist, Kinder aufzuziehen) in die Stadt (wo die Kosten höher sind) und die zunehmenden Opportunitätskosten der Versorgung von Kindern durch Frauen, die sonst Markteinkommen erzielen *können*, die Nachfrage der Eltern nach Kindern gesenkt.

Diese Erklärung säkular abnehmender Geburtenzahlen pro Frau (oder verheirateter Frau) kann allerdings *nicht zwingend allein* aus den Standardprämissen der ökonomischen Theorie abgeleitet werden. Denn danach gibt es auch einen Einkommenseffekt. Je höher das Einkommen der Eheleute, desto mehr können sie sich von allen Konsumgütern leisten, auch mehr Kinder. Weil es unplausibel ist, Kinder als ›inferiores‹ Gut zu betrachten (wobei die Nachfrage mit zunehmendem Einkommen sinkt), müßten die steigenden Einkommen in westlichen Gesellschaften in den letzten Jahrzehnten auch Anreize zur Vermehrung der Kinderzahl vermittelt haben. Becker (1982) ›erklärt‹ damit sogar die steigenden Geburtenzahlen in vielen Gesellschaften kurz nach dem zweiten Weltkrieg.

Die ökonomische Theorie von Ehe und Familie liefert also gleichzeitig Gründe, die ein säkulares Absinken der Kinderzahl erwarten lassen (sinkende Kindersterblichkeit, zunehmendes Wissen über Verhütungsmöglichkeiten, Verstädterung, allgemein zunehmende Kosten für oder durch Kinder), als auch Gründe, die ein säkulares Ansteigen der Kinderzahl in wohlhabender werdenden Gesellschaften erwarten lassen (Einkommenseffekt). Welcher dieser gegenläufigen Effekte überwiegt, läßt sich aus den Standardprämissen der ökonomischen Theorie *allein* nicht ableiten. Dazu benötigt man empirische Studien und/oder zusätzliche Annahmen. *Empirisch* ist allerdings klar, daß die Faktoren, die die Nachfrage nach Kindern reduzieren, in westlichen Gesellschaften diejenigen dominieren müssen, die die Nachfrage stimulieren.

Aus ökonomischer Perspektive kann man Kinder nicht nur als Konsumgut auffassen, weil sie ihren Eltern Freude machen, sondern auch als Produktionsgut, weil sie zur Versorgung ihrer Eltern im Alter herangezogen werden können. In den meisten traditionellen und Agrargesellschaften ist das ja *die* Standardform der Altersversicherung. Indem der moderne Wohlfahrtsstaat den Menschen die Sorge um die eigene Altersversorgung abnimmt, trägt er damit *zusätzlich* zur abnehmenden Bereitschaft bei, Kinder zu bekommen und aufzuziehen.

Wo die Altersrenten nicht – wie theoretisch denkbar – aus den Zinsen von Zwangsersparnissen finanziert werden, sondern – wie in Deutschland – aus Zwangsabgaben von den Einkommen der Erwerbstätigen, da müssen Probleme entstehen. Denn der Wohlfahrtsstaat verringert den Anreiz, Kinder zu haben, und erhöht gleichzeitig die Abhängigkeit der alternden Generation von der nachwachsenden Generation, weil die alternde Generation ja im Vertrauen auf die staatliche Absicherung weder selbst Kinder haben muß, noch persönlich Kapital für das Alter bilden muß (vgl. dazu Engels 1979; kurz: Weede 1990a, Kapitel VII).

13. Arbeitsteilung und Tausch, Transaktionskosten und soziales Kapital

Zunächst werde ich einige der zentralen Aussagen von Adam Smith (1776/1990) und Emile Durkheim (1893/1977) darstellen, dann diese Aussagen miteinander vergleichen und schließlich Gemeinsamkeiten und Unterschiede herausarbeiten. Die Gemeinsamkeiten lassen sich am besten mit Hilfe des zeitgenössischen Konzepts der Transaktionskosten beschreiben. Damit wird implizit das ökonomische Menschenbild akzeptiert, d. h. die Unterstellung der Nutzenmaximierung als Ziel menschlichen Handelns. Wenn auch weniger gegen Smith als vielmehr gegen Herbert Spencer argumentierend, versucht Durkheim genau dieses Menschenbild als unzureichend zurückzuweisen. Damit ist Durkheim wesentlich für die Isolation der Soziologie von den anderen Sozialwissenschaften verantwortlich, was ich für eine verhängnisvolle Entwicklung halte (vgl. auch Lindenberg 1983).[18] Aber in der allerjüngsten amerikanischen Soziologie findet man Ansätze, die das Durkheimsche Problem der Solidarität in der arbeitsteiligen Gesellschaft aufgreifen, neu formulieren *und* einer Behandlung im Rahmen der Prämissen des ökonomischen Menschenbildes zugänglich machen. Damit wird einerseits gezeigt, daß das ursprünglich ökonomische Forschungsprogramm auch zur Behandlung klassischer soziologischer Probleme – wie der Solidarität als Voraussetzung oder beitragende Bedingung zur Arbeitsteilung – geeignet ist, daß andererseits die explizite Einbeziehung soziologischer Fragestellungen und Hypothesen auch für die Ökonomie selbst von Interesse sein kann.

---

[18] Sowohl Hans Albert (1990) als auch James Coleman (1990, S. 6–9) rechnen Weber dem methodologischen Individualismus zu. Manfred Hennen (1990, S. 65) wirft Durkheim vor, daß bei ihm »paradoxe (d. h. im wesentlichen nicht-intendierte, E. W.) Handlungsfolgen zum Argument der Bedeutungslosigkeit der Handelnden selbst gekehrt werden.« Die Ablehnung des methodologischen Individualismus bei Durkheim beruht danach auf einer zu simplen Vorstellung des Zusammenhangs von Motiv oder Absicht und Resultat oder Konsequenzen von Handlungen und Interaktionen.

Adam Smith (1776/1990) beginnt seine Analyse der Arbeitsteilung nicht mit einer Diskussion der Ursachen, sondern mit einer Diskussion der Auswirkungen der Arbeitsteilung. Auf die Frage, warum Arbeitsteilung die Produktivität der Arbeit erhöht, gibt A. Smith (1776/1990, S. 12) folgende Antwort: »Die enorme Steigerung der Arbeit, die die gleiche Anzahl Menschen nunmehr infolge der Arbeitsteilung zu leisten vermag, hängt von drei verschiedenen Faktoren ab: (1) der größeren Geschicklichkeit jedes einzelnen Arbeiters, (2) der Ersparnis an Zeit, die gewöhnlich beim Wechsel von einer Tätigkeit zur anderen verlorengeht und (3) der Erfindung einer Reihe von Maschinen, welche die Arbeit erleichtern, die Arbeitszeit verkürzen und den einzelnen in den Stand setzen, die Arbeit vieler zu leisten.« Erfindungen sind für Smith z.T. Resultat der Konzentration auf eine eng umschriebene Tätigkeit.

In Anbetracht der positiven Auswirkungen der Arbeitsteilung liegt es nahe, die Entstehung der Arbeitsteilung durch deren Konsequenzen zu erklären. Soziologen bezeichnen derartige Erklärungen als funktionalistisch. Solche ›Erklärungen‹ sind oft problematisch. Sie degenerieren leicht zur Tautologie. Allgemein dürften funktionalistische Erklärungen problematischer sein, wenn man sie direkt auf Gruppen, Kollektive, Gesellschaften statt auf Individuen anwendet. Bei Individuen bietet die Antizipation von Wirkungen einen Ansatzpunkt für die funktionalistische Erklärung, bei Gruppen müßte man die Funktionalität des Bestehenden schon über Selektionsmechanismen, etwa das Überstehen des Wettbewerbs, begründen. Auf den ersten Blick scheint Smith (1776/1990) die Probleme funktionalistischer Erklärung zu umgehen.

Smith (1776/1990, S. 16) betont die spontane im Gegensatz zur geplanten Entstehung der Arbeitsteilung: »Die Arbeitsteilung, die so viele Vorteile mit sich bringt, ist in ihrem Ursprung nicht etwa das Ergebnis menschlicher Erkenntnis, welche den allgemeinen Wohlstand, zu dem erstere führt, voraussieht und anstrebt. Sie entsteht vielmehr zwangsläufig, wenn auch langsam und schrittweise, aus einer natürlichen Neigung des Menschen, zu handeln und Dinge gegeneinander auszutauschen.« Die Tauschneigung ihrerseits führt Smith auf Denken, Sprechen und die Fähigkeit, sich in andere hineinzuversetzen, zurück (vgl. Kaufmann 1984).

Auf den zweiten Blick ist die Erklärung der Arbeitsteilung durch die Tauschneigung natürlich funktionalistisch. Denn Smith unterstellt, daß die Menschen tauschen, um sich besser mit Gütern und Dienstleistungen zu versorgen als ohne Tausch möglich ist. Smith' Erklärung der Arbeitsteilung hat also einen funktionalistischen Hintergrund und impliziert die Antizipation der Besserstellung der beteiligten Akteure durch Tausch. Arbeitsteilung und Tausch werden nach Smith (1776/1990) von einer ›unsichtbaren Hand‹ koordiniert, weil »in einem System des freien Austauschs Leistungen für andere die Vorbedingung für die Realisierung eigener Vorteile sind und (weil, E. W.) auf diese Weise die einzelnen durch ihr Eigeninteresse dazu angehalten sind, nach Möglichkeiten auszuschauen, anderen Dienste zu leisten (Vanberg 1984a, S. 98).«

Arbeitsteilung nützt zwar allen Menschen, aber dennoch kann sie *nicht* beliebig weit vorangetrieben werden. Auf die Frage, wie weit sich die Arbeitsteilung entwickelt, gibt Smith (1776/1990, S. 19) diese Antwort: »So, wie die Fähigkeit zum Tauschen Anlaß zur Arbeitsteilung ist, so muß das Ausmaß dieser Fähigkeit und damit die Marktgröße den Umfang der Arbeitsteilung begrenzen.« Die Marktgröße ihrerseits resultiert aus städtischen Ballungszentren, Bevölkerungsdichte und Verkehrswegen. Smith hebt vor allem auch die besondere Bedeutung des preiswerten Wassertransports für die Größe des Marktes, das Ausmaß der Arbeitsteilung und damit für Produktivität und Wohlstand hervor.

Obwohl unterschiedliche Fähigkeiten bei Smith vorwiegend Folge der Arbeitsteilung sind, spielen anfängliche, exogene Unterschiede des Geschicks bei der Herstellung von Gütern auch eine Rolle dabei, die Arbeitsteilung in Gang zu bringen. Woraus auch immer die unterschiedlichen Fähigkeiten der Menschen resultieren, die Unterschiedlichkeit selbst trägt dazu bei, daß Menschen für einander nützlich sein können.

Durkheims (1893/1977, S. 297) Erklärung der Arbeitsteilung beginnt mit dem Hinweis auf gegenseitige Einwirkungsmöglichkeiten. Diese sind für ihn eine Folge der Verdichtung von Gesellschaften. Er unterscheidet drei Arten der sozialen Verdichtung und damit zunehmender Einwirkungsmöglichkeiten:

(a) Bevölkerungskonzentration oder zunehmende Bevölkerungsdichte,
(b) Verstädterung,
(c) mehr und bessere Verkehrswege.

Mit diesen leicht faßbaren materiellen Indikatoren sozialer Verdichtung hängt nach Durkheim (1893/1977, S. 300) auch die moralische Dichte, d. h. die normativ und/oder rechtlich geregelte Verdichtung sozialer Kontakte, zusammen.

Der Zusammenhang zwischen sozialer Verdichtung (bisher nur) als Explanans oder unabhängige Variable und zunehmender Arbeitsteilung (bisher nur) als Explanandum oder abhängige Variable ist aber noch komplexer. Denn bei Durkheim (1893/1977, S. 300) wird einerseits eine zweigleisige Abhängigkeitsbeziehung zwischen Verdichtung und Arbeitsteilung, andererseits das Überwiegen bzw. die Dominanz der Kausalbeziehung von der Dichte zur Arbeitsteilung behauptet.

Neben der Verdichtung von Gesellschaften trägt auch das zunehmende Volumen von Gesellschaften zur Arbeitsteilung bei. Mit der Zahl der Individuen in einer Gesellschaft wächst ja auch die Zahl der potentiellen Interaktionsbeziehungen. So gesehen bieten größere (voluminösere) Gesellschaften dem Individuum auch einen größeren Kontaktraum – es sei denn, sie sind stark segmentiert, so daß intersegmentäre Kontakte praktisch nicht stattfinden. Das Volumen ist bei Durkheim (1893/1977, S. 302) eine der Verdichtung nachgeordnete Ursache von Arbeitsteilung.

Durkheim (1893/1977, S. 306) versucht die Abhängigkeit der Arbeitsteilung von Volumen und Verdichtung von Gesellschaften ihrerseits zu erklären: »Wenn sich die Arbeit in dem Maß mehr teilt, in dem die Gesellschaften umfangreicher und dichter werden, dann nicht darum, weil die äußeren Umstände mannigfaltiger sind, sondern weil der Kampf um das Leben heißer ist«. Diesen Gedanken entwickelt Durkheim mit Hilfe biologischer Analogien. An Darwin anknüpfend verweist Durkheim (1893/1977, S. 306) darauf, »daß die Konkurrenz zwischen zwei Organismen um so heftiger ist, je ähnlicher sie einander sind«. Durch Arbeitsteilung und Spezialisierung ihrer Fähigkeiten und Tätigkeiten werden die Menschen unähnlicher. Arbeitsteilung wird damit eine Möglichkeit, mehr Menschen den Daseinskampf überleben zu lassen. Durkheim (1893/1977, S. 307/308) schreibt in diesem Zusammenhang: »Die Menschen unterliegen dem gleichen Gesetz. In einer Stadt können die verschiedensten Berufe nebeneinander leben, ohne sich gegenseitig schädigen zu müssen, denn sie verfolgen verschiedene Ziele ... jeder kann sein Ziel erreichen, ohne den anderen daran zu hindern, ebenfalls sein Ziel zu erreichen«.

Zunehmende Verdichtung und Volumen von Gesellschaften verschärfen also den Daseinskampf. Dabei müssen die schwächsten Mitglieder der Gesellschaft althergebrachte Tätigkeiten aufgeben und sich eine neue Tätigkeit suchen, die aber möglichst nicht schon von anderen ausgeübt wird (Durkheim 1893/1977, S. 309).

Verdichtung und Volumen von Gesellschaften beeinflussen nicht nur die Arbeitsteilung, sondern die Arbeitsteilung wirkt wiederum auf Dichte und Volumen zurück. Warum? Durkheim (1893/1977, S. 311) gibt folgende Antwort: »Die Arbeitsteilung ist also ein Ergebnis des Lebenskampfes, aber in einer gemilderten Entwicklung. Dank der Arbeitsteilung brauchen sich die Rivalen nicht gegenseitig zu beseitigen, sie können im Gegenteil nebeneinander existieren.« Beispiele für das Überleben durch Arbeitsteilung sind der Behinderte oder der Besiegte. Und weiter: »Ein Behinderter kann in den komplexen Kadern unserer sozialen Ordnung einen Platz finden, wo es ihm möglich ist, Dienst zu leisten ... Bei primitiven Stämmen wird der besiegte Feind getötet; wo die Arbeitsfunktionen von den Militärfunktionen getrennt sind, bleibt er neben dem Sieger als Sklave leben.«

Durch steigendes gesellschaftliches Volumen und Verdichtung gesteigerter Daseinskampf bzw. Konkurrenz allein kann aber nicht die Arbeitsteilung erzeugen oder weiter vorantreiben. Gesellschaft und normative Bindung der Menschen aneinander muß schon vorausgesetzt werden. Dazu Durkheim (1893/1977, S. 317): »Die Arbeitsteilung kann nur im Schoß einer existierenden Gesellschaft eintreten. Damit wollen wir nicht einfach sagen, daß die Individuen materiell aneinander hängen müssen, sondern daß es unter ihnen moralische Bande geben muß. Der materielle Zusammenhang allein erzeugt schon Bande dieser Art, wenn er nur dauerhaft ist ...«[19] Nach Durkheim (1893/1977, S. 317/318) ist es also zunächst die Solidarität der Mitglieder einer Gesellschaft, die Arbeitsteilung überhaupt erst ermöglicht. Nachdem die moralische Einheit der Gesellschaft, die »Gemeinschaft des Glaubens und der Gefühle« die Arbeitsteilung ermöglicht hat, kann dann später auch die Arbeitsteilung auf die moralische Einheit und Solidarität zurückwirken.

Es ist auffällig, daß einige von Durkheims Thesen auch schon von Adam Smith (1776/1990) vertreten wurden (vgl. Rueschemeyer 1982). Sowohl Smith als auch Durkheim vertreten die Auffassung, daß zunehmende Bevölkerungsdichte, zunehmende Urbanisierung und die Ver-

---

[19] An *dieser* Stelle entsteht der Eindruck, daß ›materieller Zusammenhang‹ allein schon moralische Bande oder Solidarität erzeugt. An anderer Stelle (Durkheim 1893/1977, S. 418–429) wird als Chancengleichheit verstandene Gerechtigkeit bedeutsam. Generell ist nicht ganz klar, ob bzw. unter welchen Bedingungen bloße Kontakte, funktionale Interdependenz und Chancengleichheit auch ohne die Unterstützung der jeweils anderen Determinanten Solidarität in differenzierten Gesellschaften erzeugen können (vgl. dazu Schmid 1989; auch König 1978, S. 147–157; Müller 1986).

besserung der Verkehrswege zur Ausweitung der Arbeitsteilung beitragen. Bei Smith wird der Zusammenhang zwischen Bevölkerungsdichte, Urbanisierung und Verkehrswegen einerseits und Arbeitsteilung andererseits von der Größe des Marktes vermittelt. Auch das von Durkheim erwähnte Volumen bzw. die Bevölkerungszahl der Gesellschaft kann als Determinante der Smith'schen Größe des Marktes gelten.

Zunehmende Verdichtung und zunehmendes Volumen der Gesellschaft sind Hintergrundbedingungen für eine wachsende Zahl potentieller Tauschpartner, also beitragende Bedingungen zu einem wachsenden Markt und – von den Durchsetzungskosten zunächst mal abgesehen – zu sinkenden Transaktionskosten.[20] In einer dichteren und größeren Gesellschaft ist es leichter als anderswo, Tauschpartner zu finden. Die Suchkosten sinken also. Man kann häufig andere beim Tausch beobachten, erhält also Hinweise auf die Preisrelation. Das vermittelt Informationen darüber, welche Spezialisierung am profitabelsten ist, wie wertvoll die zu tauschenden Güter sind. Außerdem dient es auch der Beschleunigung von Tauschgeschäften, weil ja zumindest die Größenordnungen der Preisverhältnisse und die sonstigen Tauschbedingungen durch Beobachtung anderer bekannt werden. Durkheim und der ökonomische Ansatz begründen also gleichermaßen die Erwartung positiver Zusammenhänge zwischen Verdichtung und Volumen von Gesellschaften einerseits und dem Ausmaß der Arbeitsteilung andererseits.

Durkheims Theorie der Arbeitsteilung verweist allerdings auch auf einen bisher vernachlässigten Gesichtspunkt, nämlich die Bedeutung der schon existierenden Solidarität unter den Tauschpartnern oder in der Gesellschaft. Offensichtlich sinken die Transaktionskosten beim Tausch, werden Arbeitsteilung und Tausch entsprechend attraktiver, wenn Abmachungen in der Regel freiwillig eingehalten werden. Sofern keine übergeordnete, etwa staatliche, Instanz die Einhaltung der Ab-

---

[20] Dazu schreiben North and Thomas (1973, S. 38): »An increase in local population density widened the market, lowering transaction costs and initially encouraging the establishment of such industries as handicrafts and various services.« Das Sinken der Transaktionskosten ist am deutlichsten bei den Suchkosten (vgl. auch Breeden and Toumanoff 1985). In expliziten Definitionen werden diese zwar oft nicht direkt erwähnt, aber im längeren Text dennoch berücksichtigt (vgl. North 1987, S. 428; 1988, S. 37; Wegehenkel 1981, S. 2). Was die Durchsetzungskosten angeht, unterscheidet North zwischen persönlichen Beziehungen und anonymen Märkten. Zunehmende Verdichtung und zunehmendes Volumen der Gesellschaft begünstigen den Übergang zu anonymen Märkten und verschärfen damit zunächst das Durchsetzungsproblem. Der Staat muß die Durchsetzung von Abmachungen und Verträgen gewährleisten.

machungen garantiert, ist aber *entgegen Durkheim* sogar ohne Solidarität oder emotionale Bindung unter den Akteuren immer noch freiwillige Kooperation möglich. Denn Tauschgeschäfte sind oft Glieder in einer unbekannt langen Kette von Tauschgeschäften.

Auch egoistische Akteure, die immer wieder miteinander tauschen wollen, haben ein Interesse an einer Reputation als zuverlässige und ehrliche Partner. Bei jedem einzelnen Tausch ist es zwar denkbar, den Partner zu betrügen und dadurch kurzfristige Nutzengewinne zu erreichen, aber dem stehen die Wohlfahrtsverluste aus künftig nicht mehr realisierbaren Tauschgeschäften gegenüber. Weil oder wenn Betrug in einer konkreten Tauschbeziehung auch Dritten, die ebenfalls potentielle Tauschpartner sind, bekannt wird, entstehen zusätzliche Anreize zur Ehrlichkeit und Einhaltung von Abmachungen. Obwohl Durkheims Solidarität sicher eine nützliche und die Transaktionskosten senkende Gegebenheit ist, scheint er doch die Anreize zur Kooperation zu unterschätzen, die bei *wiederholter* Interaktion sogar dann entstehen, wenn keinerlei Solidaritätsbasis vorhanden ist und bei Einzelinteraktionen unkooperatives Verhalten rational wäre (Axelrod 1987, Opp 1987).

Implizit habe ich bisher allerdings die Opportunitätskosten jeder Produktion vernachlässigt. Wer ein bestimmtes Gut für den Tausch bzw. Verkauf produziert, wird *deshalb* weniger von anderen Gütern zur Selbstversorgung produzieren. Wer sich auf die Produktion für den Markt einstellt, wird von anderen abhängig. Er muß Vertrauen haben, daß die anderen ebenfalls zum Tausch, zum Verkauf und Kauf, bereit sind. In gewisser Weise befinden sich die Menschen beim Übergang von der Eigenversorgung zur Arbeitsteilung und Verkehrswirtschaft in einem Gefangenendilemma (vgl. Kliemt 1990a; auch: Opp 1987; North 1990, S. 34).

Jeder kann sich voll auf Arbeitsteilung einlassen und mit den anderen Austauschbeziehungen eingehen oder weitgehend bei der Selbstversorgung bleiben. Wenn *alle* sich auf die volle Spezialisierung einlassen, dann wird die Produktion maximiert, dann können alle bessergestellt werden. Wenn alle darauf verzichten, muß die Gesellschaft auf die Erweiterung der Produktion durch Arbeitsteilung verzichten.

Wenn in einer sehr kleinen Gruppe von Individuen oder Produzenten – und da muß die Arbeitsteilung wohl ursprünglich beginnen – dagegen einzelne Individuen *weitgehend* bei der Selbstversorgung bleiben, dann sind die weniger vom Tausch als die voll spezialisierten Produzenten abhängig. Das aus dem hohen Grad der Selbstversorgung resultierende relativ geringe Interesse am Tausch aber erlaubt es, besonders günstige Tauschbedingungen durchzusetzen. Wenn alle Mitglieder der Kleingruppe das erkennen, dann wird der Übergang zur voll arbeitsteiligen Gesellschaft, wo niemand mehr Selbstversorger in allen wesentlichen Dingen ist, zumindest stark verlangsamt, wenn nicht verhindert. So etwas wie Solidarität, also Schranken für das Ausnutzen von Machtpositionen, könnte der Gesellschaft beim Übergang zur vollen Arbeitsteilung und zur Verkehrswirtschaft helfen.

Zu Recht hat Adam Smith auf den engen Zusammenhang von Arbeitsteilung und Tausch hingewiesen. Ohne Tausch könnte es keine nennenswerte Arbeitsteilung geben. Bei vielen Transaktionen werden Gegenleistungen erst mit einer gewissen Zeitverzögerung erbracht. Wer vorleistet, muß dann Vertrauen in seinen Partner haben. Vertrauen ermöglicht manche Handlungen oder Transaktionen, die ohne Vertrauen unmöglich wären. Zwar kann es mißbraucht werden, aber *gerechtfertigtes* Vertrauen dient der Besserstellung des Vertrauenden. Die Plazierung von Vertrauen in andere ist rational, wenn die Gewinnerwartung (bei gerechtfertigtem Vertrauen) größer als die Verlustgefahr ist oder – wie Coleman (1990, S. 99) formuliert – wenn das Verhältnis der Gewinn- zur Verlustwahrscheinlichkeit größer als das zwischen Verlust- und Gewinnausmaß ist. Über die Zeit stabile Sozialbeziehungen und dichte Kontaktnetze, wo Vertrauensbruch sich schnell herumspricht, also Durkheims moralische Dichte, machen Vertrauensbruch kostspieliger und damit unwahrscheinlicher.

Solidarität und gegenseitiges Vertrauen unter den Tauschpartnern kann man mit Coleman (1990, S. 302) als *soziales Kapital* auffassen. Es besteht aus strukturellen Gegebenheiten, die manche Handlungsweisen ermöglichen oder erleichtern. Soziales Kapital ist produktiv, weil es z. B. ein größeres Ausmaß an Arbeitsteilung und damit ein größeres Maß an Produktivität erlaubt, als bei seiner Abwesenheit möglich wäre. Neben Solidarität und Vertrauen stellen auch soziale Normen Sozialkapital dar. Wenn die Menschen sich normgerecht verhalten, dann können sie das Handeln ihrer ebenfalls normkonformen Mitmenschen bis zu einem gewissen Grade vorhersehen und deshalb füreinander nutzbar machen. Wer zu Recht anderen Personen vertraut oder sich zu Recht auf die Geltung von sozialen Normen oder Gesetzen verläßt, kann sich leichter auf Arbeitsteilung und Tausch einlassen als derjenige, der weder Personen noch Normen vertrauen kann. Die Produktivität der Arbeit hängt deshalb nicht nur von der Ausstattung der Arbeitsplätze mit physischem Kapital ab oder der Ausstattung der Beschäftigten mit Humankapital bzw. der Qualität der Ausbildung, sondern auch von der Ausstattung sozialer Gruppen oder ganzer Gesellschaften mit Sozialkapital.

Durkheims Ursachen der Arbeitsteilung sind vor allem soziale Verdichtung und sekundär das Volumen der Gesellschaft, allerdings nur, wenn zunehmende Verdichtung und zunehmendes Volumen in einer schon vorhandenen Gesellschaft mit einer Solidaritätsbasis auftreten. Der methodologische Individualist kann diese Hypothesen akzeptieren. Er wird darauf verweisen, daß zunehmende Verdichtung der Gesellschaft die Handlungsanreize verändert. Denn Verdichtung und Volumen vergrößern den Markt, die Anzahl der potentiellen Tauschpartner. Wenn es leichter wird, Tauschpartner zu finden, steigen die Anreize für den Nutzenmaximierer, für den Markt statt für die Selbstversorgung zu produzieren. Wenn die Gesellschaft solidarisch ist, d. h. wenn man dem Tauschpartner Vertrauen entgegenbringen kann und wenn soziale Normen und Verträge in der Regel eingehalten werden, dann erhöht auch das die Anreize zur Produktion für den Markt statt zur Selbstversorgung. Der homo oeconomicus reagiert auf diese Anreize.

Obwohl Durkheim Kollektivbewußtsein und Solidarität in den Mittelpunkt seiner Analyse stellt, obwohl Solidarität sich wesentlich in normkonformem Verhalten manifestiert, vermittelt Durkheim keine umfassende Theorie der Entstehung von sozialen Normen oder der Solidarität. Stattdessen entwickelt er eine Theorie der Umwandlung der Solidaritätsbasis in der sich zunehmend differenzierenden Gesellschaft. Ausgangspunkt ist dabei die sog. mechanische Solidarität. Sie existiert in Gesellschaften, in denen Tätigkeit, Denken und Fühlen von Menschen ziemlich ähnlich sind. Diese Art der Solidarität beruht auf weitgehender Gleichheit oder zumindest großer Ähnlichkeit der alltäglichen Lebensbedingungen der Menschen. Ablesbar ist die relative Bedeutung mechanischer Solidarität in einer Gesellschaft am Gewicht des Strafrechts innerhalb der Rechtsordnung einer Gesellschaft.

Mechanische Solidarität ist nach Durkheim einerseits Voraussetzung dafür, daß sich überhaupt Arbeitsteilung entwickeln kann. Aber die Arbeitsteilung selbst macht andererseits die alltäglichen Lebensumstände der Menschen immer unähnlicher und untergräbt damit die mechanische Solidarität.

An deren Stelle tritt zunehmend die organische Solidarität. Diese setzt funktionale Interdependenz *und* als Chancengleichheit verstandene Gerechtigkeit (Durkheim 1893/1977, S. 418–429) voraus. Soweit hier organische Solidarität durch Gerechtigkeit erklärt wird, dürfte es nicht leicht sein, einer tautologischen Argumentation zu entkommen. Wie will man subjektive Gerechtigkeitsgefühle *unabhängig* von deren Manifestation in solidarischem Verhalten erfassen? Durkheim jedenfalls liefert keine Antwort auf diese Frage. Das Problem mit Arbeitsteilung bzw. funktionaler Interdependenz als Basis von Solidarität besteht darin, daß vergleichbar arbeitsteilige Gesellschaften nicht unbedingt vergleichbar konfliktfrei oder solidarisch sind. Hier bietet Blau (1977) eine Alternative zu Durkheim (1893/1977).[21]

Blau (1977, S. 200 f.) akzeptiert, daß Ähnlichkeit der Menschen, ihrer Lebens- und Arbeitsbedingungen, in primitiven Gesellschaften keinerlei Kontaktschranken zwischen ihnen aufkommen läßt und damit die Basis sog. mechanischer Solidarität bei geringer Arbeitsteilung sein kann. Funktionale Interdependenz in arbeitsteiligen Gesellschaften aber ist nach Blau aus zwei Gründen keine geeignete Basis für die sog. organische Solidarität:

(a) Ökonomische Interdependenz kann sehr wohl ohne direkten Kontakt vorliegen. Denken Sie etwa an die Interdependenz und Kontaktchancen bei Bauern und Arbeitern einer Traktorenfabrik, oder bei Bauern und den Verbrauchern von Nahrungsmitteln in der Großstadt, oder bei Ölarbeitern in Saudi-Arabien und Autofahrern in Köln. (b) Funktionale Interdependenz durch Arbeitsteilung läuft oft auf ein großes Machtgefälle – etwa zwischen Vorstandsmitgliedern und leitenden Angestellten in Großbetrieben und einfachen Arbeitern – und damit korrelierende soziale Kontaktschranken hinaus. Sozialer Kontakt aber ist für Blau die Grundvoraussetzung von Solidarität bzw. Integration von Gesellschaften.

---

[21] Nach Pope and Johnson (1983) leidet Durkheims ›organische Solidarität‹ an innerer Widersprüchlichkeit. Einerseits versichert Durkheim, daß organische Solidarität stärker als mechanische Solidarität sei, andererseits laufen seine Argumente auf das Gegenteil hinaus. Nach Pope and Johnson (1983, S. 690): »Never, however, does Durkheim identify a source of organic solidarity which is both different from the source of mechanical solidarity and powerful.« Das spricht dafür, so zu verfahren, wie es Durkheim in späteren Werken selbst getan hat, nämlich den Begriff der organischen Solidarität aufzugeben. – Implizit weist auch Kaufmann (1984, S. 180) Durkheims Thesen zur organischen Solidarität zurück, denn er schreibt: »Die Wirksamkeit von Solidarität als Steuerungsmedium scheint erstens an überschaubare Verhältnisse und kurze Handlungsketten gebunden ...« – Zweifel an Durkheims Vorstellungen über organische Solidarität werden auch durch die Erfahrungen mit städtischen Solidaritätsdefiziten im islamischen Kulturkreis gerechtfertigt (Gellner 1981).

Wenn nicht mit Hilfe von funktionaler Interdependenz, wie kann Blau dann die Integration in komplexen arbeitsteiligen Gesellschaften erklären? Im Gegensatz zu Durkheim, der eine unterschiedliche Solidaritätsbasis in mehr oder weniger arbeitsteiligen Gesellschaften postuliert, verwendet Blau dasselbe Erklärungsprinzip: In kleinen, homogenen Gesellschaften mit geringer Arbeitsteilung dominieren die Binnenkontakte, gibt es kaum Außenkontakte. Das ist die Basis der sog. mechanischen Solidarität. In großen, heterogenen Gesellschaften mit großer Arbeitsteilung können die Menschen aus rein quantitativen Gründen Kontakte mit in dieser oder jener Beziehung unähnlichen Anderen gar nicht vermeiden. Diese Kontakte zwischen Ungleichen – ob Arbeitern aus verschiedenen Wohngebieten in der gleichen Firma oder Produktions-, Verwaltungs- und Marketingspezialisten im Vorstand – integrieren komplexe Gesellschaften, in Durkheims Terminologie: begründen die organische Solidarität.

Aus Blaus Erklärungsskizze folgt auch, was die Integration komplexer, arbeitsteiliger Gesellschaften gefährdet: Korrelation verschiedener Unähnlichkeiten unter den Menschen. Alle Unähnlichkeiten verringern nach seiner Auffassung die Kontaktchancen. Wenn verschiedene Unähnlichkeiten hoch miteinander korrelieren – etwa die Angestellten weiß, die Arbeiter schwarz sind; die Angestellten hohe, die Arbeiter niedrige Löhne beziehen; die Angestellten in Johannesburg, die Arbeiter in Soweto wohnen – dann verstärken die einzelnen Kontaktbarrieren einander, dann findet soziale Integration nicht statt. Wenn die diversen Unähnlichkeiten voneinander unabhängig sind, dann verstärken die Kontaktschranken einander nicht mehr, dann wird eine in jeder Hinsicht homogene Gruppe tendenziell unendlich klein, was die Außenkontakte erhöht und zur gesamtgesellschaftlichen Integration beiträgt.

Blaus (1977) alternative Solidaritätstheorie hat gegenüber Durkheims den Vorzug, erklären zu können, warum bzw. unter welchen Bedingungen manche arbeitsteiligen Gesellschaften weitgehend solidarisch sind und andere nicht. Kontaktschranken zwischen Kategorien von Menschen oder Korrelationen zwischen rassischen, sozialen und ökonomischen Merkmalen von Individuen sind offensichtlich leichter *unabhängig* von der Solidarität oder relativen Konfliktfreiheit einer Gesellschaft zu bestimmen als das Bewußtsein sozialer Gerechtigkeit. Es bleibt allerdings noch die Frage, ob man Blaus Solidaritätstheorie ohne weiteres dem methodologischen Individualismus zurechnen kann und soll.

In Blaus (1964) früheren Schriften wird der methodologische Individualismus akzeptiert. Sein neueres Werk, dem die Solidaritätstheorie entnommen ist, ist ein expliziter Versuch, ohne die Annahmen und Zielsetzungen des methodologischen Individualismus auszukommen. Das ändert aber nichts daran, daß auch die neuere Solidaritätstheorie mit dem methodologischen Individualismus und der sozialen Tauschtheorie des früheren Blau (1964) kompatibel ist. Denn soziale Anerkennung ist eine der wichtigsten Belohnungen, die Menschen im Alltagsleben füreinander bereitstellen. Freiwillig aufrecht erhaltene Sozialkontakte sind ohne den Austausch sozialer Anerkennung nicht denkbar, wobei natürlich nicht immer nur Anerkennung gegen Anerkennung, sondern auch Anerkennung gegen Güter oder gar das Akzeptieren von Hierarchien getauscht werden kann. Jedenfalls setzt Solidarität auch den Tausch von sozialer Anerkennung und Zustimmung voraus. Mit dem Tausch nähern wir uns auch schon dem Heimatterritorium des homo oeconomicus und des Nutzenmaximierers, auch wenn es hier mal nicht um den Tausch Ware gegen Ware oder Ware gegen Geld geht.

In Durkheims Theorie der Arbeitsteilung wird nicht zwischen zwei Arten von Arbeitsteilung unterschieden, nämlich Arbeitsteilung innerhalb von Unternehmen und Arbeitsteilung zwischen Unternehmen.[22] Zunehmendes Volumen und zunehmende Dichte der Gesellschaft und Solidarität oder Sozialkapital können vielleicht zur Ausweitung beider Formen der Arbeitsteilung beitragen. Aber warum wird die Arbeit teilweise über den Markt verteilt und teilweise durch betriebsinterne Hierarchien? Das hängt von der relativen Höhe der Transaktionskosten ab (Coase 1937; Williamson 1981, 1987, 1989).

Zwischen den Geschäftspartnern auf dem Markt und unter den Mitarbeitern eines Unternehmens wird kooperiert. In beiden Fällen müssen Absprachen getroffen, die Einhaltung von Abmachungen überprüft und gegebenenfalls durchgesetzt werden. Die damit verbundenen Transaktionskosten sind aber nicht immer gleich hoch. Wo die Mannschaftsproduktivität größer ist als die Summe der Einzelproduktivitäten – und das gilt schon beim Heben schwerer Lasten – aber die Gefahr der Drückebergerei besteht, da ist es kostengünstiger, wenn ein

---

[22] Bei Schmid (1989) wird zwischen Arbeitsteilung für den Markt und Ressourcenzusammenlegung unterschieden und versucht, Durkheims Thesen dazu näher zu analysieren. Meines Erachtens ist es relativ unfruchtbar, bei Durkheim nach klaren Aussagen dazu suchen zu wollen, wo ihm weder der Begriff der Transaktionskosten noch der des Kollektivguts samt zugehörigem theoretischen Hintergrund zur Verfügung stand.

Unternehmer *immer wieder* mit denselben Arbeitern Güter oder Leistungen erstellt und diese beaufsichtigt, als wenn der Abnehmer der Leistungen sich seine Mannschaft selbst für eine einmalige Leistung zusammenstellen müßte. Wo Arbeiten spezifische Investitionen erforderlich machen, etwa den Erwerb bestimmter Kenntnisse, die anderswo kaum verwendbar sind, ist es auch besser, wenn ein Unternehmer *immer wieder* mit denselben Arbeitskräften kooperiert, als wenn die Abnehmer von Gütern und Leistungen mal hier und mal da spezifische Investitionen erst veranlassen müßten. Was die Kosten des einen Koordinationsmechanismus erhöht, trägt tendenziell zur Durchsetzung des anderen bei.

Die ›Grenze‹ zwischen Unternehmen und Markt hängt dabei durchaus *auch* von Gegebenheiten wie Solidarität oder Vertrauen ab. Wer anderen vertrauen kann – etwa weil es Verwandte oder persönliche Freunde sind – wer also keine Drückebergerei befürchten muß, der kann etwa seine eigene Mannschaft für den Umzug selbst zusammenstellen. In diesem Beispiel macht Vertrauen das Unternehmen mit seiner Aufsichtsfunktion überflüssig. Oder je geringer das Vertrauen in die Lieferung von Vorprodukten ist, desto näherliegender ist die Ausweitung der Unternehmenstätigkeit auf die Eigenherstellung von Vorprodukten. Bei einer Vielzahl von konkurrierenden Anbietern des Vorprodukts kann Vertrauen in den Markt das Vertrauen in bestimmte Lieferanten ersetzen. Gibt es nur einen oder wenige potentielle Lieferanten, wird offensichtlich Vertrauen in diese notwendig.

Arbeitsteilung entsteht aber nicht nur wegen der Tauschmöglichkeit auf Märkten, sondern auch innerhalb von Herrschaftsverbänden, worauf Rueschemeyer (1977, 1986) mit Nachdruck hingewiesen hat. Nicht durch Marktkoordination, sondern durch Befehl und Zwang aufeinander ›abgestimmte‹ Arbeitsteilung ist sogar eine besonders alte Form der Arbeitsteilung. Rueschemeyer (1986, S. 6/7) weist darauf mit folgenden Worten hin: »Evolutionär gesehen gibt es gute Gründe für die Hypothese, daß die Entstehung organisierter Herrschaft eine notwendige Bedingung für Entwicklungen war, die über die elementarste Arbeitsteilung hinausgehen, die auf Alters- und Geschlechtsunterschieden basieren, auf Familie und Verwandtschaft, auf der gelegentlichen Anerkennung von individuellen Fähigkeitsunterschieden und daraus sich ergebender Teilzeitspezialisierung. ... Sobald sich die organisierte Herrschaft von den Wünschen der Regierten wegbewegt und befreit, kann sie unangenehme Arbeit auferlegen ... und sie kann Menschen zu ungünstigen Bedingungen arbeiten lassen.« Auch wenn das Interesse an zunehmender Effizienz die Entwicklung der Arbeitsteilung bestimmt, stellt sich noch die Frage nach dem Gewicht welcher Interessen. Rueschemeyer (1977, S. 5, meine Übersetzung) schreibt dazu:

»Jede Beurteilung der Effizienz bezieht sich auf eine Rangordnung von Zielen und eine gegebene Bewertung alternativer Mittel, diese Ziele zu erreichen. Was im Sinne einer Präferenzstruktur effizient ist, mag nach anderen Kriterien verschwenderisch sein. Nicht nur verschiedene Kulturen, sondern Herr und Knecht, Unternehmer und Arbeiter, Leiter und Beschäftigter und viele andere Kategorien unterscheiden sich grundsätzlich in ihrer Bewertung des bezahlten Preises und der Vorteile, die durch eine Neuordnung der sozialen Beziehungen erreicht werden können. Weil Präferenzstrukturen und Kosten-Nutzen-Kalküle variieren, wird die Bedeutung von Effizienz immer und notwendigerweise von unterschiedlichen Interessen und Wertvorstellungen bestimmt.« Um sich durchzusetzen, muß strukturelle Differenzierung also effizient für mächtige Interessenten sein, so wie es beispielsweise die Bürokratisierung für absolutistische Herrscher und Teile des städtischen Bürgertums war.

Für die Analyse der Durchsetzung von Arbeitsteilung bzw. struktureller Differenzierung kann man die Interessen vieler ohnmächtiger Betroffener vernachlässigen. Zunehmende Monotonie durch Arbeitszerlegung und Austauschbarkeit am Arbeitsplatz belastet zwar die dort Beschäftigten, beeinflußt aber nicht notwendigerweise die Effizienz der Arbeitsanordnung aus Unternehmensperspektive. In der Marktwirtschaft bleibt allerdings eine Grenze der Belastbarkeit der Arbeitenden: Sie können mit Arbeitsplatzwechsel drohen und und setzen damit der innerbetrieblichen Herrschaft wesentlich engere Grenzen, als bei politischer Herrschaft gegeben sind.

Strukturelle Differenzierung bzw. Arbeitsteilung kann von Herrschern oder Unternehmern von oben her durchgesetzt werden, um deren Ziele wirkungsvoller zu erreichen. Dabei tauchen manchmal Hindernisse und Schwierigkeiten auf. Denn Arbeitsteilung kann Kontrollprobleme aufwerfen und die Delegation von Entscheidungsbefugnissen an mittleres Führungspersonal erforderlich machen. Einige Spezialisten können schwer entbehrlich werden und dadurch eine gewisse Machtposition erringen. Herrscher oder Unternehmer können deshalb ein Interesse an nur begrenzter struktureller Differenzierung haben. Widerstände können natürlich auch von denen ausgehen, deren Aufgaben-

und Entscheidungsbereich differenziert werden soll. Rueschemeyers Verdienst ist darin zu sehen, daß er Arbeitszerlegung, Arbeitsteilung und berufliche Differenzierung *auch* auf Interessenkonflikte und deren Resultate zurückführt. Die Effizienz der Arbeitsteilung läßt sich immer nur auf der Basis konkreter Präferenzen beurteilen. Faktisch haben nicht alle Präferenzen das gleiche Gewicht, sondern manche Präferenzen werden auf Kosten anderer durchgesetzt.

14. Schichten, Klassen, Mobilität

In einer Gesellschaft haben verschiedene Menschen verschiedene Positionen inne. Damit sind einerseits bestimmte Rollenverpflichtungen verbunden. Damit werden andererseits die Positionsinhaber sozialen Bewertungsprozessen unterzogen. Durch die Bewertung wird aus der Position ein Status. Schichtung erfaßt den Statusaufbau von Gesellschaften. »Als soziale Schicht wäre danach eine Anzahl von Personen anzusprechen, die sich untereinander als etwa gleichwertig und gegenüber anderen Personen als höher- oder geringerwertig einschätzen (Bolte 1958b, S. 244)«. Soziale Schichten kann man deshalb auch als »Prestigeebenen« (Bellebaum 1976, S. 154) bezeichnen.

Soziale Schichten sind eigentlich nicht Kategorien von Personen, sondern von Familien, denn die Mitglieder der Kernfamilie werden derselben sozialen Schicht zugerechnet. In westlichen Industriegesellschaften bestimmte bis vor kurzer Zeit im wesentlichen der Beruf des Mannes bzw. Vaters die Schichtzugehörigkeit der Familie, weit stärker als der der Frau. Aber damit ist schon angedeutet, daß ein durch den *Beruf des Haushaltsvorstandes* definierter Schichtbegriff für die Erfassung der vielfältigen sozialen Ungleichheiten zunehmend ungenügend und unbefriedigend ist (Berger und Hradil 1990). Schichtung schlägt sich auch im Verhalten nieder. Freundschaften, Bekanntschaften und Heiraten, Wohn-, Sprach- und Lebensgewohnheiten sind schichtabhängig (vgl. Lange 1990, S. 63–66).

Man kann verschiedene Systeme sozialer Schichtung unterscheiden – vor allem zwischen Kasten-, Stände- und Klassengesellschaften. Die dominante Differenzierungsbasis in der Kastengesellschaft ist religiös, d. h. der Grad der rituellen Reinheit; die Basis der Ständegesellschaft ist Herkunft und Lebensführung; die Basis der Klassengesellschaft ist Besitz bzw. die Position im Produktionsprozeß. Die Begriffe werden allerdings nicht ganz einheitlich verwendet. Prinzipiell sind Begriffe ja beliebige Namen. Sie können weder wahr noch falsch sein, weil sie nichts über die Realität aussagen und erst im theoretischen Kontext – in Hypothesen – fruchtbar werden können. Aber bei aller grundsätzlichen Beliebigkeit von Begriffen, bei aller Freiheit in der Begriffswahl, darf man auch nicht übersehen, daß es äußerst unpraktisch ist, wenn jeder von uns seine eigene Sprache erfindet. Deshalb sollte man einige klassische und weithin verwendete Definitionen kennen und im Interesse der Kommunikationserleichterung nicht ohne Not von den üblichen bzw. einer üblichen Definition abweichen.

Beginnen wir mit den Definitionen Max Webers (1920/1972, S. 273/274). Er versteht »unter ständischer Lage eine primär durch Unterschiede in der Art der *Lebensführung* bestimmter Menschengruppen (und also meist ihrer Erziehung) bedingte Chance positiver und negativer sozialer *Ehre* für sie. Sekundär ... pflegt diese sehr häufig und typisch zusammenzuhängen mit einem der betreffenden Schicht *rechtlich* gesicherten Monopol entweder auf Herrenrechte oder auf Einkommens- und Erwerbschancen bestimmter Art. Ein ›Stand‹ ist also ... eine durch die Art der Lebensführung, die konventionalen spezifischen Ehrbegriffe und die rechtlich monopolisierten ökonomischen Chancen ... vergesellschaftete Menschengruppe. Commercium (im Sinne von ›gesellschaftlichem‹ Verkehr) und Connubium von Gruppen untereinander sind die typischen Merkmale von ständischer Gleichschätzung, ihr Fehlen bedeutet ständische Unterscheidung«. Danach definiert Weber den Stand als eine durch gleichmäßige Wertschätzung definierte Schicht, die sich von anderen unterscheidet durch (a) Erziehung, Lebensführung, Ehre, durch (b) Erwerbschancen oder Herrenrechte. Die Standesgrenzen sind an Mißbilligung von Freundschaften, Bekanntschaften und Heiraten außerhalb des eigenen Standes abzulesen.

Klasse wird bei Weber (1920/1972, S. 274) anders definiert: »Unter Klassenlage sollen im Gegensatz dazu die primär durch typische *ökonomisch* relevante Lagen, also: Besitz bestimmter Art oder Gelerntheit in der Ausübung begehrter Leistungen, bedingten Versorgungs- und Erwerbschancen einerseits, die daraus folgenden allgemeinen typischen Lebensbedingungen ... genannt werden«. Weil Klassenzugehörigkeit nach Weber entweder auf *Besitz oder* auf anderen *Erwerb*schancen beruhen kann, bietet sich die weitere Unterscheidung nach Besitz- und Erwerbsklassen an. Jedenfalls ist ökonomische Ungleichheit das primäre Definiens für Klasse, ist Ungleichheit der Lebensführung zwischen Klassen nur sekundär und daraus abgeleitet, während beim Stand die Ungleichheit der Lebensführung, des Lebensstils, der Ehre primär und die ökonomische Ungleichheit nur abgeleitet ist. Je nach dominantem Schichtungskriterium kann man also von Stände- oder Klassengesellschaft sprechen.

In modernen Wohlfahrtsstaaten hängen selbst die materiellen Lebensbedingungen nicht mehr nur von Besitz oder Erwerb durch Berufsarbeit ab. Ein zunehmender Teil der Bevölkerung wird durch staatliche Zuweisungen versorgt. Mit Lepsius (1979) kann man deshalb den Weberianischen Klassenbegriff ausweiten, neben Besitz- und Erwerbsklassen auch noch Versorgungsklassen unterscheiden. Lepsius (1979, S. 179) schlägt folgende Definition vor: »›Versorgungsklasse‹ soll eine Klasse insoweit heißen, als Unterschiede in sozialpolitischem Transfereinkommen und Unterschiede in der Zugänglichkeit zu öffentlichen Gütern und Dienstleistungen die Klassenlage, d. h. die Güterversorgung, die äußere Lebensstellung und das innere Lebensschicksal bestimmen.«

Nach Weber (1920/1972, S. 274) *können* ökonomische Ungleichheit und Lebensführung einander beeinflussen und bedingen: »Eine ständische Lage kann sowohl Ursache wie Folge einer Klassenlage sein, aber keines von beiden ist notwendig«. In einer ständischen Gesellschaft kann etwa der verarmte Adel neben neureichen Kaufleuten leben, ohne daß der Kaufmann aus seinem Vermögen einen Anspruch auf Wertschätzung ableiten und durchsetzen kann.

Standesunterschiede sind primär Unterschiede der Erziehung, der Lebensführung und der Ehre. In der Regel ist Standeszugehörigkeit durch Geburt, Herkunft und Erbe festgelegt, weil man den Lebensstil im Elternhaus lernt. Ständegesellschaften sind relativ geschlossen – aber nur relativ. Bedingt durch das Zölibat der katholischen Geistlichkeit konnte sich dieser jahrhundertelang hoch angesehene Stand nicht aus sich selbst erneuern, wodurch Mobilität und Aufstieg in diesen Stand möglich und sogar notwendig wurden, wodurch eine vollständige Schließung der mittelalterlichen Ständegesellschaft verhindert werden mußte. Im Unterschied zu Weber wird die relative Geschlossenheit des Standes oder damit zusammenhängend die rechtliche Fixierung der Standesgrenzen manchmal in das Definiens für Stand mit aufgenommen.

Die Kaste ist eine Sonderform des Standes. Auch bei der Kaste steht die Lebensführung im Mittelpunkt. Die Reglementierung ist nur strenger und weiter ins rituelle Detail gehend, religiös gerechtfertigt und sanktioniert; die Grenzen zwischen Kasten sind deshalb klarer, vor allem aber sind Kasten geschlossener. Im Prinzip ist individueller Aufstieg ausgeschlossen. Denn die Kastenzugehörigkeit hängt im Hinduismus von den Verdiensten im vorigen Leben ab, ist also gerechter Lohn oder gerechte Strafe, der man sich nicht entziehen darf. Erfüllung der Pflichten der eigenen Kaste kann nur im nächsten Leben den Aufstieg in eine höhere Kaste bewirken.

Die Schichtungskriterien können sich im Laufe der Zeit wandeln. Die europäischen Gesellschaften haben sich von Stände- zu Klassengesellschaften entwickelt. Herkunft und Lebensführung haben an Bedeutung verloren, Besitz und Einkommen haben an Bedeutung gewonnen. Zweifellos gibt es aber auch noch ständische Elemente in unserem Schichtungssystem. Darauf deuten einmal Begriffe wie Mittelstand hin. Außerdem können kleine selbständige Handwerker oder Angestellte wegen ihrer Lebensführung ein höheres Prestige als besser verdienende Arbeiter beanspruchen und dabei nicht ohne Resonanz in der Gesellschaft bleiben.

Mit dem Trend von der Stände- zur Klassengesellschaft einher geht eine gewisse Verunklarung des Schichtungsgefüges. Die Schichtgrenzen sind nicht mehr religiös oder politisch-rechtlich definiert und – nicht zuletzt weil auch die Kriterien dem Wandel unterworfen sind – weniger klar. Dazu Bolte (1958b, S. 252): »Einige begreifen soziale Differenzierungen als Einkommens-, andere als Berufsschichtungen, wieder andere denken in globalen sozialen Schichten. Gegenüber der ständischen Gesellschaft fehlt unserer heutigen also nicht nur die rechtliche Fixierung sozialer Differenzierungen, sondern offensichtlich auch ein weitgehend einheitliches Bewußtsein davon«.

Gleichzeitig mit dem Trend von der Stände- zur Klassengesellschaft hat sich in Europa auch die Form des Schichtaufbaus der Gesellschaft geändert. Die Schichtung von vorindustriellen Gesellschaften ist pyramidenförmig, d. h. je niedriger die Schicht, desto mehr Menschen gehören ihr an. In westlichen Industriegesellschaften wird die Schichtung durch eine Zwiebel besser beschrieben, d. h. nicht mehr die unterste, sondern eine der mittleren Schichten umfaßt mehr Menschen als alle anderen. Ob es diesen Wandel in der Schichtungsgestalt gegeben hat, ist allerdings umstritten. Siebel (1974, S. 261) wendet ein: »Die Analyse nach Statusmerkmalen kommt ferner zu den unterschiedlichsten Ergebnissen, je nach der vorgegebenen Punktwertung der benutzten Merkmale und der Zahl der angenommenen Schichten. Erst bei einer Zusammenfassung zu wenigen Schichten nähern sich die aus den einzelnen Ansätzen gewonnenen Ergebnisse einander an. Bei einer Dreiergliederung aber zeigt sich, daß die Unterschicht entweder den größten Umfang hat oder etwa gleich groß wie die Mittelschicht ist. Daraus folgt, daß auch die gegenwärtige Gesellschaft als pyramidenförmig strukturiert verstanden werden kann, was allerdings dem herrschenden Bewußtsein, dem Zurücktreten des sichtbaren Herrschaftsgefüges und der Theorie der nivellierten Mittelstandsgesellschaft (Schelsky) widerspricht. Deutlicher wird dieses Bild noch, wenn man die Mittelschicht in weitere Schichten aufgliedert und die Unterschicht nicht unterteilt«.

Nach Siebels eben zitiertem Argument könnte der Eindruck entstehen, daß Aussagen über die Gestalt des Schichtungssystems allzu leicht manipulierbar sind und daß deshalb allgemeine Aussagen über die Veränderung sozialer Ungleichheit in der Geschichte westlicher Gesellschaften nicht möglich sind. Das ist meines Erachtens übertrieben. Denn die Einkommensverteilungen der meisten westlichen Gesellschaften sind im Laufe des letzten Jahrhunderts etwas egalitärer (als vorher) geworden (Kuznets 1963, 1976; Lenski 1973; Flora 1987, S. 611 f.; vgl. aber auch Kapitel 17 unten). Die These vom Wandel der Schichtungsgestalt, vom Übergang von der Pyramide zur Zwiebel, soll meines Erachtens genau diese Tatsache aufzeigen.

Westliche Industriegesellschaften sind sicher eher Klassen- als Ständegesellschaften, aber auch das relative Gewicht von Besitz-, Erwerbs- und Versorgungseinkommen hat sich geändert. Im allgemeinen nimmt die Bedeutung von Besitzklassen ab, die von Erwerbs- und vor allem von Versorgungsklassen zu. Zwar liegt das Einkommen der Selbständigen, die ja teilweise beachtliches Produktions- und Betriebskapital besitzen, deutlich über dem von Angestellten und Arbeitern, wird aber in der Regel mit deutlich erhöhtem Arbeitseinsatz erworben. Außerdem ist das Einkommen von Selbständigen auch deshalb nicht ohne weiteres mit dem Einkommen aus unselbständiger Arbeit vergleichbar, weil die Arbeitgeber bei Arbeitern, Angestellten und Beamten für diese erhebliche Soziallasten übernehmen müssen, weil Selbständige eine äquivalente Sicherung für Alter und Krankheit erst aus ihrem eigenen Einkommen finanzieren müssen. In Anbetracht der Tatsache, daß schon Mitte der 70er Jahre der Anteil der Selbständigen unter 10 Prozent der Erwerbstätigen lag – und, wenn man die mithelfenden Familienangehörigen dazurechnet, unter 15 Prozent (vgl. Lepsius 1979, S. 169) – können Besitzklassen heute nicht mehr als dominante Hintergrundbedingungen ungleicher Lebenslagen gelten.

In demokratischen Industriegesellschaften ist Gleichheit zum Wert und zum Ideal geworden, ist Ungleichheit in besonderem Maße legitimationsbedürftig. Sofern Chancengleichheit besteht – oder sofern man glaubt, daß sie bestehe – lassen sich ungleiche Einkommen, ungleiches Prestige und allgemein Unterschiede im Ausmaß der Privilegierung vielleicht durch Leistungsunterschiede und die Notwendigkeit, Leistungsanreize zu vermitteln, rechtfertigen. Aber Chancengleichheit ist nicht leicht (wenn überhaupt!) realisierbar. Politische Entscheidungen, wie etwa die Bildungsexpansion, sollen zwar Chancengleichheit vermitteln und damit den Gleichheitstrend stärken, aber sie haben oft Nebenwirkungen. Nach Scheuch (1974, S. 1277) hat die Bildungsexpansion, die sich etwa in einer Steigerung des Studentenanteils von gut 4 (1960) auf 18 % (1985) der 19–25jährigen niederschlägt (Lange 1990, S. 230), vor allem den Verteilungsmechanismus von Ungleichheit verändert:

»Ist die Zahl der Absolventen von Einrichtungen des sekundären und tertiären Bildungssektors größer als die Anzahl von Stellen, für die eine weit überdurchschnittliche Qualifikation und Leistungsbereitschaft vorausgesetzt wird, dann erhalten zunächst einmal Personen ohne weitergehende Bildung wegen des Überangebots von Abiturienten und Akademikern keine Chance mehr. Die erste Folge eines solchen Überangebots ist damit, daß soziale Mobilität durch Aufstieg im Beruf verringert wird; sozialer Aufstieg wird von nun ab verstärkt über das Bildungssystem geleitet«.

Als zweite Folge bildungspolitischer Entscheidungen, die den Arbeitsmarkt aus den Augen verlieren, vermutet Scheuch (1974) zunehmende Unzufriedenheit. Warum? Mit zunehmender Anzahl an formal Gebildeten muß deren Prestige und Einkommen sinken. Diese Personen erleiden dann Statusinkonsistenz, d. h. ihr Prestige- und Einkommensstatus ist geringer als ihr Bildungsstatus. Der Bildungsstatus determiniert die Ansprüche. Ist er höher als die anderen Statusaspekte, dann ist Unzufriedenheit die Folge. Außerdem erzeugt Statusinkonsistenz bei vielen Individuen auch Verhaltensunsicherheit und damit zunehmende Statusempfindlichkeit.

Mit Scheuch (1974, S. 1281) kann man auch die Frage aufwerfen, warum Ungleichheit bzw. das vorhandene System der Ungleichheit gerade von der Intelligenz her infrage gestellt wird: »Von Anbeginn an provozierte an der ›bürgerlichen‹ Gesellschaft, daß Automatismen wie der des Marktes als Steuerungsinstrumente den Platz der Steuerung durch Wertungen einnehmen sollten«. Damit unterstellt Scheuch (1974) einen positionsbedingten Interessengegensatz zwischen der Zuständigkeit für Wertungen beanspruchenden Kulturintelligenz einerseits und den in der Wirtschaft Tätigen andererseits. Zuweisung von Belohnungen durch Marktmechanismen entmachtet die wirtschaftsfremden Teile der Intelligenz und ist *deshalb* für diese ein Ärgernis. Dazu Scheuch (1974, S. 1282): »Mit dem Kampfruf ›Abbau von Privilegien‹ wird somit in Wirklichkeit eine Sozialordnung befürwortet, in der eine Position durch Gesinnung und Bescheinigung statt durch Leistung begründet wird«.

Allgemein gilt meines Erachtens, daß jedes Schichtungssystem auch Resultat von Machtkämpfen ist. Das gilt auch dort, wo »Leistung belohnt« wird. Denn die Gesellschaft bzw. die Machthaber einer Gesellschaft bestimmen, was als positiv bewertete Leistung gelten soll. Dahrendorf (1974, S. 496) hat das so formuliert: »Wo immer Menschen Gesellschaft bilden, bedeutet dieser Prozeß, daß sie gewisse Werte auswählen und in geltende Normen übersetzen«. In allen Gesellschaften werden danach Verhaltensweisen unterschiedlich bewertet, werden manche Verhaltensweisen normativ verboten, andere aber vorgeschrieben. Dieser universale Bewertungsprozeß muß eine Quelle von Ungleichheit sein. Für Dahrendorf (1974, S. 496) gilt, »daß es stets mindestens jene Ungleichheit des Ranges geben muß, die sich aus der Notwendigkeit der Sanktionierung von normgemäßem und nicht-normgemäßem Verhalten ergibt«.

Dahrendorf führt also Schichtung oder Prestigedifferenzierung in der Gesellschaft auf unterschiedliche Normenkonformität zurück. Aber die Chance der Normenkonformität ist für ihn nicht primär persönlichkeitsbedingt, sondern positionsbedingt. In einer auf militärische Effizienz ausgerichteten Gesellschaft haben Frauen und Alte einen systematischen, positionsbedingten Rangnachteil. In einer auf wirtschaftliche Leistung ausgerichteten Industriegesellschaft haben Rentner, Pensionäre und Hausfrauen positionsbedingte Rangnachteile. In gerontokratischen Gesellschaften, wie dem alten China, haben dagegen Alte positionsbedingte Vorteile. Dahrendorf (1974, S. 498) betont also, »daß in der Auswahl von Werten zum Zweck der Übersetzung in Normen stets und notwendig ein Moment der Diskriminierung nicht nur gegen Individuen, die soziologisch zufällig bestimmte moralische Überzeugungen haben, sondern auch gegen soziale Positionen liegt, die auf diese Weise ihren Trägern die Konformität mit den geltenden Werten geradezu verbieten«. Die Schichtung der Gesellschaft nach Prestigeebenen ist damit Folge »von mit Sanktionen versehenen Normen des Verhaltens in allen menschlichen Gesellschaften« (Dahrendorf 1974, S. 499). Der Begriff der Sanktion umfaßt dabei Belohnungen ebenso wie Bestrafungen.

Schichtung ist also Ergebnis positionsbedingter Chancen von Normkonformität. Wer aber setzt die Normen und verhängt die Sanktionen? Die Herrschenden! Dazu Dahrendorf (1974, S. 502/503): »Herrschaft und Herrschaftsstrukturen gehen logisch – wenn die hier vorgelegte Erklärung der Ungleichheit richtig ist – den Strukturen sozialer Schichtung voraus«. Oder: »Das System der Ungleichheit, das wir soziale Schichtung nennen, ist nur eine sekundäre Konsequenz der Herrschaftsstruktur von Gesellschaften«. Und: »Geltende Normen sind also letzten Endes nichts anderes als herrschende, d. h. von den Sanktionsinstanzen der Gesellschaft verteidigte Normen (Dahrendorf 1974, S. 504)«. Dahrendorf übersieht dabei allerdings, daß Berufstätigkeit und daraus resultierende Einkommen einen wichtigen Teil der Schichtung von Industriegesellschaften ausmachen, daß zumindest ein Teil der Einkommensunterschiede zwischen den Menschen auch auf unterschiedliche Bereitschaft und Fähigkeit zurückgeht, für andere von diesen gewünschte Güter und Dienstleistungen bereitzustellen, wobei nicht nur die Herrschenden als Nachfrager ins Gewicht fallen (vgl. Kapitel 17 unten).

Das Schichtungssystem erfaßt den Statusaufbau von Gesellschaften. In offenen, modernen Gesellschaften kann der Mensch seine Position im Schichtungsgefüge verändern oder auch von Veränderungen bedroht sein. Mit *Mobilität* bezeichnet man »die Bewegung von Personen aus einer in eine andere Position innerhalb jeder möglichen Gliederung einer Gesellschaft« (Bolte 1958a, S. 206). Man kann folgende Mobilitätstypen unterscheiden:

(a) Horizontale und vertikale Mobilität. Bei der horizontalen Mobilität findet der Positionswechsel innerhalb sozialer Schichten statt. Bei der vertikalen Mobilität werden Schichtgrenzen übersprungen. Nur vertikale Mobilität ist also Aufstieg oder Abstieg.
(b) Intra- und Intergenerationsmobilität. Bei der Intragenerationsmobilität gibt jemand seine Position auf, um eine andere zu übernehmen. Bei der Intergenerationsmobilität übernehmen erst die Nachkommen eine andere Position.

(c) Individuelle und kollektive Mobilität. Bei der individuellen Mobilität geben konkrete Personen konkrete Positionen auf. Bei der kollektiven Mobilität findet gar kein Positionswechsel statt, aber die Position wird neu bewertet. Genau genommen ist das keine Mobilität, sondern eine Neubewertung oder Umschichtung. Beispiel: Anfang der 50er Jahre war ein deutscher Volksschullehrer einem Verwaltungsinspektor (A9) gleichgestellt, heute entspricht er einem Oberamtmann (A12).

Zwei interessante Ergebnisse der Intergenerationsmobilitätsforschung sind (Bolte 1958a, S. 298):

(a) »Die Bindung zwischen Vater- und Sohnposition, d. h. höhere Positionsgleichheit als bei zufälliger Verteilung der Söhne zu erwarten wäre, ist in vertikaler Hinsicht stärker als in horizontaler, die Ranglage ›vererbt‹ sich also häufiger als die Arbeitsfunktion«. Dazu ein Beispiel: Der Sohn des Arztes wird eher Jurist als Krankenpfleger.
(b) »Die engste Bindung zwischen Vater- und Sohnposition zeigt sich in solchen Gruppen, in denen die Berufsausübung an einen bestimmten Besitz geknüpft ist oder eine besondere Berufstradition fortgeführt wird«. Also etwa in der Landwirtschaft, beim Handwerk oder bei den Ärzten.

Die Mobilität kann generell auf Wandlungen der Wirtschaftsstruktur (Sog) und auf sozialpsychologische Faktoren, wie in der Familie vermittelten Aufstiegswillen, zurückzuführen sein. Bei manchen Berufsgruppen (z. B. Beamten) ist vertikaler Intragenerations-Aufstieg durch eine Laufbahn vorgezeichnet. Bei anderen (z. B. Militär) wird häufig auch horizontale Mobilität gefordert. Verlagerung der wirtschaftlichen Aktivitäten in einer Gesellschaft können horizontale Mobilität in großem Umfang erzwingen, eventuell auch mit vertikalen Mobilitätschancen nach oben oder unten verbinden. Was die sozialpsychologischen Aspekte angeht, gilt der Aufstiegswillen unter den Mittelschichten als stärker ausgeprägt als in der Unterschicht. Oft haben auch Minoritäten einen ausgeprägten Leistungs- und Aufstiegswillen.

Kanal der vertikalen Mobilität ist bei uns zunehmend die Schule (vgl. Scheuch 1974, s.o.). Dazu Bolte (1958a, S. 213): »Während sie früher mit der Vermittlung einer als angemessen angesehenen Schulbildung eher die soziale Schichtzugehörigkeit bestätigte, scheint sie sich heute zunehmend zu einem Sieb für soziale Auf- und Abstiege zu entwikkeln«. Die Schulbildung der Kinder hängt vor allem von der des Vaters, aber auch von seinem Beruf ab. Über den eigenen Beruf bestimmt die Schulbildung dann auch die spätere Einkommenssituation mit (Lange 1990, S. 152–157).

In der klassischen oder traditionellen Erforschung von Klassen und Schichten war man zumindest darüber einig, daß Besitz und Berufsarbeit und deren Konsequenzen, wie das Einkommen, den Kern des Problems sozialer Ungleichheit in der Gesellschaft darstellen. Zunehmend geht man heutzutage von eindimensionalen zu multidimensionalen Ansätzen über, wobei nicht nur Ungleichheiten zwischen Berufsgruppen, sondern auch solche zwischen Berufstätigen und Nichtberufstätigen, jungen und alten Menschen, Männern und Frauen, Menschen mit viel und Menschen fast ohne frei verfügbare Zeit mit in die Analyse einbezogen werden (vgl. den Überblick bei Berger und Hradil 1990).

15. Macht, Herrschaft und Bürokratie

Weber (1922/1964, S. 38) definiert »Macht« als »jede Chance, innerhalb einer sozialen Beziehung den eigenen Willen auch gegen Widerstreben durchzusetzen, gleichviel worauf diese Chance beruht«. Herrschaft ist ähnlich, aber eingeschränkter, d. h. als Spezialfall von Macht, definiert: »Herrschaft soll ... die Chance heißen, für spezifische (oder: für alle) Befehle bei einer angebbaren Gruppe von Menschen Gehorsam zu finden. ... Ein bestimmtes Minimum an Gehorchen*wollen*, also: *Interesse* (äußerem oder innerem) am Gehorchen, gehört zu jedem echten Herrschaftsverhältnis« (Weber 1922/1964, S. 157). Während Macht auch dauernd gegen den Willen der Ohnmächtigen ausgeübt werden kann, setzt Herrschaft ein gewisses Maß an Einverständnis seitens der Beherrschten voraus. Dieses Einverständnis beruht nach Weber zwar unter anderem auch auf Sitte und Gewöhnung, auf Gefühlsbindungen, auf ideellen Motiven oder materiellen Interessen, diese allein aber können Herrschaft nicht stabilisieren. Das tut vor allem der *Legitimitätsglaube*. Nach Legitimationsanspruch seitens der Herrscher und Legitimitätsglaube seitens der Beherrschten – und damit zusammenhängend nach dem Verwaltungsstab – unterscheidet Weber drei Typen:

(a) rationale oder legale Herrschaft,
(b) traditionale Herrschaft,
(c) charismatische Herrschaft.

Legale Herrschaft beruht auf Satzungen, nach denen in Rechtsprechung und Verwaltung – für Weber ist Herrschaft im Alltag ja mit Verwaltung identisch – verfahren wird. Weil die Satzungen abstrakt und von Einzelpersonen losgelöst sind, wird die Herrschaft nach sachlichen Prinzipien ausgeübt. Dieses Merkmal unterscheidet die rational-legale Herrschaft von den beiden anderen Typen der Herrschaft. Die Satzungen gelten prinzipiell für alle Mitglieder des Herrschaftsverbandes –

auch für die Inhaber von Befehlsgewalt, deren Befehle sich im Rahmen der Satzungen bewegen müssen, die selbst dem Recht zu dienen haben und dem Recht unterworfen sind. Wer Befehlsgewalt ausübt, ist bei legaler Herrschaft Vorgesetzter. Seine Befehlsgewalt ist immer doppelt beschränkt: (a) durch die Bindung an gesatztes Recht, (b) durch fest umschriebene Kompetenzen, d. h. durch Gehorsamsanspruch nur im Rahmen seiner Zuständigkeit. Der legalen Herrschaft entspricht ein bürokratisch strukturierter Verwaltungsstab. Dessen Merkmale sind: 1. Unterordnung unter sachliche Amtspflichten und aktenmäßiger Betrieb, 2. feste Hierarchie, 3. Kompetenzen, 4. Einstellung durch Kontrakt, 5. Einstellung nach Qualifikation, 6. Entgelt durch Gehalt, 7. Amt als Hauptberuf, 8. Laufbahn, 9. keine private Aneignung von Verwaltungsmitteln, 10. Disziplin und Kontrolle.

Legale Herrschaft bedeutet also immer auch Bürokratie. Aber die Bürokratie muß an der Spitze durch nicht-bürokratische Prinzipien ergänzt werden (Weber 1922/1964, S. 163), ob durch gewählte Instanzen oder einen Monarchen. Weber schreibt der rational-legal-bürokratischen Herrschaft Effizienz und Berechenbarkeit für Herrscher und Beherrschte zu. Zwar betont er die gegenseitige Begünstigung von kapitalistischer Wirtschaftsentwicklung (Geldwirtschaft) und Bürokratisierung, andererseits aber betont er, daß der *Sozialismus* mit dem Kapitalismus *nicht* zugleich die *Bürokratie ablösen* würde – eher im Gegenteil. Denn nach Weber (1922/1964, S. 166) gilt: »*Überlegen* ist der Bürokratie an Wissen: Fachwissen und Tatsachenkenntnis, innerhalb *seines* Interessenbereichs, regelmäßig *nur*: der private Erwerbsinteressent. Also: der kapitalistische Unternehmer. Er ist die *einzige* wirklich gegen die Unentrinnbarkeit der bürokratischen rationalen Wissens-Herrschaft (mindestens: relativ) *immune* Instanz.«

Während die rational-legale Herrschaft unpersönlich-sachlich ist, sind alle anderen Herrschaftstypen persönlich. Wie die rational-legale Herrschaft ist die traditionale Herrschaft auch alltäglich. Weber (1922/1964, S. 167) charakterisiert diesen Typus so: »*Traditional* soll eine Herrschaft heißen, wenn ihre Legitimität sich stützt und geglaubt wird auf Grund der Heiligkeit altüberkommener (›von jeher bestehender‹) Ordnungen und Herrengewalten«. Neues Recht oder neue Verwaltungsprinzipien sind mit traditionaler Herrschaft nicht kompatibel. Neuschöpfungen können natürlich faktisch als »Wiederentdeckungen« legitimiert werden. Inhaber der Befehlsgewalt ist bei traditionaler Herrschaft der Herr – im Gegensatz zum Vorgesetzten. Der Inhalt seiner Anordnungen wird teilweise durch die Tradition beschränkt, andererseits haben die Herren traditionell großen Ermessensspielraum.

Der traditionale Herrschaftstypus kann nach Art des Verwaltungsstabes und des Entscheidungsspielraums des Herrn weiter zerlegt werden. Bei der *Gerontokratie* und dem *primären Patriarchalismus* gibt es noch *keinen Verwaltungsstab*. Dazu Weber (1922/1964, S. 170): »Der Herr ist von daher von dem Gehorchen*wollen* der Genossen noch weitgehend abhängig, da er keinen ›Stab‹ hat. Die Genossen sind daher noch ›Genossen‹, und noch nicht: ›Untertanen‹«. Zwar unterstellt die Tradition die einen der Herrschaft der anderen, aber neben der Tradition begrenzt auch der fehlende Stab das Ausmaß der Herrschaft.

Ist ein Verwaltungsstab vorhanden, so kann man zwischen *Patrimonialherrschaft* und *Feudalismus* unterscheiden. Bei der Patrimonialherrschaft besteht der Verwaltungsstab aus persönlich Abhängigen, etwa aus Sippenangehörigen, Sklaven, Freigelassenen, Fremden, Hausbeamten oder Klienten des Herrn. Bei der Feudalherrschaft besteht der Verwaltungsstab aus durch persönliche Treue verbundenen Vasallen oder Tributärfürsten (vgl. Bendix 1964, S. 224). Die persönliche Abhängigkeit der Patrimonialverwaltung vom Herrn steigert dessen Macht und Entscheidungsspielraum. Ist dieser sehr groß und nur noch wenig durch Tradition eingeschränkt, spricht Weber (1922/1964, S. 171) von *Sultanismus*. Der Feudalherrschaft wohnt eine gewisse Dezentralisierungstendenz inne, denn die Vasallen behalten eine eigenständige Machtbasis. Dazu Weber (1922/1964, S. 191): »Die Herrengewalt ist bei annähernd reinem Lehensfeudalismus selbstverständlich, weil auf das Gehorchen*wollen* und dafür auf die reine persönliche Treue des, im *Besitz der Verwaltungsmittel* befindlichen, lehensmäßig appropriierten Verwaltungsstabs angewiesen, hochgradig prekär. Daher ist der latente Kampf des Herrn mit den Vasallen um die Herrengewalten dabei chronisch ...«.

Während beim Subtypus Sultanismus die Befehlsgewalt des Patrimonialherrn maximiert ist, wird sie bei *ständischer Herrschaft* durch zwei Elemente begrenzt: 1. weil diese »stets Begrenzung der freien Auslese des Verwaltungsstabes durch den Herrn (Weber 1922/1964, S. 171)« bedeutet, 2. weil der Verwaltende im Besitz der Verwaltungsmittel bleibt und ständische Heeresangehörige sich selbst ausrüsten (Weber 1922/1964, S. 172). Herren und Lehensnehmer oder Vasallen sind durch ständisch-militaristische Ehrbegriffe und Treueverpflichtungen aneinander gebunden. Wenn sich die Herrengewalt »auf die

Kraft der Treuegelöbnisse der Vasallen bestehenden Leistungschancen (Weber 1922/1964, S. 190)« reduziert, dann wird die ständische Herrschaft zum *Feudalismus*.

Traditionale Herrschaft hemmt nach Weber die wirtschaftliche Entwicklung. Primär patriarchalische oder gerontokratische Herrschaft stärken zu sehr eine traditionale Gesinnung. Die Patrimonialherrschaft, vor allem aber der Subtypus des Sultanismus, hemmt die Rationalisierung der Wirtschaft, weil weder die steuerlichen und sonstigen Abgabe- und Fronbelastungen noch selbst das Ausmaß privater Erwerbsfreiheit kalkulierbar sind (Weber 1922/1964, S. 176). Weil ständische Herrschaft den Entscheidungsspielraum des Patrimonialherrn einschränkt, ist sie möglicherweise günstiger. Dazu Weber (1922/1964, S. 177): »Die Finanzpolitik bei *ständischer Gewaltenteilung* hat die typische Eigenschaft: durch Kompromiß fixierte, also kalkulierbare Lasten aufzuerlegen ...«. Wenn die ständische Herrschaft von einem städtischen Patriziat getragen wird, begünstigt das die wirtschaftliche Entwicklung eher als der ritterliche Feudalismus. Weil der Feudalismus die Rechte der Vasallen gegenüber ihren Herren anerkannt hat, kann er als Vorläufer des Rechts- und Verfassungsstaates gelten (Poggi 1988, S. 223), der dann seinerseits zur wirtschaftlichen Entwicklung des Okzidents beigetragen hat (Weber 1923/1981; Weede 1990a).

Der dritte Herrschaftstypus ist die charismatische Herrschaft. »›*Charisma*‹ soll – nach Weber (1922/1964, S. 179) – eine als außeralltäglich ... geltende Qualität einer Persönlichkeit heißen, um derentwillen sie als mit übernatürlichen oder übermenschlichen oder mindestens spezifisch außeralltäglichen, nicht jedem anderen zugänglichen Kräften oder Eigenschaften (begabt) oder als gottgesandt oder als vorbildlich und deshalb als ›Führer‹ gewertet wird«. Der Prophet und der Kriegsheld sind charismatische Figuren. Im Gegensatz zum traditionalen Herrscher ist der charismatische ungebunden und hat größten Spielraum: »Das Charisma ist die große revolutionäre Macht in tradional gebundenen Epochen (Weber 1922/1964, S. 182)«. Der charismatische Herrscher verfügt allerdings nur solange über die »gläubige, ganz persönliche Hingabe« seiner Anhänger und Jünger, wie er sich bewährt. »*Bringt seine Führung kein Wohlergehen für die Beherrschten*, so hat seine charismatische Autorität die Chance, zu schwinden« (Weber 1922/1964, S. 179).

Charismatische Herrschaft ist irrational und regelfremd. Der Verwaltungsstab wird nach Eingebungen des Führers berufen, die Rechtsprechung funktioniert nach dem Modell des Gottesurteils. Charismatische Herrschaft ist Merkmal von Not- und Krisenzeiten. Das Alltagsgeschäft der Produktion wird bei charismatischer Herrschaft vernachlässigt. Dazu Weber (1922/1964, S. 181): »Reines Charisma ist spezifisch *wirtschaftsfremd*«. Bei Bendix (1964, S. 229) wird die Inkompatibilität von Alltagsleben und charismatischer Herrschaft so beschrieben: »Aber dieser Zusammenhalt verliert seine Kraft und die Organisation von Jüngern und Lagerinsassen zerfällt sofort, wenn Familiengründung und die Verfolgung wirtschaftlicher Interessen erlaubt werden, d. h. wenn das Charisma Alltagsforderungen ausgesetzt ist«.

Der Widerspruch zwischen dem außeralltäglichen Charakter charismatischer Herrschaft und der Alltäglichkeit vieler Probleme und Aufgaben begünstigt die Veralltäglichung des Charisma, d.h. die Einbeziehung traditionaler und/oder rationaler Elemente. In diese Richtung wirken sowohl die Interessen der Anhänger als auch stärker noch die der engeren Gefolgschaft, der Jünger, des Verwaltungsstabes der charismatischen Führer. Die Gnadengabe soll den Beherrschten und vor allem den an der Herrschaft Beteiligten erhalten bleiben und abgesichert werden. Spätestens bei der Nachfolgefrage wird das Problem akut.

Das Charisma wird *traditionalisiert*, wenn der Führer selbst seinen Nachfolger aussucht und legitimiert, wenn der Nachfolger aufgrund von Merkmalen ernannt wird. Diese Merkmale müssen nicht durch Blutsverwandtschaft konstituiert werden, wie das Beispiel des Dalai Lama zeigt. Häufiger ist allerdings das *Gentil-* bzw. *Erbcharisma*, wobei das Charisma den Nächstversippten zugeschrieben wird. Erbcharisma erlaubt allerdings nur zusammen mit Monogamie und Primogenitur eine eindeutige Lösung des Nachfolgeproblems.

Beim *Amtscharisma* tritt eine Versachlichung ein. In der Kirche wird das Amtscharisma magisch-zeremoniell übertragen. Die Gnadengabe wird zum Merkmal des Amtes und nicht den zufälligen, persönlichen Merkmalen des Amtsträgers überlassen. Priesterliche Handlungen in der katholischen Amtskirche werden nicht durch persönliche Mängel oder gar Unwürdigkeit eines Priesters ungültig. Das Amtscharisma begünstigt eine Bürokratisierung des Verwaltungsstabes stärker als das Erbcharisma.

Charismatische Herrschaft und Wirtschaft stellen einander gegenseitig in Frage. Die Unkalkulierbarkeit der Entscheidungen des z. B. nur Gott verpflichteten charismatischen Führers verunsichert die Wirtschaft. Die wirtschaftlichen Interessen, auch und gerade des Verwaltungsstabes, aber drängen zur Veralltäglichung. Dazu Weber (1922/1964, S. 188): »Die Veralltäglichung des Charisma ist in sehr wesentlicher Hinsicht identisch mit Anpassung an die Bedingungen der Wirtschaft als der kontinuierlich wirkenden Alltagsmacht. Die Wirtschaft ist *dabei* führend, nicht geführt. Im weitestgehenden Maße dient hierbei die erb- oder amtscharismatische Umbildung als Mittel der *Legitimierung* bestehender oder erworbener Verfügungsgewalten«.

Das Weber'sche Begriffssystem besteht aus Idealtypen, d. h. in der Realität wird man reine Typen *nie*, fast reine Typen selten vorfinden. Dennoch hält es Weber für sinnvoll, die vielen realen Übergangserscheinungen mittels idealtypisch gereinigter Begriffe zu analysieren. Die Idealtypen sollen auch nicht die dauernde Veränderung der Herrschaft und ihrer Legitimationsbasis in den Hintergrund drängen. Nach Weber (so Bendix 1964, S. 225) »neigen die Menschen in jedem Herrschaftssystem dazu, bei der Verfolgung ihrer materiellen und ideellen Interessen das System zu verändern«. Diese dauernde Veränderung des Herrschaftssystems ist dabei das Resultat von Machtkämpfen – sei es zwischen Herrn und Vasallen im Feudalismus, sei es zwischen Patrimonialherrn und seinem Verwaltungsstab, der ein Recht auf das Amt und dessen Vererbbarkeit durchsetzen will, sei es zwischen denen, die auf Veralltäglichung des Charisma drängen, und denen, die die ursprüngliche Gnadengabe behüten wollen.

Im Zusammenhang mit Webers Typologie werden auch Hypothesen über Zusammenhänge von Herrschaft und anderen Variablen entwickelt oder häufiger nur nahegelegt, obwohl bzw. weil Webers Interesse nicht primär diesem Ziel gilt. Aber offensichtlich verbietet Webers »Theorie« lange Perioden ziemlich rein charismatischer Herrschaft, läßt Weber uns einerseits ein Immerwiederkehren charismatischer Perioden erwarten, andererseits wohl auch einen säkularen Trend gegen Charisma und für Rationalisierung. Außerdem unterscheiden sich Webers Herrschaftstypen in ihren wirtschaftlichen Voraussetzungen und mehr noch in den Folgen. Kalkulierbarkeit durch rational-legale Elemente soll die wirtschaftliche Entwicklung begünstigen (vgl. Kapitel 20). Diese ist bei rational-legaler Herrschaft maximiert, aber auch bei ständischer Patrimonialherrschaft noch größer als bei sultanistischer oder charismatischer.

Webers Herrschaftssoziologie unterscheidet zwar drei Arten des Legitimätsglaubens und dementsprechend drei Typen, aber man kann dennoch die Frage aufwerfen, ob nicht *jeder* Legitimitätsglaube letztlich auf dieselbe Quelle zurückverweist und charismatischen Ursprungs ist. Mommsen (1986, S. 27) beantwortet diese Frage mit folgenden Worten: »Der kritische Punkt dieser umfassenden Typologie ... liegt darin, *daß Legitimität*, sofern diese mehr ist als nur durch faktisches Bestehen von Herrschaft begründete Hinnahme derselben, *letztlich stets auf eine einzige Form, nämlich die charismatische Begründung politischer Autorität, zurückgeht. Legale Herrschaft* verdankt, wie Weber selbst hervorhebt, ihre Legitimät zum erheblichen Teil der Eingelebtheit der in ihr wirksamen Normen und *kann* im übrigen *ohne Elemente charismatisch legitimierter Führung nicht auf Dauer Bestand haben*. Patriarchalische Legitimität zieht im Grunde ihre Kraft aus charismatischer Autorität, die institutionalisierte Formen angenommen hat und damit auf Dauer gestellt worden ist, sei es in personalisierter, sei es in institutionalisierter Form (Hervorhebungen von mir, E. W.)«.

Bei *charismatischer Herrschaft* besteht ein unmittelbarer Zusammenhang als bei anderen Herrschaftsformen zwischen der *Bewährung* des Machthabers und seiner Herrschaft einerseits und *Legitimität* andererseits. Die Legitimität wird vom Herrscher sozusagen durch Leistung für die Beherrschten verdient. An dieser Stelle berührt sich die Webersche Herrschaftssoziologie mit austauschtheoretischen Vorstellungen zur Entstehung von Macht und Herrschaft. Wenn jede Herrschaft letztlich charismatisch begründet ist, wenn charismatische Herrschaft auf außergewöhnlichen Leistungen des Herrschers, Kriegsherren oder Propheten für die Beherrschten oder zumindest den Herrschafts- und Verwaltungsstab beruht, dann beruht jede Form der Herrschaft letztlich auf einem asymmetrischen Tausch von Leistung gegen Gehorsam, den man mit Hilfe von Blaus (1964) Hypothesen erklären kann.

Daß so verschiedene Theoretiker wie Blau (1964) und Weber (1922/1964) einen engen Zusammenhang zwischen der Leistung der Herrschenden und der Legitimität der Herrschaft herstellen, bedeutet natürlich *nicht*, daß Zwang und Gewalt keine bedeutsame Rolle spielen. Unter welchen Bedingungen Leistung und unter welchen Bedingungen Gewalt, Zwang oder Schädigung die Basis der Machtausübung sind, wird bei Haferkamp (1983) besonders klar herausgearbeitet. Macht gewinnt, wer für andere etwas leistet *oder* wer anderen großen Schaden zufügen kann. Im erstgenannten Fall müssen die Begünstigten Anordnungen oder Aufforderungen folgen, um weiter Leistungen zu beziehen. Im zweiten Fall müssen die Bedrohten gehorchen, um Schaden für sich abzuwehren. Beide Arten der Machtausübung können den Vorstellungen der Herrschaftsunterworfenen mehr oder weniger gut entsprechen, also verschieden legitim sein. (Auch die Bestrafung einiger Gruppenmitglieder kann aus der Perspektive anderer ja geboten sein!)

In Übereinstimmung mit Weber, der ja die Außergewöhnlichkeit und Bewährung des charismatischen Führers hervorhebt, betont auch Haferkamp (1983) die überragende Bedeutung positiver Leistungen für die Herrschaftssicherung. Gewaltmittel werden selten von denen an der Spitze der Herrschaftspyramide persönlich eingesetzt. Diese *lassen vielmehr Gewalt einsetzen*. Die Agenten der Herrschenden an der Front (etwa Polizisten, Steuereintreiber oder Soldaten) können nicht nur oder vorwiegend mit Gewalt zur Gewaltausübung im Interesse der Herrschenden veranlaßt werden. Denn dabei taucht nach Haferkamp (1983, S. 133) folgendes Problem auf: »Es müßte hinter jedem, der Gewaltmittel benutzt, ein weiterer Akteur stehen, der den Einsatz notfalls mit Gewalt erzwingt. Aber auch er selbst müßte kontrolliert werden.« Agenten der Herrschenden oder Mitglieder des Stabes müssen also durch positive Leistungen an die Spitze des Herrschaftsapparates gebunden werden, damit dieser überhaupt erst zur Gewaltanwendung gegen die Bevölkerung fähig wird.

Weber hat nicht nur die charismatischen Wurzeln jeglicher Legitimität gesucht, damit *implizit* Herrschaft auf die ordnende Leistung der Herrschenden für die Beherrschten zurückgeführt, sondern auch gesehen, daß ein Anwachsen der Herrschafts- und Verwaltungsstäbe die Spitze des Herrschaftsapparates von den Beherrschten isolieren kann. Das gilt auch und vor allem für die *bürokratische Herrschaft* unseres Jahrhunderts, der wir uns jetzt zuwenden wollen.

Webers (1922/1964, S. 697) Ausgangspunkt ist die Überlegung, daß Herrschaft bei ihrer Ausübung alltäglich umgesetzt werden muß: »Jede Herrschaft äußert sich und funktioniert als Verwaltung«. Die Herrschenden bzw. ihr Verwaltungsstab sind immer eine Minderheit. Das erleichtert die Kommunikation, die gegenseitige Abstimmung untereinander und nicht zuletzt auch die Geheimhaltung von Herrschaftswissen oder Amtsgeheimnissen. Damit Herrschaft und Verwaltung kontinuierlich werden, ist es erforderlich, »daß ein an Gehorsam gegenüber den Befehlen von *Führern* gewöhnter, durch Beteiligung an der Herrschaft und deren Vorteilen an ihrem Bestehen persönlich *mit interessierter* Kreis von Personen sich dauernd zur Verfügung hält und sich in die Ausübung derjenigen Befehls- und Zwangsgewalten teilt, welche der Erhaltung der Herrschaft dienen (Weber 1922/1964, S. 700/701)«.

Zur voll ausgebildeten bürokratischen Herrschaft gehört die Legitimation durch Legalität. Dazu (Weber 1922/1964, S. 702): »Die ›Geltung‹ einer Befehlsgewalt kann ausgedrückt sein entweder in einem System gesatzter (paktierter oder oktroyierter) *rationaler Regeln,* welche als allgemein verbindliche Normen Fügsamkeit finden, wenn der nach der Regel dazu ›Berufene‹ sie beansprucht. Der einzelne Träger der Befehlsgewalt ist dann durch jenes System von rationalen Regeln legitimiert und seine Gewalt soweit legitim, als sie jenen Regeln entsprechend ausgeübt wird. Der Gehorsam wird den Regeln, nicht der Person geleistet«. Zwar gibt es danach auch noch bei rational-legaler Herrschaft Herrschende und Beherrschte, aber die Herrschaft ist immer durch Regeln und Zuständigkeiten eingeschränkt.

Die bürokratische Herrschaft funktioniert nach folgenden Prinzipien:

(a) Die Kompetenzen oder Zuständigkeiten sind durch Gesetze und Verwaltungsvorschriften geordnet, d. h. es gibt für jeden Beamten abgegrenzte Bereiche von Leistungspflichten, denen etwa dafür erforderliche Befehlsgewalten und eventuell auch Zwangsmittel zugeordnet sind. Den Kompetenzen des Beamten muß außerdem eine fachliche Kompetenz entsprechen, die ihn zur Erledigung der Amtsgeschäfte befähigt. Die Anstellung ist deshalb an Qualifikationen geknüpft.

(b) Amtshierarchie und Instanzenzug regeln Aufsichts- und Kontrollfunktion sowie Beschwerderechte.

(c) Die Amtsführung beruht auf Schriftstücken oder Akten. Sie wird nicht in der Privatwohnung, sondern im Büro vollzogen. Die Amtstätigkeit ist von der privaten Lebensführung des Beamten damit auch rein räumlich getrennt. Außerdem gehören die Betriebsmittel nicht dem Beamten, sondern dem Staat bzw. einer anderen Anstalt.

(d) Die Amtstätigkeit setzt fachliche Schulung voraus.

(e) Die Amtstätigkeit wird hauptberuflich ausgeübt.

(f) »Die Amtsführung der Beamten erfolgt nach generellen, mehr oder minder festen und mehr oder minder erschöpfenden, erlernbaren Regeln. Die Kenntnis dieser Regeln stellt daher eine besondere

Kunstlehre dar (je nachdem: Rechtskunde, Verwaltungslehre, Kontorwissenschaft), in deren Besitz die Beamten sich befinden (Weber 1922/1964, S. 704/705)«.

Diese Funktionsprinzipien bürokratischer Herrschaft sind uns heute selbstverständlich. Weber entwickelt sie im Kontrast zu anderen, meist älteren Herrschafts- und Verwaltungsformen. Bendix (1964, S. 322) faßt den Unterschied von traditioneller Patrimonialherrschaft, d. h. Machtausübung durch persönlich abhängige »Beamte«, und moderner bürokratischer Herrschaft so zusammen: »Erstens steht es meist im Belieben des Patrimonialherren und seiner Beamten, Amtsgeschäfte auszuführen; zweitens, der Patrimonialherr wehrt sich gegen die Beschränkung seiner Macht durch Rechtsregeln. Er kann traditionelle oder gewohnheitsmäßige Beschränkungen beachten, aber diese sind nicht schriftlich festgelegt (tatsächlich bestätigt die Tradition die prinzipielle Willkür des Herrschers); drittens, die Verbindung von Tradition und Willkür schlägt sich in der Teilung seiner Gewalt und ihrer Kontrolle nieder. Innerhalb der durch heilige Tradition gesetzten Grenzen entscheidet der Herr, ob er Herrschaft delegiert oder nicht, und durch seine vollkommen persönlich getroffene Auswahl von ›Beamten‹ wird die Kontrolle ihrer Arbeit zu einer Angelegenheit persönlicher Begünstigung und Treue. Viertens und fünftens sind alle Verwaltungsbeamten des Patrimonialherrn Teil seines persönlichen Haushalts und Besitzes, seine ›Beamten‹ sind persönliche Diener, und die Verwaltungskosten werden aus seinem persönlichen Schatz gedeckt. Sechstens werden die Amtsgeschäfte in persönlicher Begegnung und durch mündliche Vermittlung ausgeführt und nicht auf der Grundlage unpersönlicher Dokumente«.

Merkmale des modernen Beamten sind folgende:

(a) »Das Amt ist ›*Beruf*‹ (Weber 1922/1964, S. 705)«, wobei *Fachprüfungen* Voraussetzungen für die Amtsübernahme sind, wobei die »Übernahme einer spezifischen *Amtstreuepflicht*« durch »Gewährung einer gesicherten Existenz« abgegolten wird, wobei die Amtstreue *sachlichen* Zwecken und *unpersönlichen* Ideen wie dem Staat zugeordnet sind.

(b) Mit dem Beamtenstatus ist meist ein ständisches, d. h. auf Lebensführung und Erziehung im Gegensatz zu Besitz oder Einkommen bezogenes, Sozialprestige bzw. der Anspruch darauf verbunden. Wie hervorgehoben die Stellung des Beamten ist, hängt wesentlich von zwei Faktoren ab: 1. der sozialen Rekrutierungsbasis des Beamtentums, sofern es eine stabile soziale Schichtung gibt, 2. dem Verhältnis von Angebot und Nachfrage nach geeigneten Amtsanwärtern. Dazu Weber (1922/1964, S. 706): »Die tatsächliche soziale Stellung der Beamten ist am höchsten normalerweise da, wo in alten Kulturländern ein starker Bedarf an fachgeschulter Verwaltung besteht, zugleich starke und nicht labile soziale Differenzierung herrscht und der Beamte nach der sozialen Machtverteilung oder infolge der Kostspieligkeit der vorgeschriebenen Fachbildung und der ihn bindenden Standeskonventionen vorwiegend den sozial und ökonomisch privilegierten Schichten entstammt.« Die Schwäche ständischer Elemente im amerikanischen Schichtungsgefüge kann nach Weber das relativ geringe Prestige der Beamten in den USA erklären.

(c) Der Beamte wird (beim reinen Typ) von einer übergeordneten Instanz ernannt. Jede andere Prozedur würde die Hierarchie schwächen. Dazu Weber (1922/1964, S. 706): »Ein durch Wahl der Beherrschten ernannter Beamter steht den ihm im Instanzenzug übergeordneten Beamten gegenüber grundsätzlich selbständig da, denn er leitet seine Stellung nicht ›von oben‹, sondern ›von unten‹ her ...« Außerdem würde bei Wahl der Beamten auch das Merkmal der fachlichen Qualifikation an Bedeutung verlieren.

(d) Der Beamte dient in der Regel lebenslänglich, d. h. bis zur Pensionierung. Die Rechtsgarantien gegen willkürliche Absetzung oder Versetzung sollen eine streng sachliche Ausübung der Amtstätigkeit fördern (vgl. richterliche Unabhängigkeit innerhalb der Rechtsinstanzen).

(e) Die Arbeit des Beamten wird mit festem, regelmäßigem Gehalt entgolten.

(f) Mit dem hierarchischen Prinzip ist die Laufbahn und damit die Beförderungschance verknüpft, die von Dienstalter und Qualifikation abhängt.

Bürokratische Herrschaft, die diesen Kriterien voll genügt, wird durch Geldwirtschaft stark gefördert. Bei Naturalwirtschaft ist es oft einfacher, dem Beamten Nutzungs- und Abgaberechte zuzugestehen, wobei er etwa zum Steuerpächter wird. Hierarchische Kontrolle des Beamten und seiner Tätigkeit durch Vorgesetzte sowie Trennung von Privatvermögen und sachlichen Betriebsmitteln der Verwaltung gehen dann verloren.

Neben der Geldwirtschaft trägt sowohl die quantitative wie die qualitative Ausdehnung der Staatstätigkeit zur Bürokratisierung bei. Anstoß kann die Wasserregulierung (Ägypten), der Unterhalt eines stehenden Heeres (Preußen) oder auch soziale Fürsorge des Staates für seine Bürger sein. Wesentlicher Faktor für die zunehmende Bürokratisierung ist auch die damit verbundene Effizienzsteigerung. Dazu Weber (1922/1964, S. 716): »Der entscheidende Grund für das Vordringen der bürokratischen Organisation war von jeher ihre rein *technische* Überlegenheit über jede andere Form. Ein voll entwickelter bürokratischer Mechanismus verhält sich zu diesen genau wie eine Maschine zu den nicht-mechanischen Arten der Gütererzeugung. Präzision, Schnelligkeit, Eindeutigkeit, Aktenkundigkeit, Diskretion, Einheitlichkeit, Kontinuierlichkeit, straffe Unterordnung, Ersparnisse an Reibungen, sachlichen und persönlichen Kosten sind bei streng bürokratischer, speziell: monokratischer Verwaltung durch geschulte Einzelbeamte gegenüber allen kollegialen oder ehren- und nebenamtlichen Formen auf das Optimum gesteigert«.

Nach Webers (1922/1964, S. 717) Auffassung trägt gerade der monokratische (im Gegensatz zum kollegialen) Charakter der Bürokratie zur Effizienz bei: »Kollegial organisierte Arbeit andererseits bedingt Reibung und Verzögerung, Kompromisse zwischen kollidierenden Interessen und Ansichten und verläuft dadurch unpräziser, nach oben unabhängiger, daher uneinheitlicher und langsamer«.

Bürokratisierung der öffentlichen Verwaltung setzt einerseits ein gewisses Ausmaß an ökonomischer Entwicklung voraus – Weber erwähnt vor allem die Geldwirtschaft als wichtige beitragende Bedingung – fördert andererseits auch selbst die wirtschaftliche Entwicklung, denn rationales Wirtschaften erfordert stabile Rahmenbedingungen und eine berechenbare Verwaltung. Dazu Weber (1922/1964, S. 717): »Die Forderung einer nach Möglichkeit beschleunigten, dabei präzisen, eindeutigen, kontinuierlichen Erledigung von Amtsgeschäften wird heute an die Verwaltung in erster Linie von seiten des modernen kapitalistischen Wirtschaftsverkehrs gestellt. Die ganz großen modernen kapitalistischen Unternehmungen sind selbst normalerweise unerreichte Muster straffer bürokratischer Organisation. Ihr Geschäftsverkehr ruht durchgehend auf zunehmender Präzision, Stetigkeit und vor allem Schleunigkeit der Operationen«. Man kann Bürokratisierung der öffentlichen Verwaltung und wirtschaftliches Wachstum danach als zwei Aspekte eines Entwicklungsprozesses sehen, die einander gegenseitig verstärken, die auf dem gleichen, nämlich bürokratischen, Organisationsprinzip beruhen.

Nach Weber (1922/1964, S. 717) sind weit vorangetriebene Arbeitszerlegung und sachlich-unpersönliche Arbeitsweise Merkmale der modernen Wirtschaft und der modernen Verwaltung: »Vor allem aber bietet die Bürokratisierung das Optimum an Möglichkeit für die Durchführung des Prinzips der Arbeitszerlegung in der Verwaltung nach rein sachlichen Gesichtspunkten, unter Verteilung der einzelnen Arbeiten auf spezialistisch abgerichtete und in fortwährender Übung immer weiter sich einschulende Funktionäre. ›Sachliche‹ Erledigung bedeutet in diesem Fall in erster Linie Erledigung ›ohne Ansehen der Person‹ nach *berechenbaren Regeln*. ›Ohne Ansehen der Person‹ aber ist auch die Parole des ›Marktes‹ und aller nackt ökonomischen Interessenverfolgung überhaupt«.

Die Sachlichkeit der bürokratischen Verwaltung besteht im wesentlichen aus zwei Merkmalen der Verwaltungsakte. Sie sind entweder unter Normen subsumierbar bzw. durch Normen zu rechtfertigen oder sie bestehen in der Abwägung und Zuordnung von Mitteln und Zwecken, wobei das erste stärker die Rechtspflege, das letztere die Industriebürokratie kennzeichnet.

Bürokratisierung bedeutet zunehmende Trennung der sachlichen Betriebsmittel vom Privatbesitz des Beamten. Das stärkt den bürokratischen Charakter der Herrschaft und damit nach Weber auch deren Effizienz.

Nicht nur die kapitalistische Wirtschaft fördert und benötigt bürokratische Verwaltung, sondern auch die Demokratie in großen, heterogenen Gesellschaften, d. h. die Massendemokratie. Gemeinsam ist der Bürokratie und der Massendemokratie nämlich eine gewisse privilegienfeindliche Nivellierungstendenz, die sich aus der sachlich-unpersönlichen Arbeitsweise ergibt. Dazu Weber (1922/1964, S. 725): »Das Entscheidende ist vielmehr hier ausschließlich die *Nivellierung der Beherrschten* gegenüber der herrschenden, bürokratisch gegliederten Gruppe, welche dabei ihrerseits sehr wohl faktisch, oft aber auch formal, eine ganz autokratische Stellung besitzen kann«. Es gibt allerdings auch antibürokratische Tendenzen in der Massendemokratie, etwa den Einfluß der öffentlichen Meinung oder Beamtenwahl ohne fachliche Qualifikationsbindung. Weber hält allerdings die Bürokratisierung fördernde Tendenz der Massendemokratie für stärker als die abschwächenden Tendenzen.

In Anbetracht der Zusammenhänge von quantitativer und qualitativer Ausweitung der Staatstätigkeit, von kapitalistischer Wirtschaft, von demokratischer Staatsform einerseits und Bürokratie andererseits, in Anbetracht der der Bürokratie zugeschriebenen Effizienz kann nicht verwundern, daß Weber (1922/1964, S. 726/727) in der Bürokratisierung einen irreversiblen Prozeß sieht: »Eine einmal voll durchgeführte Bürokratie gehört zu den am schwersten zu zertrümmernden sozialen Gebilden. ... Wo die Bürokratisierung der Verwaltung einmal restlos durchgeführt ist, da ist eine praktisch so gut wie unzerbrechliche Form der Herrschaftsbeziehungen geschaffen. Der einzelne Beamte kann sich dem Apparat, in den er eingespannt ist, nicht entwinden. Der Berufsbeamte ist im Gegensatz zum ehren- und nebenamtlich verwaltenden ›Honoratioren‹, mit seiner ganzen materiellen und ideellen Existenz an seine Tätigkeit gekettet. ... Die Beherrschten ihrerseits ferner können einen einmal bestehenden bürokratischen Herrschaftsapparat weder entbehren noch ersetzen, da er auf Fachschulung, arbeitsteiliger Fachspezialisierung und festem Eingestelltsein auf gewohnte und virtuos beherrschte Einzelfunktionen in planvoller Synthese beruht«.

Bürokratie bedeutet nicht nur ein bestimmtes Verwaltungsprinzip, sondern immer auch Macht und Einfluß für die Bürokraten. Nach Weber (1922/1964, S. 730) »ist die Machtstellung der vollentwickelten Bürokratie eine sehr große, unter normalen Bedingungen eine überragende«. Das folgt aus der fachlichen Überlegenheit und der Unentbehrlichkeit der Bürokraten.

Weber (1922/1964) hat vor allem die Leistungsfähigkeit der Bürokratie herausgearbeitet. Mertons (1974) Ausführungen ergänzen Weber insofern, als er die Grenzen dieser Leistungsfähigkeit zu ermitteln sucht. Schon damit, daß »Bürokratisierung« auch ein Schimpfwort ist, ist angedeutet, daß Bürokratien nicht immer und überall reibungslos arbeiten. Ein erster allgemeiner Grund ist das, was in der Lernpsychologie negativer Transfer genannt wird. Gerade die Einübung und Routine bestimmter Verhaltensweisen kann eine Neuorientierung oder Lernen erschweren. Merton (1974, S. 476) beschreibt das so: »Handlungen, die auf Schulung und auf Fähigkeiten beruhen, welche in der Vergangenheit durchaus zum Erfolg führten, können unter veränderten Umständen zu unangemessenen Reaktionen führen«. Wer althergebrachte Verfahren der Akten- und Buchführung gelernt hat, wird beim Einzug der Computer in die Verwaltung neue Fähigkeiten erlernen müssen. Gerade weil jemand die althergebrachten Verwaltungstechniken beherrscht, wird er vermutlich den Neuerungen skeptisch gegenüberstehen, sie für überflüssig halten, sie teils nicht so schnell lernen können wie jemand mit einer verwaltungsfremden Vorbildung in Informatik, sie teils auch nicht lernen wollen, weil der eigene Kenntnisvorsprung und damit das eigene Prestige abgewertet wird.

Skepsis und Widerstand gegen Innovation im Bereich der Verwaltungsmittel kann zur Verlagerung der Wertschätzung von den Organisationszielen hin zu vielleicht überholten Mitteln oder Arbeitsweisen führen. Die Disziplin und das Ritual erhalten dann Vorrang vor praktischer Problembewältigung. Merton spricht hier (1974, S. 480) sogar von Sanktifikation – im Gegensatz zu Säkularisierung – von Prozeduren und Strukturen.

Nach Merton (1974, S. 478/479) können dieselben strukturellen Merkmale sowohl – wie von Weber hervorgehoben – Einheitlichkeit, Sachlichkeit, Kontinuierlichkeit, Reibungslosigkeit der Verwaltung fördern wie auch die Anpassungsfähigkeit untergraben: »Das amtliche Leben des Bürokraten ist für ihn in Form einer abgestuften Karriere geplant, und die entsprechenden organisationellen Mittel, wie Beförderung nach dem Senioritätsprinzip, Pensionen, regelmäßig steigende Gehälter, sind als Anreiz für diszipliniertes Verhalten und Konformität mit dem offiziellen Reglement gedacht. Vom Beamten wird stillschweigend erwartet, daß er seine Gedanken, Gefühle und Handlungen auf diese seine Karriere ausrichtet und weitgehend tut er das auch. Aber *gerade diese Mittel*, die die Wahrscheinlichkeit der Konformität erhöhen, führen auch zu einer übermäßig strengen Einhaltung des Reglements, was dann Ängstlichkeit, Konservatismus und Technizismus mit sich bringt. Die Verschiebung der Gefühle von den Zielen auf die Mittel wird begünstigt durch die enorme symbolische Bedeutung der Mittel (Regeln)«.

Danach ist alles, was die Konformität des Beamten und damit die Einheitlichkeit der Verwaltung fördert, gleichzeitig auch eine Gefahr für die Innovationsfähigkeit. Am Beispiel des Senioritätsprinzips kann man das verdeutlichen: Einerseits wird dadurch Konkurrenz und Reibereien unter den Beamten ausgeschaltet und die Entwicklung eines Korpsgeistes gefördert. Dieser kann sowohl die Leistungsfähigkeit der Bürokratie bei sachlicher Arbeit als auch ihre Widerstandskraft gegen Innovationszumutungen fördern.

Die Sachlichkeit bürokratischer Entscheidungen, d. h. das Ideal der Entscheidung ohne Ansehen der betroffenen Person, schafft natürlich

Konflikte zwischen der Verwaltung und ihrem Publikum. Dieser Konflikt ist strukturell bedingt, weil der Beamte immer unter gesatzte Normen subsumieren soll, der Verwaltungskunde aber die Besonderheiten seines Problems hervorhebt. Außerdem gibt es strukturell bedingte Statusprobleme. Einerseits ist der Beamte als Staats»diener« definiert und damit dem Volk untergeordnet, andererseits übt er faktisch Entscheidungsgewalt aus. Nach dem Sozialprestige kann er, der »Diener«, sich dem Verwaltungskunden mal überlegen fühlen, kann derselbe Beamte als Entscheidungsträger sich einem anderen Verwaltungskunden gegenüber unterlegen fühlen. Beides schafft Unsicherheiten.

Damit die Bürokratie sachlich und ohne Ansehen der Person arbeiten kann, müssen auch die Beziehungen unter den Beamten unpersönlich geregelt sein – in einem arbeitsteiligen, hierarchischen Instanzenzug. In formal organisierten Gruppen gibt es aber immer wieder spontane Primärgruppenbildungen, die durch Sympathie und ähnlich sachfremde Bindungen zusammengehalten werden. In solchen Primärgruppen können Normen und Verhaltensgewohnheiten entstehen, die nicht mit den offiziellen Normen und Organisationszielen harmonisieren, etwa den formalen Instanzenzug durch informelle Kooperation umgehen (vgl. Kapitel 5 oben).

Das Problem von Primärgruppen in Organisationen ist nicht dadurch zu lösen, daß man versucht, die Bildung informeller Gruppen auszuschalten. Das wird langfristig nie zum Erfolg führen. Realistischer ist es, eine Abstimmung formaler und informeller Normen und Verhaltensvorschriften anzustreben. Dann können sogar die informellen Strukturen und Prozesse den Organisationszielen dienen, indem sie Zufriedenheit, Leistungsbereitschaft und vielleicht sogar Innovationsoffenheit der Beamten fördern.

Weder bei Weber (1922/1964) noch bei Merton (1974) hinreichend behandelt werden einige Probleme, die aus ökonomischer Perspektive besonderes Gewicht haben, nämlich Interessenunterschiede zwischen der Bürokratie und ihrem Dienstherrn und damit zusammenhängend die Frage der Handlungsanreize und Handlungskontrolle. Der Beamte mag zwar kompetent im doppelten Sinne des Wortes sein – fachkundig *und* zuständig – aber das schließt Anreize zur Drückebergerei nicht aus. Auch der für die Überwältigung von bewaffneten Bankräubern ausgebildete und zuständige Polizist hat nicht nur ein *dienstliches* (d. h. zugemutetes) Interesse daran, seine Pflicht zu tun, sondern auch ein *persönliches* Interesse, den Dienst zu überleben. Konsequente Verfolgung des einen Ziels kann das andere gefährden. Auf alltäglicherem Niveau läßt sich derselbe Interessenkonflikt bei beliebigen, mit Routineaufgaben befaßten Schreibtischbeamten feststellen. Ihre Aufgabe kann sein Formulare auszufüllen, zu stempeln etc. Ihr *persönliches* Interesse kann sich auf ausgedehnte Kaffeepausen und dienstlich bangloses Geschwätz mit den Kollegen konzentrieren, also auf den Genuß von Freizeit während der Dienstzeit.

Teilweise tauchen dieselben Probleme wie in der Bürokratie in jeder Organisation auf. Innerhalb der Privatwirtschaft gibt es nicht nur Tauschbeziehungen zwischen autonomen Akteuren, sondern auch Mannschaftsproduktion mit betriebsinterner Zusammenlegung von Ressourcen, mit interner Arbeitsteilung und oft Schwierigkeiten bei der Erfassung des Wertes der individuellen Leistungsbeiträge. Eine Entlohnung eines Individuums gemäß dem Wert, den andere seiner Leistung beimessen, und eine entsprechende soziale Kontrolle ist auch dort oft nicht möglich (vgl. Vanberg 1982; Weede 1990a, S. 16–19; Williamson 1981). Bei Ressourcenzusammenlegung und Mannschaftsproduktion kann das Produkt Merkmale eines für die Mannschaft öffentlichen Gutes haben. Entweder *genug* Leute strengen sich an und das Produkt wird erstellt. Oder die Produktion scheitert an mangelnder Anstrengung bzw. ein schäbiges Produkt mit geringem Nutzen wird erstellt. Sofern es nicht möglich ist, alle oder die meisten Drückeberger mit hinreichender Sicherheit zu identifizieren, oder sofern es – wie im öffentlichen Dienst und dank unserer institutionellen und Rechtsordnung auch zunehmend in der Privatwirtschaft – weitgehend unmöglich ist, die Entlohnung nach Leistung zu differenzieren,[23] entsteht dieselbe Neigung zum Trittbrettfahren der Mannschafts- oder Betriebsmitglieder wie allgemein bei der Produktion von öffentlichen Gütern in großen Gruppen. Je stärker die Möglichkeiten der Anwendung selektiver Anreize und von Zwang beschränkt sind, desto gravierender wird das Problem (vgl. Olson 1968).

---

[23] Zwar gibt es eine erhebliche Lohn- und Gehaltsdifferenzierung in staatlichen Bürokratien, aber diese hängt weitgehend von der Erfüllung bestimmter Zugangsvoraussetzungen ab (wie Mittlere Reife für den mittleren Dienst, Abitur für den gehobenen Dienst, abgeschlossenes Studium für den höheren Dienst) oder von an Seniorität gebundenen Dienstaltersgruppen. Selbst die Beförderung ist *nicht nur* ein Mittel, unterschiedlichen Arbeitseinsatz oder unterschiedliche Produktivität zu sanktionieren, sondern ihrerseits auch beeinflußt von Störvariablen, wie Seniorität, Beliebtheit bei Vorgesetzten, Parteibuch etc.

Probleme der Mannschaftsproduktion, der Drückebergerei und der Schwierigkeit der Erfassung von Einzelleistungen gibt es in privatwirtschaftlichen Unternehmen *und* in staatlichen Bürokratien. In der Privatwirtschaft sorgt aber die Zuweisung des Residualeinkommens[24] an den Unternehmer dafür, daß zumindest dieser ein Interesse daran hat, das Ausmaß von Drückebergerei und Verfolgung von Privatinteressen während der Arbeitszeit zu beschränken und entsprechend zu handeln.

In der staatlichen Bürokratie fehlt eine entsprechende Instanz. Kein Amtsleiter oder Regierungspräsident oder Minister kann bzw. darf sich *persönlich* die Gewinne oder Kosteneinsparungen aneignen, die aus weniger Drückebergerei und ›Freizeitkonsum‹ während der Dienstzeit resultieren. Jeder Versuch, in diese Richtung zu wirken, wird ihn bei ›seinen‹ Beamten unbeliebt machen. Auf der Ebene des Normalmitglieds einer Mannschaft, eines Büros, einer Abteilung gibt es in der Privatwirtschaft und im öffentlichen Dienst grundsätzlich gleichartige Anreize zur Drückebergerei. Auf der *Leitungsebene*, wohin auch die Aufgabe der Reduzierung der Drückebergerei auf unteren Ebenen gehört, *unterscheiden sich die Anreize zur Drückebergerei* in der Privatwirtschaft und im öffentlichen Dienst bzw. der staatlichen Bürokratie.

Der Unternehmensleiter, der die Aufgabe der Kostenreduzierung durch Verringerung von Drückebergerei vernachlässigt, wird sein Residualeinkommen verringern. Er wird am Markt für seine Drückebergerei, die in der Duldung der Drückebergerei seiner Mitarbeiter besteht, bestraft. Vergleichbare Sanktionen fehlen im öffentlichen Dienst.[25]

In modernen (demokratischen) Gesellschaften sind staatliche Bürokratien politisch verantwortlichen Instanzen oder gewählten Politikern

---

[24] Damit meine ich das Einkommen, das dem Unternehmer nach Abzug aller Kosten verbleibt. Da die Lohnkosten einen erheblichen Anteil an den Gesamtkosten ausmachen, ist leicht zu sehen, daß eine Reduzierung der Drückebergerei das Residualeinkommen erhöht.

[25] Die Bedeutung, die ich dem Problem der Drückebergerei zumesse, wird manchen Leser verwundern. Von den Beschäftigten wird jeder Versuch der Kontrolle und Reduzierung der Drückebergerei natürlich als Beeinträchtigung ›menschenwürdiger‹ Arbeitsbedingungen verstanden. Dabei sollte man allerdings berücksichtigen, daß die nicht-sanktionierte Drückebergerei den Abnehmern der betroffenen Güter oder Dienstleistungen schadet. Jeder hat vielleicht ein Interesse daran, sich selbst drücken zu dürfen, aber auch ein Interesse daran, anderen dieses Privileg zu verwehren. Sozialisationsbedingte ›intrinsische‹ Motivation halte ich für keine Problemlösung. ›Man soll seine Pflicht unabhängig von extrinsischen sozialen Belohnungen tun‹ wäre eine (anspruchsvolle) soziale Norm, die (wie andere Normen) nicht ohne Sanktionen durchzusetzen ist.

unterstellt. Damit stellt sich die Frage, ob die Politiker Anreize zur Kontrolle von Drückebergerei und der damit verbundenen Kostenexplosion verspüren oder nicht. Das hängt natürlich auch davon ab, ob Politiker vom Wähler, als dem letztinstanzlichen Dienstherren der Bürokratie, dafür zur Verantwortung gezogen werden, wie effizient die von ihnen zu beaufsichtigende Bürokratie arbeitet.

Weil eine effiziente Bürokratie ein Kollektivgut für die gesamte Gesellschaft ist, bequeme Arbeitsbedingungen, Überbezahlung und sonstige Privilegien aber direkt den öffentlichen Bediensteten zugute kommen, ist zu befürchten, daß nur wenige Politiker es versuchen, den öffentlichen Dienst im Interesse der Bürger und Steuerzahler zu verbessern und dabei die Verärgerung der Beamten in Kauf zu nehmen. Denn die geschädigten Bürger und Steuerzahler sind weitgehend rational ignorant, müssen also von Politikern nicht unbedingt berücksichtigt werden. Aber die öffentlichen Bediensteten sind hellwach, wenn es um Vorschläge zur Beschneidung ihrer Privilegien geht. Im Interesse der Wiederwahl ist es besser, die Interessen einer ignoranten Mehrheit von Wählern zu mißachten als die einer aufmerksamen Minderheit (vgl. auch Weede 1990a, S. 119–122).

Die Kosten der Bürokratie erschöpfen sich natürlich nicht in den in öffentlichen Haushalten ausgewiesenen Verwaltungskosten. Eine der bedeutsamsten Folgen der staatlichen Bürokratie besteht darin, daß Bürokratien die Bürger und die Wirtschaft zu ›bürokratiegerechtem‹ Handeln zwingen, etwa einer Aktenführung, die staatliche Überwachung und Eingriffe erleichtert. Vor allem bei Klein- und Mittelbetrieben verursacht das beachtliche Kosten, die (nach Moser 1991, S. 35) in der Schweiz bis zu doppelt so hoch wie die Steuerlast des Betriebes sein können. Eine Verwaltungsreform mit dem Ziel der Minimierung dieser auf Private abgewälzten und damit für Politik und Verwaltung fast unsichtbaren Kosten wäre offensichtlich noch schwieriger als der Versuch einer Effizienzsteigerung bei verwaltungsinternen Abläufen.

16. Demokratie und Mehrheitsentscheidungen

Demokratie heißt Herrschaft des Volkes, wobei ein gleiches Gewicht aller Stimmen bzw. aller erwachsenen Mitglieder des Volkes mitzudenken ist. Gleiches Gewicht aller Stimmen kann zwei grundsätzlich verschiedene Dinge bedeuten. Entweder bedeutet das, daß *alle* einer Kollektiventscheidung zustimmen müssen, bevor sie demokratisch legitimiert ist, d. h. alle Individuen behalten gleichermaßen ein Vetorecht. Oder das bedeutet, daß alle eine Stimme abgeben dürfen, wobei die Stimmen nach einer einfachen oder qualifizierten Mehrheitsregel zu einer Entscheidung gebündelt werden. Demokratisch legitimiert ist dann, was von einer Mehrheit beschlossen worden ist. Beide denkbaren Demokratiedefinitionen beziehen sich offenbar auf recht verschiedene politische Systeme.

›Positivistische‹ oder ›realistische‹ Demokratiebegriffe orientieren sich an den Merkmalen real existierender politischer Systeme im Gegensatz zu nur denkbaren, wenn auch vielleicht besseren politischen Systemen. Ein Beispiel dafür ist Schumpeters (1950, S. 428) Definition der Demokratie: »die demokratische Methode ist diejenige Ordnung der Institutionen zur Erreichung politischer Entscheidungen, bei welcher einzelne die Entscheidungsbefugnis vermittels eines Konkurrenzkampfes um die Stimmen des Volkes erwerben.« Ein anderes Beispiel ist Lipsets (1962, S. 33) Demokratiebegriff; er versteht »Demokratie in einer komplexen Gesellschaft ... als ein politisches System, das regelmäßig verfassungsrechtliche Möglichkeiten für den Wechsel der Regierenden vorsieht, und als ein sozialer Mechanismus, der es dem größten Teil der Bevölkerung gestattet, durch die Wahl zwischen mehreren Bewerbern für ein politisches Amt auf wichtige Entscheidungen Einfluß zu nehmen.« In beiden Demokratiedefinitionen wird implizit und selbstverständlich vorausgesetzt, daß Entscheidungen durch Mehrheitsbeschluß und nicht etwa durch Einstimmigkeit erreicht werden.

Wenn alle real existierenden politischen Systeme darauf verzichten, ihren Bürgern individuelle Vetorechte zuzugestehen, dann stellt sich die Frage, warum man den am Konsens *aller* orientierten Demokratiebegriff überhaupt noch bedenken soll. Dafür spricht vor allem folgender Grund: Vom Menschenbild des Eigennutzmaximierers ausgehend besteht kein Grund, warum man Entscheidungen grundsätzlich, d. h. ohne Rücksicht auf ihren Inhalt, für legitim halten sollte, nur weil sie von einer Mehrheit beschlossen sind. Oder: Würden etwa die mörderischen Entscheidungen eines Hitler, Stalin oder Pol Pot ›legitim‹, wenn eine Mehrheit sie in freier Wahl bestätigt hätte? Ein individuelles Vetorecht aller, auch der Opfer, dagegen würde derartige mörderische Entscheidungen unmöglich machen.[26] Anders ausgedrückt: Alle politischen Systeme, auch die Mehrheitsdemokratien, müssen an einem gewissen Legitimitätsdefizit leiden, weil sie Entscheidungen nicht von der Zustimmung aller abhängig machen.

Die Probleme, die sich aus der normativen Notwendigkeit der Konsensdemokratie und der praktischen Notwendigkeit ergeben, sich mit Surrogaten wie der Mehrheitsdemokratie zufrieden zu geben, sind vor allem von der modernen Vertragstheorie analysiert worden (Buchanan and Tullock 1962; Buchanan 1975; Homann 1988). Homann (1988, S. 163) erläutert sein konsensorientiertes Demokratieverständnis so: »Dieser Ansatz einer Demokratietheorie ist mit der geläufigen Auffassung, Demokratie sei die Herrschaft der Mehrheit, völlig inkompatibel, und er ist gleichfalls mit der dieser Auffassung zugrundeliegenden Vorstellung inkompatibel, Demokratie nehme gemäß dem Grundsatz ›one man one vote‹ eine Aufrechnung der Stimmen vor. Normativ gesehen, ist kein Grund zu entdecken, warum das Wollen einzelner Menschen oder einer Gruppe, etwa der Mehrheit, mehr gelten soll als das Wollen eines anderen einzelnen oder einer anderen Gruppe ... Niemand hat das Recht, über einen anderen zu entscheiden – es sei denn, mit dessen Zustimmung.«

Sofern man in diesem Sinne demokratische Entscheidungen an *allgemeine* (ausnahmslose) Zustimmung bindet, werden kollektive Ent-

---

[26] Es geht mir hier ausschließlich um Entscheidungen innerhalb von Gesellschaften und politischen Systemen. Bei Stalin und Pol Pot bestand die überwältigende Mehrheit der Opfer aus Angehörigen derselben Gesellschaft wie die Regierung. Bei Hitler ist das anders, aber auch sein Regime hat sehr viele Opfer innerhalb der eigenen Gesellschaft gefordert. Wenn ein individuelles Vetorecht möglich wäre, würde es jedenfalls innerhalb von Gesellschaften die Ausrottung von ›Rassenfeinden‹ oder ›Klassenfeinden‹ oder sonstigen Kategorien von Menschen unmöglich machen. Das Mehrheitsprinzip enthält keine vergleichbaren eingebauten Schutzvorrichtungen.

scheidungen genau so frei wie individuelle Entscheidungen. Rationale Individuen bemühen sich um Nutzenmaximierung bzw. Kostenminimierung, wobei Kosten letztlich immer Opportunitätskosten sind, also der durch jede konkrete Entscheidung entgangene Nutzen, der aus anderen denkbaren (etwa ›zweitbesten‹) Alternativen hätte gezogen werden können. Oft ist es für Individuen nützlicher, sich mit anderen zusammenzutun, Ressourcen zusammenzulegen, gemeinsam zu entscheiden, als ihre Ziele im Alleingang zu verwirklichen (Vanberg 1982). Oder: die Opportunitätskosten des Alleingangs können offensichtlich sehr hoch sein.

Entscheidungen sind immer notwendigerweise mit Opportunitätskosten belastet. Wer das eine tut, kann nicht gleichzeitig etwas anderes tun. Außerdem kann man sich irren und damit unnötig hohe Kosten tragen. Der Versuch, dieses Risiko zu verringern, indem man Informationen sammelt, ist selbst kostspielig; denn die Informationskosten sind selten bedeutungslos. Beim kollektiven Handeln tritt nun eine zusätzliche Kostenbelastung auf, die Buchanan and Tullock (1962) als externe Kosten und Homann (1988) als Diskriminierungskosten bezeichnen. Das sind Kosten, die dadurch entstehen, daß die eigenen Interessen und Ziele bei Kollektiventscheidungen vernachlässigt werden. Konsensdemokratie kann als Versuch verstanden werden, die externen oder Diskriminierungskosten unter Kontrolle zu bringen.

Homann (1988, S. 62/63) schreibt dazu: »Alles kollektive Handeln birgt also die Gefahr in sich, daß einzelne überstimmt werden ... Die Demokratie ist nun zu begreifen als jenes gesellschaftliche Regelsystem, daß diese Diskriminierung von einzelnen und – unter Umständen sehr großen – Gruppen verhindern bzw. in möglichst engen Grenzen halten soll, indem die Unterwerfung unter kollektive Entscheidungen grundsätzlich an die Zustimmung derer gebunden bleibt, denen diese Unterwerfung zugemutet wird. Demokratie meint damit eine Norm und ein gesellschaftliches Regelsystem, das dem erklärten Zweck dient, Kosten in Gestalt von Diskriminierung zu verhindern.«

Zumindest die ideale Demokratie, die jedem ein individuelles Vetorecht zugesteht, scheint damit die Mitbestimmung ebenso wertvoll wie die Selbstbestimmung zu machen. Dieser durch mehrfache kritische Verweise auf Bernholz (1979), der die Vorzüge der Selbstbestimmung vor der Mitbestimmung hervorhebt, von Homann (1988, S. 43, 137) angesonnenen Schlußfolgerung kann ich mich allerdings nicht anschließen. Denn auch in der idealen Demokratie des Gedankenexperiments ist individuelle Zustimmung nur notwendige Bedingung einer kollektiven Entscheidung. Dagegen ist individuelle Zustimmung bei individuellen Entscheidungssituationen notwendige *und* hinreichende Bedingung. So gesehen bleibt Selbstbestimmung notwendigerweise immer der bloßen Mitbestimmung vorzuziehen. Nur deutliche Produktivitätsvorteile kollektiver Maßnahmen verglichen mit individuellem Handeln können rationale Individuen zur Mitwirkung dabei veranlassen.

In diesem Zusammenhang sollte man nicht vergessen, daß es Situationen und Lebensbereiche gibt, in denen Mitbestimmung nach dem Mehrheitsprinzip weniger produktiv als Selbstbestimmung ist, in denen die ideale Demokratie mit dem allgemeinen (ausnahmslosen) Zustimmungserfordernis noch weniger produktiv als nur mehrheitliche Mitbestimmung ist, nämlich bei Innovationen, die in Wirtschaft und Wissenschaft den Motor des Fortschritts darstellen. Rosenberg and Birdzell (1986, S. 310, meine Übersetzung) haben das so ausgedrückt: »Eine Gesellschaft, die Innovationen solange verzögerte bis ein politischer Konsens gefunden wäre, würde immer weiter hinter Gesellschaften zurückfallen, die das nicht tun ... Das (Konsens, E. W.) impliziert das substantielle Kriterium, daß die Vorzüge der Innovation hinreichend verstanden werden und vorhersehbar sind, daß sie überzeugend vorher ausgedrückt werden können, d. h. daß alles so klar ist, daß experimentelle Überprüfung überflüssig wird.«

In Deutschland gibt es seit 1976 ein Gesetz, das Unternehmen mit mehr als 2000 Beschäftigten zwingt, ihren Arbeitnehmern Mitbestimmungsrechte einzuräumen (Lange 1989, S.144–145). Problematisch daran ist vor allem, daß der Gesetzgeber bei Großunternehmen eine bestimmte Unternehmensverfassung, nämlich die Mitbestimmung, vorschreibt (Pejovich 1990). Wo der Gesetzgeber keine Monopole für bestimmte Unternehmensverfassungen erzwingt, unterliegen die Unternehmensverfassungen ja dem Wettbewerb. Ineffiziente Strukturen werden im Laufe der Zeit abgebaut, effiziente setzen sich durch. Wäre Mitbestimmung effizient, könnte sie sich auch ohne gesetzlichen Zwang durchsetzen. Ein gesetzlicher Mitbestimmungszwang ist im Grunde eine Einschränkung des Wettbewerbs der Unternehmensformen und ein Verbot, die Ineffizienz einer bestimmten geschützten Form auf dem Markt herauszufinden[27] – wobei natürlich durchaus denkbar ist, daß

---

[27] In freier Anlehnung an Albert (1991, S. 196 f.) könnte man auch sagen, daß der Begründungsgedanke Teil des philosophischen Hintergrunds der Mitbestimmung ist. Denn die unternehmerischen Entscheidungen sollen ja durch Mitbestimmung der Be-

die Effizienz der Mitbestimmung ihrerseits von Unternehmensmerkmalen (wie Branche, Größe, Qualifikation der Beschäftigten) abhängig ist.

Eng mit dem Problem von Selbstbestimmung und Mitbestimmung hängt das von Freiheit und Gleichheit zusammen (vgl. dazu Hayek 1971; Bernholz 1979; Watrin 1979, 1980; Buchanan 1990). Freiheit bedeutet entweder Selbstbestimmung oder Mitbestimmung in der idealen Demokratie, d. h. individuelle Vetorechte. Bloße Mitbestimmung bei Mehrheitsentscheidungen ist immer eine Gefahr für die Freiheit des Individuums. Gleichheit kann wesentlich in gleicher Freiheit im Rahmen der Gesetze und der Verfassung bestehen. Zwischen so verstandener Gleichheit und Freiheit besteht *kein* Widerspruch. Gleichheit der Resultate des Handelns, etwa beim Einkommen, kann so natürlich nicht garantiert werden und ist mit einer freiheitlichen Ordnung auch nicht kompatibel. Mit Watrin (1980, S. 28) und im Anschluß an Hayek (1971) kann man vielmehr sagen: »In einer freiheitlichen Ordnung ist aber nicht nur Macht zuzuteilen, sondern auch zu begrenzen.« Mit Bauer (1981, S. 8) könnte man auch darauf hinweisen, daß das Ziel der Einkommensgleichheit nur mit Hilfe einer enormen Ausweitung und *praktisch* auch Konzentration der politischen Entscheidungsgewalt in wenigen Händen erreichbar ist. Dann reduziert schon der Versuch, Gleichheit der Einkommen herzustellen, in einer Gesellschaft schnell und sicher Freiheit und Selbstbestimmung, obwohl der Erfolg als ungewiß gelten muß. Denn wer hindert dann die Inhaber politischer Macht noch daran, ihre eigenen Interessen anstelle des Gleichheitsziels in den Vordergrund zu rücken?

Daß das Ziel *gleicher Freiheit* zu einer Einschränkung der Staatstätigkeit führt, hat Buchanan (1990, S. 101 f.) am Beispiel der Besteuerung und Umverteilung erläutert. Sein Ausgangspunkt ist dabei ein

---

schäftigten bzw. ihrer Beauftragten legitimiert werden. Das Begründungspostulat ist in der Politik genauso problematisch wie in der Erkenntnistheorie. Im sozialen und politischen Bereich muß das Begründungspostulat eine kommunistische Fiktion, d. h. eine *gemeinsame* Wertskala, und einen quasi-induktiven, herrschaftsfreien Aggregationsmechanismus unterstellen. Eine kritisch-rationale Analyse von sozialen Ordnungen, einschließlich staatlicher und Unternehmensverfassungen, wird auf Begründung verzichten und stattdessen bestehende und vorgeschlagene Ordnungsvorstellungen dem Vergleich der Leistungsfähigkeit und damit der Kritik unterwerfen. Gesetzliche Monopole für Unternehmensverfassungen (nicht nur der Mitbestimmung, sondern beliebiger Verfassungen) sind aus dieser Sicht willkürliche oder dogmatische Grenzen der Kritisierbarkeit durch Erfahrung.

Auswanderungs- oder Sezessionsrecht als Komponente der gleichen Freiheit. Wo es dieses Recht effektiv gibt (und die Chance anderswo aufgenommen zu werden), da lassen sich Grenzen der steuerlichen Belastbarkeit bestimmen. Daß diese unter anderem von den Vorteilen von Großgesellschaften, der Komplimentarität abwandernder und verbleibender Arbeitskräfte, deren Zahlenverhältnissen abhängen, braucht uns hier nicht zu interessieren. Wichtig aber ist, daß aus dem gleichen Freiheitsrecht zur Auswanderung bzw. Sezession *per se* Grenzen der Besteuerung und Umverteilung erwachsen.

Buchanan and Tullock (1962) haben darauf verwiesen, daß es bei kollektiven Entscheidungen immer um zwei Arten von Kosten geht, um die externen Kosten (in Homanns Terminologie: die Diskriminierungskosten) und um die Entscheidungskosten. Einstimmigkeit bringt die externen Kosten auf null, läßt aber die Entscheidungskosten mit steigender Gruppengröße immer mehr anwachsen. Bei sehr großen Gruppen werden die Entscheidungskosten tendenziell unendlich groß, wird es unwahrscheinlich, daß eine allgemein zustimmungsfähige Entscheidung noch getroffen werden kann. Deshalb müssen Gesellschaften – *vielleicht* von sehr kleinen Stammesgesellschaften abgesehen – auf das allgemeine Zustimmungserfordernis bzw. das individuelle Vetorecht verzichten, um die Summe von externen und Entscheidungskosten, die Interdependenzkosten, zu minimieren.

Es gibt allerdings *keine* guten Gründe dafür anzunehmen, daß gerade die einfache Mehrheit unabhängig von der Art und Wichtigkeit der Entscheidung immer zur Minimierung der Interdependenzkosten beiträgt. Bei manchen Entscheidungen kann das Interesse vieler Mitglieder einer Gruppe oder Gesellschaft im wesentlichen darin bestehen, mit einem aus ihrer Sicht unwichtigen Problem erst gar nicht befaßt zu werden. Bei anderen Entscheidungen können die Risiken des Überstimmtwerdens so hoch sein, daß rationale Akteure nicht dem Prinzip einer einfachen Mehrheit, sondern höchstens dem einer qualifizierten Mehrheit zustimmen können.

Weil kollektive Entscheidungen jedenfalls in großen Gruppen oder ganzen Gesellschaften immer entweder mit prohibitiven Entscheidungskosten oder mit dem Risiko von externen bzw. Diskriminierungskosten verbunden sind, liegt es nahe zu bedenken, ob man nicht weitgehend ohne kollektive Entscheidungen auskommen kann und möglichst alle Entscheidungen den Individuen und ihrer Selbstbestimmung überlassen, d. h. auch die Arbeitsteilung über den Markt und freiwillige Austauschbeziehungen der spontanen Selbstorganisation überlassen. Der Gedanke ist verführerisch, aber er übersieht folgendes Problem, das Homann (1988, S. 147) so darstellt: »Die Grenze zwischen dem, worüber individuell und worüber kollektiv entschieden wird, beruht damit selbst auf einer kollektiven Entscheidung über Grundrechte, Verfassung und property rights: Die ›Privatheit‹ von privaten Gütern ist selbst ein öffentliches Gut.«[28]

Auf derselben Seite vorher hat Homann (1988, S. 147) das noch weiter erläutert: »Danach haben alle Produktions- und Konsumaktivitäten, die man als ›privat‹ zu betrachten sich angewöhnt hat, positive und/oder negative Effekte, weil sie grundsätzlich im Rahmen der gesellschaftlichen Ordnung als ein System der Zusammenarbeit zum Vorteil aller erfolgen und damit Auswirkungen auf andere haben. Das bedeutet, daß ›private‹ Verhaltensweisen oder Güter nicht dadurch definiert sind, daß keine externen Effekte für andere vorhanden sind: Die ›Privatheit‹ liegt systematisch nicht in ›objektiven‹ Qualitäten von Verhaltensweisen oder Gütern begründet, sondern darin, daß ›die Gesellschaft‹ ... sich entschieden hat, die durchaus vorhandenen externen Effekte – zumindest bis auf weiteres – zu vernachlässigen.«

Daß kollektive Entscheidungen – genau genommen: das Kollektiv verpflichtende Entscheidungen – zu Eigentums- und Verfügungsrechten der Selbstbestimmung auf dem Markt systematisch vorgeordnet sind, will ich nicht bezweifeln. Historisch sind diese das Kollektiv verpflichtenden Entscheidungen oft von herrschenden Klassen (Mosca 1895/1950) ohne Rücksicht auf Mehrheiten durchgesetzt worden. Die demokratische Legitimation fehlt den faktisch vorhandenen Eigentums- und Verfügungsrechten also in den meisten Gesellschaften sogar in der schwachen, am Mehrheitsprinzip orientierten Fassung und allen Gesellschaften in der starken, am allgemeinen Konsensprinzip orientierten Fassung. Dennoch ist die Durchsetzung von Eigentums- und Verfügungsrechten trotz ihres mehr oder weniger großen Legitimitätsdefizits ein kollektives Gut, das uns innerhalb eines das Kollektiv verpflichtenden Rahmens Selbstbestimmung, Einsatz unserer Arbeitskraft in der Hoffnung, die Früchte unserer Arbeit selbst genießen zu dürfen, und beiderseitig vorteilhafte Tauschgeschäfte erlaubt.

---

[28] Den Satz – »Die ›Privatheit‹ von privaten Gütern ist selbst ein öffentliches Gut.« – hat Homann von Bonus (1980, S. 172) übernommen.

Aus der Unmöglichkeit, das Einstimmigkeitsprinzip in Großgruppen und Gesellschaften anzuwenden, resultiert ein mehr oder weniger großes Legitimitätsdefizit jeder Sozialordnung. Um dieses Defizit zu reduzieren, kann man (wie Buchanan 1975 oder Homann 1988) Überlegungen anstellen, wie ein hypothetischer oder impliziter Vertrag aussehen könnte, der für alle zustimmungsfähig ist, was die Merkmale einer gerechten oder akzeptablen Gesellschaft sind. Diesen Weg will ich nicht gehen. Stattdessen möchte ich einige Gesichtspunkte anführen, die meines Erachtens dafür sprechen, Kollektiventscheidungen zumindest auf der gesamtstaatlichen Ebene möglichst in ihrem Ausmaß zu beschränken, weil die meisten Menschen auf dieser Ebene kaum aus einem Kollektiv ausscheiden und in ein anderes übersiedeln können, d. h. die externen oder Diskriminierungskosten sind vor allem auf dieser Ebene ein Problem.

Auf teilstaatlicher Ebene – wie der der deutschen Länder – ist die Abwanderung viel leichter realisierbar, auf Gemeindeebene noch leichter. Aber aus den extrem hohen Kosten der Auswanderung für die meist nur eine Sprache beherrschenden Bürger und der Schwierigkeit, in ›attraktiven‹ Ländern auch nur eine Arbeits- und Aufenthaltsgenehmigung zu bekommen, würde ich ableiten, daß es auf gesamtstaatlicher Ebene kaum ein brauchbares Surrogat für ein individuelles Vetorecht geben kann, daß der am ehesten akzeptable Ersatz die Einschränkung der staatlichen Entscheidungsgewalt – denn Entscheidungsgewalt ist immer auch Diskriminierungsgewalt – und nicht etwa die Kombination von Mehrheitsentscheidung und Gerechtigkeitszielen ist.

Der Zweck des Einstimmigkeitsprinzips ist es, Schaden von Individuen abzuwenden, der durch kollektive Entscheidungen entstehen kann. Dasselbe Ziel läßt sich auch dadurch erreichen, daß man die Entscheidungsbefugnis des Kollektivs einschränkt, daß man den Individuen große Freiräume für persönliche Selbstbestimmung läßt. Dabei kommt es darauf an, vor allem dort die Entscheidungsbefugnis des Kollektivs einzuschränken, wo das Bedürfnis der potentiell von Diskriminierung betroffenen Individuen nach einem Vetorecht am stärksten ist. Das gilt vor allem bei Verteilungsentscheidungen. Je mehr dem Kollektiv Verteilungsentscheidungen entzogen sind, desto eher kann man als Individuum Abweichungen vom Einstimmigkeitsprinzip tolerieren, also ein einfaches oder qualifiziertes Mehrheitsprinzip akzeptieren.

Die Probleme von mehrheitlich gefällten Verteilungsentscheidungen veranschaulicht ein Gedankenexperiment von Usher (1981). Ein Volkseinkommen von 300 000 Dollar ist vom Himmel gefallen und soll auf 15 Personen verteilt werden. Denkbar ist, daß die 15 Personen einstimmig beschließen, jedem 20 000 Dollar zuzuweisen. Denkbar ist bei der Verteilung nach dem Mehrheitsprinzip aber auch, daß sich eine Koalition von 8 Personen findet, die beschließen, die anderen 7 vom Genuß der Mittel auszuschließen. Für die 7 Unterprivilegierten liegt es dann nahe, einem Mitglied aus der alten Koalition einen größeren Anteil als 1/8 zu versprechen und dann mit der neuen Mehrheit 7 ehemals Privilegierte zu enteignen. Weil kein stabiles Ergebnis in Sicht ist, kann das Verteilungsproblem bei eigennützigen Akteuren nicht durch das Mehrheitsprinzip und Abstimmungen gelöst werden.

Tatsächlich fällt das Volkseinkommen nicht vom Himmel, so daß auch die Effekte von staatlicher Umverteilung auf das Arbeitsangebot zu bedenken sind. Dabei will ich zunächst unterstellen, daß die Umverteilung tatsächlich von den Reichen zu Armen geht, womit sie ja üblicherweise gerechtfertigt wird. Sinkende Einkommen für die Bezieher hoher Einkommen implizieren einen Einkommens- und einen Substitutionseffekt. Wegen der sinkenden Einkommen müssen die Bezieher hoher Einkommen mehr arbeiten, um ihren Lebensstandard zu halten. Das könnte ihr Arbeitsangebot erhöhen. Wegen der sinkenden Rentabilität eigener Arbeitsanstrengungen entsteht ein Anreiz, lieber Freizeit zu genießen. Das könnte ihr Arbeitsangebot verringern. Weil Einkommens- und Substitutionseffekt gegenläufig sind, ist nicht klar, was mit dem Arbeitsangebot der bessergestellten Einkommensbezieher passiert. Bei den schlechtergestellten Einkommensbeziehern aber haben Einkommens- und Substitutionseffekt dieselbe Richtung. Nachdem diese Leute Transferzahlungen erhalten haben, steigt ihr Einkommen, so daß sie weniger arbeiten müssen, um ihren Lebensstandard zu erhalten. Weil geringe Arbeitseinkommen durch höhere Transferzahlungen kompensiert werden, wächst der Anreiz, Freizeit zu genießen statt Arbeit anzubieten. Wer geringe Arbeitseinkommen bezieht, wird also nach Einführung staatlicher Transferzahlungen weniger arbeiten und weniger zum Volkseinkommen beitragen. Zunehmende Arbeitsverweigerung kann nur die Verteilungsmasse verringern.

Das Ausklammern von Verteilungsentscheidungen aus dem Bereich staatlichen Handelns hat also viele Vorteile. Es wird eher zumutbar, auf das persönliche Vetorecht zu verzichten und etwa Mehrheitsentscheidungen zu akzeptieren. Das Mehrheitsprinzip wird von der für es letztlich unlösbaren Aufgabe entlastet, stabile Verteilungsentscheidungen zu fällen. Der Markt aber erlaubt eine bessere (vollständigere) Umsetzung von Präferenzen in Entscheidungen als herkömmliche Abstimmungsverfahren.[29] Wo keine Umverteilung stattfindet, werden auch nirgendwo die Arbeitsanreize künstlich gesenkt. Die so entlastete Demokratie wird weniger anfällig für Leistungskrisen und Legitimationsdefizite.

Schön wäre es, wenn der Staat auf Verteilungsentscheidungen verzichten könnte. Aber das kann auch ein Minimalstaat nicht, der sich im wesentlichen auf die Durchsetzung von Recht und Ordnung und Verteidigung gegen externe Bedrohungen beschränkt. Denn zur Erfüllung dieser Minimalaufgaben benötigt der Staat Ressourcen, die ihm zur Verfügung gestellt werden müssen. Selbst bei perfektem Konsens darüber, welche öffentlichen Güter in welcher Menge beschafft werden sollen, ist es unwahrscheinlich, daß die nötigen Mittel durch freiwillige Spenden zusammenkommen. In einer großen Gruppe hat jeder den Anreiz zu versuchen, Trittbrettfahrer zu werden (Olson 1968). Jede Form der staatlichen Zwangserhebung, ob Kopfsteuer oder progressive Einkommenssteuer, hat aber Verteilungseffekte. Eine Steuer, die alle gleichmäßig belastet, setzt interpersonelle Nutzenvergleiche voraus und wäre sicher auch nicht leicht administrierbar.[30] Selbst wenn der Staat sich auf die Beschaffung kollektiver Güter für alle Staatsbürger beschränken könnte, würde er mit der Finanzierung dieser Leistungen implizit Verteilungsentscheidungen fällen. Weil verteilungspolitische Abstinenz unmöglich ist, kann sie auch nicht das Einstimmigkeitsgebot ersetzen.

Meines Erachtens eignet sich die Vertragstheorie – entgegen Buchanan (1975) oder Homann (1988) – nur dazu, um die Unüberwindlichkeit von Legitimitätsdefiziten auch bei (real existierenden) Demokratien aufzuzeigen, nicht aber um Wege aus dem Dilemma zu weisen. Mit besonderer Skepsis stehe ich der Vorstellung gegenüber, daß

---

[29] Auf dem Markt kann man nicht nur die Richtung, sondern auch die Intensität seiner Präferenzen zum Ausdruck bringen. Je mehr einem ein Gut wert ist, desto mehr wird man zu zahlen bereit sein. Bei demokratischen Wahlen und Referenden dagegen zählt die Stimme dessen, dem sie fast nichts wert ist, genau soviel wie die dessen, der intensive Präferenzen in Bezug auf das Abstimmungsergebnis hat. Deshalb kann auf dem Markt eher als bei herkömmlichen Abstimmungen ein Resultat erzielt werden, das den vorhandenen Präferenzen gerecht wird.

[30] Mit Jasay (1989) kann man auch den Standpunkt vertreten, daß interpersonelle Nutzenvergleiche (ohne Zustimmung *aller* Betroffenen) Herrschafts- oder gar Willkürakte sind.

man durch philosophische oder sozialwissenschaftliche Analysen ermitteln kann, welche Merkmale einen Gesellschaftsvertrag oder ein politisches System prinzipiell allgemein zustimmungsfähig machen. Wer in diese Richtung denkt, muß sich meines Erachtens dem platonischen ›Ideal‹ des Philosophenkönigtums oder – moderner ausgedrückt – der Klassenherrschaft der Intellektuellen nähern. Auch die stillschweigende Zustimmung der Bevölkerung zu einer Verfassung durch Verbleib, durch Verzicht auf Auswanderung (wo diese möglich ist), sollte man nicht überbewerten. Denn die meisten Menschen in einer zahlenmäßig großen Gesellschaft müssen in Verfassungsfragen rational ignorant sein. Das Gewicht eines Individuums und seiner Stimme in einer nach Millionen zählenden Gesellschaft muß so gering sein, daß es vernünftigerweise sich erst gar nicht informiert. Denn eine ›gute‹ Verfassung ist ein Kollektivgut. Damit entstehen die üblichen Anreize zum Trittbrettfahren. Weil die Auswirkungen von Verfassungen auf das individuelle Schicksal von Eigennutzmaximierern noch schwerer abschätzbar sind als die von konkreten politischen Maßnahmen, wie etwa Steuergesetzen, Subventionen oder der Einführung der Wehrpflicht, darf man unterstellen, daß die Informationskosten bei Verfassungsfragen höher als bei den meisten anderen politischen Fragen sein dürften, was die ohnehin starke Neigung zum Trittbrettfahren durch ›rationale Ignoranz‹ gerade bei grundsätzlichen oder Verfassungsfragen nur weiter verstärken kann.

Wenn man Legitimität von allgemeiner (ausnahmsloser) Zustimmung abhängig macht, dann müssen alle politischen Systeme, auch Mehrheitsdemokratien, an Legitimitätsdefiziten leiden. Man kann sogar noch pessimistischer sein und mit Mosca (1895/1950, S. 137) sogar vermuten, daß die Demokratie unter spezifischen Legitimationsdefiziten leidet, und hervorheben, »daß jeder Staat von einer organisierten Minderheit beherrscht wird und daß darum jede Staatsform, die auf dem Mehrheitswillen zu beruhen vorgibt, eine Unwahrheit enthält, die auf lange Sicht zu ihrem Niedergang führen muß.« Dieser Pessimismus setzt natürlich die Akzeptanz des ehernen Oligarchiegesetzes von Michels (1910/1970; sekundär: Wippler 1982) voraus, das ich so reformulieren möchte: Die rationale Ignoranz der Bürger in Massendemokratien führt zur faktischen Übertragung der Herrschaft auf kleine, organisierte, überdurchschnittlich gut informierte Verbands- und Parteioligarchien. Sicher widerspricht die oligarchische Praxis weit verbreiteten Mitbestimmungsidealen, die allerdings meist von Möchtegerneliten und nicht von rational ignoranten Massen vertreten werden, und könnte damit, wie von Mosca angedeutet, zur Deligitimation der Herrschaft beitragen.

Aber ich würde diese Befürchtung aus zwei Gründen nicht überbewerten. Erstens gehören meines Erachtens Legitimitätsdefizite zur Politik so wie Knappheit zur Ökonomie. (Damit habe ich mich von Max Webers anderer Auffassung distanziert. Vgl. dazu Kapitel 15.) Zweitens hat die Demokratie den Vorzug, die Zahl der Dissidenten gering zu halten. Das Mehrheitsprinzip leistet ja immer folgendes: Zumindest diejenigen Unzufriedenen, die wissen, was sie wollen, können nie für lange Zeit die Mehrheit der Bevölkerung darstellen. Denn die Mehrheitsdemokratie erlaubt immerhin die friedliche Abwahl von Regierungen. Ihr Vorteil ist nicht in der Legitimität, sondern im Vorhandensein eines friedlichen und kostengünstigen Korrekturmechanismus zu suchen.

Den Hauptmangel aller real existierenden Demokratien sehe ich darin, daß die Intensität der Präferenzen nicht berücksichtigt wird. Es ist immer möglich, daß eine wenig intensiv empfindende, kaum informierte Mehrheit von 51 % eine intensiv empfindende und wohl informierte Minderheit von 49 % überstimmt. Eine derartige Situation kann aus dem latenten Legitimitätsdefizit ein manifestes machen. Bei der Mehrheitswahl in Einerwahlkreisen ist außerdem denkbar, daß 51 %ige Mehrheiten in 51 % aller Wahlkreise – sagen wir ca. 26 % aller Stimmen – eine parlamentarische Mehrheit schaffen. Derartige Situationen sind meines Wissens *in dieser Schärfe* empirisch noch nirgendwo aufgetreten und werden in ethnisch und kulturell homogenen Gesellschaften auch kaum jemals auftreten, aber jede Annäherung an diesen denkbaren Grenzfall muß zweifellos zur Delegitimation der Demokratie beitragen.

Mit der Erhaltung des inneren Friedens in einer Gesellschaft dürfte das Mehrheitsprinzip dann nicht kompatibel sein, wenn es permanente Minderheiten gibt – etwa ethnischer oder religiöser Art. Dann müssen manche Menschen damit rechnen, daß sie bei friedlicher Abstimmung nie ihre Präferenzen durchsetzen können. Dann werden der bewaffnete Aufstand und der Separatismus denkbare und – je nach Machtgleichgewicht – vielleicht auch attraktive Optionen (vgl. dazu Kapitel 21 und 22 unten).

In der *empirischen* Demokratiesoziologie hat Lipset (1962, S. 42) folgende Hypothese aufgestellt: »Je wohlhabender ein Volk, desto größer ist die Aussicht, daß es eine Demokratie entfalten wird.« Lipset (1962,

S. 51) begründet diese Hypothese unter anderem mit folgender Überlegung: »Die wirtschaftliche Entwicklung führt zu höherem Einkommen, größerer wirtschaftlicher Sicherheit und breiterer Schulbildung. Sie bestimmt weitgehend die Form des Klassenkampfes, indem sie den unteren Volksschichten weitere zeitliche Perspektiven und komplexere politische Anschauungen ermöglicht. Der Glaube an eine stufenweise Reform kann in den unteren Volksschichten nur dann Anklang finden, wenn sie wohlsituiert sind.« Anders ausgedrückt: Wohlstand entschärft den Verteilungskampf zwischen den Klassen und erlaubt, daß er demokratisch-zivilisiert ausgetragen wird. Lipset stützt diese Interpretation auch durch Hinweise darauf, daß die Kommunisten lange Zeit in den ökonomisch rückständigeren Ländern Europas stärker als in den fortgeschrittensten Ländern des nordatlantischen Raumes gewesen sind.

Neben der Milderung des Klassenkampfes spielt nach Lipset (1962, S. 57) auch noch die mit zunehmender Entwicklung veränderte Schichtungsstruktur eine Rolle: »Größerer Wohlstand berührt auch die politische Rolle des Mittelstandes; er verwandelt die Form der Klassenstruktur von der Pyramide zum Rhombus mit einem breiter werdenden Mittelstand. Ein starker Mittelstand mildert den Konflikt, indem er gemäßigte und demokratische Parteien begünstigt und extreme Gruppen benachteiligt.

Auch die politischen Werte und der politische Stil der Oberschicht hängen mit dem Nationaleinkommen zusammen. Je ärmer ein Land ist und je niedriger der Lebensstandard der unteren Volksschichten, desto größer ist der Druck auf die oberen Schichten, die unteren als vulgär, minderwertig, sogar unter der menschlichen Gesellschaft stehend, zu behandeln. Der krasse Unterschied im Lebensstil macht dies psychologisch notwendig«.

Neben mit zunehmendem Wohlstand abnehmender Ungleichheit des Einkommens und des Lebensstils trägt auch die Entkoppelung von ökonomischen Erwerbschancen und politischer Macht mit zunehmender Industrialisierung und Entwicklung zur Milderung des politischen Kampfes bei. Dazu Lipset (1962, S. 58): »Wenn aber der Verlust der politischen Macht für bestimmte Gruppen auch ernstliche materielle Verluste bedeutet, so werden diese Gruppen bestrebt sein, den Besitz der politischen Macht mit allen Mitteln zu verteidigen«. Gerade wenn man vom Menschenbild des Eigennutzmaximierers ausgeht, ist das ein ganz wichtiger Punkt. In Gesellschaften, wo nur die Inhaber politischer Macht und vielleicht noch die davon abhängigen Oberbeamten ein komfortables Leben führen können, da wird die freiwillige Aufgabe politischer Macht etwa nach einer Wahlniederlage als eine ganz andere Zumutung empfunden als in solchen Gesellschaften, wo ehemalige Inhaber hoher und höchster Ämter nach ihrem Machtverlust in der Wirtschaft ihr Einkommen vervielfachen können. Das ist auch einer der Gründe dafür, daß Sozialismus oder Zentralverwaltungswirtschaft, also die Koppelung wirtschaftlicher und politischer Macht, die Demokratie gefährdet.

Eine weitere zwischen Wohlstand und Demokratie intervenierende Variable – also den Zusammenhang vermittelnden Variable – ist nach Lipset in der Vielzahl von freiwilligen Vereinigungen zu sehen, denen vorwiegend wohlhabende Menschen angehören, die zur Stabilisierung der Gesellschaft beitragen sollen. Hier muß man allerdings zwischen Vereinigungen je nach ihrer Zielsetzung feiner unterscheiden als Lipset das tut. Unternehmensverbände, Gewerkschaften und Vereinigungen der freien Berufe haben nämlich oft das Ziel, die demokratisch gewählte Regierung zu einer Wirtschaftspolitik im Dienste ihrer Partikularinteressen zu veranlassen. Für die Regierung gibt es im Interesse des Versuchs der Stimmenmaximierung[31] auch starke Anreize, die Wünsche von Interessengruppen zu berücksichtigen (Bernholz 1977; Hayek 1981b). Wenn die Regierung das tut – und sie tut es in Demokratien (und anderswo) nur allzu oft – dann gewährt sie beispielsweise Unternehmen Schutz vor ausländischer Konkurrenz, Bauern Subventionen, Gewerkschaften Minimallöhne und betriebliche Mitbestimmung, Beamten eine Vielzahl von Privilegien und verbietet Ärzten den aggressiven Wettbewerb um die Patienten, der allein Preisdruck nach unten ausüben könnte. Die Wünsche der Sonderinteressengruppen laufen im allgemeinen darauf hinaus, dem Wettbewerb zu entkommen und Preiserhöhungsspielraum zu schaffen. Dem nachzugeben, gefährdet die Effizienz der Ressourcenallokation, worauf vor allem Olson (1985) hingewiesen hat (vgl. auch Weede 1990a, S. 70–86, und Kapitel 17 und 20 unten).

Mit der Formulierung »Voraussetzungen« demokratischer Ordnung hat Lipset schon angedeutet, daß er eher daran denkt, Wohlstand für

---

[31] Stimmen›maximierung‹ wäre dann nicht mehr notwendig, wenn eine amtierende Regierung *mit großer Wahrscheinlichkeit* mit ihrer Wiederwahl rechnen dürfte. Auch recht erfolgreichen Politikern ist diese Wahrscheinlichkeit selten groß genug. In der Praxis dürfte deshalb die denkbare Unterscheidung zwischen dem Maximierungsziel und dem Ziel, mit großer Wahrscheinlichkeit die Wahlen zu gewinnen, wenig Bedeutung haben. Letztere Formulierung ist natürlich exakter.

eine notwendige als für eine hinreichende Bedingung von Demokratie zu halten. In dieser Interpretation »verbietet« die Lipset'sche These vor allem erfolgreiche Demokratisierung in armen Ländern, läßt aber undemokratische reiche Länder zu. Wenn Wohlstand notwendige, aber nicht hinreichende Bedingung für Demokratie ist, dann spricht weniger das Fehlen der Demokratie in der verglichen mit Afrika oder Indien reichen UdSSR oder der ›reichen‹ ehemaligen DDR gegen die Hypothese als vielmehr das Vorhandensein von relativ viel Demokratie im armen Indien. Andererseits muß man sich natürlich auch darüber im klaren sein, daß soziologische Theorien eher probabilistisch als deterministisch sind, daß es also immer Gegenbeispiele gibt, daß folglich nicht einzelne Beispiele, sondern umfassendere Untersuchungen zur Überprüfung der Theorie herangezogen werden sollten.

Lipsets (1962) eigene international vergleichende Studie zum Zusammenhang von Wohlstand und Demokratie hat zwar zu einem positiven Ergebnis geführt, ist aber mit einer Vielzahl von technischen Mängeln behaftet.[32] Dennoch hat die Forschung (Bollen and Jackman 1985; Cutright 1963; Jackman 1975; Neubauer 1967) gezeigt, daß wohlhabendere Staaten im allgemeinen (meistens) demokratischer als weniger wohlhabende Staaten sind, daß vor allem auf niedrigem Entwicklungsniveau ein Wohlstandszuwachs wesentlich zur Verbesserung der Demokratiechancen beitragen kann, daß auf hohem (etwa westeuropäischen) Entwicklungsniveau aber Wohlstandsunterschiede nicht mehr nennenswert mit dem Ausmaß der Demokratisierung zusammenhängen.

Bei Lipset (1962), Neubauer (1967) oder Jackman (1975) ist Demokratisierung eine Folge von sozio-ökonomischer Modernisierung. Dagegen hat Muller (1985b, S. 446) eingewendet, daß viele lateinamerikanische Staaten in den späten 1960er Jahren höhere Pro-Kopf-Einkommen als viele europäische Staaten um die Jahrhundertwende hatten, daß dennoch die zeitgenössischen lateinamerikanischen Staaten in der Demokratisierung hinter vielen europäischen Staaten bzw. deren Stand um die Jahrhundertwende herhinken (vgl. auch Gurr, Jaggers and Moore 1990). Zwar halte ich Mullers Einwand für richtig, aber ich halte

---

[32] Weil Lipset (1962) die Stabilität des Regimes und seinen Demokratisierungsgrad konfundiert, erfaßt er die mutmaßliche Ursache Wohlstand faktisch nach der mutmaßlichen Wirkung stabile Demokratie. Das ist der Hauptfehler. Außerdem verwendet Lipset sehr grobe Demokratieskalen mit regional unterschiedlichen Abgrenzungen von Demokratien und anderen politischen Systemen.

eine Reinterpretation der Lipset'schen Modernisierungstheorie für möglich, die mit Mullers Einwand fertig wird. Vielleicht hängt die Demokratisierungschance weniger von absoluten Wohlstands- oder Modernisierungsschwellen ab als davon, daß ein Land *relativ* wohlhabender und entwickelter als andere Länder zum gleichen Zeitpunkt ist. Wenn sich Ansprüche schneller als die Fähigkeiten zu ihrer Befriedigung von Land zu Land ausbreiten, wenn Lücken zwischen Ansprüchen und Befriedigungschancen politische Systeme destabilisieren können, dann haben nur die jeweils fortgeschrittensten Länder eine gute Demokratisierungschance, weil sie nicht durch die Übernahme noch ›fortgeschrittenerer‹ Ansprüche destabilisiert werden (vgl. zu diesem Problem auch den Überblick bei Weede 1985a, Kap. 2).

Für das Individuum bedeutet Demokratie vor allem die Chance, durch Abgabe seiner Stimme die Politik mitzugestalten. Aus der Perspektive des Eigennutzmaximierers ist allerdings nicht leicht einzusehen, warum man überhaupt seine Stimme abgeben sollte. Denn die Wahl einer guten Regierung ist ein öffentliches Gut. In großen Gruppen – etwa bei Bundestagswahlen mit früher ca. 40, seit der Wiedervereinigung ca. 50 Millionen Wahlberechtigten – sagt sich ja jeder zu Recht, daß seine Stimme auf die Zusammensetzung von Parlament und Regierung vermutlich keinen nennenswerten Einfluß ausüben wird. Wer sich nur von den mutmaßlichen Folgen seines Handelns leiten läßt, braucht in der Massendemokratie gar nicht erst zur Wahl zu gehen. Der Anreiz zu wählen wird bei Kopf-an-Kopf-Rennen zwar etwas größer als bei Wahlen mit mutmaßlich sicherem Ausgang, aber die Wahrscheinlichkeit, daß es auf die eigene Stimme wirklich ankommt, dürfte dennoch im allgemeinen gering sein. Meines Erachtens muß an dieser Stelle zugegeben werden, daß das Menschenbild des Eigennutzmaximierers die in Deutschland und in anderen europäischen Ländern beobachtbaren hohen Wahlbeteiligungen *nicht* erklären kann.[33]

Nachdem diese Anomalie herausgestellt worden ist, sollte man aber auch deren Stellenwert würdigen. Der Spaziergang zum Wahllokal und das Ankreuzen von Partei und Kandidaten ist eine Handlung, die mit *sehr* niedrigen Kosten belastet ist. Weil detaillierte Informationen über die Kosten- und Nutzenvorstellungen von handelnden Individuen im

---

[33] In den USA kommt es allerdings immer häufiger vor, daß nur ungefähr jeder zweite Wähler tatsächlich von seinem Wahlrecht Gebrauch macht. Auch in Westdeutschland ist die Wahlbeteiligung seit fast 20 Jahren rückläufig und von 91,1 % im Jahre 1972 auf 78,5 % im Jahre 1990 gesunken (Gibowski und Kaase 1991).

allgemeinen dem Sozialwissenschaftler nicht zur Verfügung stehen, muß man sich mit *Annahmen* über das, was in Kosten-Nutzen-Kalküle eingeht, weiterhelfen. Je massiver und damit erkennbarer die Kosten- und Nutzenaspekte von Handlungen und Handlungsfolgen sind, desto eher werden die vereinfachenden Annahmen des Sozialwissenschaftlers ausreichen. Gerade weil die Kosten des Wählers so nahe beim Nullpunkt liegen und die Aussichten etwas zu bewegen ebenfalls, dürfte es schwer sein, ein angemessenes Modell des Kosten-Nutzen-Kalküls des durchschnittlichen Wählers zu entwickeln.

Wenn man von den ›mechanischen‹ Aspekten des Wählens zur Betrachtung wohl informierter Entscheidungen übergeht, dann steigt die Leistungsfähigkeit des ökonomischen Erklärungsansatzes gewaltig. Auch wohl überlegte Stimmabgabe beeinflußt die Beschaffung von Kollektivgütern. In der Massendemokratie entstehen wegen des geringen eigenen Einflusses die üblichen Anreize zum Trittbrettfahren. Oben haben wir gesehen, daß die meisten Menschen nicht konsequent genug Trittbrett fahren, um zu Hause zu bleiben statt wählen zu gehen. Aber die meisten Menschen investieren recht sparsam in den Erwerb von politischen Informationen, die ja die Voraussetzung für eine wohl überlegte Stimmabgabe sind. Die meisten Menschen sind rational ignorant.

Das kann ihnen ernsthaft auch gar nicht vorgeworfen werden, denn eine wohlinformierte Stimmabgabe auf der Basis von soliden Kenntnissen über Sicherheitspolitik, Wirtschaftspolitik, Sozialpolitik, Umweltpolitik etc. würde wohl auch hauptberufliche Sozialwissenschaftler überfordern. Mir ist jedenfalls kein Kollege bekannt, der auch nur den Anspruch erhebt, in allen oben genannten Gebieten wohl informiert zu sein – und natürlich kann ich selbst diesen Anspruch auch nicht erheben, obwohl ich mich für politisch sehr interessiert und in manchen Fragen auch für wohlinformiert halte. In der arbeitsteiligen Gesellschaft müssen die Opportunitätskosten politischer Information für Menschen mit einem endlichen Zeithaushalt so enorm sein, daß rationale Ignoranz bei den meisten Menschen fast alle politischen Probleme betrifft und bei den sog. Informierten immer noch viele Probleme.

In der soziologischen Wahlforschung geht es in der Regel weniger um Wahlbeteiligung oder das Informationsniveau (wobei kausale Vorstellungen meines Erachtens mindestens so wichtig wie Einstellungen sind) als vielmehr um Determinanten, Hintergrundbedingungen und Korrelate des Wählerverhaltens. Falter (1983, S. 340/341; vgl. auch

Pappi 1973; Gibowski und Kaase 1991) faßt einige westdeutsche Ergebnisse so zusammen: »Alle einschlägigen Arbeiten sind sich darüber einig, daß die beiden Unionsparteien von Katholiken, insbesondere solchen mit starker Kirchenbindung, bevorzugt werden ... Weit überdurchschnittliche Erfolge können CDU und CSU ferner regelmäßig bei Selbständigen und Angehörigen der freien Berufe, bei Landwirten und bei Angestellten und Beamten in leitenden Positionen verbuchen. Schließlich neigen auch Wähler über 60 und in kleinen Gemeinden wohnende Personen sehr viel stärker zur CDU/CSU als der Durchschnitt. Die Wählerschaft der SPD verhält sich hierzu nahezu spiegelverkehrt. Besonders große Wahlerfolge erzielt die SPD bei Gewerkschaftsmitgliedern, ungelernten Arbeitern, Protestanten ohne Kirchenbindung und bei Jungwählern.«

Obwohl kein Anlaß besteht, Falters Zusammenfassung zu kritisieren, sollte man nie vergessen, daß solche Korrelationen sich im Laufe der Zeit ändern können. Falter (1983, S.341) weist ausdrücklich auf die Änderung des Wählerverhaltens von Frauen hin und damit auf die Veränderung des Zusammenhangs von Geschlecht und Wählerverhalten, ja sogar auf eine generelle Abnahme der sozialstrukturellen Determiniertheit des Wählens. Im wiedervereinigten Deutschland wird der Zusammenhang zwischen Schichtzugehörigkeit und Wahlentscheidung auch dadurch gelockert, daß zumindest nicht-katholische Arbeiter in Westdeutschland eine deutliche Präferenz für die SPD vor der CDU zeigen, daß aber 1990 annähernd doppelt soviele ostdeutsche Arbeiter CDU wie SPD gewählt haben, obwohl der Katholikenanteil in Ostdeutschland nur bei 6 % liegt und damit nicht für das ungewöhnlich gute Abschneiden der CDU bei den Arbeitern verantwortlich sein kann (vgl. Gibowski und Kaase 1991, S. 17–19).

17. Ungleichheit und Umverteilung

Menschen unterscheiden sich in ihren Fähigkeiten und ihren Motivationen, dieses oder jenes mehr oder weniger gut zu tun. Innerhalb von Gesellschaften nehmen Menschen unterschiedliche Positionen ein und spielen verschiedene Rollen. Ähnliche Positionen fassen Soziologen oft zu Klassen, Schichten oder Prestigeebenen zusammen, die sich in ihrer Arbeitsfunktion und in den Anforderungen, in der Teilhabe an Herrschaft, im Einkommen oder allgemein in der Ausstattung mit Privilegien unterscheiden. Zumindest ungleiche Teilhabe an Macht und Herrschaft, an Besitz und Einkommen oder allgemein ungleiche Privilegierung sind aber nicht nur beobachtbare Tatbestände, sondern zugleich auch ein »Ärgernis« (Scheuch 1974). Je nach dem Standort des Betrachters schafft das Legitimationsbedarf oder ›verlangt‹ Entlarvung von Ideologie und Denunziation von Ausbeutung. Deshalb geht die Erklärung von Ungleichheit leicht in die Rechtfertigung von Ungleichheit über, ob von vorhandenen Ungleichheiten oder von solchen Ungleichheiten, die zur Überwindung der vorhandenen Ungleichheiten (vorübergehend?) in Kauf zu nehmen sind.

Der bedeutsamste soziologische Versuch, Ungleichheit sowohl zu erklären als auch zu rechtfertigen, ist die funktionalistische Schichtungstheorie von Davis and Moore (1945/1973). Sie behaupten die funktionale Notwendigkeit sozialer Schichtung, d. h. daß alle Gesellschaften geschichtet sind. In der letzteren Formulierung wird klar, daß diese Aussage falsifizierbar ist, solange wir Gesellschaft nicht durch Schichtung definieren, sondern etwa darauf verweisen, daß es zumindest keine Staaten ohne Gesellschaft gibt. Die oberflächliche Betrachtung zeitgenössischer Gesellschaften, aber auch historischer Großgesellschaften in Europa und anderswo widerspricht nicht dem Allsatz von Davis and Moore. Soweit wäre die funktionalistische Schichtungstheorie erstens gehaltvoll und falsifizierbar, zweitens vorläufig haltbar, weil zumindest nicht ohne weiteres durch Beobachtung zu widerlegen.

Die funktionalistische Schichtungstheorie behauptet aber nicht nur die Allgegenwart von Schichtung, sondern darüber hinaus auch noch, daß Gesellschaften Schichtung oder ungleiche Verteilung von Belohnungen wie Einkommen oder Prestige benötigen, um eine optimale Zuordnung von Personen und Positionen zu erreichen. Bei Davis and Moore (1945/1973, S. 398) heißt es: »Soziale Ungleichheit ist somit ein unbewußt entwickeltes Werkzeug, mit dessen Hilfe die Gesellschaft sicherstellt, daß die wichtigsten Positionen von den fähigsten Personen gewissenhaft ausgefüllt werden ... Daraus folgt jedoch nicht, daß Maß oder Art der Ungleichheit in allen Gesellschaften gleich sein müssen«. Die Schichtungssysteme dürfen sich also von Gesellschaft zu Gesellschaft unterscheiden, aber wird hier nicht implizit allen Schichtungssystemen gleichermaßen optimale Effizienz für ihre jeweiligen Gesellschaften zugestanden? Ich kann mir nicht vorstellen, daß diese Implikation sowohl gehaltvoll und prüfbar ist, als auch nur halbwegs strenge Tests überlebt.

Funktion der Schichtung soll die optimale Rekrutierung von Personen für Positionen sein. Mayntz (1965, S. 11) hat auf eine notwendige Voraussetzung dafür hingewiesen, nämlich daß das Wettbewerb um Positionen statt Statuszuschreibung voraussetzt. Sonst ist die Funktionalität der Schichtung nicht einzusehen. Das legt – über Davis and Moore (1945/1973) hinausgehend – die Hypothese nahe, daß leistungs- und wettbewerbsorientierte Schichtungssysteme das Zuordnungsproblem von Personen und Positionen effizienter lösen als auf Zuschreibung und Vererbung basierende Systeme, daß letztere vielleicht sogar dysfunktional sind.

Davis and Moore haben selbst weitere Voraussetzungen für die funktionale Notwendigkeit von Schichtung genannt, nämlich die Knappheit der angebotenen Talente, seien diese weitgehend erlernt oder angeboren. Zumindest implizit muß die funktionalistische Schichtungstheorie wohl entweder auf einer Vererbungstheorie wichtiger Fähigkeiten aufbauen – was meines Erachtens gerechtfertigt wäre (vgl. Bouchard et al. 1990; Urbach 1974; Vernon 1979) – oder unterstellen, daß der Mensch Muße der Arbeit vorzieht, denn sonst könnten Gesellschaften durch bessere Erziehung die Talentknappheit ja weitgehend beseitigen und damit auf besondere Entlohnung der wichtigsten Positionsinhaber verzichten (vgl. Mayntz 1965, S. 13). Darüber hinaus wird eine enge Korrelation zwischen Wichtigkeit sozialer Positionen und Höhe der Belohnungen für den Positionsinhaber postuliert. Diese

Hypothese ist per se nicht prüfbar, sondern erst dann, wenn die Wichtigkeit einer Position unabhängig von den Belohnungen der Inhaber konstatiert werden kann. Wie man das machen kann, wird in der funktionalistischen Schichtungstheorie allerdings nicht verraten.

Die methodologische Kritik an der funktionalistischen Schichtungstheorie kann und muß aber durch inhaltliche Kritik ergänzt werden. Die Annahme, daß das benötigte Humankapital knapp ist und daß extrinsische Belohnungen nötig sind, halte ich für im allgemeinen ziemlich unproblematisch. Bei den allerwichtigsten Positionen – etwa in der Forschung, in der Politik, in der Medizin, bei den Streitkräften oder bei konkurrierenden und damit potentiell konkursgefährdeten Unternehmen – kann die Befähigung gar nicht hoch genug sein. Unabhängig vom allgemeinen Qualifikationsniveau aber bleiben die allerqualifiziertesten Kräfte knapp, solange es signifikante Unterschiede in der Qualifikation gibt. Selbst wenn nur einige dieser Spitzenkräfte extrinsische Anreize benötigen, wird es sinnvoll sein, diese allen Bewerbern anzubieten, solange man nicht zwischen intrinsisch und extrinsisch motivierten Kräften valide diskriminieren kann und einige extrinsisch motivierte Kräfte besser als einige intrinsisch motivierte sind.

Aber die Annahme, daß zumindest die wichtigsten Positionen in *irgendeiner* tatsächlich existierenden Gesellschaft in *wirklich freiem* Wettbewerb vergeben werden, daß dabei ausschließlich unterschiedliche Befähigung und nicht etwa ›Beziehungen‹ oder Vorurteile entscheiden, halte ich für völlig verfehlt und auf absehbare Zeit auch unrealisierbar. Vergabe nach Befähigung setzt ja die gültige Erfassung der verlangten Fähigkeiten voraus, wozu weder die Psychometrie noch sog. Menschenkenner in der Lage sind. In *keiner* existierenden Gesellschaft können deshalb die beobachtbaren Ungleichheiten des Einkommens und sonstiger Privilegierung mit dem Verweis auf funktionale Notwendigkeiten erklärt oder gerechtfertigt werden. Man kann die funktionalistische Schichtungstheorie allerdings so explizieren, daß sie Realitätsbezug gewinnt, und behaupten: Je freier der Wettbewerb um Positionen ist, je mehr Positionen tatsächlich nach Befähigung besetzt werden, desto überlebensfähiger, durchsetzungsfähiger oder wohlhabender ist die Gesellschaft. Persönlich halte ich diese Hypothese für richtig, muß aber zugleich zugeben, daß ich bisher nur einen indirekten Überprüfungsversuch dazu gesehen habe (Scully and Slottje 1991), der zudem nicht unproblematisch ist.

Bei Davis and Moore (1945/1973) sind sowohl die Wichtigkeit der zu besetzenden Positionen als auch das Angebot an Bewerbern Determinanten des Ausmaßes der Ent- und Belohnung von Positionsinhabern. Mayntz (1965) und viele andere Autoren haben zu Recht darauf hingewiesen, daß die Funktionalisten uns nirgendwo klar gesagt haben, wie wir die Wichtigkeit unabhängig vom Ausmaß der Belohnung erfassen bzw. messen können. Zum Glück kann man rein theoretisch begründen, warum die Wichtigkeit von Positionen nicht eng mit dem Ausmaß der Privilegierung ihrer Inhaber zusammenhängen *kann* (Grandjean 1975). Wenn soziale Positionen wichtig sind, dann bedeutet das, daß sie ziemlich unabhängig vom Preis, also der Entlohnung, besetzt werden müssen. Die Preiselastizität der Nachfrage ist gering. Man kann aber davon ausgehen, daß die Preiselastizität des Angebots hoch ist, d. h. daß schon eine etwas bessere Entlohnung deutlich mehr Bewerber für bestimmte Positionen anlockt. Wenn das Angebot stark vom Preis bzw. der Entlohnung abhängt, die Nachfrage aber kaum, dann wird zunehmender Bedarf an Inhabern einer wichtiger gewordenen Position mit geringfügig verbesserter Entlohnung zu decken sein, sofern die notwendigen Qualifikationsanforderungen von den meisten Gesellschaftsmitgliedern erfüllt werden. Sind aber die Qualifikationsunterschiede zwischen den Anbietern groß, dann ist zu erwarten, daß sich das auch in großen Entlohnungsunterschieden niederschlägt (vgl. Grandjean 1975). Nicht die funktionale Wichtigkeit der Position, sondern die unterschiedliche Qualifikation der Anbieter ist dann die entscheidende Determinante sozialer Ungleichheit. Das gilt natürlich nur unter den unrealistischen Voraussetzungen eines freien Wettbewerbs um Positionen, einer validen Erfassung von Qualifikationsunterschieden und des Verzichts auf Manipulation des Angebots.

Wenn das Angebot an unterschiedlich qualifizierten Bewerbern die Entlohnung für Positionen bzw. die Privilegierung ihrer Inhaber bestimmt, dann folgt daraus, daß es Anreize zur Manipulation des Angebots gibt. Wem es gelingt, das Angebot zu verknappen – z. B. indem überlange und teure Ausbildung durchgesetzt wird, etwa durch einen ›numerus clausus‹ oder ›job reservation‹ – wer eine monopolartige Stellung auf dem Arbeitsmarkt durchsetzen kann, der wird auch die Entlohnung in die Höhe treiben. Unter realistischen Annahmen ist also nicht freier Wettbewerb zu erwarten, sondern die systematische Behinderung von Mitbewerbern, die Einschränkung des Wettbewerbs, so daß die Ungleichheit der Entlohnung bzw. Privilegierung nicht nur echte

Qualifikationsunterschiede, sondern auch ›Erfolge‹ bei der Wettbewerbsverzerrung widerspiegelt.

Von der funktionalistischen Perspektive, die Ungleichheit als Notwendigkeit ansieht, um die wichtigsten Positionen mit den fähigsten Köpfen zu besetzen, habe ich mich damit einerseits weit entfernt. Denn Ellenbogen bei der Wettbewerbsverzerrung sind jetzt mindestens ebenso bedeutsam für die Bestimmung von Privilegien wie andere Fähigkeiten oder gar die Wichtigkeit von Positionen. Andererseits halte ich ungleiche Belohnungen genau wie die Funktionalisten für eine soziale Notwendigkeit. Dabei unterstelle ich – wie vor allem in der Ökonomie üblich – das Menschenbild des egoistischen Nutzenmaximierers (Opp 1979).

Wenn Menschen über unterschiedliche Fähigkeiten und Fertigkeiten verfügen – sei es weil sie genetisch bevorzugt sind, sei es weil sie eine gute Ausbildung genossen haben – dann ist zu erwarten, daß sie die Produkte dieser unterschiedlichen Fähigkeiten ihren Mitmenschen nicht unentgeltlich zur Verfügung stellen, sondern daß sie versuchen, möglichst gute Preise zu erzielen. Der Markt wird dann die Besitzer knapper und begehrter Güter und Fertigkeiten privilegieren. Weil das so ist, entstehen Anreize zur Marktverzerrung, zur künstlichen Verknappung des Angebots zwecks Erhöhung der Preise.

Ungleiche Belohnungen haben dabei *notwendigerweise* gleichzeitig eine positive und eine negative Funktion. Zunächst zur positiven Funktion: Nur an Knappheitsrelationen orientierte Entlohnung kann sicherstellen, daß seltene Humankapitalausstattungen nicht vergeudet werden, sondern genutzt. In Anlehnung an Hayek (1971) meine ich, daß Ungleichheit der Einkommen oder Privilegien den Anreiz für alle schafft, ihre Fähigkeiten einzusetzen. Damit dieser Anreiz vorhanden ist, muß die Belohnung der Tätigkeiten dem Wert entsprechen, den das Produkt für andere (die sich revanchieren können!) hat, nicht etwa der investierten Mühe, dem moralischen Verdienst oder dem Ausmaß, inwieweit jemand sein Bestes gegeben hat. Solche Kriterien sind ohnehin nicht faßbar. Außerdem würden solche Kriterien frei handelnden Menschen keine brauchbaren Signale über die Bedürfnisse ihrer Mitmenschen vermitteln. In Hayeks (1971, S. 117) Worten: »Wenn die Entlohnung des Menschen nicht dem Wert entspräche, den das Ergebnis seiner Bemühungen für seine Mitmenschen hat, hätte er keine Grundlage für die Entscheidung, ob die Verfolgung eines gegebenen Zieles Mühe und Risiko wert ist.« Ungleichheit hat also eine Steuerungsfunktion beim Einsatz menschlicher Ressourcen. Mit Hayek (1971, S. 121) meine ich auch: »die Frage, ob die sich ergebende Einkommensverteilung gerecht ist, entbehrt jeden Sinnes.«

Wo es ungleiche Belohnungen gibt, ist aber unvermeidbar, daß nicht nur Anreize zum optimalen (gleich maximal entlohnten) Einsatz der eigenen Arbeitskraft entstehen, sondern gleichzeitig Anreize zur Manipulation von Märkten. Man schaltet Mitbewerber aus, verwehrt ihnen den Zugang zum eigenen Teilarbeitsmarkt, verknappt künstlich das Angebot. Man schließt sich mit vergleichbaren Arbeitskräften zusammen, bildet ein Kartell, kann deshalb höhere Preise für die eigenen Güter und Leistungen als auf einem freien Arbeitsmarkt durchsetzen. Der Wettbewerb wird eingeschränkt und stellenweise abgeschafft. Die Märkte vermachten. Die Gesellschaft wird zur »rent-seeking society« (Buchanan, Tollison, and Tullock 1980; auch Olson 1985; Weede 1984b, 1986b, 1990a).

Ich will nur zwei Beispiele für die dysfunktionalen Resultate ungleicher Entlohnung bzw. ungleicher Erträge geben: Monopole gestatten die Profitmaximierung durch Produktion kleinerer Mengen und Absatz zu höheren Preisen als auf einem Wettbewerbsmarkt möglich wäre. Die monopolistische Preispolitik läuft oft auf eine regressive Umverteilung von in der Regel ärmeren Abnehmern zum wohlhabenderen Monopolisten hinaus. Es entsteht zunehmende Ungleichheit, die Anreize vermittelt, Ressourcen in den Erwerb von Wettbewerbsbeschränkungen und Monopolen zu investieren. Sofern mehrere Möchtegern-Monopolisten um ein Monopol kämpfen, werden sie Ressourcen investieren, um den Erfolg der gegnerischen Investitionen zu verhindern, d. h. zumindest ein Teil des Ressourceneinsatzes neutralisiert sich gegenseitig und ist damit – gesamtgesellschaftlich gesehen – Verschwendung. Die Ungleichheit zwischen privilegierten Monopolisten und anderen Produzenten liefert also dysfunktionale Anreize zum Verteilungskampf.

Ein anderes Beispiel: Die Arbeitnehmer in einer Branche schließen sich zu einem meist ›Gewerkschaft‹ genannten Kartell zusammen. Es gelingt ihnen, höhere Löhne als auf einem Wettbewerbsmarkt durchzusetzen. Sie erreichen damit vielleicht einen sog. ›progressiven‹ Einkommenstransfer vom wohlhabenderen Arbeitgeber zu ärmeren Arbeitnehmern bzw. sich selbst, aber gleichzeitig entstehen auf beiden Seiten, bei Arbeitnehmern und Arbeitgebern, Anreize zu Investitionen in einen Verteilungskampf, der gesamtgesellschaftlich unproduktiv ist.

Außerdem senken die relativ zum freien Markt überhöhten Kartelllöhne die Nachfrage nach Arbeit, drängen also Arbeitssuchende in andere Teilarbeitsmärkte mit niedrigeren Löhnen oder – falls viele Teilarbeitsmärkte vermachtet sind – in die unfreiwillige Arbeitslosigkeit. Nicht nur lokal, sondern sogar global hängen die Armut der einen und die preisverzerrenden Machenschaften der anderen miteinander zusammen (vgl. Weede 1985b, 1990a).

Ungleichheit ist also gleichzeitig notwendig, um Signale für den optimalen Einsatz von Humankapital zu vermitteln, und dysfunktional, weil diese Signale immer auch die Profitabilität von Marktverzerrungen anzeigen. Dieses Dilemma ließe sich nur überwinden, wenn eine übergeordnete Instanz bei Wettbewerbsbeeinträchtigungen sofort einschreiten und diese eliminieren könnte. Die Informations- und Exekutionsprobleme dieser denkbaren Instanz möchte ich der Einfachheit halber nicht behandeln. Aber offensichtlich ist, daß der dysfunktionale Effekt von ungleichen Einkommen oder Privilegien, nämlich zu Wettbewerbsverzerrungen anzuregen, schon im Gedankenexperiment nur durch eine neue Art von Ungleichheit kontrollierbar erscheint: durch die politische Ungleichheit zwischen Herrschenden und Beherrschten, zwischen denen, die Regeln durchsetzen, und denen, die Regeln unterworfen sind.

Die funktionalistische Schichtungstheorie zeichnet also ein zu idyllisches Bild der Ungleichheit. Diese gilt *nur* als funktional, obwohl sie immer *auch* dysfunktionales Handeln erzeugt, vor allem Versuche, dem Wettbewerb zu entkommen. Außerdem klammert die funktionalistische Schichtungstheorie die Probleme politischer Macht und Herrschaft weitgehend aus. Bevor ich die Frage diskutiere, ob sich die dysfunktionalen Aspekte der Ungleichheit auf politischem Wege überwinden lassen, möchte ich deshalb noch Lenskis (1973) Theorie der Ungleichheit besprechen, die der Machtfrage eine zentrale Stellung einräumt. Lenski beginnt die Entwicklung seiner eigenen Theorie mit dem unkontroversen Postulat, daß der Mensch ein soziales Wesen sei. Im zweiten Postulat greift Lenski (1973, S. 54) die konservativ-pessimistische Auffassung über den Menschen auf: »Selbstlosigkeit ist jedoch keine wesentliche Determinante bei der Verteilung von Macht und Privilegien ... (Daraus folgt), daß Menschen, wenn sie vor wichtige Entscheidungen gestellt sind, bei denen sie zwischen ihren eigenen oder ihren Gruppeninteressen und den Interessen anderer wählen müssen, fast immer die eigenen wählen – auch wenn sie dies vor sich und anderen häufig zu verbergen suchen«. Wie die meisten Ökonomen unterstellt Lenski also den Eigennutz als Triebkraft menschlichen Handelns.

Lenskis (1973, S. 55) drittes Postulat behauptet die Knappheit der meisten Ziele und Güter, die Menschen anstreben:»Anders als viele Pflanzen und Tiere hat er einen *unstillbaren Hunger auf Güter und Dienstleistungen*. Ganz gleich, wieviel er produziert und konsumiert, er will mehr. Und zwar hauptsächlich deshalb will er mehr, weil Güter und Dienstleistungen, die er konsumiert, ebensosehr *Statuswert* wie Gebrauchswert haben. ... Gerade das Statusstreben bewirkt, daß die Nachfrage unentwegt das Angebot übersteigt: diejenigen mit niedrigem Status bemühen sich ununterbrochen, es jenen mit höherem gleichzutun, und jene mit höherem Status sind ständig bestrebt, den Unterschied zu erhalten. Unter solchen Verhältnissen ist Sättigung unmöglich ...« Aus der sozialen Natur des Menschen, aus seinem Egoismus und der Güterknappheit folgt, »daß in jeder menschlichen Gesellschaft ein Kampf um Gratifikationen stattfindet (Lenski 1973, S. 56)«.

Im vierten Postulat wendet sich Lenski (1973, S. 56) den Durchsetzungschancen beim Verteilungskampf zu: »Die Natur hat nicht alle Menschen gleichmäßig mit den Eigenschaften ausgestattet, die in diesem Kampf notwendig sind«. Einschränkend fügt Lenski allerdings hinzu:»Unterschiedliche Naturgaben sind nicht der primäre Grund für soziale Ungleichheit«.

Mit dem fünften und letzten Postulat über die Natur des Menschen kann man zwar nicht die Entstehung von sozialer Ungleichheit erklären, aber es spielt eine Rolle bei der Erklärung von deren Stabilität. Lenski (1973, S. 56) postuliert: »Der Mensch ist ein Gewohnheitstier und läßt sich gerne von dem gesellschaftlichen Gegenstück der Gewohnheit, von den Bräuchen, darin stützen«. Deshalb nehmen auch die jeweils Unterprivilegierten oft Verteilungssysteme hin.

Lenski (1973, S. 60) lehnt das konservative, konsensorientierte Gesellschaftsbild vor allem deshalb ab, weil Individualinteressen und Kollektivinteressen sich gar nicht decken können. Der Interessenkonflikt zwischen Individuum und Gesellschaft bei der Besetzung von privilegierten Schlüsselpositionen ist offensichtlich. »Vom Standpunkt der Gesellschaft als Ganzer gesehen ist es wünschenswert, die Schlüsselpositionen mit den fähigsten Leuten zu besetzen. Vom Standpunkt des Einzelnen aus, den Eigeninteresse leitet, ist es im allgemeinen erstrebenswert, daß er selbst eine dieser Positionen ausfüllt«.

Lenski kombiniert also das pessimistische Menschenbild der Konservativen mit dem kritischen Gesellschaftsbild der Radikalen, mit dem Konfliktmodell der Gesellschaft. Gerade wenn und weil Menschen meist relativ rücksichtslos ihre persönlichen Interessen verfolgen, weil diese Interessen wegen des Statuswerts mancher Güter zumindest partiell inkompatibel sind, ist zu erwarten, daß die Menschen die Gesellschaft zur Arena eines Verteilungskampfes machen, der durch Macht und Gewalt im Gegensatz zu Recht und Konsens entschieden wird.

Verteilung ist das Resultat von Machtkämpfen und Interessenkonflikten. Deshalb müssen jetzt die Interessen und damit zusammenhängend die Sanktionen beim Interessenkonflikt analysiert werden. Lenski versucht eine wenn auch unvollständige Hierarchie menschlicher Bedürfnisse und Interessen anzudeuten. Ganz oben steht die Selbsterhaltung bzw. das Überleben. Daraus folgt, daß die Bedrohung des Überlebens die wirksamste negative Sanktion sein muß, »daß Gewalt die letzte Instanz in menschlichen Konflikten ist« (Lenski 1973, S. 63). An zweite und dritte Stelle rückt Lenski Gesundheit, offensichtlich eng mit dem Überlebensziel verbunden, und Status und Prestige, schließlich erwähnt er noch leibliche Genüsse.

Soziologisch ist Status bzw. Prestige das interessanteste Handlungsziel. Seine Wirksamkeit erhält Prestige vor allem daraus, »daß Selbstachtung in hohem Maße eine Funktion jener Achtung ist, die andere einem entgegenbringen. Mit anderen Worten, das Bild, das wir uns von uns selbst machen, ist weitgehend das Spiegelbild dessen, welches andere von uns haben (Lenski 1973, S. 64)«. Wichtigste Konsequenz des Interesses an Status bzw. Prestige ist die Unmöglichkeit der Sättigung des Prestigestrebens und die Unmöglichkeit, alle mehr als die anderen sein zu lassen. Im Gegensatz zum Interesse an Selbsterhaltung, Gesundheit oder Nahrung bringt das Interesse an Status bzw. Prestige die Menschen *notwendig* in Konflikt miteinander.

Lenski (1973, S. 68) erkennt keine über den Individuen schwebenden kollektiven Interessen an: (Wir müssen) »als Ziele einer bestimmten Gesellschaft jene angeben, denen die mehr oder weniger koordinierten Anstrengungen des Ganzen gelten – ohne Rücksicht auf den Schaden, den sie vielen einzelnen Mitgliedern, ja vielleicht der Mehrheit zufügen. In der Realität bedeutet das, daß in Gesellschaften, die von einer herrschenden Klasse kontrolliert werden, welche die Macht hat, die Richtung der koordinierten Anstrengungen der Gesellschaft zu bestimmen, die Ziele der Gesellschaft mit den Zielen dieser Klasse identisch sind«.

Wir sollten noch kurz den logischen Status des obigen Lenski-Zitats durchdenken. Meines Erachtens handelt es sich um eine Definition, kann also mangels Informationsgehalt nichts über die Realität aussagen. Dieser Hinweis soll keine Kritik an Lenski sein, denn ich halte die Definition für fruchtbar, d. h. für ein Element einer gehaltvollen Theorie. Folgt man Lenskis Definition, dann hängt die Interessenidentität von Individuum und Gesellschaft von der Position ab, dann nimmt sie von unten nach oben zu.

Weil gesellschaftliche Interessen auch Interessen der jeweils Herrschenden sind, folgt daraus das innenpolitische Kernziel »der Gesellschaft«, nämlich die »Erhaltung des politischen status quo innerhalb der Gruppe« bzw. die »Minimisierung von innerem politischen Wandel (Lenski 1973, S. 69)«. Soziale Kontrolle, Staatsapparat, Recht und Ordnung sowie Ideologien dienen diesem gesellschaftlichen Interesse.

Aus dem Egoismuspostulat über den Menschen und der Identifizierung von gesellschaftlichen Interessen mit denen der jeweils Herrschenden folgt sekundär ein soziales Egoismuspostulat. Wie Individuen verfolgen auch Gesellschaften ihre Interessen egoistisch und relativ rücksichtslos gegenüber anderen.

Menschen- und Gesellschaftsbild haben die eigentliche Verteilungstheorie nur vorbereitet. Lenski (1973, S. 70) postuliert, »daß nahezu alle Produkte menschlicher Arbeit nach zwei scheinbar gegensätzlichen Prinzipien verteilt werden, nach *Bedürfnis* und nach *Macht*«. Verteilung nach Macht folgt unmittelbar aus Lenskis egoistischem Menschenbild und seinem Konfliktmodell der Gesellschaft. »Vae victis!« ist typisches Resultat der Verteilungskämpfe. Jede herrschende Klasse muß denen, deren Dienste sie beanspruchen will, aber auch nur denen, das Existenzminimum zugestehen und damit deren Bedürfnisse berücksichtigen. Macht kann folglich nur die Verteilung dessen bestimmen, was über die Lebensnotwendigkeiten der Produzenten hinaus produziert wird, die Verteilung des Überschusses. Die Güterverteilung in technologisch rückständigen und unproduktiven Gesellschaften sollte also relativ egalitär sein.

Mit zunehmendem Überschuß durch technologischen Fortschritt kann immer mehr auf Machtbasis, also relativ ungleich, verteilt werden, ohne das Überleben und damit die Dienstbarkeit der Unterprivilegierten zu gefährden. Technologie ist für Lenski zwar die dominante, aber nicht die einzige Determinante des Überschusses. Auch die Umwelt, wie Bodenqualität und Klima, spielt eine Rolle, die allerdings mit zunehmendem technologischen Fortschritt immer geringer wird.

Technologie und sekundär Umwelt bestimmen die Bedeutung der Macht als Verteilungsbasis. Obwohl Macht immer ungleicher als Bedarf verteilt ist, hängt die Ungleichheit der Privilegienstruktur natürlich auch vom Ausmaß der Machtungleichheit ab. Hier greift Lenski (1973, S. 77) einen Gedanken Andreskis (1968a) auf, nämlich »daß der Grad der Ungleichheit von Gesellschaften ... dazu neigt, in umgekehrtem Verhältnis zu dem zu variieren, was (Andreski) die Militärquote nennt, das heißt dem Anteil der männlichen Erwachsenen an militärischen Aktivitäten. Wo die erwachsenen Männer in ihrer Mehrzahl solche Aufgaben haben, ist der Grad der Ungleichheit niedriger als in Gesellschaften, in denen die militärischen Erfordernisse mit Hilfe einer kleinen Streitmacht von Spezialisten erfüllt werden«. Hinter dieser Hypothese steht die einfache Überlegung, daß das Machtgefälle zwischen bewaffneten Gewaltspezialisten und unbewaffneten Männern immer größer sein muß als unter den Gewaltspezialisten oder in einem ›Volk in Waffen‹.

Nach Lenski hängt das Entwicklungsniveau von Gesellschaften kurvilinear mit dem Ausmaß der Ungleichheit zusammen. Von den Jäger- und Sammlergesellschaften über die Hortikulturgesellschaften bis hin zu den Agrargesellschaften hat die Ungleichheit zugenommen, in den Industriegesellschaften aber ist sie wieder deutlich geringer als in den Agrargesellschaften. Neben dem Rückgang des Bevölkerungsdrucks schreibt Lenski vor allem auch der Demokratie und dem gleichen Gewicht aller Stimmen die Egalisierungstendenz in den westlichen Industriegesellschaften zu.

Die Kritik der funktionalistischen Schichtungstheorie (Davis and Moore 1945/1973) oben hatte mich zu der Behauptung geführt, daß Ungleichheit immer auch dysfunktional ist, soweit sie das Resultat von restriktiven Praktiken, also von Versuchen, dem Wettbewerb zu entkommen, ist. Indem Lenskis (1973) Theorie die Bedeutung von Macht als Determinante ungleicher Privilegien hervorhebt, deutet sie einerseits an, daß politische Ungleichheit neben oder sogar *vor* ungleicher Produktivität eine Determinante ungleicher Lebensbedingungen sein kann. Gleichzeitig unterstellt Lenski (1973), daß jedenfalls in Demokratien die Politik auch zu einem Förderer der Gleichheit werden kann. Ist das plausibel?

Nun will ich mich wieder der Frage zuwenden, ob die politische Ungleichheit zwischen Herrschenden und Beherrschten die dysfunktionale, mit Preis- und Wettbewerbsverzerrungen verknüpfte Ungleichheit auf dem Markt überwinden kann. Die Beseitigung aller Wettbewerbsbeschränkungen ist ein Kollektivgut. Damit entstehen die üblichen Anreize zum Trittbrettfahren, vor allem in großen Gruppen (Olson 1968). Selbst wenn die Beseitigung von Wettbewerbsverzerrungen ausnahmslos alle Mitglieder einer Gesellschaft besserstellen könnte, hätte niemand einen Anreiz, auf die ihn bzw. seine Teilgruppe begünstigenden Verzerrungen zu verzichten. Die beste aller denkbaren Welten ist ja für jeden: Wettbewerb unter allen anderen, aber Wettbewerbsbeschränkung und Preisverzerrung zu seinen eigenen Gunsten. Ob es zum freien Wettbewerb unter den anderen kommt, hängt davon ab, ob diese freiwillig auf ihre Verzerrungen verzichten oder dazu gezwungen werden. Eigennützige Akteure werden nur unter Zwang auf günstige Verzerrungen verzichten oder durch den selektiven Anreiz, für den Verzicht entschädigt zu werden. Die Mittel für derartige selektive Anreize sind letztlich nicht ohne Zwang an anderer Stelle zu beschaffen. Um die dysfunktionalen Auswirkungen der Einkommensdimension sozialer Ungleichheit einzuschränken, benötigen wir also die Herrschenden oder Ungleichheit auf der Herrschaftsdimension.

In der Demokratie wird die politische Ungleichheit durch das freie, geheime und allgemeine Wahlrecht eingeschränkt. Aus dieser politischen Gleichheit und der Tatsache, daß die meisten Wahlberechtigten eher über bescheidene als außergewöhnlich hohe Einkommen verfügen, sollte man – solange man vollständige Information und Gewißheit über die Handlungsfolgen unterstellt (vgl. Downs 1968) – schließen, daß demokratische Regierungen Einkommen von oben nach unten umverteilen, von wenigen, die sehr gut verdienen, zu den vielen, die deutlich weniger als ›die Reichen‹ verdienen. Eine Partei oder Regierung, die dieses offensichtliche Interesse der Mehrheit der Wähler mißachtet, dürfte nicht lange an der Macht bleiben. Die Demokratie schafft also Umverteilungsdruck. Vor allem aber folgt aus diesen *konventionellen* Überlegungen: Es gibt keinen Grund anzunehmen, daß die Umverteilung in der Demokratie den relativ Armen oder der Bevölkerungsmehrheit schaden könnte, daß die politische Umverteilung in Demokratien die Ungleichheit der Einkommen noch verstärken könnte.

Damit wird allerdings implizit unterstellt, daß alle Wahlberechtigten gleichermaßen in der Lage sind, mit ihren Stimmen politischen Druck auszuüben, so daß Umverteilungsmaßnahmen ihnen selbst zugute kommen. Diese Prämisse ist unrealistisch. Denn, wer über auf ein Ziel *konzentrierte* Interessen verfügt, der ist eher in der Lage, seine Stimme gezielt einzusetzen, als diejenigen, deren Interessen sich auf eine Vielzahl von disparaten Zielen beziehen.

Produzenten haben in der Regel stark konzentrierte Interessen. Ihr Einkommen, Profit oder Lebensstandard hängt stark davon ab, ob sie hohe Preise für ihre Produkte erzielen. Deshalb versuchen sie politischen Druck auszuüben, damit konkurrierenden ausländischen Produkten der Marktzugang versperrt wird, damit der Staat (oder die Europäische Gemeinschaft) über dem Weltmarktpreis liegende Ankaufpreise garantiert, damit der Staat Subventionen vergibt, damit die Erträge ihrer Tätigkeit steuerlich begünstigt werden.

Ganz anders sieht es bei den Konsumenten aus. Im Gegensatz zu den Produzenten sind sie an niedrigen statt an hohen Preisen interessiert. Aber ihre Interessen sind diffus. Die meisten Konsumenten geben für die meisten Güter – ob Nahrungsmittel, Wohnung, Auto oder andere langlebige Konsumgüter – nur einen Bruchteil ihres Einkommens aus. Eine Preissenkung, die beispielsweise durch Abbau aller Handelshemmnisse erreichbar ist, würde vom typischen Konsumenten nur am Rande bemerkt. Welcher Konsument würde schon sein Abstimmungsverhalten bei der nächsten Wahl davon abhängig machen, ob Wein, Käse oder Uhren billiger werden?

Wenn die Konsumenten es den Politikern nicht danken, durch Wettbewerbsförderung für niedrigere Preise zu sorgen, aber die Produzenten – damit meine ich Unternehmer *und* Beschäftigte – die Politiker unter Druck setzen, Wettbewerbsbeschränkungen und damit Preiserhöhungsspielraum zu schaffen oder zu tolerieren, dann ist zu erwarten, daß die Politik in Demokratien generell Produzenteninteressen begünstigt und Konsumenteninteressen benachteiligt. Zumindest manche Minoritätsinteressen haben also eine gute Chance, sich gegen Majoritätsinteressen durchzusetzen.

In vielen westlichen Industrieländern leben nur noch ca. 5 % der Bevölkerung von der Landwirtschaft. 100 % der Bevölkerung konsumieren Nahrungsmittel. Dennoch unterscheiden sich Japan und die Schweiz, die Europäische Gemeinschaft und die Vereinigten Staaten von Amerika nur im Ausmaß der Mißachtung von Konsumenteninteressen. In der Schweiz erhalten die Bauern im Durchschnitt den vierfachen Weltmarktpreis für ihre Produkte. Das kostet die Durchschnittsfamilie ca. 3000 Franken pro Jahr, umgerechnet ca. 300 DM im Monat. Besonders stark belastet werden einkommensschwache Familien. Besonders stark begünstigt werden relativ wohlhabende Bauern. Außerdem müssen 1000 Franken aufgewendet werden, um das Einkommen der Bauern um 580 Franken zu erhöhen (Moser 1991, S. 54-56, 115). So »sozial« und so »effizient« kann staatliche Politik in einem Staat sein, der immer noch zu den am relativ besten regierten der Welt gehört!

Eine Politik, die der Mehrheit schadet, resultiert nicht nur aus dem konzentrierten Charakter mancher Interessen und dem diffusen Charakter anderer Interessen. Damit zusammen hängt der *unterschiedliche Informationsgrad* von Produzenten und Konsumenten, von Steuerzahlern und Wählern. Je mehr sich die eigenen Interessen auf ein bestimmtes Ziel konzentrieren, desto rationaler ist es, über diejenigen politischen Maßnahmen wohl informiert zu sein, die *dieses* Ziel fördern oder behindern. Wer konzentrierte Interessen hat, wird in der Regel den betreffenden Politikbereich aufmerksam beobachten.

Wer von einer Vielzahl von unterschiedlichen Politikfeldern nur schwach betroffen ist, muß beträchtliche Informationskosten auf sich nehmen, um zu wissen, wo welche Politiker gegen seine Interessen verstoßen. Oft sind die Informationskosten bei politischen Maßnahmen höher als der dadurch angerichtete Schaden. Für manche Opfer politischer Maßnahmen ist es also rational, politisch ignorant zu sein.

Der Anreiz zur rationalen Ignoranz wird noch dadurch verstärkt, daß das Gewicht einer einzelnen Stimme in der Massendemokratie gering sein *muß*. Warum soll man wohl informiert abstimmen, wenn man weiß, daß auch informiertes Abstimmungsverhalten in Anbetracht des geringen Gewichts der eigenen Stimme wahrscheinlich nicht zu günstigeren Resultaten für den Abstimmenden führt?

Neben der unterschiedlich starken Konzentration von Interessen und dem unterschiedlichen Ausmaß an Ignoranz oder Information bei den Wählern spielt auch noch der *unterschiedliche Organisationsgrad* von Menschen, d. h. potentiellen Interessenten an politischen Eingriffen und Umverteilung, eine Rolle. Wo wenige Unternehmen eine Branche beherrschen, fällt es ihnen relativ leicht, Mengenbeschränkungen zu verabreden, durchzusetzen und damit Preiserhöhungsspielraum zu schaffen. Je größer die Gruppe ist, desto schwieriger wird es, Verabredungen zu treffen, ihre Einhaltung zu überwachen, Abweichungen zu sanktionieren. Kleine, privilegierte und elitäre Gruppen von Akteuren, ob Individuen oder Unternehmen, haben es im allgemeinen leichter als große Gruppen sich zu organisieren.

Sind die Interessengruppen aber organisiert, dann liegt es sowohl für die Vorsitzenden der Interessengruppen als auch für die Vorsitzenden von Parteien und Regierung nahe, miteinander ins Geschäft zu kommen. Die Interessengruppen stellen politische Forderungen, die ihre Mitglieder begünstigen. Manche Politiker machen sich diese Forderungen zu eigen. Die Interessengruppe unterstützt *diese* Politiker, indem sie ihre Mitglieder auf die Segnungen bestimmter politischer Maßnahmen hinweist und eventuell auch auf die Gefahren, die die Pläne anderer Politiker implizieren. Parteien – auch Regierungsparteien – handeln schließlich so, als ob sie Koalitionen von Interessengruppen wären. Für konzentrierte eigene Vorteile nimmt jede Interessengruppe schwächere Nachteile hin, die sozusagen die Kehrseite der konzentrierten Vorteile sind, die andere Interessengruppen in der herrschenden Koalition durchsetzen können.

Für Politiker, die wiedergewählt werden wollen und müssen, folgt aus dieser Situation: Es ist grundsätzlich wichtig, erstens konzentrierten statt diffusen Interessen nachzugeben, zweitens die Interessen der meist wenigen wohl informierten Bürger zu berücksichtigen als die rational ignoranter Mehrheiten, drittens wohl organisierte Interessen zu berücksichtigen als schlecht organisierte oder gar organisationsunfähige Interessen.

Diese ›Überlebensregeln‹ für Politiker in der Demokratie werden *nur dann* eine Umverteilung von oben nach unten in der Einkommenshierarchie erzeugen, wenn der Konzentrationsgrad der Interessen in den einkommensschwachen Schichten am höchsten ist, und/oder wenn der politische Informations- und Aufmerksamkeitsgrad bei den einkommensschwachen Schichten am höchsten ist, und/oder wenn der Organisationsgrad in einkommensschwachen Schichten am höchsten ist.

Diese Hintergrundbedingungen für eine progressive Umverteilung sind meines Erachtens in westlichen Demokratien fast nie gegeben. Es ist im allgemeinen leichter, wenige ressourcenstarke und privilegierte Interessenten zu organisieren als viele einkommensschwache Interessenten. Die einkommensstarken Interessenten sind im allgemeinen politisch besser informiert als die einkommensschwachen Interessenten. Das Interesse weniger durch eine bestimmte politische Maßnahme privilegierter Personen ist im allgemeinen viel stärker auf die Erhaltung ihrer Privilegien – wozu etwa der Schutz vor ausländischen Wettbewerbern gehören kann – konzentriert als das Interesse derjenigen, die als Konsumenten und/oder Steuerzahler die Lasten tragen müssen, die unvermeidlich sind, wo Privilegien gewährt werden.

Aus diesen Überlegungen folgt, daß der Verteilungskampf zwischen mehr oder weniger gut organisierten Interessenten in der Demokratie zwar dauernden Umverteilungsdruck schafft, aber daß die Umverteilungsmaßnahmen in der Regel *nicht* den einkommensschwächsten Bevölkerungsgruppen zugute kommen. Wenn man mit Olson (1991, S. 69) davon ausgeht, »daß die Fähigkeit zu kollektivem Handeln positiv mit Einkommen und gesellschaftlicher Position korreliert ist«, dann kann auch Olsons (1991, S. 78) Schlußfolgerung nicht überraschen, nämlich »daß der größte Teil der durch Lobbytätigkeit gegenüber dem Staat oder durch Kartelle erwirkten Einkommensumverteilung nicht eine Umverteilung zu den Armen ist.«

Von einem *konventionellen* – oder sollte man sagen: naiven? – Demokratieverständnis ausgehend ist zu erwarten, daß die Mehrheit der Bezieher kleiner und mittler Einkommen eine Umverteilung zu ihren Gunsten mittels politischer Maßnahmen durchsetzt. Aus der hier vorgetragenen ›*Public Choice*‹-Perspektive folgt, daß das nicht der Fall sein wird. Akzeptiert man auch meine pessimistischen Annahmen über den Konzentrationsgrad der Interessen, das Informationsniveau und den Organisationsgrad von einkommensschwachen Gruppen, dann ist sogar zu erwarten, daß es in Demokratien zu einer per Saldo regressiven Umverteilung kommt, daß der demokratische Verteilungskampf die Ungleichheit der Markteinkommen nicht reduziert, sondern verstärkt. Unabhängig davon, ob man von einem konventionellen oder einem ›Public Choice‹-Verständnis der Demokratie ausgeht, ist nicht zu erwarten, daß sich der demokratische Umverteilungskampf sofort nach Einführung der Demokratie auf die Einkommensverteilung auswirkt. Politische Umverteilungsmaßnahmen benötigen Zeit. Je länger eine Gesellschaft schon Demokratie ist, desto mehr demokratische Umverteilungsversuche kann es gegeben haben. Aus konventioneller Perspektive ist zu erwarten, daß es in alten Demokratien wegen der Vielzahl im allgemeinen erfolgreicher Umverteilungsversuche allmählich zu einer gewissen Egalisierung der Einkommensverteilung kommt.

Aus meiner ganz besonders pessimistischen ›Public Choice‹-Perspektive ist zu erwarten, daß es in alten Demokratien wegen der Vielzahl oft kontraproduktiver oder regressiver Umverteilungsmaßnahmen besonders wenig Gleichheit der Einkommensverteilung gibt. Zu untersuchen ist also, ob ältere Demokratien durch mehr oder weniger Gleichheit der Einkommensverteilung als jüngere Demokratien ausgezeichnet sind (vgl. Weede 1990a, S. 161–162; 1990b, 1990c).

Von den Angaben der World Bank (1987) aus dem Weltentwicklungsbericht über das verfügbare Einkommen der ärmsten oder reichsten 20 % der Bevölkerung (und der anderen Quintile) ausgehend, zeigt sich, daß ca. 1980 in den fünf ältesten Demokratien der Einkommensanteil der ärmsten 20 % der Bevölkerung im Mittel nur 5,5 % des Volkseinkommens betrug, daß in den 8 jüngsten Demokratien der Einkommensanteil des ärmsten Quintils aber bei 7 % liegt. Ähnlich sieht es auch bei den ärmsten 40, 60 oder 80 % der Bevölkerung aus. Immer ist der Einkommensanteil der ärmsten Bevölkerungsgruppe in den jüngsten Demokratien größer als in den ältesten Demokratien. Umgekehrt ist es bei den Einkommensanteilen des reichsten Quintils, der oberen 20 %. Hier ist der Einkommensanteil ›der Privilegierten‹ bei den 5 ältesten Demokratien im Mittel ca. 42 %, bei den 8 jüngsten Demokratien nur 39 %.

Natürlich hängen die oben berichteten Zahlen von einer Vielzahl von technischen Detailentscheidungen ab: vom gewählten Beobachtungszeitraum, von den Einzelheiten der Demokratiedefinition, von der Berücksichtigung oder Vernachlässigung anderer Variablen, die die Einkommensverteilung beeinflussen. Der Beobachtungszeitraum ca. 1980 ist gewählt worden, weil dafür relativ gute und relativ vollständige Ungleichheitsdaten zur Verfügung stehen. In die hier verwendete Demokratiedefinition gehen das allgemeine Männerstimmrecht und die Abwählbarkeit der Regierung ein. Ob das Männerstimmrecht statt des allgemeinen Erwachsenenstimmrechts ausreicht, um ein Land als Demokratie zu qualifizieren, beeinflußt offensichtlich das Alter der schweizer Demokratie. Wenn man das Alter *ununterbrochener* Demokratie erhebt, dann sind offensichtlich Frankreich und alle anderen von Hitlers Wehrmacht überrollten Staaten junge Demokratien. Mit diesen Hinweisen will ich (a) andeuten, welche konkreten Entscheidungen meinen Zahlenangaben oben zugrunde liegen, (b) daß immer irgendwelche problematischen Entscheidungen nötig sind, wenn man überhaupt Hypothesen überprüfen will. Wer aber auf Überprüfung verzichtet, der kann überhaupt nicht mehr aus Erfahrung lernen. Nichts wäre so problematisch, wie die Illusion, ohne problematische Entscheidungen auskommen zu können.

Meinen oben angegebenen Zahlen liegt die Klassifikation von Kanada, USA, Schweiz, Australien und Neuseeland als alte Demokratien zugrunde und die Klassifikation von Japan, BRD, Frankreich, Italien, Belgien, Niederlande, Dänemark und Norwegen als junge Demokratien. Andere westliche Industriegesellschaften, wie Großbritannien oder Schweden, befinden sich in einer Mittelkategorie (für die hier keine Zahlen berichtet sind).

Weil sowohl die Details meiner Klassifikation als auch überhaupt die Verwendung einer klassifikatorischen statt einer kontinuierlichen Variable für das Alter der Demokratie anfechtbar ist, habe ich sowohl mit einer Anzahl anderer, meines Erachtens vertretbarer Altersklassifikationen als auch einer kontinuierlichen Variablen für das Alter der Demokratie gearbeitet. Zwar unterscheiden sich die Ergebnisse je nach Vorgehensweise im numerischen Detail, aber immer zeigt sich, daß ältere Demokratien durch mehr Ungleichheit als jüngere Demokratien charakterisiert sind. Die Zusammenhänge sind auch signifikant, d. h. sie können nicht als Zufallsergebnisse abgetan werden.

Natürlich beweist eine Korrelation zwischen dem Alter der Demokratie und der Ungleichheit der Einkommensverteilung nicht, daß das Alter der Demokratie die Ursache und die zunehmende Ungleichheit die Wirkung ist. *Endgültig* beweisen lassen sich kausale Hypothesen ohnehin nicht – und schon gar nicht in den Sozialwissenschaften, wo Experimente unmöglich sind.

Aber es ist möglich, aus Theorien Erwartungen über Korrelationen abzuleiten. Hier ist aus der konventionellen (oder naiven) Demokratietheorie die Erwartung abgeleitet worden, daß ältere Demokratien egalitärer als jüngere Demokratien sind. Diese Erwartung wird durch die beobachteten Zusammenhänge eindeutig widerlegt. Hier ist aus einer ›Public Choice‹-Perspektive eine alternative Erwartung abgeleitet worden, wonach ältere Demokratien durch *noch* ungleichere Einkommensverteilungen als jüngere charakterisiert sind. Diese Erwartung ist mit den beobachteten Zusammenhängen kompatibel. Im allgemeinen akzeptiert man solche Theorien, die mit den vorhandenen Daten kompatibel sind, jedenfalls solange bis unerwartete Evidenz auftaucht oder bessere Theorien vorliegen.

Auch wer eine Korrelation zwischen dem Alter der Demokratie einerseits und größerer Ungleichheit andererseits akzeptiert, kann immer noch einwenden, daß die Einbeziehung dritter Variablen das Bild grundlegend verändern würde. Ich habe etliche Drittvariablen in die

Analyse einbezogen und festgestellt, daß sich am negativen Zusammenhang zwischen dem Alter der Demokratie und der Gleichheit der Einkommensverteilung wenig ändert. Nur auf eine Drittvariable möchte ich hier explizit eingehen.

Man kann einwenden, daß nicht das allgemeine Wahlrecht per se, sondern nur dessen ›richtiger‹ Gebrauch den ärmeren Bevölkerungsschichten zu mehr Gleichheit verhilft. Als ›richtiger‹ Gebrauch wird manchmal die Wahl sozialistischer oder sozialdemokratischer Abgeordneter oder Minister genannt. Dann stellt sich die Frage, ob Länder mit starken sozialdemokratischen Parteien oder mit weitgehend sozialdemokratischen Regierungen höhere Einkommensanteile für die unteren Einkommensschichten erzielen als andere Länder. Auch wo egalisierende Effekte starker sozialdemokratischer Parteien überhaupt nachweisbar sind – das gilt nicht immer – reichen diese *nicht* aus, um den allgemeinen gegenteiligen Effekt politischer Umverteilungsversuche zu kompensieren.

Wer in der Annäherung an die Gleichheit der Einkommensverteilung einen positiven Wert sieht, der sollte sich mit dem Gedanken vertraut machen, daß die Durchsetzungschancen in der Politik – sogar in der Demokratie – *noch* ungleicher als die auf dem Markt verteilt sind (vgl. Olson 1985, S. 229/30), daß die Politisierung des Einkommenszuweisungsprozesses nicht zur Egalisierung der Einkommen beiträgt, sondern nur Energien von produktiver Tätigkeit in gesamtgesellschaftlich gesehen notwendigerweise unfruchtbare Konflikte umleitet und die wirtschaftliche Entwicklung behindert (Olson 1985; Bernholz 1986; Choi 1983; Lane and Errson 1986; Weede 1984b, 1986b, 1990a).

18. Legitimität, Religion und Recht als Sozialkapital

(a) Sozialkapital und Legitimität

Den Begriff des Sozialkapitals habe ich den Arbeiten von James Coleman (vgl. Kapitel 10 oben) entnommen. Coleman (1990, S. 302, meine Übersetzung) schreibt dazu: »Soziales Kapital wird durch seine Funktion definiert. Es ist keine Einheit, sondern besteht aus verschiedenen Einheiten, die zwei gemeinsame Merkmale haben: Sie bestehen aus einem Aspekt der Sozialstruktur und sie erleichtern den Individuen innerhalb der Struktur manche Handlungsweisen. Wie andere Kapitalformen ist Sozialkapital produktiv, indem es manche Zwecke erreichbar werden läßt, die sonst nicht erreichbar wären.« Coleman faßt Autorität (als Abtretung von Ressourcen oder Handlungsrechten an andere), Vertrauen (darein, daß andere beim Handeln die eigenen Interessen berücksichtigen) und soziale Normen (zur Internalisierung von Externalitäten) als Formen von Sozialkapital auf. Weil Sozialkapital sowohl aus sozialstrukturellen, also überindividuellen, Merkmalen resultiert, als auch gemeinsame Ziele zum Nutzen aller oder vieler Gruppenmitglieder erreichbar werden läßt, ist das Vorhandensein von Sozialkapital auch ein Kollektivgut. Damit sind auch schon die Trittbrettfahrtendenzen angedeutet und die Tendenz zur suboptimalen Bereitstellung von Sozialkapital in Gesellschaften.

Daß so heterogene Erscheinungen wie Legitimität, Religion, Recht und sogar Wissen als Sozialkapital verstanden werden können, mag zunächst überraschen. Aber es läßt sich begründen, vielleicht am einfachsten am Beispiel der *Legitimität*. Denn Legitimität der Herrschaft verweist auf Gehorchenwollen (Weber 1922/1964, S. 157) oder darauf, daß die Untergebenen einander gegenseitig zur Beachtung der Anordnungen des Führers oder Vorgesetzten veranlassen (Blau 1964, S. 209). Wo Anordnungsbefugnis als legitim akzeptiert wird, ist eine Gruppe oder ein Kollektiv offensichtlich schneller in der Lage, im gemeinsamen Interesse zu handeln, als dort, wo das Recht anzuordnen und jeder konkrete Handlungsvorschlag umstritten sind. Schon allein mit Rücksicht auf die unvermeidliche Langsamkeit von Kollektiventscheidungen muß die als legitim akzeptierte Zuweisung von Handlungsrechten an bestimmte Personen oder Instanzen ein Beitrag zur Handlungsfähigkeit sein. Es gibt schließlich Situationen, wo schnelle Entscheidungen wichtig sind. Außerdem ist die Tatsache zu berücksichtigen, daß Entscheidungskosten eben Kosten sind und ihre Reduktion an sich wünschenswert ist – es sei denn, man betrachtet Mitbestimmung als einen Wert an sich, als ein Konsumgut, das alle gerne ›verzehren‹.³⁴

Indem Weber (1922/1964, vgl. auch meine Darstellung seiner Auffassungen im 15. Kapitel) auf die *Heiligkeit* der Tradition und die Figur des *Propheten* bei der charismatischen Herrschaft hingewiesen hat, ist schon zugestanden, daß die *Religion* bei zwei seiner drei Formen der legitimen Herrschaft eine wichtige Rolle spielt. Wenn Legitimität Sozialkapital darstellt, weil sie manche Handlungen des Kollektivs erst ermöglicht (ähnlich wie eine Maschine erst manche Produktionsvorgänge), dann kann auch Religion ein Sozialkapital darstellen, weil sie manche Möglichkeiten der Legitimation bietet und bei erfolgreicher Internalisierung entsprechender sozialer Normen die Wahrscheinlichkeit des Trittbrettfahrens verringert.

(b) Religion

Religion ist natürlich nicht nur Sozialkapital. Mit Religion bezeichnet man Systeme von Glaubenssätzen und Praktiken, die sich auf das Übernatürliche beziehen. Per definitionem sind die zentralen Aussagen der Religion nicht beweisbar oder widerlegbar. Sie sind nicht-empirisch. Die Wahrheitsfrage religiöser Aussagen kann deshalb auch kein reli-

---

34 Weil demokratische Kollektiventscheidungen jedem Individuum nur einen mit der Gruppengröße sinkenden Einfluß und bei sehr großen Gruppen nur einen kaum noch spürbaren Einfluß zugestehen, ist der Anreiz, sich auch nur gut über die zur Entscheidung anstehenden Alternativen zu informieren, gering. Von rationaler Ignoranz Vieler geprägte Entscheidungen können nur zufällig und damit selten optimal sein. Die Auffassung, daß Mitbestimmung per se (also unabhängig von ihren Kosten und Resultaten) ein Wert sei, wird zwar von vielen Soziologen und Politikwissenschaftlern, aber meines Erachtens weder von der Mehrheit der nicht-akademisch Vorgebildeten, noch von der der Ökonomen vertreten. Vgl. auch Kapitel 16 oben.

gionssoziologisches Problem darstellen. Der Soziologe kann aber nach den Hintergrundbedingungen und den sozialen Konsequenzen oder Funktionen von Religion fragen.

Die meisten Religionen enthalten Versuche, das Leiden und das Übel – d. h. vor allem Diskrepanzen zwischen Verdienst und Schicksal, etwa unverdiente Notlagen oder schwere Krankheiten – verständlich zu machen und ihnen *Sinn zu verleihen*. Der Hinduismus (vgl. Weber 1921/1978; Weede 1985a) »erklärt« eine niedere Kastenzugehörigkeit und damit schlechte Lebensbedingungen als »verdient«, wenn auch nicht durch schlechte Taten in diesem Leben, sondern solche in einem Leben davor. Soziale Unterprivilegierung ist damit nicht nur erklärt, sondern legitimiert. Damit wird die hinduistische Religion zur *Stütze des in Indien herrschenden Systems sozialer Ungleichheit*. Das ist eine *gesamtgesellschaftliche Konsequenz*. Dem Individuum erlegt die Religion *rituelle Reinheitsregeln* und *Verhaltensvorschriften* auf. Das gibt dem Einzelnen *Verhaltenssicherheit* und *stabilisiert die sozialen Interaktionen*. Mit rituellen und anderen Vorschriften ist dem Menschen darüber hinaus ein *Heilsweg gewiesen*; denn Erfüllung der Kastenpflichten, des wohlverdienten Schicksals, ist gleichzeitig der Heilsweg und kann den Aufstieg in eine höhere Kaste im nächsten Leben vorbereiten. Weil dieser Heilsweg, d. h. Erfüllung der Pflichten der eigenen Kaste, der bevorzugte ist, weil die Kasten und Unterkasten auch Berufe monopolisieren bzw. das anstreben, enthält der Hinduismus *praktisch* ein *Mobilitätsverbot*. Das ist eine zweite wichtige gesamtgesellschaftliche Konsequenz dieser Religion.

Das hinduistische Beispiel deutet nicht nur an, daß die Religion soziale Normen, bestimmte Formen der Arbeitsteilung und ein System der Kastenherrschaft legitimieren kann, sondern auch, daß diese Form des Sozialkapitals nicht für alle gleichermaßen positive oder angenehme Folgen hat. Aber alle sind davon betroffen bzw. können sich einer Kastenordnung (wo sie noch voll existiert) nur schwer entziehen. Sozialkapital und Kollektivgut bedeutet ja nicht, daß alle sich gleichermaßen daran erfreuen, sondern nur, daß alle davon betroffen sind, ob sie das ›Gut‹ dieser Ordnung mögen oder als ›Übel‹ empfinden.

Das Christentum hat die Schwierigkeit, Liebe und Allmacht Gottes mit der Existenz des Leidens und des Übels in Einklang zu bringen. Weil das *Übel in der Welt existiert*, könnte man entweder *Gottes Liebe oder seine Allmacht infrage stellen*. Der klassische *Calvinismus* legt den *Schwerpunkt* auf die *Allmacht Gottes*, der frei über die Gnade verfügt, der die Menschen zum Heil oder zur Verdammnis prädestiniert (vgl. Weber 1920/1972). Die Frage der Liebe wird mit dem Hinweis auf Gottes unerforschlichen Ratschluß beantwortet. Wie die anderen Religionen hält auch das Christentum *Heilsmittel* bereit, im Katholizismus die *Sakramente*, generell das *Gebet*. Diese Heilsmittel entlasten, der Gläubige weiß, was er zu tun hat. Im Katholizismus kann der Sünder durch *Beichte* und Gebet um Vergebung bitten und wieder auf den Heilsweg zurückkommen.

Die *gesamtgesellschaftlichen Folgen* des Christentums sind nicht so leicht absehbar wie die des Hinduismus, vielleicht weil uns das Christentum vertrauter ist. Während der *Hinduismus* mit den Lehren der Wiedergeburt und der Vergeltung *Ungleichheit legitimiert*, mit der Lehre von der Erfüllung der eigenen Kastenpflicht *Mobilität verbietet*, also eine zuverlässige Stütze des Status quo ist, ist das *Christentum* da *ambivalenter*. Wie das *Gottesgnadentum* der Herrschenden und das *Bündnis von Thron und Altar* demonstrieren, hat auch das Christentum zeitweise den gesellschaftlichen Status quo abgesegnet und gestützt – wie die meisten etablierten oder alten Religionen. Aber die gesellschaftliche Ordnung im Diesseits spielt im Christentum nicht dieselbe zentrale Rolle wie das Kastenwesen für den Hinduismus. Für den gläubigen Hindu sind die Prinzipien von Wiedergeburt und Vergeltung und damit das davon abgeleitete Kastenwesen ein bedeutsamerer Teil der kosmischen Ordnung als selbst die Götter, die ja ebenfalls der Wiedergeburt unterliegen. Das *Christentum* scheint hier für *sozialen Wandel gerade wegen der sakralen Belanglosigkeit der Gesellschaftsordnung offener zu sein*. Oder: Verschiedene christliche Konfessionen unterscheiden sich in ihrer Stellungnahme zur zweitrangigen Frage der Welt und ihrer Gesellschaftsordnung, so wie Hindus in der für sie zweitrangigen Frage der Götterverehrung stärker differieren. Wenn man auch das Christentum bzw. seine Konfessionen als Sozialkapital auffaßt, dann sind meines Erachtens vor allem drei Punkte wichtig für die gesellschaftliche Entwicklung christlicher Gesellschaften: die *protestantische Ethik*, das *Zölibat* und die relative *Unabhängigkeit geistlicher und weltlicher Gewalten* voneinander. Der letzte Punkt wird im übernächsten Kapitel zumindest angesprochen (außerdem: Berman 1983; Weede 1988, 1989a, 1990a).

Die Bedeutung des Zölibats läßt sich am besten beim Vergleich mit dem Hinduismus erkennen. Während der Hinduismus den sozialen Aufstieg in diesem Leben verbietet, erzwingt die Institution des Zölibats für den katholischen Klerus zumindest ein Minimum an sozialer Mobilität und Aufstiegschancen für die unterprivilegierten Volksschichten. Natürlich haben trotz Zölibat immer mal wieder Priester Kinder in die Welt gesetzt, aber die Illegitimität und Seltenheit derartiger Ereignisse haben eine völlige Schließung des sozialen Schichtungssystems in Europa unmöglich gemacht und damit zur Entstehung einer offenen und mobilen Gesellschaft in Europa beigetragen (vgl. auch 12. Kapitel und vor allem das 20. Kapitel).

In der ›*Protestantischen Ethik und dem Geist des Kapitalismus*‹ vertritt Weber (1920/1972) die Auffassung, daß der Protestantismus die außerweltliche Askese verworfen und den innerweltlichen ›Beruf‹ aufgewertet hat. Nach der calvinistischen Prädestinationslehre verfügt Gott allein Heil oder Unheil, kann es also keine Heilsmittel und Heilswege als persönliche Optionen geben. Die Angst um das Seelenheil ist deshalb enorm. Nach Weber (1920/1972) hat sich unter Calvinisten die Auffassung durchgesetzt, daß man am Berufserfolg und der tugendhaften Lebensführung den eigenen Heilsstatus bzw. die göttliche Entscheidung ablesen könne. In Webers (1920/1972, S. 110) Worten: »So absolut ungeeignet also gute Werke sind, als Mittel zur Erlangung der Seligkeit zu dienen ... so unentbehrlich sind sie als Zeichen der Erwählung. Sie sind die technischen Mittel, nicht die Seligkeit zu erkaufen, sondern: die Angst um die Seligkeit loszuwerden.« Damit wird rastlose Arbeit *und* Geschäftserfolg zum Mittel der Heilsgewißheit.

Nicht nur der Anreiz zur rastlosen Arbeit im Beruf, sondern auch die Konsumschranken und Sparzwänge haben zur wirtschaftlichen Entwicklung Nordwesteuropas beigetragen. Weil nämlich der Luxuskonsum genauso wie die Faulheit abgelehnt wurde, blieb erfolgreichen calvinistischen Unternehmern Investitionskapital, das rastlos reinvestiert wurde. Nach Weber (1920/1972) sind das die Hintergründe der ›Erfindung‹ des Kapitalismus. Es geht Weber also nicht um die davon vermutlich zumindest teilweise abweichenden Gründe dafür, welche religiösen Auffassungen die Erhaltung und Ausbreitung des einmal erfundenen Kapitalismus begünstigen. Weber sieht sehr wohl den Zusammenhang zwischen Säkularisierung bzw. Abwendung von der Religion im Abendland und weiterhin blühendem Kapitalismus. Aber die *Durchsetzung* dieser neuen Wirtschaftsform sieht er *auch* durch religiöse Faktoren bedingt. Außerdem kann man Webers Ausführungen zur protestantischen Ethik als implizite Kritik an marxistischen Vorstellungen über religiös-ideologischen Überbau und ökonomischen

Unterbau auffassen. Denn nach Weber haben die »Überbau«-Vorstellungen des Calvinismus und verwandter protestantischer Kirchen und Sekten wesentlich die wirtschaftliche Entwicklung mitbedingt.

Webers religionssoziologische Thesen können aber *nicht* als allgemein anerkannt gelten. Sie sind kürzlich von MacKinnon (1988a, 1988b) einer radikalen Kritik unterzogen worden. Nach MacKinnon übersieht Weber, daß Calvins Prädestinationslehre schon im England des 17. Jahrhundert nicht mehr akzeptiert wurde. Von wenigen Sekten abgesehen, war sie vielmehr aufgegeben worden. Aus dem furchtbaren Gott Calvins war ein gnädiger Gott geworden, weil die Gnadenwahl damals schon als allen zugänglich galt, die sich darum bemühten, weil die Drohung der Verdammnis in den theologischen Schriften des 17. Jahrhunderts immer mehr in den Hintergrund rückte. Mit der Modifikation und faktischen Zurückweisung der Prädestinationslehre einher ging die zunehmende Aufwertung der Werkgerechtigkeit, was zeitgenössische Lutheraner als ›katholisch‹ erkannt und kritisiert haben. Nach MacKinnon hatte also im für die Entwicklung des Kapitalismus zentralen England des 17. Jahrhunderts das Problem der Heilsgewißheit seine ursprüngliche und von Weber postulierte Brisanz verloren. Stattdessen wurden gute Werke wieder zu Heilswegen.

MacKinnon kritisiert auch Webers Verständnis von guten Werken bzw. Erfolg im Leben. Die Befolgung göttlicher Gebote – also Glaube, Inbrunst, Reue, Gebet – wurde im England des 17. Jahrhunderts gepredigt, nicht aber der Geschäftserfolg verherrlicht. Er galt entgegen Weber nicht als Zeichen der Erwählung, sondern – nach MacKinnon – als stete Versuchung und Gefährdung, weil man nicht Gott und dem Mammon dienen kann. Die These von der innerweltlichen Askese sei deshalb unakzeptabel. Vielmehr hätte sich der Calvinismus schon im England des 17. Jahrhunderts in der Orientierung am Seelenheil und am Jenseits nicht vom Katholizismus oder vom Luthertum unterschieden. Deshalb ist für MacKinnon auch nicht einleuchtend, wie die protestantische Ethik oder der Calvinismus zur Entstehung des Kapitalismus beigetragen haben.

Neben der zwischen Weber und MacKinnon umstrittenen Interpretation von theologischen und seelsorgerischen Schriften kann man noch die Frage aufwerfen, inwieweit derartige Quellen das Empfinden und die Motivation *von Geschäftsleuten* in der Vor- und Frühphase der kapitalistischen Wirtschaftsentwicklungen bestimmt haben oder zumindest widerspiegeln. Für die Entstehung des Kapitalismus ist ja die

Motivation der Geschäftsleute, Unternehmer und vielleicht Arbeiter entscheidend, weniger die Auffassung ökonomisch eher unproduktiver Theologen und Seelsorger. Daß die Religiosität und Motivation der wirtschaftlich Aktiven aus theologischen und seelsorgerischen Schriften überhaupt gültig ermittelt werden kann, darf auch als fragwürdige bzw. problematische Unterstellung gelten.

Man kann die Webersche These eines Zusammenhangs von Protestantismus und Kapitalismus im Anschluß an Gellner (1988, vor allem auch S. 106, 225) so modifizieren, daß die calvinistische Prädestinationslehre und das daraus folgende Bemühen um Heilsgewißheit an Gewicht verlieren. Dann besteht der Beitrag des Protestantismus zur wirtschaftlichen Entwicklung in der Abwertung traditioneller priesterlicher Autorität und der damit verbundenen Freisetzung von Innovationspotential und in der Kombination einer instrumentell rationalen Einstellung zu Dingen mit der Durchsetzung von mehr Arbeitsfleiß, Ehrlichkeit und Vertrauenswürdigkeit unter den Menschen, als mit bloß instrumenteller Rationalität von Eigennutzmaximierern vereinbar ist.

Meine verkürzte Darstellung der Protestantischen Ethik und der Kritik daran hatte nicht die Funktion, entweder Webers Thesen ohne Einschränkung zu akzeptieren oder ohne Einschränkung zurückzuweisen. Meines Erachtens erlaubt der Stand der Diskussion weder die eine noch die andere endgültige Entscheidung. Aber Webers ›Protestantische Ethik‹ deutet an, daß ein Glaubenssystem Sozialkapital darstellen *kann*. Es kann – wenn Weber (1920/1972) zumindest teilweise Recht hat – dem kapitalistischen Wirtschaftssystem zum Durchbruch verholfen haben, indem es eine neue Art von Akteuren in die traditionalen Wirtschaftssysteme eingeführt hat. Diese neuartigen, d. h. arbeitsbesessenen und sparsamen und investitionsbereiten, Akteure haben traditionelle Akteure durch die Konkurrenz teils zur Anpassung gezwungen, teils verdrängt (oder in Nischen abgedrängt), teils auch ein historisch unerhörtes Wirtschaftswachstum durchgesetzt, das man als ›europäisches Wunder‹ bezeichnen kann (vgl. dazu das 20. Kapitel; zu Weber aus der Perspektive des methodologischen Individualismus vor allem Hernes 1989).

Als Kollektivgut und Sozialkapital hat die protestantische Ethik – sofern man ihre Wirksamkeit im Weberschen Sinne unterstellt – vor allem die Eigenschaft, daß sie sich auf alle auswirkt, nicht unbedingt, daß alle den Durchbruch des Kapitalismus ›gut‹ finden oder finden müssen.

Aber auch die mit Hilfe physischer Kapitalgüter hergestellten Konsumgüter (z.B. Autos, die zur Umweltverschmutzung beitragen) werden ja nicht unbedingt von allen als ›gut‹ empfunden. In ihrer Eigenschaft als Sozialkapital und Kollektivgut[35] prägt Religion jedenfalls unsere Welt mit.

Wenn man Religionsgemeinschaften als Produzenten von Sozialkapital auffaßt, dann kann man im Anschluß an Adam Smith (1776/1990) und Iannaccone (1991) die Frage nach den Effekten von Monopolen von oder Konkurrenz unter Religionsgemeinschaften aufwerfen. Wie auch sonst in der ökonomischen Theorie kann man postulieren, daß Monopolisten zur Ineffizienz neigen, daß Wettbewerb unter Religionsgemeinschaften zu einer üppigeren Versorgung der Bevölkerung mit Heilsgütern (und unter Umständen mit Sozialkapital) führt. Mit diesem Ansatz läßt sich unter anderem die Tatsache erklären, daß in den USA mit ihrem scharfen Wettbewerb unter christlichen Religionsgemeinschaften Gebet, Kirchgang und die Akzeptanz christlicher Glaubensinhalte soviel weiter verbreitet sind als im monopolistisch-lutherischen Skandinavien.

(c) Recht

Das Recht ist ein Spezialfall sozialer Normen (vgl. 3. Kapitel). Unter den Merkmalen des Rechts hebt Max Weber (1922/1964, S. 25) »die Existenz eines Erzwingungs-Stabes« hervor, während Sumner (1906/1940) den höheren Grad der Ausdrücklichkeit und die relative Widerspruchsfreiheit betont. Weder Ausdrücklichkeit noch staatliche Sanktionierungsmonopole können garantieren, daß sich Recht besser als andere soziale Normen durchsetzen läßt (vgl. 4. Kapitel oben und Black 1983, 1984). Ob Individuen sich den Normen und dem Recht gemäß verhalten, dürfte weitgehend davon abhängen, ob normenadäquates und rechtskonformes Verhalten mit ihren Zielen kompatibel ist, wie wahrscheinlich und wie hart die Sanktionierung im Falle der Abweichung ist und ob es zur Internalisierung sozialer Normen gekommen ist (vgl. 7. Kapitel oben).

---

[35] Auch wer etwa als Marxist Religion für ein Opiat hält, muß zugeben, daß der Konsum dieses Opiums nicht nur die wirtschaftlichen und politischen Handlungsmöglichkeiten der Konsumenten, sondern auch die der Atheisten betrifft.

Weil soziale Normen generell sowohl Sozialkapital als auch Kollektivgüter sind, muß dasselbe notwendigerweise auch für Rechtsnormen gelten. Der Wert des Rechts als Sozialkapital und Kollektivgut hängt dabei wesentlich von seiner faktischen Geltung ab, davon daß man sich auf das Recht und seine Durchsetzung auch gegen Widerstand verlassen kann, davon daß auch die Staatsgewalt selbst an das Recht gebunden ist. Historisch ist der Schutz der Eigentums- und Verfügungsrechte der Beherrschten auch vor den Herrschenden alles andere als eine Selbstverständlichkeit. Andreski (1969) beschreibt deshalb manche Regierungen als Kleptokratien, als Diebesherrschaften. Auch Tilly's (1985) Vergleich der Staatenbildung mit dem organisierten Verbrechen deutet in dieselbe Richtung.

Als Hüter des Rechts muß der Staat einerseits in der Lage sein, das Recht auch gegen die mächtigsten Mitglieder des Staatsverbandes durchzusetzen. Andererseits darf der Staat gegenüber seinen Mitgliedern, Untertanen oder Bürgern aber auch nicht so stark sein, daß er sich ihnen gegenüber alles erlauben kann. In der Begrenzung der Staatsmacht und der Staatstätigkeit kann man deshalb die entscheidende Leistung der abendländischen politischen und Rechtskultur sehen, auch eine Voraussetzung für die wirtschaftliche Entwicklung Westeuropas und Nordamerikas im Gegensatz zu den asiatischen Hochkulturen (Berman 1983; Hayek 1980, S. 120; Weber 1923/1981; Weede 1989a, 1990a; Kapitel 20 unten). Während Max Weber (1923/1981, S. 240) das rationale oder berechenbare Recht sogar den Merkmalen des modernen Kapitalismus zurechnet, würde ich es – wie Collins (1980) – eher als eine Voraussetzung der Durchsetzung einer kapitalistischen Wirtschaftsordnung betrachten. Die Leistung des Rechts hat Hayek (1971, S. 172) so beschrieben und zugleich in die Nähe des *Wissens* gerückt: »Indem sie sagen, was geschehen wird, wenn jemand dieses oder jenes tut, haben die staatlichen Gesetze für das Handeln dieselbe Wirkung wie die Naturgesetze: der Handelnde kann seine Kenntnisse der Gesetze des Staates zur Verfolgung seiner Zwecke ebenso verwenden, wie er die Kenntnis der Naturgesetze dazu verwendet.« Damit ist meines Erachtens auch schon angedeutet, was neben Willkür oder Mißachtung des Rechts seine Funktion beeinträchtigen kann: nämlich ein Recht, das durch allzu häufige Änderungen oder Komplexität an Erkennbarkeit mehr verliert als es an sachlicher Problemadäquanz gewinnt.

Für die Wirtschaft ist das Recht nicht nur bedeutsam, weil es die Eigentums- und Verfügungsrechte definiert, also eine wichtige Klasse von

Handlungsrestriktionen, sondern auch, weil es die Transaktionskosten bestimmt und damit die Möglichkeiten, durch für beide Seiten vorteilhafte Tauschakte die Lebensbedingungen aller Beteiligten zu verbessern. Je größer die Rechtsunsicherheit ist, desto schwieriger bzw. kostspieliger wird es, Abmachungen auszuhandeln, ihre Durchsetzung zu kontrollieren und gegebenenfalls zu garantieren. Wo der Rechtsstaat die Transaktionskosten senkt, schafft er in dem Sinne Sozialkapital, daß er für alle potentiellen Tauschpartner neue Chancen eröffnet.

Natürlich kommt es nicht nur auf die Berechenbarkeit des Rechts, sondern auch auf dessen *Inhalte* an. Wo die geltende Rechtsordnung Privilegien und wettbewerbsreduzierende bzw. restriktive Praktiken schützt, dient sie nicht mehr der wirtschaftlichen Effizienz. Wie Ekelund and Tollison (1981) am Beispiel der britischen Überwindung des Merkantilismus gezeigt haben (sekundär: Weede 1990a, S. 56–58), kann sogar Rechts*un*sicherheit wirtschaftlich nützlich sein, sofern sie dabei hilft, materiell ungeeignetes Recht zu überwinden.

Das Recht hat die Funktion, die Erwartungen der Menschen aufeinander abzustimmen. Sofern es »für eine unbestimmte Anzahl unbekannter zukünftiger Fälle« anwendbar und durch die »Abwesenheit willkürlichen Zwangs« charakterisiert ist (Hayek 1981b, S. 152, 154), kann das Recht die Basis der Freiheit sein. Das Mittel dazu ist die Zuweisung exklusiver Eigentums-, Handlungs- oder Verfügungsrechte. Hayek (1980, S. 147/148) formuliert das so: »Der höchste Grad an Übereinstimmung der Erwartungen wird durch die Abgrenzung geschützter Bereiche erzielt ... Eigentum ... ist die einzige von der Menschheit bisher entdeckte Lösung des Problems, individuelle Freiheit mit der Vermeidung von Konflikten zu vereinbaren. Recht, Freiheit und Eigentum sind eine unteilbare Dreieinigkeit. Es kann kein Recht im Sinne universaler Verhaltensregeln geben, das nicht die Grenzen der Freiheitsbereiche dadurch bestimmt, daß es Regeln festlegt, die jedem die Möglichkeit geben, festzustellen, wo er frei handeln kann.«

Das Recht dient in einer Gesellschaft freier Menschen der Aufeinanderabstimmung der individuellen Pläne und Erwartungen, wobei die Menschen natürlich unterschiedliche Ziele verfolgen (dürfen). Das Recht dient zwar dem Schutz mancher Erwartungen, aber nicht dem aller Erwartungen. Die Erwartung des Geschäftserfolges kann z. B. dadurch enttäuscht werden, daß sich in der Nachbarschaft ein Konkurrent ansiedelt. Die Erwartung des Geschäftserfolgs des zuerst Ansässigen kann die Rechtsordnung in einer freiheitlichen Gesellschaft nicht schützen. Mit Hayek (1980, S. 143) kann man die Unterscheidung zwischen rechtlich geschützten und ungeschützten Erwartungen auch so beschreiben: »Was jedem zugesichert werden kann, ist nicht, daß sich niemand in die Verfolgung seiner Pläne einmischt, sondern nur, daß sich niemand in die Verwendung bestimmter Mittel einmischt.«

Wo das Recht den Einzelnen Gestaltungsfreiheit zuweist, ermöglicht es die Nutzung des Wissens, das in einer Vielzahl von Köpfen verstreut ist, und trägt damit dazu bei, »daß die Chancen jeder beliebigen Person so groß wie möglich sind (Hayek 1981a, S. 178).« Indem eine freiheitliche Rechtsordnung den Individuen Freiräume überläßt, weist sie ihnen auch Eigenverantwortung zu und grenzt damit die Verantwortung des Staates oder der Gesellschaft für die Verteilungszustände, die sich aus den Aktivitäten der Individuen innerhalb des Rechts oder unter dem Recht ergeben, wesentlich ein.

19. Bewußtsein, Wissen und Wissenschaft

Die Soziologie beschäftigt sich mit den sozialen Entstehungsbedingungen und Funktionen des Wissens. Als Begründer der modernen Wissenssoziologie kann Karl Marx gelten. Im Vorwort zur Kritik der politischen Ökonomie schreibt Marx (1859/1975, S. 8/9): »In der gesellschaftlichen Produktion ihres Lebens gehen die Menschen bestimmte, notwendige, von ihrem Willen unabhängige Verhältnisse ein, Produktionsverhältnisse, die einer bestimmten Entwicklungsstufe ihrer materiellen Produktivität entsprechen. Die Gesamtheit der Produktionsverhältnisse bildet die ökonomische Struktur der Gesellschaft, die reale Basis, worauf sich ein juristischer und politischer Überbau erhebt und welcher bestimmte gesellschaftliche Bewußtseinsformen entsprechen. Die Produktionsweise des materiellen Lebens bedingt den sozialen, politischen und geistigen Lebensprozeß überhaupt. Es ist nicht das Bewußtsein der Menschen, das ihr Sein, sondern umgekehrt ihr gesellschaftliches Sein, das ihr Bewußtsein bestimmt«.

Für den Marxisten ist deshalb die Analyse der Klassenstrukturen von Gesellschaften der fruchtbarste Ausgangspunkt für die Erklärung von Bewußtsein oder Wissen. Aber Marx behauptet *nicht*, daß *allein* die *Klassenlage* das Bewußtsein des Menschen beeinflußt und erklären kann. Sonst wäre weder die Sorge vieler Marxisten um die Gefährdung des richtigen Klassenbewußtseins, die Auseinandersetzungen mit und um falsches Bewußtsein, noch die Warnung vor der Religion als »Opium für das Volk« verständlich.

Im *achtzehnten Brumaire des Louis Bonaparte* verweist Marx (1852/1966, S. 113) sogar auf bestimmte Bedingungen, unter denen bestimmte Klassen – hier die französischen Parzellenbauern – in der Herausbildung eines Klassenbewußtseins behindert werden: »Die Parzellenbauern bilden eine ungeheure Masse, deren Glieder in gleicher Situation leben, aber ohne in mannigfache Beziehung zueinander zu treten. Ihre Produktionsweise isoliert sie voneinander, statt sie in wechselseitigen Verkehr zu bringen. Die Isolierung wird gefördert durch die schlechten französischen Kommunikationsmittel und die Armut der Bauern ... Insofern Millionen von Familien unter ökonomischen Existenzbedingungen leben, die ihre Lebensweise, ihre Interessen und ihre Bildung von denen der anderen Klassen trennen und ihnen feindlich gegenüberstehen, bilden sie eine Klasse. Insofern ein nur lokaler Zusammenhang unter den Parzellenbauern besteht, die Dieselbigkeit ihrer Interessen keine Gemeinsamkeit, keine nationale Verbindung und keine politische Organisation unter ihnen erzeugt, bilden sie keine Klasse. Sie sind daher unfähig, ihr Klasseninteresse im eigenen Namen ... geltend zu machen«. Die Klassenlage ist danach nicht das einzige Seinsmerkmal, das das Bewußtsein beeinflußt. Interaktion und Kommunikation unter denen, die sich in gleicher sozialer Lage befinden, entscheiden, ob sich Klassenbewußtsein, d. h. Wissen um die eigene soziale Situation, entwickelt oder nicht. Der Klassenkampf ist nach dem *Kommunistischen Manifest* (Marx und Engels 1848/1966, S. 67) ein bedeutsames Mittel zur Überwindung des falschen Bewußtseins, zur Verfestigung des Klassenbewußtseins: »Das eigentliche Resultat der Kämpfe (zwischen Arbeitern und Bourgeoisie, E. W.) ist nicht der unmittelbare Erfolg, sondern die immer weiter um sich greifende Vereinigung der Arbeiter«. Erst das richtige Bewußtsein macht aus der bloßen »Klasse an sich« ja auch eine »Klasse für sich«.

In den Marx'schen Zusammenhang von Sein und Bewußtsein gehen aber nicht nur Klassenlage und Kommunikations- oder Organisationschancen ein. Eine wichtige Rolle spielt auch die Chance der Herrschenden, systematisch falsches Bewußtsein zu erzeugen bzw. zu begünstigen. Dazu Marx und Engels im *Kommunistischen Manifest* (1848/1966, S. 75): »Die herrschenden Ideen einer Zeit waren stets nur die Ideen der herrschenden Klasse«. *Manche* Arten falschen Bewußtseins, d. h. nicht der Klassenlage entsprechenden Bewußtseins, werden dadurch erklärbar: Wir können verstehen, warum unterprivilegierte Klassen oder Schichten unter Umständen den Vorstellungen der herrschenden Klasse folgen, nicht aber warum falsches Bewußtsein auch bei den herrschenden Klassen denkbar ist, warum sich etwa privilegierte Intellektuelle den Klassenstandpunkt der Arbeiterschaft zu eigen machen. Weder objektive Klassenlage noch schlechte Kommunikations- bzw. Organisationsbedingungen wie bei den Parzellenbauern, noch von oben nach unten in der Gesellschaft durchsickernde Vorstellungen können erklären, warum Karl Marx und Friedrich Engels (1848/1966, S. 67) im

»*Manifest der kommunistischen Partei*« zulassen und erwarten, »daß ein kleiner Teil der herrschenden Klasse sich von ihr lossagt und sich der revolutionären Klasse anschließt, der Klasse, welche die Zukunft in ihren Händen trägt«. Marx und Engels halten falsches Bewußtsein der herrschenden Klassen sogar für ein wiederkehrendes Phänomen, damit eigentlich einer systematischen Erklärung bedürftig und zugänglich, denn sie fahren fort: »Wie daher früher ein Teil des Adels zur Bourgeoisie überging, so geht jetzt ein Teil zum Proletariat über, und namentlich ein Teil der Bourgeoisideologen, welche zum theoretischen Verständnis der ganzen geschichtlichen Bewegung sich hinaufgearbeitet haben«. Damit scheint erstens eine Überwindung klassenspezifischer Sichtweisen zugelassen und zweitens die Frage aufgeworfen, aber nicht beantwortet, welchen Beitrag derartiges nicht in der Klassenlage verankertes – also in gewisser Weise »falsches« Bewußtsein – zur historischen Entwicklung bzw. zur proletarischen Revolution leistet.

Unter dem Gesichtspunkt des Informationsgehaltes der Marx'schen Überbau-Unterbau-Lehre ist die Offenheit des Marx'schen Erklärungsansatzes, das Zugeständnis unerklärten falschen Bewußtseins, problematisch. Wenn der richtige Klassenstandpunkt durch die Klassenlage, das Fehlen eines Klassenstandpunktes durch Kommunikations- und Organisationsbedingungen, das falsche Bewußtsein unten in der Hierarchie der Klassen durch Übernahme des herrschenden Bewußtseins erklärbar ist, dann müßte eine informationshaltige, d. h. falsifizierbare, Theorie eigentlich falsches Bewußtsein in den herrschenden Klassen verbieten – oder die Bedingungen angeben, unter denen es auch dort möglich ist. Denkbar, aber wohl kaum noch marxistisch, wäre es, einen opportunistischen »bandwagon«-Effekt zu postulieren, wonach möglichst viele Angehörige absteigender bzw. historisch überholter Klassen noch (im letzten oder zweitletzten Augenblick?) ihre Haut retten wollen.

Auch wenn man Marx' Ansatz zu einer Soziologie des Wissens oder allgemeiner des Bewußtseins wohlwollend und probabilistisch interpretiert, d. h. Klassenlage, Kommunikations- und Organisationsbedingungen, Diffusion von oben nach unten als Einflußfaktoren neben anderen auffaßt, bleibt die Implikation, daß falsches Bewußtsein oben zumindest seltener als unten in der Klassenstruktur sein müßte. Merkwürdigerweise neigen aber privilegierte Intellektuelle weniger zur Verteidigung des ökonomischen, sozialen und politischen Status quo als zu dessen Kritik (Etzioni-Halevy 1986). Diese Art des falschen Bewußtseins ist meines Erachtens mit marxistischen Argumenten nicht erklärbar.

Wissen um die eigene Klassenlage und die Vermeidung von falschem Bewußtsein kann als Kollektivgut und Sozialkapital aufgefaßt werden. Denn die Durchsetzungschance in Klassenkonflikten dürfte davon abhängen, inwieweit Klassen mit dem Kollektivgut oder Sozialkapital ›richtiges‹ (ihren Klasseninteressen adäquates) Bewußtsein ausgestattet sind.

Zentrales wissenssoziologisches Thema des Marxismus sind die Hintergrundbedingungen des Klassenbewußtseins oder des *Wissens um die Interessen* der eigenen Klasse, wobei ein denkbarer Zielkonflikt zwischen Individualinteressen und Klasseninteressen vernachläßigt wird, wobei auch die *ordnungspolitischen Voraussetzungen* der effizienten Nutzung des vorhandenen technologischen Wissens nicht thematisiert werden. Eine unmarxistische Antwort auf das erste von den Marxisten vernachlässigte Problem hat Olson (1968) gegeben, indem er aufzeigt, daß Individual- und Klasseninteressen in großen Gruppen oft *nicht* identisch sind (vgl. 11. Kapitel oben). Eine explizit antimarxistische Antwort auf das zweite von den Marxisten vernachlässigte Problem gibt Hayek (1971, 1988; sekundär: Radnitzky 1987a, 1987b).

Wissen beeinflußt nicht nur, ob Individuen oder Kollektive ihren Interessen gemäß zu handeln versuchen, sondern auch wesentlich, ob Akteure Mittel und Ziele einander so zuordnen, daß die Mittel *tatsächlich* zur Erreichung der angestrebten Ziele beitragen. Solches Wissen wird großenteils durch Versuch und Irrtum, durch Erfahrung, erworben (vgl. 9. Kapitel oben). Derartiges Wissen ist in keiner Weise auf das Buchwissen der Akademiker beschränkt, sondern auch Teil der Arbeitspraktiken von Bauern oder Handwerkern.

Mit Hayek (1971, S. 35) möchte ich als grundlegendes Merkmal von so verstandenem Wissen die Unfähigkeit von Individuen hervorheben, sich den größten Teil des Wissens in modernen Gesellschaften anzueignen: »Je mehr die Menschen wissen, desto geringer wird der Anteil an all dem Wissen, den ein einzelner Verstand aufnehmen kann. Je zivilisierter wir werden, desto verhältnismäßig unwissender muß jeder einzelne über die Tatsachen sein, von denen das Funktionieren seiner Zivilisation abhängt. Gerade die Teilung des Wissens erhöht die notwendige Unkenntnis des Individuums vom größten Teil dieses Wissens.«

Wenn auch der Klügste nur einen Ausschnitt des zeitgenössischen

Wissens beherrscht – nach Hayek zählen auch Traditionen und Institutionen zum »Wissen«, wenn auch unbewußten Wissen einer Gesellschaft – dann ist die volle Ausnutzung menschlichen Wissens nur gewährleistet, wenn jedem ein Freiraum zum eigenständigen Handeln auf der Basis persönlichen Wissens zugestanden wird. Hayeks (1971, S. 37/38) Grundgedanke ist, »daß das Argument für die individuelle Freiheit hauptsächlich auf der Erkenntnis beruht, daß sich jeder von uns in Unkenntnis eines sehr großen Teils der Faktoren befindet, von denen die Erreichung unserer Ziele und unserer Wohlfahrt abhängt.«

Zum Unterschied zwischen seiner und anderen Auffassungen über die Wissensverteilung und deren Verfassungskonsequenzen meint Hayek (1971, S. 39): »Natürlich gehen alle politischen Theorien davon aus, daß die meisten Menschen sehr unwissend sind. Die Vertreter der Freiheit unterscheiden sich von den übrigen dadurch, daß sie zu den Unwissenden auch sich selbst und auch die Weisesten zählen. Gegenüber der Gesamtheit des Wissens, das in der Entwicklung einer dynamischen Zivilisation ständig verwendet wird, ist der Unterschied zwischen dem Wissen, das der Weiseste, und dem Wissen, das der Kenntnisloseste verwenden kann, verhältnismäßig bedeutungslos.«

Wenn man zwecks optimaler Ausnutzung des dezentralisiert in einer Gesellschaft vorhandenen Wissens den Individuen maximalen Handlungsspielraum zugesteht, bedeutet das natürlich auch, daß einige aufgrund mangelhafter Kenntnisse handeln und andere ihre Kenntnisse mißbrauchen. Der Versuch, das zu verhindern, liefe auf die Einschränkung oder gar Abschaffung der Freiheit hinaus und würde Innovation und Fortschritt behindern. Freiheit kann als institutionelle Sicherung der Lernfähigkeit einer Gesellschaft verstanden werden. Dazu Hayek (1971, S. 41/42):

»Die Vorteile, die ich aus der Freiheit ziehe, sind daher weitgehend das Ergebnis des Gebrauchs der Freiheit durch andere und größtenteils das Ergebnis eines Gebrauchs der Freiheit, den ich selbst nie machen könnte ... Es ist wichtiger, daß alles von irgend jemandem versucht werden kann, als daß alle dasselbe tun können ... Die wohltätige Wirkung der Freiheit ist daher nicht auf die Freien beschränkt ... Es kann kein Zweifel bestehen, daß im Laufe der Geschichte unfreie Mehrheiten Gewinn aus der Freiheit einer Minderheit gezogen haben und daß heute unfreie Gesellschaften Gewinn aus Dingen ziehen, die sie von freien Gesellschaften erhalten und lernen ... Das Wesentliche ist, daß die Wichtigkeit der Freiheit, bestimmtes zu tun, nichts mit der Anzahl der Menschen zu tun hat, die dieses tun wollen: sie mag damit sogar fast im umgekehrten Verhältnis stehen.« Würde man jeden Innovationsversuch von einer Mehrheit abhängig machen, gäbe es bald nur noch allgemeine Stagnation.

Aus der unvermeidbaren und mit dem Erkenntnisfortschritt zunehmenden Zersplitterung des Wissens, aus der relativ abnehmenden Fähigkeit von Individuen, sich dieses Wissen anzueignen, wird bei Hayek (1971) also ein Plädoyer für die Freiheit des Individuums. Anders ausgedrückt: auch die Freiheit der Individuen wird zum Kollektivgut und Sozialkapital. Hayek (1980, S. 83) macht das auch dadurch deutlich, daß er Freiheit als einen »Zustand, in dem jeder sein Wissen für seine Zwecke verwenden kann,« definiert. Nur auf der Basis der Freiheit besteht die Hoffnung, daß das in der Gesellschaft vorhandene Wissen genutzt wird. Zusätzlich zur Freiheit benötigen die Akteure natürlich noch Anreize, ihre Kenntnisse optimal im eigenen Interesse *und in dem der anderen* einzusetzen. Solche Anreize werden von der sozialen Ungleichheit in der Marktwirtschaft vermittelt (Hayek 1971; Weede 1990a, II. Kapitel; 17. Kapitel oben).

Erkenntnisfortschritt erzeugt aber notwendigerweise nicht nur neue Möglichkeiten, menschliche Bedürfnisse zu befriedigen, sondern er bringt genau wie unternehmerische Innovation auch Lebenspläne durcheinander. Das hat Homann (1988, S. 129) sehr prägnant ausgedrückt: »Die Handlungsmöglichkeiten des Menschen sind ganz wesentlich von seinem Wissen bestimmt, und Erkenntnisfortschritt verändert, erweitert diese Handlungsmöglichkeiten. Gewinnt nun irgendein Forscher neue Erkenntnisse, stellt er eine neue Theorie auf, dann verändert sich der Möglichkeitsraum auch derer, die ›aussteigen‹ möchten, und d. h.: Es verändert sich mit den – von anderen hervorgebrachten – neuen Alternativen auch ihre Kostensituation, ohne daß sie selbst etwas dazu getan hätten, ja, ohne daß sie sich dagegen auch nur zur Wehr setzen könnten! Der Erkenntnisfortschritt einzelner erfolgreicher Forscher ändert ständig die Kostensituation aller, auch derer, die gern unbeteiligt blieben, denn durch den Zuwachs an Erkenntnis werden auch ihre bisherigen Kenntnisse und damit ihre bisherigen Handlungsmöglichkeiten ›abgewertet‹. Forschung ist – jetzt übertrage ich J. A. Schumpeters bekannten Begriff zur Kennzeichnung des Kapitalismus auf die Wissenschaft – ein Prozeß ständiger ›schöpferischer Zerstörung‹, aus dem es kein ›Aussteigen‹ im Sinne eines Unbeteiligtseins gibt.« Die Ambivalenz, mit der viele Menschen dem Fortschritt gegenüberstehen, resultiert also aus dessen ›öffentlichem‹ Charakter. Vermutlich immer noch die meisten halten Fortschritt im allgemeinen für ein öffentliches Gut, andere eher für ein öffentliches Übel. Viele von uns ordnen auch manchen Fortschritt der Kategorie ›gut‹, anderen der Kategorie ›übel‹ zu.

Wissenserwerb, Wissensverwertung und wissenschaftlicher Fortschritt hängen wesentlich von den sozialen Gegebenheiten einer Gesellschaft ab. Freiheit und Wettbewerb sind die Voraussetzungen für eine rationale Praxis, die in Anbetracht der Fehlbarkeit menschlicher Entscheidungen vor allem Raum zur kritischen Prüfung und zur Korrektur von Fehlentscheidungen lassen muß (Albert 1978, 1991; Radnitzky 1987a, 1987b). Preis- und Qualitätskonkurrenz auf dem Markt, theoretische Auseinandersetzungen und möglichst strenge Überprüfungen in der Wissenschaft und Parteienpluralismus in der Demokratie haben in dieser Beziehung ähnliche Funktionen.

Die Korrigierbarkeit von Fehlentscheidungen setzt voraus, daß niemand die Macht hat, einmal getroffene Entscheidungen gegen Kritik zu immunisieren. Ein wichtiger Mechanismus zur Sicherung der Korrigierbarkeit von Entscheidungen und zur Minimierung von Macht und Herrschaft besteht in der möglichst weitgehenden Autonomie verschiedener Lebensbereiche, wie Wirtschaft, Wissenschaft und Politik voneinander. Wo die Politik die Wirtschaft dominiert, verkümmern die Arbeits- und Innovationsanreize für die produktiv Tätigen. Das war sowohl in den asiatischen Hochkulturen, als auch in den sozialistischen Planwirtschaften Osteuropas der Fall.

Wie Wirtschaft und Politik von einander weitgehend unabhängig sein sollten, so sollte auch die Wissenschaft gegenüber beiden autonom sein. Nach Kuhn (1976, S. 175) bedeutet die soziale und institutionelle Absicherung der wissenschaftlichen Unabhängigkeit vor allem auch, daß »die kreative Arbeit des einzelnen ... ausschließlich an andere Mitglieder der Gruppe (der Wissenschaftler, E. W.) gerichtet ist und von diesen bewertet wird.« Wissenschaftliche Unabhängigkeit impliziert danach, daß Wissenschaftler in erster Linie für einander arbeiten und publizieren und einander kritisieren. Weil Eingriffe politischer und religiöser Instanzen historisch immer wieder die wissenschaftliche Freiheit gefährdet haben, muß die »Zähmung der Herrschaft« (Albert 1986) ergänzt werden durch soziale Normen, die verhindern, daß Wissenschaftler selbst die Politik in Auseinandersetzungen um Erklärungen und Problemlösungen instrumentalisieren.

Damit die Wissenschaft der Gesellschaft möglichst viel Wissen als Sozialkapital zur Verfügung stellt, müssen in der Wissenschaft bestimmte Normen gelten. Kuhn (1976, S. 179/180) hebt folgende besonders hervor: »Eine der stärksten, wenn auch noch ungeschriebenen Regeln des wissenschaftlichen Lebens ist das Verbot von Appellen an Staatsoberhäupter oder die ganze Bevölkerung in Angelegenheiten der Wissenschaft.« Ich möchte besonders hervorheben, daß die Autonomie der Wissenschaft der entscheidende Wert ist und Übergriffe demokratisch legitimierter Instanzen in die Wissenschaft grundsätzlich genauso problematisch sind wie die autokratischer Instanzen. Je besser sich alle sachfremden Einflüsse abwehren lassen, desto besser kann die Wissenschaft Sozialkapital produzieren. Wo das Sozialkapital ›begrenzte Staatseinmischung‹ vorhanden ist, gibt es die besten Voraussetzungen für die Produktion des Sozialkapitals ›Wissen‹.

Aber nicht nur das Verhältnis von Wissenschaft, Staat und Gesellschaft muß normativ geregelt sein – meines Erachtens am besten, indem der Wissenschaft weitgehende Autonomie gewährt wird. Auch die Zusammenarbeit unter den Wissenschaftlern selbst wird durch soziale Normen geregelt. Merton (1973a, 13. Kapitel) erwähnt hier (a) Universalismus, (b) ›Kommunismus‹, (c) Uneigennützigkeit (disinterestedness) und (d) organisierten Skeptizismus. Universalismus verbietet vor allem, daß man von den Merkmalen des Anhängers einer Theorie auf ihre Geltung schließt. Derartige Schlüsse von der Rasse eines Theoretikers auf die Gültigkeit seiner Theorie sind inzwischen wohl allgemein verpönt. Analoge Schlüsse von der Klassenzugehörigkeit sind nicht besser. Auch diese Einsicht dürfte sich langsam durchsetzen. Universalismus verbietet aber auch die Ablehnung von psychologischen oder ökonomischen Theorien als ›unsoziologisch‹. Unabhängig von ihrer guten oder schlechten Abstammung haben alle Theorien Anspruch auf Überprüfung – und keine hat Anspruch auf Akzeptanz ohne Überprüfung.

Das Etikett ›Kommunismus‹ für Mertons zweite Norm ist unglücklich gewählt, aber von der Sache her hat er recht. Durch den Veröffentlichungszwang werden wissenschaftliche Erkenntnisse zum gemeinsamen Eigentum der Wissenschaftler. Das ermöglicht nicht nur die Überprüfung von Aussagen mit Wahrheitsanspruch, sondern auch daß Wissenschaftler auf den Erkenntnissen anderer Wissenschaftler aufbauen. Erst der Veröffentlichungszwang macht Erkenntnisse zu Kollektivgütern und Sozialkapital. Wer die Wissenschaft versteht, der kann sie benutzen. Das ist vor allem deshalb von Bedeutung, weil Wissenschaftler die Tragweite und Implikationen ihrer Entdeckungen oft nicht überschauen, weil Wissen deshalb auch von seinen Erzeugern oft nur partiell verstanden wird (Bartley 1985).

Die Norm der Uneigennützigkeit verbietet Betrug und die Verfälschung von Forschungsresultaten. Sie setzt meines Erachtens die Geltung von Mertons anderen Normen, auch seiner vierten, voraus. Organisierter Skeptizismus gebietet die Überprüfung von Aussagen (und schreckt damit implizit betrügerische Darstellungen ab). Außerdem setzt organisierter Skeptizismus auch eine gewisse Autonomie der Wissenschaft voraus, denn diese Norm gibt dem Wissenschaftler auch das Recht, dem voreiligen Drängen von Politikern, Geldgebern und Bevölkerung ein ›ich weiß nicht‹ entgegenzusetzen.

Unter den Normen, die die Produktion von Wissen in der Wissenschaft steuern können oder sollen, ist die sog. Werturteilsfreiheit besonders umstritten. Mit sog. ›Werturteilsfreiheit‹ will ich andeuten, daß auch die Wissenschaft nicht ohne Wertentscheidungen auskommen kann. Man muß sich als Wissenschaftler zumindest für ›Werte‹ wie Wahrheit, Prüfbarkeit von Aussagen, Informationsgehalt von Hypothesen oder instrumentelle Wirksamkeit von Mitteln entscheiden (vgl. Albert 1977, S. 70; Popper 1945/1958, S. 283/284). Mit *eigenen* Worten würde ich sagen, daß die wissenschaftliche Arbeit *methodologische* Wertentscheidungen voraussetzt.

Die Wahl von Fragestellungen ist in jeder Wissenschaft eine Frage der Entscheidung, die durchaus von persönlichen oder sozialen Interessen und Wertvorstellungen abhängen kann und darf. Das wird auch von Anhängern des Wertfreiheitsprinzips nicht bestritten. Die Forderung nach Wertfreiheit läuft nur darauf hinaus, die Wertentscheidung für eine Fragestellung von der Beurteilung einer Antwort zu trennen, wobei jede potentielle Antwort nach den üblichen Kriterien Prüfbarkeit, Widerspruchsfreiheit, Einfachheit, Informationsgehalt und empirische Bewährung beurteilt werden sollte. Die Forderung nach Wertfreiheit leugnet also nicht, daß außerwissenschaftliche Werte unsere Fragestellungen beeinflussen oder gar bestimmen, sondern sie enthält die Forderung, »außerwissenschaftliche Wertungen aus den Wahrheitsfragen auszuschalten«, oder »daß es eine der Aufgaben der wissenschaftlichen Kritik sein muß, Wertvermischungen bloßzulegen und die rein wissenschaftlichen Wertfragen nach Wahrheit, Relevanz, Einfachheit und so weiter von außerwissenschaftlichen Fragen zu trennen

(Popper 1969b, S. 114 und 115)«. Dabei muß auch hervorgehoben werden, daß die Forderung nach Wertfreiheit im Sinne eines Verbots der Wertvermischung, der Konfundierung von Fragestellung und Wahrheitskriterien, selbst eine Wertentscheidung darstellt. Werturteile, die in die Fragestellung eingehen, können und sollen also von den Werturteilen, die die Auswahl einer bestimmten Problemlösung bestimmen, unterschieden werden.

Es kann natürlich nicht bezweifelt werden, »daß Wertgesichtspunkte zur Annahme oder Ablehnung von Aussagen geführt haben, für die die Frage nach der objektiven Wahrheit grundsätzlich gestellt werden kann (Albert 1965, S. 190).« Aber kein vernünftiger Mensch wird diesen bedauerlichen Zustand zur Norm erheben wollen. Auch uns bzw. unseren eigenen Wertvorstellungen ist ja nicht damit gedient, wenn wir uns nicht mehr um die Erkenntnis realer Gesetzmäßigkeiten bemühen, sondern uns Gesetzmäßigkeiten quasi wünschen und dann auf der Basis unserer Illusionen handeln. Deshalb ist mit Albert (1965, S. 182/183) zu beklagen: »Das Werturteil hat sich in den Sozialwissenschaften als Einfallstor des dogmatischen Denkens erwiesen, vornehmlich da, wo man sich seiner Bedeutung und seiner Funktion am wenigsten bewußt war, nämlich im Falle der impliziten, versteckten und erschlichenen Werte. (Etwa dann, wenn Wertaussagen wünschbare Ziel-Mittel-Zusammenhänge als reale ›darstellen‹ oder wenn gleichermaßen hoch bewertete Zielsetzungen zur Leugnung realer Zielinkompatibilitäten führen. E. W.) Der wissenschaftliche Fortschritt ist aber gerade davon abhängig, daß die Tradition der kritischen Diskussion aller Aussagen sich immer wieder dem Dogmatismus der natürlichen Denkhaltung gegenüber durchsetzt, eine Tradition, die in der Forderung nach intersubjektiver Überprüfbarkeit und Überprüfung zum Ausdruck kommt. ... Überall, wo intersubjektive Kritik möglich ist, sind Werturteile nicht notwendig; wo aber keine solche Kritik mehr möglich ist, da können sie nur dogmatisch eingeführt werden ... Jedes Problem läßt sich sachlich erörtern, ohne daß man zu Werturteilen Zuflucht nimmt. Die Grenze der Wertfreiheit fällt mit der Grenze der kritischen Diskussion zusammen«. Das Postulat der Wertfreiheit, das man in Anlehnung an Popper auch als Verbot der Konfundierung methodologischer und anderer Wertentscheidungen auffassen kann, dient danach dazu, den Spielraum für rationale Auseinandersetzungen zu vergrößern, den für dogmatisches Beharren auf den jeweils eigenen Meinungen zu verringern.

Schwieriger und umstrittener noch als das Problem der Wertfreiheit ist Kuhns (1976) Problem, nämlich die Frage, inwieweit Wissenschaftler – und analog Künstler und Musiker (Engel 1990) – in ihrer Freiheit durch Bindungen an herrschende Paradigmen beschränkt sein *sollten*. Zweifellos erleichtert ein gemeinsames Paradigma die Kommunikation unter den Wissenschaftlern, unter Umständen sogar die gegenseitige Kritik, sicher die Weitergabe von Erkenntnissen an die nächste Generation oder intelligente Laien. Mit Engel (1990) kann man deshalb wissenschaftliche Paradigmen und künstlerische Konventionen mit Kollektivgütern vergleichen, die man pflegen sollte. Andererseits geht von *herrschenden* Paradigmen als ›Gruppenleistungen vom Typus des Bestimmens‹ (vgl. Hofstätter 1971, 2. Kapitel oben) ein solcher Konformitätsdruck aus, daß eine Verstärkung durch Wissenschaftsphilosophie oder -soziologie weder nötig noch wünschenswert ist.

Das gilt vielleicht gerade dann, wenn man – mit Engel (1990, S. 118–119) – die Auffassung vertritt, daß Einschränkungen des Denkens eine notwendige Voraussetzung für intellektuelle Zusammenarbeit und den Fortschritt des Denkens sind, und Durkheim (1912/1984, S. 38) zum Zeugen dafür aufruft: »Wenn sich die Menschen zu allen Zeiten nicht über diese wesentlichen Ideen hätten einigen können, wenn sie nicht eine einheitliche Auffassung der Zeit, des Raumes, der Ursache, der Zahl usw. hätten, dann würde jede Übereinkunft unter den Geistern, und folglich jedes gemeinsame Leben unmöglich sein. Daher kann die Gesellschaft die Kategorien nicht der Willkür der Individuen überlassen, ohne sich selbst aufzugeben.«

Im Anschluß an Durkheim (1912/1984) und Kuhn (1976) geht Engel (1990, S. 300) so weit zu schreiben: »Die Wissenschaftssoziologie konnte zeigen, in welchem Maße intellektueller Fortschritt gerade davon abhängt, daß die Akteure im sozialen System der Wissenschaft gerade *nicht* ›autonom und souverän‹ sind; und man kann mit einem gewissen Recht die Wissenschaftssoziologie als einen Versuch ansehen, die quasi-ordnungspolitischen Voraussetzungen zu explizieren, die im sozialen System der Wissenschaft erfüllt sein müssen, um das Kollektivgut eines gemeinsamen Paradigmas durchzusetzen.« Ob Engels weitergehende und analoge Ausführungen zur Musik haltbar sind, kann und will ich hier nicht beurteilen, aber so zentral und eindeutig positiv kann man seit Andersson (1988) die Rolle von zeitweise kaum der Konkurrenz ausgesetzten Paradigmen in der Wissenschaft wohl nicht mehr sehen. Ob ein gemeinsames Paradigma eher ein kollektives

›Gut‹ oder ein kollektives ›Übel‹ ist, hängt sicher auch von dessen Wahrheitsgehalt oder -ähnlichkeit oder instrumenteller Brauchbarkeit ab. Weder Extension noch Intensität des Konsenses liefern da zuverlässige Anhaltspunkte. Noch nicht einmal die Freiwilligkeit des Konsenses tut das. Man kann höchstens sagen, daß *erzwungener* Konsens bzw. der erzwungene Schein des Konsenses immer ein Übel ist. Aber die freiwillige Übereinstimmung im Irrtum bleibt auch ein Hindernis für den Erkenntnisfortschritt.

20. Die Entwicklung der kapitalistischen Marktwirtschaft: Aufstieg und Niedergang?

Man kann die Marktwirtschaft als ein Wirtschaftssystem definieren, in dem die Akteure für den Markt produzieren, auf dem Markt konkurrieren, wo die Preise durch Angebot und Nachfrage zumindest wesentlich mitbestimmt werden. Auch die Preise der Produktionsfaktoren (Land, Arbeit, Kapital bzw. Fabriken) werden in der Marktwirtschaft durch Angebot und Nachfrage gestaltet. Man kann den Kapitalismus durch Privatbesitz an Produktionsmitteln definieren. Eine kapitalistische Marktwirtschaft zeichnet sich dann sowohl durch Privatbesitz an Produktionsmitteln als auch durch Produktion für den Markt und Preisgestaltung auf dem Markt aus. Mit Berger (1986, S. 190) und Eucken (1955, S. 271) bin ich der Meinung, daß es ohne Privateigentum an Produktionsmitteln oder Kapitalismus auch keine funktionierende Markt- oder Wettbewerbswirtschaft geben kann. Kapitalismus und Marktwirtschaft verwende ich deshalb (von manchen Autoren abweichend) als Synonyme.

Von den Merkmalen des Kapitalismus möchte ich hier nur wenige erwähnen (mehr Details bei Weede 1990a, S. 4–27). Erstens sind Knappheitspreise eine notwendige Voraussetzung für eine effiziente Ressourcenallokation und damit für Wohlstand und Wachstum. Zweitens zwingt uns die Marktwirtschaft dazu, im eigenen Interesse auf die Bedürfnisse der Anderen zu reagieren. Nur wer seinen Tauschpartnern Güter oder Dienste anbietet, die *deren* Bedürfnisse befriedigen, kann damit rechnen, Tauschpartner zu finden und günstige Preise zu erzielen. Drittens kommt die Marktwirtschaft mit einem Minimum an Konsens und Zwang aus. Es müssen sich ja immer nur die Vertrags- oder Tauschpartner einigen. Unbeteiligte sollen und dürfen nicht gefragt werden. Das Minimum an Konsens und Zwang ist vor allem deshalb wichtig, weil die Notwendigkeit, Machthaber oder Gleichgestellte um Zustimmung zu bitten, eine Innovationsbremse ist.

Die konkrete Gestaltung der Wirtschaft ist immer wesentlich von Art und Ausmaß der Staatstätigkeit abhängig, d. h. zunächst und vor allem von der staatlichen Definition und Durchsetzung der Eigentums-, Handlungs- oder Verfügungsrechte, wie ›property rights‹ ins Deutsche übertragen werden kann (vgl. dazu Hayek 1980, 1981a, 1981b; North 1988; Campbell and Lindberg 1990). Ideale bzw. Wohlstand und Wachstum maximierende Verfügungsrechte werden dadurch charakterisiert, daß jeder alle nützlichen oder schädlichen Folgen seines Handelns selbst trägt.

Ideale Verfügungsrechte sind allerdings empirisch selten und nicht leicht erreichbar. Denn die Inhaber politischer Macht neigen dazu, Verfügungsrechte an sich zu reißen. Im gar nicht seltenen Extremfall entartet politische Macht zur Kleptokratie (Andreski 1968, S. 92), d. h. zur Diebesherrschaft oder Untertanenausplünderung. Außerdem müssen die Machthaber auch Steuern erheben, um kollektive Güter – wie Recht und Ordnung, Verteidigung, in Industriegesellschaften auch Umweltschutz – beschaffen zu können. Steuererhebung führt praktisch immer zu einer Verzerrung der Anreize. Schließlich erzeugt die Produktion oft negative Externalitäten, wobei die Produzenten meist nicht genügend belastet werden, um die Opfer ihrer Aktivitäten zu entschädigen. Dieses Problem hat zwar in Industriegesellschaften eine neue Dimension erreicht, aber es taucht schon vorher auf. Der Misthaufen ist nicht sehr modern, aber auch eine negative Externalität für die Anwohner.

Verfügungsrechte sind immer exklusiv. Indem einigen oder einzelnen Menschen Verfügungsrechte zugesprochen werden, werden andere davon ausgeschlossen. Sie sind immer in die politische Ordnung eingebettet bzw. deren Resultat. Die Verfügungsrechte sollten eindeutig und klar sein, damit die Transaktionskosten begrenzt werden, d. h. Abmachungen ausgehandelt und durchgesetzt werden können. Auch für das Ausmaß der Transaktionskosten ist weitgehend der Staat verantwortlich, denn er standardisiert Meßprozeduren und den Rechtsweg oder er erhöht die Transaktionskosten, wenn er das unterläßt. Die Frage nach der Entwicklung des Kapitalismus ist deshalb wesentlich eine Frage nach der Entstehung von Eigentumsrechten, die das bedeutsamste Sozialkapital von Gesellschaften darstellen und auch öffentliche Güter sind. Die Frage nach der Entwicklung des Kapitalismus ist deshalb wesentlich eine Frage nach der Entstehung des Rechts und damit der Einschränkung oder Domestikation politischer Macht (Albert 1986).

Staatliches Recht und Naturgesetze wirken ähnlich, wenn sie bekannt sind. Beide erhöhen die Voraussehbarkeit von Handlungsfolgen, ›verbieten‹ aber auch bestimmte Ziel-Handlungs-Kombinationen, die Naturgesetze als unmöglich, die sozialen Gesetze als unerlaubt und Auslöser von Sanktionen oder Strafen. Hayek (1971, S. 172) hat das so formuliert: »Indem sie sagen, was geschehen wird, wenn jemand dieses oder jenes tut, haben die staatlichen Gesetze für das Handeln dieselbe Wirkung wie die Naturgesetze; der Handelnde kann seine Kenntnis der Gesetze des Staates zur Verfolgung seiner Zwecke ebenso verwenden, wie er die Kenntnis der Naturgesetze dazu verwendet.«

Die kapitalistische Marktwirtschaft ist zuerst in Westeuropa entstanden. Warum konnte gerade in Westeuropa und nicht in einer der asiatischen Hochkulturen die politische und Rechtsordnung so gestaltet werden, daß Wirtschaftswachstum und ein gewisser Wohlstand für alle (oder fast alle) erreichbar wurden? Auf diese Frage gibt es verschiedene Antworten.

Nach Jones (1981/1991; sekundär: Weede 1988, 1989a, 1990a) hat die geographische Zersplitterung und Kleinflächigkeit europäischer verglichen mit asiatischen Landschaften zur Entstehung eines internationalen Systems und einer interregionalen Arbeitsteilung bei der Produktion von *Massen*gütern beigetragen. Die Heterogenität und Kleinflächigkeit Europas hat einerseits so etwas wie natürliche Grenzen herrschaftlicher Expansion erzeugt und damit die Rivalität politischer Einheiten, also ein System konkurrierender Staaten. Gleichzeitig impliziert die Kleinflächigkeit und Heterogenität europäischer Landschaften, daß die Produktionsbedingungen für verschiedene landwirtschaftliche Erzeugnisse in verschiedenen Gegenden unterschiedlich günstig gewesen sind, d. h. es bot sich eine interregionale Arbeitsteilung und die frühe Herausbildung eines Handels mit Gütern für den *Massen*bedarf an.

Die gleichzeitige Existenz eines Systems rivalisierender politischer Einheiten und eines signifikanten Handels mit Massengütern hat in Europa – etwa im Gegensatz zum lange historische Perioden geeinten China, wo auch der Handel mit Luxuswaren eine bedeutsamere Rolle spielte – zur frühen Herausbildung eines Systems *relativ* sicherer Eigentums- und Verfügungsrechte beigetragen. Natürlich hatten europäische Fürsten grundsätzlich dieselben kleptokratischen oder konfiskatorischen Neigungen wie asiatische Herrscher. Aber ihre Situation legte andere Kosten-Nutzen-Kalküle und damit anderes Handeln nahe. Handel mit Massengütern statt Luxuswaren bedeutet zweierlei. Erstens, der Warenwert eines Pferdewagens mit Gütern ist relativ gering, wenn Salz oder Getreide oder Gebrauchsweine (für das einfache Volk) transportiert werden. Zweitens, viele derartige Pferdewagen mußten oft unterwegs sein. Aus der politischen Zersplitterung Europas folgt ein drittes Merkmal des europäischen Handels: die Territorien besonders raubgieriger Herrscher konnten gemieden werden.

In den Kosten-Nutzen-Kalkülen europäischer Fürsten mußten also mindestens zwei Handlungsalternativen bedacht werden: Entweder ich konfisziere sofort einige mit Massengütern beladene Pferdewagen und erhalte einen bescheidenen Ertrag. Das vertreibt aber andere Kaufleute in Zukunft aus meinem Gebiet, das ja umgangen werden kann. Das mindert die künftigen Konfiskations- oder Raubchancen. Oder ich verspreche den Kaufleuten *gegen eine Abgabe* Schutz und sicheres Geleit in meinem Territorium, erhalte nur einen sehr bescheidenen Ertrag pro Pferdewagen, aber locke durch dieses Angebot viele, immer wiederkehrende Kaufleute und Pferdewagen in mein Gebiet. Auf lange Sicht übertreffen die Einnahmen aus den Schutzgebühren die aus sofortigem und hemmungslosem Raub.

Sobald die Zersplitterung politischer Herrschaft und der Handel mit Massengütern einigen Herrschern nahelegen, die Eigentums- und Verfügungsrechte der Kaufleute zu achten bzw. zu garantieren, entsteht eine rudimentäre Konkurrenz unter den Herrschern um Handel und wirtschaftliche Aktivität in ihren Gebieten. Besonders räuberische Fürsten tendieren zur Gefährdung ihrer wirtschaftlichen Basis und dürften bei der politisch-militärischen Konkurrenz mit benachbarten Einheiten tendenziell zurückfallen – oder sie müssen sich anpassen, d. h. ihre räuberischen Neigungen beschränken.

Die politische Fragmentierung Europas hat nicht nur Kaufleuten genützt, sondern auch Bauern, die ihren Herren entlaufen konnten, und Handwerkern, die aus einem Gebiet in ein anderes (z. B. in die Stadt) abwandern konnten. Durch ihre Rivalität und Zersplitterung haben die politischen Herren Europas gegenseitig zur Einschränkung ihrer Macht beigetragen und verhindert, daß in Europa die Volksmassen so rechtlos wie in den oft großflächigen orientalischen Despotien wurden. Eigentums- und Verfügungsrechte für das Volk aber sind eine wichtige Voraussetzung dafür, daß das Volk Arbeitsanreize verspürt. Und

Arbeitsanreize für möglichst viele sind die Voraussetzung für das europäische Wunder, das darin besteht, erstmalig die Überwindung des Massenelends ermöglicht zu haben. Die industrielle Revolution seit Ende des 18. Jahrhunderts ist dabei nur ein Aspekt dieses ›Wunders‹.

Die Existenz eines Systems rivalisierender politischer Einheiten hat nicht nur über die Begrenzung politischer Macht und die Entstehung relativ sicherer Eigentums- und Verfügungsrechte zum europäischen Wunder beigetragen, sondern auch über die Innovationsmöglichkeiten in Europa. In Riesenreichen, wie in China unter der Ming-Dynastie, konnte Innovation von oben unterbunden werden. Chinesische Herrscher haben im 15. Jahrhundert den Bau von hochseetüchtigen Schiffen und den Überseehandel verboten und damit die Weltmeere frei für den europäischen Expansionsdrang gemacht. Im politisch zersplitterten Europa konnte kein Herrscher derartige Maßnahmen im kontinentalen Maßstab durchsetzen.

Seit der Reformation wurde die politische Zersplitterung Europas durch die religiöse Zersplitterung ergänzt, was auch den Einfluß der Priesterherrschaft als potentieller Innovationsbremse verringern mußte. Das zwischenstaatliche System mit seinen Rivalitäten und Kriegen sowie die religiösen Konflikte haben oft zur Flucht aus einem in andere europäische Länder veranlaßt. Weil Flüchtlinge oft wertvolle Kenntnisse aus ihrer alten in ihre neue Heimat mitbrachten, waren die europäischen Flüchtlingsströme ein wichtiger Beitrag zur Innovationsdiffusion.

Meines Erachtens sind die Existenz eines Systems rivalisierender politischer Einheiten und einer regionalen Arbeitsteilung bei der Produktion von Massengütern sowie die aus der politischen Zersplitterung resultierenden Innovationsmöglichkeiten und die aus dem Staatensystem und dem Handel mit Massengütern resultierenden relativ sicheren Eigentums- und Verfügungsrechte die bedeutsamsten Variablen in Jones' Erklärungsskizze für das europäische Wunder. Jones (1981/1991) erwähnt darüber hinaus noch eine Vielzahl anderer europäischer Besonderheiten, wie beschränkte Zerstörung von Kapitalgütern bei Katastrophen, relativ geringe Geburtenquoten und relativ geringen Bevölkerungsdruck sowie die Möglichkeit, seit dem 16. Jahrhundert die Ressourcen praktisch der ganzen Welt zu nutzen.

Außerdem möchte ich ergänzend zur Beschränkung politischer Macht durch die Existenz eines Systems rivalisierender Staaten hinweisen auf die Begrenzung von Herrschaft durch die Rivalität von Kirche und Staat in der europäischen Geschichte (Berman 1983), durch die Rivalität zwischen christlichen Konfessionen und Sekten, durch die Rivalität zwischen autonomen Städten und Territorialherrschern. Das alles hat den Entscheidungsspielraum von wenigen Herrschern reduziert und den von vielen politisch ohnmächtigen Individuen (Familien und Kleingruppen) im Alltag vergrößert. In Anbetracht dessen, was wir seit Hayek (1971, vgl. auch 19. Kapitel oben) über die Zersplitterung des Wissens in einer Vielzahl von Köpfen wissen, kann man in der relativ freiheitlichen Geschichte Europas den entscheidenden Grund dafür sehen, daß sich zuerst in Europa das freiheitliche Wirtschaftssystem der kapitalistischen Marktwirtschaft durchsetzen konnte.

Max Weber hat gleich zwei Erklärungsskizzen für die Entstehung des Kapitalismus geliefert. In seiner Religionssoziologie hat Weber (1920/1972, 1921/1978) erläutert, warum der Protestantismus im Gegensatz etwa zum Hinduismus, Buddhismus oder Konfuzianismus besonders günstige Voraussetzungen für die wirtschaftliche Entwicklung geschaffen hat.[36] In seiner Wirtschaftsgeschichte hat Max Weber (1923/1981) dagegen vor allem die Entwicklung und den Beitrag eines berechenbaren Rechts hervorgehoben.

Im Gegensatz zum ›Property Rights‹-Ansatz betont Weber dabei den Gesichtspunkt der Berechenbarkeit *per se* und weniger die Anreizwirkungen, die von jeder Rechtsordnung ausgehen. Zumindest denkbar ist ja auch eine Rechtsordnung, die kalkulierbar dafür sorgt, daß man *nicht* die Früchte seiner Arbeit ernten kann. Die Anreizeffekte einer Rechtsordnung müssen meines Erachtens um so verheerender sein, je mehr sie sich diesem Zustand nähern. Aber diese Anmerkung soll nicht bestreiten, daß ein berechenbares Recht eine notwendige, allerdings nicht hinreichende Voraussetzung für die Entwicklung des Kapitalismus ist. Die Berechenbarkeit des Rechts ihrerseits ist bei Weber (1923/1981) Folge der zwischenstaatlichen Konkurrenz, der Autonomie europäischer Städte und der Existenz bürokratischer Herrschaft (vgl. sekundär: Collins 1980; Andreski 1984; Weede 1990a). Ich tendie-

---

[36] Nach Max Weber haben der Calvinismus und der Puritanismus wesentlich zur kapitalistischen Entwicklung beigetragen, weil sie die Gläubigen zur Arbeit verpflichtet und ihnen das Wohlleben verleidet haben. Diese eher ›unnatürliche‹ Einstellung führt Andreski (1989) nicht auf die Prädestinationslehre, sondern auf die zunehmende Verbreitung der Syphillis und damit der Angst davor im 16. und 17. Jahrhundert zurück. Wie bei Weber sind auch bei Andreski puritanische Einstellungen zur Entwicklung von Wirtschaft und Wissenschaft beitragende Bedingungen, aber diese Einstellungen sind wie auch die Prädestinationslehre von der Angst vor der Krankheit bedingt.

re dazu, in Webers (1923/1981) Wirtschaftsgeschichte einen Vorläufer und eine Variante des Property-Rights-Ansatzes zu sehen.

Seit Mitte des 19. Jahrhunderts werden immer wieder Gründe dafür angeführt, warum sich auch die kapitalistische Marktwirtschaft überleben wird, warum sie durch eine andere Wirtschaftsverfassung abgelöst werden soll, muß und wird. Die bedeutsamsten Kritiker des Kapitalismus sind Marx und Engels (1848/1966), die ihre Auffassung im ›Manifest der kommunistischen Partei‹ kurz und prägnant zusammengefaßt haben. In Anlehnung an Popper (1945/1958; 1960/1974) und Olson (1968) kann man diese Kapitalismuskritik so zusammenfassen und kritisieren (vgl. Weede 1986a, 6. Kapitel, wo eine ausführlichere Darstellung gegeben wird): Nach Marx und Engels (1848/1966) führt die kapitalistische Wirtschaftsentwicklung a) zur Verelendung, b) zur Dichotomisierung der Klassenstruktur, c) zur Revolution und d) zur klassenlosen Gesellschaft.

Diese marxistischen Thesen kann man einmal mit grundsätzlichen theoretischen Argumenten kritisieren, d. h. mit Argumenten, die *nicht* auf historische Entwicklungen seit 1848 verweisen (durchaus aber seitdem gewonnene theoretische Erkenntnisse verwenden), kann man außerdem mit dem Verweis auf die geschichtliche Entwicklung und das Nichteintreffen fast aller marxistischen Erwartungen kritisieren. Ich werde nacheinander beide Strategien einsetzen. Zunächst zur rein theoretischen Kritik.

Mit der *Verelendungsthese* wird nicht nur zunehmende Kapitalkonzentration in immer weniger Händen vorausgesetzt, sondern *implizit* auch die Möglichkeit korrigierender Staatseingriffe geleugnet. Dabei wird einerseits der Staatsapparat als Instrument der Kapitalisten bzw. des Großkapitals begriffen, andererseits aber implizit vorausgesetzt, daß die kleine Gruppe der Großkapitalisten – und sie wird ja um so kleiner, je mehr die Verelendung fortschreitet – nicht zu kollektivem Handeln in der Lage ist. Das Interesse des Großkapitals an der Erhaltung des Kapitalismus ist ja gerade für Marxisten offensichtlich. Wer Olsons (1968) Logik des kollektiven Handelns (vgl. auch Kapitel 11 oben) akzeptiert, würde bei einer *kleinen* Gruppe ein besonders hohes Ausmaß der Fähigkeit zum Handeln erwarten. Sofern diese kleine Gruppe der großen Kapitalisten letztlich auch die Staatsgewalt kontrolliert, müßten ihr auch selektive Anreize und Zwang als Mittel zur Abwehr von Gefahren für ihre Klasseninteressen zur Verfügung stehen.

In der *Dichotomisierungsthese* wird behauptet, daß alle Klassen außer der schrumpfenden der Kapitalisten und der wachsenden des lohnabhängigen Proletariats zunehmend bedeutungsloser werden, bis sich schließlich nur noch ein großes verelendetes Proletariat und eine kleine Gruppe von Kapitalisten gegenüberstehen. Was in der Dichotomisierungsthese vernachlässigt wird, ist, wie die Heterogenitäten außerhalb der Kleingruppe des Großkapitals – ich zögere, alle diejenigen als ›Proletarier‹ zu bezeichnen, die keine Besitzer von nennenswertem Produktionskapital sind – verschwinden oder belanglos werden.

Wie verschwindet unter dem marxistischen Verelendungsdruck das Lumpenproletariat, statt der herrschenden Klasse ein unerschöpfliches Reservoir für Schlägerbanden zur Unterdrückung des Proletariats zu bieten? Oder verbietet die oben schon erwähnte implizierte Unfähigkeit der Herrschenden zu kollektivem Handeln auch den Einsatz des Lumpenproletariats? Wie werden die Unterschiede zwischen einfachen Arbeitern und Vorarbeitern (die im Betriebsalltag ja an ›Herrschaft‹ partizipieren), zwischen öffentlichem Dienst (einschließlich Polizei und Militär) und Privatwirtschaft, zwischen Stadt und Land belanglos? Sind wirklich alle Arten von Selbständigen gleichermaßen gefährdet, ins Proletariat herabgedrängt zu werden?

Aber selbst wenn man sowohl die Verelendung als auch die Dichotomisierung der Klassenstruktur mal unterstellt, folgt daraus theoretisch nicht zwingend, daß die vielen verelendeten Proletarier zur Rebellion und Revolution gegen die wenigen verbleibenden Kapitalisten in der Lage sind. Denn die Überwindung der eklatant ungerechten Ordnung des Kapitalismus – so stellt sich der Kapitalismus für Marxisten ja dar – ist ein Kollektivgut. Eine riesengroße Gruppe ressourcenschwacher Akteure, die der Zwangsgewalt unterworfen ist, statt über sie zu verfügen, müßte nach der Logik des kollektiven Handelns immensen Anreizen zum Trittbrettfahren ausgesetzt sein. Für jeden einzelnen Proletarier muß das Kalkül gelten, daß man die Durchsetzung einer egalitären und gerechten Ordnung besser den anderen überläßt, als das selbst in Angriff zu nehmen. Denn der Erfolg hängt fast ausschließlich vom Tun der anderen ab. Nur die Kosten, nicht der Nutzen des eigenen Handelns, sind spürbar.

Das Problem verschärft sich, wenn man die Annahme eines homogenen Proletariats verwässert, also eine gewisse interne Heterogenität zuläßt und die daraus resultierende Interessendifferenzierung. Das Problem verschärft sich weiter, wenn man sich darüber hinaus den gezielten Einsatz von selektiven Anreizen und Zwang seitens der herrschenden Klasse gegen das Proletariat vorstellt, um den Aufstand der Massen zu unterbinden. Sofern man von den Standardprämissen des ökonomischen Erklärungsansatzes ausgeht, ist Rebellion des Proletariats auch dann noch nicht zu erwarten, wenn Verelendung und Dichotomisierung der Klassenstruktur gegeben wäre.

Obwohl damit die Verelendungs-, Dichotomisierungs- und Revolutionsthesen schon aus rein theoretischen Gründen zweifelhaft sind, kann man jedenfalls im Gedankenexperiment mal deren Gültigkeit unterstellen, um sich zu fragen, ob unter diesen Bedingungen das siegreiche Proletariat eine klassenlose Gesellschaft errichten wird – vielleicht nicht sofort, aber doch in absehbarer Zeit nach der Revolution. Diese Erwartung setzt voraus, daß die Revolution entweder ohne Organisation auskommt oder daß die Organisation mit ihren Kadern bald nach der Revolution aufgelöst wird, damit die ›Diktatur des Proletariats‹ sich gar nicht erst entsprechend dem Michels'schen (1910/1970) Oligarchiegesetz *als Diktatur* verfestigt, *und* daß keine neue technokratische oder meritokratische Elite entsteht. Meines Erachtens reicht es, diese Probleme zu erwähnen, um die Unplausibilität der marxistischen Erwartungen (oder Hoffnungen) aufzuzeigen. *Günstigstenfalls* kann man die klassenlose Gesellschaft als ein denkbares Resultat der Revolution gelten lassen neben der langfristigen Festschreibung der Diktatur.

Weil die sozialistische Revolution und die ›Diktatur des Proletariats‹ ja zumindest die relative Autonomie von Wirtschaft und Politik, die im Kapitalismus herrschte, überwindet, ist es allerdings überzeugender, sich Moscas (1895/1950, S. 125) sehr frühzeitig geäußerten Befürchtungen anzuschließen: »Man sollte über die praktischen Konsequenzen eines Systems keine Illusionen haben, in dem politische Macht und Kontrolle der Gütererzeugung und -verteilung sich unwiderruflich in der Hand derselben Personen befinden. Im Maße, als der Staat einen immer größeren Teil des Volksvermögens in die Hand nimmt und verteilt, erhalten die Führer der politischen Klasse mehr Einfluß und Macht über ihre Untergebenen, während sie sich selbst immer leichter jeder Kontrolle entziehen.« (Für diejenigen, die sich selbst als künftige Mitglieder der herrschenden Klasse betrachten, macht natürlich gerade das von Mosca aufgezeigte Problem den Reiz des Sozialismus aus – unabhängig von seinen wirtschaftlichen ›Leistungen‹. Vgl. dazu Scheuch 1991).

Noch grundsätzlicher als die oben angeführten Einwände gegen die marxistische Theorie vom Niedergang des Kapitalismus ist ein Einwand Poppers (1960/1974), wonach das ganze Projekt einer Großprognose unabhängig von seinem spezifischen Gegenstand Kapitalismus zum Scheitern verurteilt sein muß. Das Handeln der Menschen hängt offensichtlich vom Können und von den Erkenntnissen ab. Die Entwicklung der menschlichen Erkenntnis, d. h. der Erkenntnisfortschritt, ist grundsätzlich nicht prognostizierbar. Deshalb ist auch der Verlauf der Geschichte nicht vorhersehbar, auch nicht ein historischer Endzustand oder das ›Ziel‹ der Geschichte. Die noch im 19. Jahrhundert unvorhersehbare Entwicklung nuklearer und anderer Destruktionspotentiale illustriert diesen grundsätzlichen Popperianischen Einwand am deutlichsten. Aber auch organisatorische, soziale oder medizinische Fortschritte könnten den Verlauf der Geschichte in gänzlich unerwartete Richtungen ›ablenken‹.

Wenn man die marxistischen Thesen einzeln mit der historischen Erfahrung seit 1848 konfrontiert, wird das Bild nicht günstiger als bei der Beschränkung der Kritik auf theoretische Argumente. Denn es ist nicht zur Verelendung der Massen gekommen – weder absolut, noch relativ (Heilbroner 1980; Kuznets 1976). Sogar die relativen Einkommensanteile der arbeitenden Bevölkerung sind im 20. Jahrhundert in den meisten westlichen Industrieländern günstiger als im 19. Jahrhundert geworden. Viele Soziologen sehen einen Gestaltwandel des Schichtungsgefüges, der oft mit dem Übergang von einer Pyramide zu einer Zwiebel beschrieben wird (Lenski 1973, 1982; Hradil 1991). Damit ist auch schon gesagt, daß es nicht zur klaren Dichotomisierung der Klassenstruktur gekommen ist. Stattdessen diagnostizieren zeitgenössische Soziologen eine zunehmende Multidimensionalität und Unübersichtlichkeit der Lebenslagen, ja deren zumindest partielle Ablösung vom Beruf und der Stellung im Produktionsprozeß (Berger und Hradil 1990). Marxistisch inspirierte Revolutionen haben auch nicht in den entwickelten Ländern Westeuropas oder Nordamerikas, sondern in einigen relativ rückständigen Ländern Osteuropas und Ostasiens stattgefunden. Deren Resultat war nirgendwo auch nur eine signifikante Annäherung an die klassenlose Gesellschaft.

In Anbetracht dieser Einwände und Tatsachen muß die marxistische Kapitalismuskritik vorbehaltlos zurückgewiesen werden. Marxistisch inspiriert, wenn auch oft vom orthodoxen Marxismus weit entfernt, sind die Versuche von einigen Imperialismus-, Dependenz- oder Weltsystemtheoretikern, die Verelendungsthese vom Proletariat der Industrieländer auf die verarmten Massen der Entwicklungsländer zu übertragen und die Armut in der Dritten Welt als notwendige Kehrseite des Reichtums in den westlichen Industrieländern darzustellen. Meines Erachtens (vgl. Weede 1985a, 1985b, 1990a, VIII. Kapitel) sind auch diese Theorien im wesentlichen gescheitert und nicht in der Lage, die recht unterschiedliche Wirtschaftsentwicklung in Lateinamerika, Afrika und Asien zu erklären.

Aus dem Scheitern der marxistischen oder dependenztheoretischen Kapitalismuskritiker darf man aber nicht ableiten, daß der Kapitalismus eine unproblematische oder ungefährdete Ordnung sei. Mit Olson (1985) kann man auf die Tatsache verweisen, daß latente Interessengruppen (also Menschen mit gemeinsamen Interessen, die von kollektivem Handeln profitieren könnten, wenn sie dazu in der Lage wären) ein Interesse daran haben müssen, sich zu organisieren, also eine manifeste Interessengruppe oder Verteilungskoalition zu werden. Das Ziel solcher Verteilungskoalitionen ist die Durchsetzung restriktiver Praktiken, die Verringerung oder Ausschaltung des Wettbewerbs, dem man unterworfen war oder ist, die Verzerrung der Preise zu eigenen Gunsten. Die Machenschaften der Verteilungskoalitionen führen nach Olson (1985; sekundär: Weede 1986b, 1990a) zur Verkrustung der Wirtschaft, zu abnehmenden Wachstumsraten und vielleicht auch zu zunehmender Arbeitslosigkeit und Ungleichheit (vgl. Kapitel 17 oben).

Olsons (1985) Diagnose krisenhafter Entwicklungen in den kapitalistischen Demokratien beruht letztlich auf der unterschiedlichen Durchsetzbarkeit gemeinsamer Interessen von Kleingruppen und Großgruppen. Nach Olson (1968) sinkt ja die Fähigkeit zu kollektivem Handeln mit steigender Gruppengröße. Die meisten Menschen gehören gleichzeitig vielen latenten Interessengruppen unterschiedlicher Größe an. Alle haben einerseits ein Interesse daran, eine blühende Wirtschaft und das heißt eine Wettbewerbswirtschaft zu erhalten. Gleichzeitig gehören die meisten Individuen zu Sonderinteressengruppen, die dem Wettbewerb nicht unterworfen sein wollen. Kollektives Handeln im Gesamtinteresse an der Wettbewerbserhaltung ist unwahrscheinlicher als kollektives Handeln von kleinen Sonderinteressengruppen. Deshalb besteht die Gefahr zunehmender Vermachtung von Märkten und zunehmender restriktiver Praktiken.

Der Aufstieg des Westens beruht meines Erachtens vor allem auf der Eingrenzung der Staatsgewalt und dem Schutz der Eigentums- und Verfügungsrechte auch *vor* der Staatsgewalt durch innen- und außenpolitische Pattsituationen. Innerhalb der westlichen Marktwirtschaften entstehen notwendigerweise immer Anreize für Sonderinteressen, dem Wettbewerb auf dem Markt mit staatlicher Hilfe zu entkommen, d. h. die Autonomie der Wirtschaft gegenüber der Politik zu reduzieren und die Staatstätigkeit auszuweiten und die Staatsgewalt gegenüber den Individuen zu verstärken. Mit der Reduzierung der Freiheit des Individuums steht die spezifisch westliche Errungenschaft auf dem Spiel, wird unser bedeutsamstes Sozialkapital gefährdet.

Hinter den Machenschaften der Verteilungskoalitionen und der Ausweitung der Staatstätigkeit in westlichen Industriegesellschaften liegt noch ein tieferes Problem, nämlich die partielle Inkompatibilität verschiedener menschlicher Bedürfnisse. Einerseits benötigen wir eine möglichst effiziente Ressourcenallokation, um die Bedürfnisse der Menschen optimal zu befriedigen. Andererseits ist fragwürdig, ob Effizienz überhaupt noch definiert werden kann, wenn wir es mit vielen Menschen und einer Vielzahl von Bedürfnissen mit von Mensch zu Mensch variierendem Gewicht zu tun haben. Die Befriedigung mancher Bedürfnisse mancher Menschen kann dann die Befriedigung anderer Bedürfnisse derselben oder anderer Menschen unwahrscheinlich oder unmöglich machen. Wo es um die Befriedigung des einen *meiner* Bedürfnisse auf Kosten anderer *meiner* Bedürfnisse geht, kann man die Abwägung dem jeweils betroffenen Individuum überlassen. Wo es aber um die Befriedigung der Bedürfnisse des einen auf Kosten der eines anderen geht, setzt eine solche Abwägung entweder ganz unrealistisch einen gemeinsamen Wertmaßstab voraus (vgl. dazu Albert 1986, S. 82; auch Frey and Gygi 1990) oder es handelt sich um einen Herrschaftsanspruch, um einen Versuch, eigene Vorstellungen (oder Vorstellungen einer Mehrheit) anderen zu oktroyieren. Ein Oktroi mag zwar ›effizient‹ im Sinne derer, die sich durchsetzen, sein, aber nichts spricht dafür, dem jeweiligen Sieger noch das Prädikat der gesamtgesellschaftlichen Effizienz zu verleihen.

In modernen Volkswirtschaften verlangt die Befriedigung unserer Bedürfnisse nach materiellen Konsumgütern oder marktgängigen Dienstleistungen von vielen Menschen vertikale oder horizontale Mobilität. In einer Marktwirtschaft hängt die Chance der Befriedigung eigener Bedürfnisse weitgehend davon ab, inwieweit man zur Befriedigung der Bedürfnisse seiner Mitmenschen beiträgt, also zur Bereitstellung von Gütern und Dienstleistungen, die auch nachgefragt werden. Die Mobilität im Dienste der Befriedigung mancher eigener und fremder Konsumwünsche empfinden viele von uns als fortlaufenden

Zwang zur Aufgabe gewachsener sozialer Einbindungen. Mit den Worten von Olson (1991, S. 184): »Die fortlaufende Reallokation und Reorganisation, die zur höchstmöglichen Befriedigung aller unserer anderen individuellen Bedürfnisse ... nötig sind, sind für gewöhnlich nicht mit den stabilen oder dauerhaften persönlichen Beziehungen kompatibel, welche die meisten Menschen zu schätzen und zu brauchen scheinen.« Weil die Befriedigung unserer eigenen Bedürfnisse nicht nur von eigenem Tun, sondern auch von dem der anderen abhängt, haben wir alle den Anreiz, Anpassungszwänge und -lasten von uns selbst weg- und zu anderen hinzuschieben. Dazu verwenden wir Verteilungskoalitionen, die staatliche Eingriffe in das Marktgeschehen veranlassen und damit die kapitalistische Marktwirtschaft immer wieder gefährden.

21. Gewalt, Rebellion und Revolution

Im Rahmen des methodologischen Individualismus kann man Rebellion und Gewaltanwendung entweder durch Deprivation, Unzufriedenheit, Frustration[37] oder durch rationale Kalküle, Ressourcenmobilisierung, machtpolitische Gegebenheiten erklären. Einfaches Aufsummieren von individuellen Erfahrungen und Gefühlen kann nur bei einem deprivationstheoretischen Ansatz möglicherweise Rebellion und Gewalt erklären. Je mehr Menschen unzufrieden oder frustriert sind, desto mehr Menschen könnten zur Rebellion und Gewaltanwendung bereit sein. Das Handeln der Rebellen wird dabei expressiv, nicht instrumental interpretiert. Ganz anders stellt sich das Problem aus der Perspektive der ökonomischen oder Werterwartungstheorie dar. Denn das Ziel der Rebellion kann für die meisten Mitglieder einer Gesellschaft nur die Veränderung der bestehenden Ordnung, die Durchsetzung einer besseren politischen Ordnung, sein, also die Beschaffung eines Kollektivgutes. In großen Gruppen muß sich da wieder die Trittbrettfahrertendenz zeigen, d. h. die Neigung, die Verbesserung der Gesellschaft durch Rebellion den anderen zu überlassen. Aufsummieren von Trittbrettfahrneigungen führt nur zu der Erwartung, daß es in großen Gruppen nie zu Massenrebellionen mit Gewaltanwendung gegen die Herrschenden kommt. Das ist natürlich in dieser Schärfe eine übertriebene und falsche Schlußfolgerung, die noch korrigiert werden wird. Aber schon die eben vorgetragene extreme Verkürzung eines Erklärungsansatzes auf der Basis der Rationalitätsprämisse führt in die

---

[37] In der psychologischen Forschung wird ein engerer bzw. exakterer Frustrationsbegriff als in der Umgangssprache oder in der makrosoziologischen und makropolitischen Forschung verwendet. Für Psychologen entsteht Frustration aus der Unterbrechung bzw. Störung zielorientierten Verhaltens. Für Soziologen und Politikwissenschaftler scheint Frustration nur ein anderer Ausdruck für Unzufriedenheit zu sein. Weil in international vergleichenden Studien die Unterbrechung oder Störung zielorientierten Verhaltens ohnehin nie erfaßt wird, schließe ich mich der weiteren, umgangssprachlichen und ungenaueren Begriffsverwendung an.

Nähe einer wichtigen Tatsache, nämlich der, daß ganze Gesellschaften erfassende Massenrebellionen tatsächlich sehr selten sind und erfolgreiche Massenrebellionen noch seltener.

Deprivationstheorien und deren Konkurrenten, die rationales Handeln unterstellen, unterscheiden sich nicht darin, ob sie einen Zusammenhang zwischen Unzufriedenheit und Gewalt behaupten oder leugnen, sondern darin, ob sie glauben, mit Unterschieden im Ausmaß der Unzufriedenheit erklären zu können, warum verschiedene Gesellschaften verschieden gewaltanfällig und rebellionsgefährdet sind. Mit Oberschall (1978, S. 298) kann man nämlich gerade aus der allzu weiten Verbreitung von Deprivation und Unzufriedenheit schließen, daß diese Gegebenheiten *nicht* wesentlich zur relativ seltenen Rebellion und Gewaltanwendung beitragen können. Entbehrungen und Unzufriedenheit dürften sich zwar bei (fast?) jeder Rebellion nachweisen lassen, aber noch häufiger dürften Entbehrungen und Unzufriedenheit vorliegen, ohne Rebellionen auszulösen.

Meine Ablehnung von Deprivationstheorien und Parteinahme für Theorien des rationalen Handelns, der Ressourcenmobilisierung und machtpolitischer Gegebenheiten ist damit schon ausgedrückt. Um den begründeten Charakter dieser Theorienpräferenz deutlich zu machen, möchte ich zunächst einige deprivationstheoretische Erklärungsansätze diskutieren und deren Probleme dokumentieren. Erst danach werde ich auf der Basis der Rationalitätsprämisse den von mir bevorzugten Erklärungsansatz entwickeln.

Die historisch einflußreichste Variante der Deprivationstheorie stammt von Marx und Engels (1848/1966) und ist im ›Manifest der kommunistischen Partei‹ enthalten, nämlich die Auffassung, daß die Verelendung des Proletariats zu dessen Revolution führen würde. Diese These habe ich schon im vorigen Kapitel kritisiert, so daß sich hier ein weiteres Eingehen auf diese These erübrigt. Man könnte höchstens die Rolle eines nicht-marxistischen Deprivationstheoretikers spielen und sagen, daß der deprivationstheoretische Zusammenhang zwischen Verelendung des Proletariats und Revolution durch die Geschichte nicht widerlegt worden ist und nicht widerlegt werden konnte, weil es gar nicht zur Verelendung des Proletariats gekommen ist. Die Kritik an der marxistischen Variante der Deprivations- und Revolutionstheorie muß in der Tat andere deprivationstheoretische Ansätze kaum betreffen.

Davies (1962) hat einige von Marx' Auffassungen akzeptiert und andere zurückgewiesen. In seiner Revolutionstheorie löst relative Deprivation Rebellionen oder Revolutionen aus, wobei relative Deprivation durch Aufschwung-Abschwung-Sequenzen der wirtschaftlichen Entwicklung entsteht. Im Aufschwung gewöhnen sich die Menschen an einen steigenden Lebensstandard und erwarten, daß es ihnen auch in Zukunft immer besser geht. Der Abschwung führt nicht schnell genug zu einer Korrektur der Erwartungen, so daß eine Lücke zwischen den Ansprüchen und dem, was die Leute tatsächlich bekommen (können), entstehen muß. Diese Lücke ist für die Rebellionsbereitschaft verantwortlich.

Davies (1962) bietet einiges Material dafür, daß tatsächlich manchen Rebellionen oder Revolutionen Aufschwung-Abschwung-Sequenzen vorangegangen sind. Er zieht aber keine Konsequenzen daraus, daß es nach seiner Theorie im Gefolge der Weltwirtschaftskrise (der in den 20er Jahren ein Aufschwung voranging) in vielen westlichen Gesellschaften hätte zu Rebellionen oder Revolutionen kommen sollen. Das ist aber für die überwältigende Mehrheit der von der Weltwirtschaftskrise betroffenen westlichen Gesellschaften nicht der Fall (Rittberger 1973; Tilly 1978, S. 201).

Ähnlich wie Davies (1962) erklären auch die Feierabends (1966) Protest, Rebellion und Gewalt mit einer Lücke zwischen dem, was die Leute wollen, und dem, was sie bekommen. Alphabetisierung und Urbanisierung werden als Anspruchsindikatoren verwendet. Zeitungen, Radios, Telefone, Ärzte, Kalorien und das Bruttosozialprodukt, immer pro Kopf, gelten als Indikatoren der Bedürfnisbefriedigung. Schon vor jeder empirischen Analyse ist nicht einzusehen, warum Alphabetisierung nur die Gesellschaft mit höheren Ansprüchen belastet, statt auch die Produktivität zu steigern, warum aber Zeitungen und Radios nur Bedürfnisse befriedigen, statt sie zu schüren. Die Zuordnung der Indikatoren zu den Wünschen oder zu ihrer Erfüllung kann also nicht voll überzeugen. Jedenfalls hängt der aus den acht oben genannten Indikatoren gebildete Frustrationsindex nicht stärker mit Protest und Gewalt in Gesellschaften zusammen als ein Modernitätsindex auf der Basis derselben Indikatoren, wobei der Modernitätsindex aber nicht zwischen angeblichen Anspruchs- und Befriedigungsindikatoren unterscheidet, um die frustrierende Lücke zu ermitteln. Vielleicht sind die Messungen nicht gut genug, vielleicht spielt auch Frustration nicht die Rolle bei der Verursachung von Rebellion, Protest und Gewalt, die die Feierabends (1966) ihr zuschreiben. Jedenfalls kann der eben beschriebene Teil der quantitativen und international vergleichenden Studie die Deprivationstheorie nicht stützen.

Mit denselben Daten entwickeln und prüfen die Feierabends (1966) noch eine zweite Hypothese. Gesellschaften unterscheiden sich im Ausmaß der Modernität. Damit zusammenhängen sollte, wie stark sie von frustrierenden Lücken zwischen Wünschen oder Ansprüchen und Befriedigungschancen betroffen sind. In hoch entwickelten Gesellschaften sind Ansprüche und Befriedigungschancen hoch. In besonders rückständigen Gesellschaften sind Ansprüche und Befriedigungschancen niedrig. Nur auf mittlerem Entwicklungsniveau gibt es eine große Lücke zwischen Ansprüchen und Befriedigungschancen, weil man schneller moderne Ansprüche übernehmen kann, als die entsprechenden Befriedigungschancen zu entwickeln. Der Zusammenhang zwischen Modernität und Protest- oder Gewaltanfälligkeit von Gesellschaften sollte also kurvilinear und nicht monoton sein, mit einem Gewaltmaximum auf mittlerem Modernitätsniveau. Auch diese Erwartung hat sich nicht bestätigt. Natürlich kann das daran liegen, daß vielleicht auch schon in den ärmsten Gesellschaften die Ansprüche modernisiert sind und die frustrierende Lücke entstanden ist. Dennoch bleibt festzuhalten, daß schon wieder deprivationstheoretische Erwartungen widerlegt worden sind.

Der ehrgeizigste deprivationstheoretische Versuch, Gewalt und Revolution zu erklären, stammt von Gurr (1968, 1970). Seine Theorie ist recht komplex und enthält *auch* Variablen, die mit rational-instrumentalen Theorien des Konflikthandelns kompatibel sind. Aber Gurr (1970, S. 12–13) betont doch, daß relative Deprivation oder Unzufriedenheit die entscheidenden Variablen bei der Auslösung von Protest und Gewalt, von Rebellion und Revolution sind. Seine international vergleichenden und quantitativen Studien sind recht kompliziert, weisen aber einige Merkmale auf, die die Erklärungskraft seiner Deprivationsindizes infrage stellen.

Gurr beginnt die Indexkonstruktion mit einer großen Zahl potentieller Deprivationsindikatoren. Diese werden alle mit Protest und Gewaltindizes, also abhängigen Variablen, korreliert. Nur die potentiellen Indikatoren relativer Deprivation, die tatsächlich höher als andere mit den abhängigen Variablen korrelieren, werden Teil der umfassenden Deprivationsindizes. Das Vorgehen bei Gurrs Indexkonstruktion entspricht im Prinzip der Standardprozedur bei der Konstruktion psychologischer Tests. In der Psychometrie hat sich allerdings die Einsicht durchgesetzt, daß man nicht damit rechnen darf, daß so konstruierte Meßinstrumente in einem neuen Datensatz ebenso hoch mit der abhängigen Variablen bzw. dem Kriterium korrelieren, wie in dem Datensatz, mit dessen Hilfe das Meßinstrument entwickelt wurde. Anders ausgedrückt: Der für die Konstruktion des Meßinstruments verwendete Datensatz führt immer zu einer Überschätzung des Zusammenhangs zwischen Meßinstrument (bei Gurr: Deprivationsindizes) und Kriterium (bei Gurr: Protest- und Gewaltindizes).

Trotzdem erwies sich in Gurrs (1968) quantitativer und international vergleichender Studie nicht ›relative Deprivation‹ als bester Prädiktor von Gewalt, sondern ›Fazilitation‹, d. h. ausländische Unterstützung für die Rebellen, (kommunistische) Organisationsprinzipien und relativ sichere Rückzugsgebiete für die Rebellen in unwegsames Gelände. Offensichtlich hängt ›Fazilitation‹ oder Erleichterung der Rebellion weniger mit dem Deprivationsgrad in Gesellschaften zusammen, als mit Bedingungen, die den Rebellen Erfolgsaussichten vermitteln und damit die Kosten-Nutzen-Kalküle beeinflussen dürften.

In einer späteren Studie hat Gurr (Gurr and Duvall 1973) die psychologische Terminologie und die Anlehnung an psychologische Theorien aufgegeben. Aber die Nachfolgevariablen für andauernde bzw. langfristige relative Deprivation, nämlich ›strain‹, und für kurzfristige Deprivation, nämlich ›stress‹ oder vielleicht auch ›tension‹, leiden unter ähnlichen Problemen wie die Deprivationsvariablen in Gurrs (1968) älterer Studie. Nur Korrelate von Gewalt und Instabilität können in den ›strain‹-Index eingehen, was an sich schon einen gewissen Zusammenhang von ›strain‹ und Gewalt erzeugen muß. Eine echte Bestätigung für Gurrs Thesen könnte erst eine unabhängige Replikation des Zusammenhangs mit einem ganz neuen Datensatz etwa aus einer anderen Beobachtungsperiode liefern.

In der Studie von Gurr and Duvall (1973) werden neben ›strain‹, ›stress‹ und ›tension‹ auch Variablen, wie ›regime institutional support‹, ›dissident institutional support‹ und ›external interventions‹ verwendet. Diese Variablen haben offensichtlich wenig mit Deprivation oder daraus resultierender Belastung des sozialen Systems zu tun, aber wieder sehr viel mit Gegebenheiten, die in die Kosten-Nutzen-Kalküle der Akteure, der Dissidenten und der durch sie herausgeforderten Regierung eingehen.

Im letzten Jahrzehnt sind Versuche selten geworden, mit Hilfe sehr aufwendiger Indexkonstruktionen (bei denen man gar nicht mehr weiß, was die Indizes nun erfassen und ob die Resultate replizierbar sind) zu erklären, warum manche Gesellschaften gewaltanfälliger als andere sind. Stattdessen gibt es etliche Studien, die den Zusammenhang zwischen der Ungleichheit der Einkommensverteilung und Gewalt untersuchen (Sigelman and Simpson 1977; Hardy 1979; Weede 1981, 1986c, 1987; Muller 1985a; Muller and Seligson 1987; Park 1986; Williams and Timberlake 1987). Dabei ist es naheliegend, in Ungleichheitsmaßen Indikatoren für relative Deprivation zu sehen. Denn eine ungleiche Einkommensverteilung bedeutet ja, daß viele Bezieher niedriger Einkommen sich mit wenigen Beziehern wesentlich höherer Einkommen vergleichen und benachteiligt fühlen können.

Die frühen Studien (Sigelman and Simpson 1977; Hardy 1979; Weede 1981) haben dabei im allgemeinen positive Korrelationen zwischen Ungleichheit und Gewaltanfälligkeit erzeugt, die allerdings kaum von Zufallsabweichungen von einer Nullkorrelation unterscheidbar waren. Erst die meisten (aber *nicht* alle) späteren Studien (d. h. Muller 1985a; Muller and Seligson 1987; Park 1986; Williams and Timberlake 1987) haben signifikante Zusammenhänge von Ungleichheit und Gewaltanfälligkeit oder politischer Instabilität erzeugt. Ich halte dieses Resultat nicht für überzeugend und nicht für replizierbar (vgl. Weede 1986c, 1987).

In Mullers (1985a) Studie hängt der positive und signifikante Zusammenhang davon ab, daß man Ungleichheit in t mit Gewalt in $t + 1$ korreliert, daß man Gewalt in $t + 1$ auf Ungleichheit *und Gewalt in t* zurückführt, daß man Mullers (1985a) Datensatz und nicht etwa andere Datensätze verwendet, daß man den Ausreißer Rhodesien-Zimbabwe berücksichtigt und nicht etwa eliminiert. Würde man Gewalt und Ungleichheit gleichzeitig erfassen *oder* den Effekt von früherer auf spätere Gewalt vernachlässigen *oder* einen anderen Datensatz verwenden *oder* das eine Land Rhodesien-Zimbabwe eliminieren, dann wäre Mullers (1985a) Ergebnis nicht replizierbar, dann würde der Zusammenhang zwischen Ungleichheit und Gewalt unter die übliche (5 %) Signifikanzschwelle sinken. Ähnliche Kritik läßt sich gegen Muller und Seligson (1987) sowie Williams and Timberlake (1987) anmelden.

Bei Park (1986) hängt der Gini-Koeffizient, also ein Maß für Ungleichheit, nicht signifikant mit Gewaltanfälligkeit zusammen, aber beim Einkommensanteil der reichsten 20 % wird die übliche Signifikanzschwelle übersprungen. Das zeigt meines Erachtens ähnlich wie die Kontroverse zwischen Muller (1985) und Weede (1986c, 1987) nur einen sehr schwachen Zusammenhang zwischen Ungleichheit und Gewalt, wobei die Signifikanzschwellen mal übersprungen und mal nicht erreicht werden. So marginale Zusammenhänge zwischen Ungleichheit und Gewalt können keine bedeutsame Stütze für deprivationstheoretische Erklärungen von Rebellion und Gewalt darstellen.

Auf der Basis der Rationalitätsprämisse und der Werterwartungstheorie ist kein enger Zusammenhang zwischen objektiver oder subjektiver, absoluter oder relativer Deprivation und Gewaltanwendung zu erwarten. Wer objektiv und/oder absolut depriviert ist, verfügt kaum über Ressourcen, manchmal noch nicht mal über gute Möglichkeiten, mit anderen Kontakt aufzunehmen. – Nach Marx (1852/1966) oder Tilly (1978) sind Kontaktchancen unter den Unterprivilegierten ja eine wichtige Voraussetzung für deren Organisation und Rebellion. – Unter derartigen Bedingungen ist Rebellion so aussichtslos, daß rationale Akteure unabhängig vom Ausmaß der Deprivation darauf verzichten. Bei subjektiver oder relativer Deprivation ist zumindest die Möglichkeit der Verfügung über signifikante Ressourcen gegeben. Weil Vergleiche mit Bessergestellten *fast jedem* erlauben, Gefühle relativer Deprivation zu empfinden, stellt sich die Frage, warum dann Rebellion so selten ist.

Meines Erachtens gibt es vor allem zwei Gründe, die die meisten Menschen an der Rebellion und Gewaltanwendung gegen das herrschende System und seine Repräsentanten hindern. Erstens können unzufriedene Menschen ihre Position innerhalb der Gesellschaft verändern, d. h. aus einer weniger bevorzugten in eine bessere Position überwechseln. Das kann vertikale Mobilität bzw. sozialen Aufstieg oder auch nur horizontale Mobilität bedeuten, wie die Abwanderung des Landarbeiters in die Stadt, um ungelernter Industriearbeiter zu werden, oder den Wechsel von einer Firma in eine andere, um einem unsympathischen Chef zu entkommen. Mobilität ist also eine denkbare Alternative zur Rebellion (Dahrendorf 1972; Huntington 1968).

Unabhängig davon, ob Mobilitätschancen bestehen, werden rationale Kosten-Nutzen-Kalküle die meisten Menschen meistens von rebellischem Handeln und/oder dem Einsatz von Gewalt gegen die Regierung und deren Beauftragte abhalten (Olson 1968; Tullock 1974; Coleman 1978; Weede 1986a). Die *meisten* Menschen können auch nach einer erfolgreichen Rebellion nicht davon ausgehen, *deshalb* ihre gesellschaftliche Position wesentlich zu verbessern. Es ist höchstens *denkbar*, daß sich ihre Lage verbessert, weil Einkommen oder Privilegien in egalitärer Weise umverteilt werden. Revolutionärer sozialer Wandel dieser Art wäre ein Kollektivgut oder zumindest eine Annäherung daran. Aus der praktischen Unmöglichkeit, Menschen von Kollektivgütern (wie einer egalitären Gesellschaftsordnung) auszuschließen, resultieren in großen Gruppen die üblichen Anreize zum Trittbrettfahren.

Die Kosten-Nutzen-Kalküle normaler Individuen, die ja nur mit durchschnittlichen und bescheidenen Ressourcen ausgestattet sind, müssen ungefähr so aussehen: Ob ich durch Rebellion zur Beschaffung des öffentlichen Gutes einer egalitären Ordnung beizutragen versuche, macht keinen Unterschied. Entweder die anderen sorgen für eine bessere Welt. Dann kann ich das sowieso mitgenießen. Oder die anderen tun zu wenig. Dann gibt auch mein Einsatz nicht den Ausschlag. Wenn ich schon die Beschaffung des Kollektivgutes nicht nennenswert beeinflussen kann, dann möchte ich zumindest nicht spürbare Belastungen auf mich nehmen, die ich leicht vermeiden kann. Die Verbesserung der Gesellschaft den anderen zu überlassen, das kostet nichts. Aber die herrschenden Klassen werden schon wissen, wie man Rebellionsversuche kostspielig macht, weil sie schon organisiert sind und weil es kleinen privilegierten Gruppen immer leichter als großen ressourcenarmen Gruppen fällt, im gemeinsamen Interesse zu handeln.

Die Existenz *gewisser* Mobilitätschancen in vielen Gesellschaften wird zusammen mit der Trittbrettfahrneigung des Durchschnittsmenschen dafür sorgen, daß Unterschichtsrebellionen bzw. *Massen*rebellionen in ganzen Gesellschaften seltene Ereignisse sind. Mit dem gleichen ökonomischen Erklärungsansatz kann man leicht erklären, warum Elitenrebellionen, vor allem militärische Staatsstreiche, soviel häufiger sind (Tullock 1974). Denn die Entscheidungskalküle unter den Mitgliedern der Elite im allgemeinen und im Offizierskorps im besonderen sehen ganz anders aus als die der Durchschnittsbürger. Wem das Kommando über zuverlässige Militäreinheiten anvertraut ist, der hat Einfluß auf die Ereignisse. Die Entscheidung, die Regierung oder deren Herausforderer zu unterstützen, muß nicht folgenlos bleiben. Das allein schon vermittelt Anreize, etwas zu tun.

Darüber hinaus müssen Offiziere und andere Mitglieder der Elite bedenken, was nach dem Ende der Rebellion passiert. Ob die Rebellion Erfolg hat oder nicht, Offiziere und Mitglieder der Elite sind im Gegensatz zum Normalbürger sichtbar. Neutralität und Apathie reichen weder aus, um im überlebenden alten Regime Position und Privilegien zu sichern, noch um im neuen Regime dieselben Ziele zu erreichen. Für Mitglieder der Elite gilt also, daß man versuchen muß, sich bei Rebellionen auf die Seite der Sieger zu schlagen. Aber die Entscheidungen der Elite bestimmen auch den Sieger bei Rebellionen und gewaltsamen politischen Auseinandersetzungen.

Daß es für den Normalbürger wenig Anreize gibt, sich zu engagieren, daß das Interesse an Kollektivgütern (wie einer gerechteren Gesellschaft) ihn schon gar nicht zum Handeln ermuntern kann, ist schon oben dargelegt worden. Im Offizierskorps und in der Elite sollten Kollektivgüter genauso wenig motivierende Kraft haben wie unter normalen Menschen. Auch hier gilt, daß man die Kosten des eigenen Handelns allein trägt, aber der Nutzen (oder die Handlungsfolgen) vielen zugute kommt (oder sie betrifft). Wer einem Regime lange genug gedient hat, um hoher Offizier zu werden oder sonst eine privilegierte Position im alten Regime einzunehmen, hat damit schon gezeigt, daß er entweder mit der Kollektivgutbeschaffung des Systems zufrieden ist, oder daß ihm Kollektivgüter nicht allzuviel bedeuten. In beiden Fällen können Kollektivgüter nicht zur Rebellion motivieren. Aber die Aussicht auf eine herausragende Position kann das. Schließlich ist der Putsch für den Offizier der Königsweg zum Präsidentenpalast.

Natürlich kann man auch das Handeln des putschenden Offiziers noch mit Hilfe der deprivationstheoretischen Terminologie beschreiben. Alle außer dem jeweiligen Präsidenten eines Landes können sich ja ›depriviert‹ fühlen. Aber bei derartiger Argumentation verbieten Deprivationstheorien nur noch, daß der Präsident gegen sich selbst putscht! Um Informationsgehalt und Prognosefähigkeit zu gewinnen, können Deprivationstheorien die Deprivation an den relativen Rang in der Gesellschaft knüpfen und mehr Deprivation unten in der Gesellschaft als oben postulieren. Dann aber sollte man erwarten, daß Rebellionen unterprivilegierter Menschen häufiger als Elitenkonflikte und Staatsstreiche sind. Hier widersprechen sich gehaltvolle Versionen der Deprivationstheorie und des rationalen Handelns diametral.

Meines Erachtens unterscheiden sich die Häufigkeit von Staatsstreichen und (ganze Gesellschaften erfassende) Massenrebellionen *in der Größenordnung*. Allein schon ein einziges Land, nämlich Bolivien, hat in 150 Jahren 170 Staatsstreiche erlitten (Banks 1975, S. 34). Zwar muß man Massenrebellion nicht unbedingt operational so definieren, wie es Small and Singer (1982) mit ›civil war‹ tun, aber dort werden für die ganze Welt und den Zeitraum 1816-1980 nur 106 Bürgerkriege aufgelistet. Dieser Kontrast müßte ausreichen, um zu zeigen, daß es sich hier um einen Unterschied in der Größenordnung handelt, der zwar mit der ökonomischen Theorie, *nicht* aber mit irgendwelchen (mir bekannten) informationshaltigen Deprivationstheorien kompatibel ist.[38] Außerdem sind die 106 Bürgerkriege, die ja auch viele von Eliten geführte Kämpfe zwischen ethnisch, religiös oder regional definierten Volksgruppen einschließen, eine *Über*schätzung der Zahl der Unterschichtsrebellionen, die bei Annahme rationalen Handelns (im Gegensatz zum Ausdrücken der Unzufriedenheit durch Gewalt) besonders selten sein sollten.

Ab und zu aber ereignen sich Unterschichts- bzw. Massenrebellionen. Das setzt voraus, daß die Massen zum kollektiven Handeln fähig werden. Sie müssen das Trittbrettfahren, die rationale Ignoranz und die Apathie vorher überwinden. Sie benötigen Hilfe von Anführern, politischen Unternehmern oder Kadern (Frohlich, Oppenheimer, and Young 1971). Es fragt sich, ob diese Rebellionsführer den Massen ermöglichen wollen, die Ungerechtigkeit der Welt zu überwinden, oder ob sie an selektiven Anreizen, wie Führungspositionen, interessiert sind, ob sie eine neue herrschende Klasse werden wollen. Nach dem ökonomischen Erklärungsansatz und der Logik des kollektiven Handelns (Kapitel 10 und 11 oben) ist zu erwarten, daß auch bei den ersten, die in die Rebellion investieren, bei denen, die sie führen (werden), teilbare und individuelle statt kollektiver Güter die Kosten-Nutzen-Kalküle dominieren. Wenn das so ist, dann sollte man unabhängig von dem Ausmaß egalitärer Rhetorik während der Rebellion erwarten, daß danach sich Michels' (1910/1970) Oligarchiegesetz wieder auswirkt. Meines Erachtens reicht auch hier wieder ein oberflächlicher Blick in die Geschichte aus, um die Persistenz oligarchischer Organisationsprinzipien zu belegen.

Meines Erachtens ist wichtig, nur Individuen *nicht* aber Gruppen oder Klassen die Fähigkeit zu rationalem Handeln zuzuschreiben. Individuen sollte man unterstellen, daß nur die erwarteten Handlungsfolgen für sie selbst sie regelmäßig, zuverlässig und replizierbar motivieren. Damit wird Handeln aus Interesse am Kollektivgut – wie Rule

---

[38] Indem ich die unterschiedliche Häufigkeit von Elitenrebellionen und Massenrebellionen zu einem entscheidenden Kriterium bei der Bewertung von Deprivationstheorien und ökonomischen (oder ›rational choice‹) Theorien erhebe, lehne ich implizit Ecksteins (1980) Diskussion des Themas mit seiner Unterscheidung von Kontingenz und Inhärenz ab. Auch Ecksteins Einordnung Tillys (1978) als *des typischen* ›rational choice‹-Vertreters kann ich nicht folgen. Meines Erachtens sind sowohl Olson (1968) als auch Tullock (1974) typischere und konsequentere Vertreter dieses Ansatzes.

(1988, S. 170) es Tilly (1978) unterstellt – ausgeschlossen. Natürlich erhöhen die von mir hier verteidigten Prämissen die Schwierigkeit zu erklären, warum es überhaupt jemals zu Massenrebellionen kommt. Aber sobald man Handeln im Interesse von Kollektivgutbeschaffung oder Handeln im Klasseninteresse zuläßt, kann man nicht mehr die drei offensichtlichsten Tatsachen zu Rebellion und Gewalt erklären: 1. die Seltenheit von Unterschichts- bzw. Massenrebellionen, 2. die Häufigkeit von Elitenrebellionen oder Staatsstreichen, 3. die Erfolglosigkeit der Massenrebellionen (oder der Rebellionen mit signifikanter Massenbeteiligung) bei der Abschaffung von Oligarchien.

Diese Tatsachen sind meines Erachtens nur auf der Basis der Prämisse erklärbar, daß Menschen handeln, um ihr eigenes Schicksal zu verbessern. Dann sollte das Massenphänomen des Trittbrettfahrens die Seltenheit von Rebellionen garantieren. Dann sollte kollektives Handeln einer kleinen Elite viel leichter zu organisieren und damit häufiger als Massenrebellion sein. Dann sollten erfolgreiche Rebellen vor allem ihre ›alten Kämpfer‹ und Führungskräfte mit Privilegien und Positionen belohnen, also sich selbst zur neuen herrschenden Klasse machen.

Opps (Opp and Muller 1986, Opp 1988) bewußtes Abweichen von den Standardannahmen des ökonomischen Erklärungsansatzes führt meines Erachtens zu ähnlichen Schwierigkeiten. Nach Opp können Interessen an Kollektivgütern auch bei objektiv geringem Einfluß auf die Beschaffungschancen dennoch Handeln wesentlich mitbedingen, nämlich dann wenn die Akteure ihren persönlichen Einfluß stark überschätzen. Weil es bei Opp oft um den Einfluß von Studenten auf die Politik geht, würde ich das Ausmaß des Perzeptionsfehlers schon als ›maßlos‹ bezeichnen. Opps Umfragedaten zeigen tatsächlich interessante Korrelationen zwischen der Einschätzung des eigenen Einflusses und diversen Formen politischer Protestaktivität. Unglücklicherweise könnten dieselben Korrelationen auch durch Dissonanzreduktion (Festinger 1957) erklärbar sein. Wer sich als Student an Protestdemonstrationen beteiligt, wird hinterher schon politische oder Gemeinwohl- oder Kollektivgutgründe (er)finden, die zu seinem Handeln passen – auch wenn man nur Freunden oder Freundinnen zuliebe mitgelaufen ist.

Denkbar ist, daß grobe Überschätzungen des eigenen Einflusses tatsächlich in Situationen oft auftreten, wo rebellisches Handeln kaum mit Kosten belastet wird, wie in westlichen Demokratien, wo das Recht Politiker und Polizisten viel stärker als jugendliche Demonstranten einengt. Dann könnten Opp'sche Fehlperzeptionen ernsthafte Rebellionen nicht erklären, wo Blut fließt und die Kosten der Beteiligung erheblich werden. Dann könnten Fehlperzeptionen eher Protest als Gewalt und eher kleine Studentenrebellionen als große Revolutionen erklären (vgl. auch Lindenberg 1989b, S. 52).

Zugegebenermaßen sind Opps Fehlperzeptionen aber die Antwort auf ein echtes und wichtiges Problem, nämlich die Schwierigkeit zu erklären, wie es überhaupt jemals zur Massenrebellion rationaler Akteure kommen kann. Je mehr Menschen fälschlicherweise glauben, daß ihr Beitrag zur Beschaffung von Kollektivgütern Gewicht hat, desto eher können Kollektivgüter beschafft werden. Aber Opps vorgeschlagene Modifikation der ökonomischen Standardannahmen macht es unmöglich zu erklären, warum Unterschichtsrebellionen so selten und Staatsstreiche so viel häufiger sind. Denn Opps Wahrnehmungsverzerrungen erlauben ja die Überwindung der Massenapathie. Meines Erachtens ist dieser Preis zu hoch. Opp kann zwar dank seiner Modifikation interindividuelle Protestaktivitätsunterschiede besser als vorher erklären, aber die oben erwähnte Dissonanzreduktion deutet eine denkbare alternative Erklärung für denselben Sachverhalt an. Auf jeden Fall kann man nach dieser Modifikation auf der Makroebene nichts mehr über die relative Häufigkeit von so verschiedenen Konflikttypen, wie Unterschichtsrebellion und Staatsstreich, aussagen.

Warum oder wie sich Massenrebellionen jemals ereignen konnten oder können, habe ich immer noch nicht befriedigend beantwortet. Das setzt zunächst einmal günstige Interaktionsmöglichkeiten für Menschen in ähnlicher sozialer Lage voraus (Marx 1852/1966; Tilly 1978). Denn Rebellion benötigt unter anderem Kommunikationsmöglichkeiten unter den (künftigen) Rebellen. Manchmal kann die herrschende Klasse die Rebellion dadurch erleichtern, daß sie quasi die Infrastruktur bereitstellt – etwa als Nebenprodukt der Verfolgung ihrer eigenen wirtschaftlichen Interessen. Die Konzentration der Bevölkerung in großen Städten, großen Fabriken und Arbeiterwohngegenden hat zweifellos die Arbeit sozialistischer Organisatoren und Agitatoren erleichtert.

Auch wo Kollektive von Menschen mit ähnlichen Interessen klar abgrenzbar und durch alltägliche Kontakte miteinander verknüpft sind, also die Organisationskosten an sich im Rahmen bleiben, müssen noch weitere Bedingungen erfüllt werden, damit es zu kollektivem Handeln im allgemeinen und zur Rebellion im besonderen kommen kann. Einmal muß es Menschen geben, die als erste ihre Zeit und Mühe in den Versuch der Organisation ihrer Mitmenschen investieren. Meines Erachtens wird man solche Menschen immer dann finden, wenn es bedeutsame Unterschiede in der Ressourcenausstattung der Individuen gibt und wenn den frühen Investoren in soziale Organisation die Hoffnung auf privilegierte Positionen als selektiver Anreiz winkt. Denn die frühen Investoren müssen über intellektuelle, rhetorische oder sonstige Fähigkeiten verfügen, die für sie die ersten Schritte aussichtsreicher als für beliebige Mitmenschen erscheinen lassen müssen. Wegen des Anspruchs der frühen Investoren auf Führungspositionen ist Ungleichheit aber nicht nur Hintergrundbedingung, sondern auch Resultat von Organisation.

Mit Hechter (1987) möchte ich auch hervorheben, daß Organisationen in der Frühphase noch nicht der Beschaffung von Kollektivgütern (und schon gar nicht der Rebellion) dienen können. Zunächst muß es um die Beschaffung solcher Güter gehen, von deren Genuß man Nichtbeiträger ausschließen kann. Dann verschwindet das Trittbrettfahrerproblem. Ein wichtiges Gut, von dem man Trittbrettfahrer ausschließen kann, ist die gegenseitige Unterhaltung und Anerkennung; ein anderes solches Gut wären rudimentäre Versicherungsleistungen auf Gegenseitigkeit in Kollektiven. Hier kann die Kooperation ausschließlich von der Hoffnung auf Güter motiviert werden, bei denen das Trittbrettfahrerproblem (noch) nicht auftaucht. Öffentliche Güter werden in dieser Frühphase noch nicht beschafft, aber es fällt ein öffentliches Gut sozusagen als Nebenprodukt bei der Verfolgung anderer Ziele ab, nämlich der Aufbau einer zumindest rudimentären Autoritäts- und Organisationsstruktur.

Wenn man jetzt noch berücksichtigt, daß es hier nicht um die Beschaffung beliebiger öffentlicher Güter geht, sondern um Rebellion, also Beschaffungsversuche gegen Widerstand, dann ist darauf hinzuweisen, daß eine Beschränkung auf die Beschaffung teilbarer und das heißt auch politisch belangloser Güter in der Frühphase der Organisation der Unterprivilegierten die herrschende Klasse diese potentielle Bedrohung ihrer Interessen übersehen läßt.

Besonders günstig für die Beschaffung von Kollektivgütern im allgemeinen und für Rebellionen im besonderen ist es, wenn Eiferer auftreten (›zealots‹ bei Coleman 1990, S. 273 f., 494). Diese setzen sich nicht in erster Linie deshalb für die Beschaffung des Kollektivgutes oder die Rebellion ein, weil sie glauben, daß ihr Handeln entscheidend zum Erfolg beiträgt, sondern weil sie von anderen Mitgliedern ihrer Gruppe für ihren Einsatz besonders belohnt werden. Wenn man handelt oder rebelliert, weil andere das hinreichend belohnen, dann werden der Erfolg des Handelns und der Rebellion sozusagen überflüssige Anreize, dann wird eifriger Einsatz wahrscheinlich, auch wenn zumindest am Anfang die Aussichten schlecht sind. Nach Coleman ist die Abschließung sozialer Gruppen von der weiteren Umwelt eine wichtige Hintergrundbedingung für das Auftreten von Eiferern.

Unter diesen Bedingungen halte ich auch die von Opp (Opp and Muller 1986, Opp 1988) immer wieder angeführte Fehlperzeption für denkbar, wonach manche Leute ihren Einfluß sehr stark überschätzen. In Gruppen mit starken Binnenkontakten und reduzierten Außenkontakten kann dann gegenseitige Belohnung für besonderen Einsatz eifriges Handeln (auch Rebellion) veranlassen, das von den Erfolgsaussichten relativ unabhängig ist, und außerdem auch noch in einer Gruppenleistung vom Typus des Bestimmens (vgl. 2. Kapitel oben) zu einer Überschätzung der Erfolgsaussichten führen, was die Handlungs- oder Rebellionsbereitschaft weiter verstärkt.

Sobald eine organisatorische Struktur vorhanden ist (und erst recht in relativ geschlossenen Gruppen), wird die Anwendung selektiver Anreize und die Anwendung von Zwang möglich. Wer nicht mitmachen will, kann durch Überredung, Bestechung oder Zwang zum Mitmachen veranlaßt werden. Jetzt kann die Organisation auch ihre Ziele erweitern und versuchen, öffentliche Güter zu beschaffen, also etwa diese oder jene Gesellschaftsordnung durchzusetzen. Dabei können die Regierung und die Herausforderer in einen Wettbewerb der Zwangsanwendung gegen die zunächst weitgehend apathischen Massen eintreten. Unglücklicherweise scheinen bei diesem Wettbewerb die Durchsetzungschancen mit dem Ausmaß der Unmenschlichkeit zu steigen.

Zum Verständnis dieser These sollte man sich (mit Tullock 1974) die Kosten-Nutzen-Kalküle der noch unorganisierten Normalbürger bei einer Auseinandersetzung zwischen Regierung und Herausforderern vorstellen. Auch ein starkes Interesse am Sieg einer Seite kann einen rationalen Normalbürger – in Diktaturen sollte man vielleicht deskriptiv richtiger von einem rationalen Untertanen sprechen – nicht dazu veranlassen, seine Handlungen von diesem Kollektivgutinteresse bestimmen zu lassen. Stattdessen sollte man auf der Basis der Rationalitätsprämisse erwarten, daß normale Untertanen oder Bürger private Ziele verfolgen, z. B. am Leben bleiben, nicht gefoltert werden, nicht eingesperrt werden, nicht hungern. Wenn eine Seite im Konflikt alle diejenigen quält und ermordet, von denen sie befürchtet, daß sie mit der Gegenseite sympathisieren, wenn die andere Seite aus ethischen oder rechtlichen Gründen Hemmungen unterworfen ist, dann ist es für den normalen Menschen sicherer, sich durch sein Tun dem Verdacht der Sympathie für die unmenschlichere Seite auszusetzen als dem Verdacht der Sympathie für die relativ menschlichere. Soweit Einschüchterung der Bevölkerungsmassen und erzwungene Kollaboration eine Rolle spielt, hat die rücksichts- und gewissenlosere Seite Vorteile.

Gibt es falsifizierbare Implikationen der oben entwickelten Vorstellungen? Wenn Grausamkeit und Unmenschlichkeit sich in bürgerkriegsartigen Konflikten auszahlen, wenn öffentliche Güter die Rebellionsführer im allgemeinen nicht motivieren, dann sollte man *nicht* erwarten, daß erfolgreiche Rebellionen und Revolutionen oft zur Verbesserung der Lage der Menschen in den betroffenen Gesellschaften beitragen. Meines Erachtens ist die empirische Evidenz für die Ablösung unerfreulicher Regime durch noch unerfreulichere nach Rebellion oder Revolution einfach überwältigend, jedenfalls im 20. Jahrhundert.

Im zaristischen Rußland gab es sicher viele Mißstände und Ungerechtigkeiten, aber die Zahl der Opfer des Kommunismus wird auf über 60 Millionen geschätzt (Rummel 1987, 1990). Im kommunistischen China waren es über 30 Millionen Opfer (Domes 1985; Rummel 1987). Wie in der Sowjetunion waren auch in China viele Opfer des Kommunismus Opfer wirtschaftspolitischer Fehler und daraus resultierenden Hungers. Die Flüchtlingswelle aus Vietnam nach der kommunistischen ›Wiedervereinigung‹ und die Greueltaten Pol Pots in Kambodscha ergänzen das Bild. Aber nicht nur kommunistische Revolutionäre, sondern auch andere haben es geschafft, die Überlebenschancen der Bevölkerung nach ihrer Machtübernahme zu reduzieren. Unter dem Schah von Persien und seiner Savak wurden Menschen gefoltert und umgebracht, aber das postrevolutionäre Regime der Mullahs dürfte annähernd zwanzig Mal so viele Opfer gekostet haben (Rummel 1987, S. 25).

Die oben angesprochenen Daten sind massiv genug, um auch gegen größere Revisionen immune Schlußfolgerungen zu erlauben. Auch wenn die postrevolutionäre Herrschaft von Kommunisten oder Mullahs nur halb oder viertel so viele Menschenleben gekostet haben sollte, kann man nicht von einer Verbesserung der Lebensbedingungen der Menschen in diesen Ländern sprechen. Handeln der Rebellionsführer im öffentlichen Interesse (statt dem persönlicher oder parteilicher Machterhaltung) paßt einfach nicht zu den Resultaten. Wenn aber Grausamkeit im Bürgerkrieg die Durchsetzungschance erhöht, dann ist die Grausamkeit vieler postrevolutionärer Regime nicht verwunderlich. Die behalten einfach Gewohnheiten bei, denen sie die Macht ›verdanken‹.

Zurück zum Problem der Massenrebellion, d. h. der Rebellion der Unterschichten. Diese seltenen Rebellionen stellen ja das schwierigste Erklärungsproblem für den dar, der Rationalität und Eigennutz unterstellt. Die Wahrscheinlichkeit der Massenrebellion hängt ab von der Konzentration der Unterprivilegierten, der Kommunikation unter ihnen, der organisatorischen Struktur und der Führung. Organisatorische Strukturen müssen dabei zunächst als Nebenprodukt anderer Zwecke als der Beschaffung von Kollektivgütern entstehen. Bestehen die organisatorischen Strukturen, können sie sozusagen umgewidmet werden. Besteht eine Vielzahl von rudimentär organisierten sozialen Gruppen, dann ist die Mobilisierung ganzer Gruppen und Organisationen für eine rebellische Koalition denkbar (Oberschall 1973). Das ist offensichtlich leichter als die Bildung einer Rebellionsbasis aufgrund der Mobilisierung von Individuen.

Ob eine Rebellionsbasis für die Beherrschten gegen die Herrschenden überhaupt gebildet werden kann, hängt von gesellschaftlichen Strukturmerkmalen ab. Wenn starke ethno-linguistische, religiöse oder Stammesgegensätze die Unterschicht zersplittern und gleichzeitig die Unterschichtssplitter an ihre ethno-linguistischen, religiösen oder Stammesbrüder in der herrschenden Klasse binden, dann muß die Massenrebellion auf Klassenbasis unwahrscheinlich sein, obwohl ein Bürgerkrieg der von Elitefraktionen geführten Stämme, Religions- oder Volksgruppen durchaus möglich ist (vgl. Dahrendorf 1972; Rogowski and Wasserspring 1971; von der Mehden 1973; Rogowski 1974). Aus der Perspektive der Massen oder der Unterschicht könnte man sagen, daß in kulturell fragmentierten Gesellschaften die Führung der Teile der Unterschicht schon von Teilen der Elite übernommen worden ist. Auch wenn eine Teilelite verdrängt werden sollte, dürfte das wenig an der Gesamtstruktur ändern. Fragmentierte Gesellschaften können unter dauernden Konflikten leiden, ohne für Massenrebellionen gegen die herrschende Klasse anfällig zu sein.

Ethno-linguistisch, ›national‹ oder rassisch motivierte Interessengegensätze können leichter als Klassengegensätze zur Beteiligung der

Massen führen, allerdings unter Anleitung der jeweiligen partikularen Eliten. Das gilt sogar dann, wenn die partikularen Eliten ursprünglich ihre Macht und privilegierte Position der Zentrale verdanken, wie in der Sowjetunion. Nach Roeder (1991) hat die Moskauer Zentrale gegenüber den Minoritäten an der Peripherie des Reiches eine Politik der ›affirmative action‹ betrieben, d. h. (meines Erachtens nach Beseitigung der ursprünglichen Eliten neue) lokale Eliten an der Peripherie kooptiert und ihnen Aufstiegschancen innerhalb ihrer Republiken geboten – gegen Wohlverhalten im Sinne der Zentrale. Indem die Zentrale den ethnischen Eliten an der Peripherie Positionen, Privilegien und partiell autonome Organisationsstrukturen zugestanden hat, hat sie indirekt und ungewollt auch die spätere Umwidmung der vorhandenen Strukturen und deren Einsatz gegen die Zentrale ermöglicht. Zunächst hat sich das vor allem im Baltikum und im Kaukasus, später auch in der Ukraine und Zentralasien bemerkbar gemacht.

Die Apathie der Massen kann nur unter besonderen Umständen und durch besondere Anstrengungen überwunden werden. Wo es keine vertikale Mobilität gibt, da bleiben den Massen die potentiellen Rebellionsführer erhalten. Wo es eine starke räumliche Konzentration unterdrückter Bevölkerungsschichten und wenig horizontale Mobilität gibt, da fällt die Organisation der Massen leichter. Die Organisation der Massen muß dabei in der Regel zunächst anderen Zwecken als der Rebellion dienen, etwa der Selbsthilfe, der gegenseitigen Unterhaltung oder religiösen Zwecken, so daß das Trittbrettfahrerproblem nicht auftreten kann. Bestehende Organisationsstrukturen können dann später auch zum Zwecke der Rebellion eingesetzt werden, was Gruppenrekrutierung statt Individualrekrutierung der meisten Rebellen impliziert, was die Anwendung selektiver Anreize oder von Zwang möglich macht. Die vorherige Existenz unpolitischer Gruppen und Vereine spielt dabei eine zweideutige Rolle. Einerseits erleichtert sie die Gruppenmobilisierung für kollektives Handeln, auch für Rebellion. Andererseits dürfen solche Gruppen und Vereine nicht von den Angehörigen privilegierter Schichten geführt werden, wenn eine Massenrebellion gegen die Privilegierten möglich sein soll.

Im allgemeinen sind die Kontakt- und Kommunikationsbeziehungen in der herrschenden Elite wesentlich besser als unter den Massen. Außerdem sind Eliten weniger zahlreich als Massen. Beides erleichtert an sich schon kollektives Handeln. Darüber hinaus sorgen die Ressourcen der Elite dafür, daß das Handeln elitärer Akteure ein anderes Gewicht als das eines durchschnittlichen Bürgers oder Untertanen hat. Mit Mann (1986) kann man deshalb die Massen als organisatorisch eingewickelt (›organizationally outflanked‹) bezeichnen.[39]

In Tillys (1978) Begriffen kann man darauf hinweisen, daß die Massen oder Unterprivilegierten Nichtmitglieder des politischen Systems sind, d. h. sie haben keinen gewohnheitsmäßigen Zugang zur Gesetzgebung oder zur Verwaltung. Die Massen müssen bei ihren organisatorischen Bemühungen mit Behinderung oder Repression seitens der Regierung rechnen, günstigstenfalls mit wohlwollender Vernachlässigung. Im Gegensatz dazu kann die herrschende Klasse oder Mitgliedschaft im politischen System fast immer damit rechnen, daß die Regierung ihr bei der Interessenartikulation, der Organisation und Mobilisierung von Ressourcen hilft.[40] Sofern es keine Spaltung der herrschenden Klasse gibt, sofern nicht Teile der herrschenden Klasse versuchen, die Massen oder Teile davon gegen andere Teile der herrschenden Klasse aufzuwiegeln und zu organisieren, bleiben die Massen organisatorisch eingewickelt und politisch ruhig gestellt.

Während ich am Anfang dieses Kapitels die Deprivationstheorien unter anderem auch mit dem Hinweis auf quantitative Studien infragegestellt hatte, habe ich bisher noch keinerlei derartige Studien zugunsten des ökonomischen Erklärungsansatzes angeführt. Das liegt daran, daß es nur wenige international vergleichende Studien gibt, die von diesem Ansatz ausgehen. Die Arbeiten von Muller and Weede (1990,

---

[39] Mit Mosca (1895/1950, S. 55) kann man das auch so ausdrücken: »In Wirklichkeit ist die Herrschaft einer organisierten, einem einheitlichen Antrieb gehorchenden Minderheit über die unorganisierte Mehrheit unvermeidlich ... Andererseits ist die Minderheit einfach darum organisiert, weil sie Minderheit ist ... je größer eine politische Gemeinschaft, desto kleiner die regierende Minderheit im Verhältnis zur regierten Mehrheit, desto schwerer ist es dann für die Mehrheit, sich zum Widerstand gegen die Minderheit zu organisieren.«

[40] Herrschende Klasse ist *kein* marxistischer Begriff, sondern stammt aus einer ganz anderen intellektuellen Tradition (vgl. Mosca 1895/1950). In vielen westlichen Demokratien gehören Gewerkschaftsführer und -funktionäre zweifellos zur herrschenden Klasse. Innergewerkschaftliche Dissidenten gehören in der Regel nicht dazu. Im Gegensatz zu den ›anerkannten‹ Gewerkschaftlern gibt ihnen die Regierung auch keinerlei Hilfestellung bei der Interessenartikulation, Organisation und Mobilisierung von Ressourcen. Ein Beispiel für die Hilfestellung des Staates für die Gewerkschaften ist die steuerliche Absetzbarkeit der Beiträge zu Berufsverbänden, was natürlich nicht nur Arbeitern und deren Gewerkschaften, sondern auch Ärzten, Professoren etc. zugute kommt.

Weede und Muller 1990) sind Ausnahmen. Dort wird von der Rationalitätsprämisse und einigen Zusatzannahmen ausgehend unterstellt, daß die Kosten-Nutzen-Kalküle potentieller Rebellen in systematischer Art und Weise vom Repressionsgrad des Regimes abhängen. Wo das Regime sehr repressiv ist, also in totalitären Staaten, wird die spontane Organisation von Gleichgesinnten, Kritikern und Dissidenten gar nicht erst geduldet. Wer sich auch nur dem Verdacht regierungsfeindlicher Aktivität aussetzt – und den erzeugt jede politische Aktivität, die nicht von der Regierung selbst angeregt worden ist – muß mit harten Strafen rechnen. Das sollte rationale Akteure von Rebellion und Gewaltanwendung abschrecken.

Wo das Regime liberal statt repressiv ist, wo Assoziations- und Oppositionsfreiheit herrschen, wo Dissidenten sogar hoffen dürfen, durch legale politische Aktivitäten die Regierung *nach einer Wahlniederlage* abzulösen, dort ist gewalttätige Rebellion überflüssig. Gewaltanwendung ist kostspieliger als Herausforderung innerhalb rechtsstaatlicher Spielregeln. Gewalt erhöht auch in Demokratien nicht die Durchsetzungschancen. Rationale Akteure werden also in einem liberalen System nicht zur Gewalt greifen, auch wenn die Ablösung der Regierung ihr Ziel ist.

Wo das Regime semi-repressiv ist, reicht die Gewaltandrohung von oben nicht aus, um alle gegen die Regierung gerichtete Aktivität zu unterbinden. Semi-repressive Regime können ineffizient und korrupt sein und damit ungewollt eine Überlebensmöglichkeit für organisierte Dissidenten schaffen. Sie können auch in sich gespalten sein, so daß sich mal die Anhänger repressiver, mal die liberaler Politik durchsetzen. In jedem Falle ist damit zu rechnen, daß der Spielraum für legale politische Opposition und deren Chancen, etwas zu bewirken, beschnitten sind. Die Anwendung von Gewalt aber ist möglich und in Anbetracht der Systemmerkmale nicht aussichtslos.

Deshalb erwarten Muller and Weede (1990) einen kurvilinearen Zusammenhang zwischen dem Repressionsgrad des Regimes und Gewalt mit einem Gewaltmaximum auf mittlerem Repressionsniveau. Die Zunahme der politischen Gewalt in der Sowjetunion unter Gorbatschow und in Südafrika unter de Klerk illustriert das. Denn beide haben den Charakter ihrer politischen Systeme geändert, aus repressiven semirepressive Systeme gemacht. Wichtiger als diese Ende der 80er und Anfang der 90er Jahre aktuellen Beispiele sind natürlich die Ergebnisse der systematischen Studien, die den behaupteten Zusammenhang belegen

(Feierabend and Feierabend 1972, S. 154–168; Muller and Weede 1990; Weede und Muller 1990).⁴¹

Elitenrebellionen sind häufig. Massenrebellionen sind selten, erfolgreiche Massenrebellionen noch seltener. Revolutionen, die nicht nur Regierungen ablösen, sondern auch zu tiefgreifendem sozialen Wandel führen, sind sehr, sehr selten. *Wie kurz* eine Revolutionsliste ist, hängt natürlich von den spezifischen Merkmalen der gewählten operationalen Definition ab. Jede sinnvolle Definition wird zumindest die französische, die russische und die chinesische Revolution einbeziehen. Genau diese drei Revolutionen sind von Skocpol (1979) auf eine Art analysiert worden, die *meines Erachtens* rationales Handeln impliziert.

Die drei großen Revolutionen haben sich in Agrargesellschaften ereignet, die starkem ausländischen Druck ausgesetzt waren. Frankreich hatte den siebenjährigen Krieg gegen England verloren. Mit dem Frieden von 1763 endete aber weder die britisch-französische Rivalität in Europa und in Übersee, noch die daraus resultierende finanzielle Belastung. Im russischen Falle war der externe Druck noch größer. 1905 hatten die Russen einen Krieg gegen die Japaner verloren. Im ersten Weltkrieg waren sie der deutschen Militärmacht nicht gewachsen und mußten weite Teile des Reiches feindlichen Truppen überlassen. Im chinesischen Fall war der externe Druck am allergrößten. Ende des 19. Jahrhunderts mußte China die Insel Taiwan an Japan abtreten. In den 30er Jahren verlor China die Kontrolle über die Mandschurei, ein sehr wichtiges Industriegebiet, danach praktisch über alle Küstenprovinzen mit der traditionellen Hauptstadt Peking, mit der damaligen Hauptstadt Nanking und mit den Wirtschaftszentren Schanghai und Kanton.

Franzosen, Russen und Chinesen standen unter weltpolitischem Druck vor ihren Revolutionen, weil sie mit höher entwickelten Gesellschaften rivalisierten, mit England, mit Deutschland oder mit Japan. Die Regierungen mußten deshalb versuchen, mehr Ressourcen als vor-

---

⁴¹ Die Feierabends (1972) interpretieren den Zusammenhang zwischen Repression und Gewalt allerdings anders als Muller and Weede (1990). Obwohl ihre deprivationstheoretische Logik eigentlich einen Zusammenhang zwischen kurzfristigen, noch nicht-institutionalisierten Repressionsakten und Gewalt begründet, erfassen sie tatsächlich den Zusammenhang zwischen institutionalisierter Repression und Gewalt. Weil es hier nicht auf die Interpretation, sondern auf die Existenz eines kurvilinearen Zusammenhangs von Repression und Gewalt ankommt, weil der auch von den Feierabends (1972) belegt wird, habe ich deren Studie an dieser Stelle angeführt.

her vom Volk zu erhalten. Steuern und Soldaten wurden benötigt. Der externe Druck mußte also das Problem der Lastenverteilung verschärfen. Weil die Verteidigung des Vaterlandes oder nationaler Ruhm Kollektivgüter sind, hat jeder Untertan (oder Bürger, aber so kann man die Menschen in den drei vorrevolutionären Gesellschaften eigentlich nicht nennen) ein Interesse daran, daß andere die Lasten tragen. In Agrargesellschaften aber benötigt der Staat die Unterstützung der Grundbesitzer, deren Bereitschaft, sich der Besteuerung *nicht* zu entziehen.

In Frankreich und in China wurden die Staatsbeamten im wesentlichen aus den landbesitzenden Schichten rekrutiert. Beide Gesellschaften hatten – nach Skocpol (1979) – keine unabhängigen, zentralisierten und starken Verwaltungen aufgebaut, um die Ressourcen auch gegen Widerstand einzutreiben. Die Neigung der herrschenden Klassen Frankreichs und Chinas zum Trittbrettfahren hat es ihnen unmöglich gemacht, auch nur das kollektive Interesse an der Erhaltung ihrer Privilegien mit Nachdruck zu verfolgen.

Die zaristische Administration in Rußland war stark genug, Steuern und Wehrpflicht durchzusetzen. Auch in Rußland waren zwar die wichtigsten Positionen in Streitkräften und Verwaltung in den Händen des grundbesitzenden Adels, aber der zaristische Absolutismus konnte die Trittbrettfahrneigung unter Adeligen und Grundherren durch selektive Anreize und Zwang überwinden. Nur die Niederlagen der russischen Truppen gegen die deutschen Streitkräfte haben zum Zusammenbruch der russischen Front, damit der Autorität der herrschenden Klasse und des Zaren und seines Repressionsapparates geführt.

Der Weg zum Zusammenbruch der alten Ordnung in Frankreich, Rußland und China hat sich natürlich in vielen Einzelheiten unterschieden. Aber in allen Fällen gab es den Wettbewerb mit wirtschaftlich höher entwickelten Gesellschaften am Anfang und den Zusammenbruch des Repressionsapparates am Ende. In Frankreich und China hat die Unfähigkeit der herrschenden Klassen, dem Staat die notwendigen Ressourcen zuzugestehen, in Rußland eine feindliche Armee diesen Zusammenbruch bewirkt.

Das ist bisher natürlich nur eine partielle und bewußt vergröbernde Zusammenfassung. Die zwischenstaatliche Konkurrenz hat die weniger entwickelten vorrevolutionären Gesellschaften nämlich so stark belastet, daß es auch zu Wirtschaftskrisen kam. In Agrargesellschaften belasten Wirtschaftskrisen vor allem die Bauern. Ob die Bauern rebellionsfähig sind, hängt nicht von ihrer Deprivation ab. Denn die Geschichte kleinbäuerlichen Lebens war eigentlich immer eine Geschichte der Entbehrungen, aber nur sporadisch auch eine der Rebellionen. Dazu benötigt man Organisation, Solidarität und Führung. Vor allem darf es keine alltägliche Kontrolle bäuerlicher Aktivitäten durch den Adel geben (wie in Preußen). Es darf auch keine starken Interessengegensätze unter den Bauern und Solidarität von einigen Bauern mit Adeligen oder Großgrundbesitzern geben.

Nach Skocpol (1979) waren die Voraussetzungen für eine Bauernrebellion in Frankreich und Rußland günstig, weil es dort handlungsfähige und solidarische Dörfer gab. Im Gegensatz dazu war die chinesische Landbevölkerung zunächst zu kollektivem Handeln gegen ihre Herren nicht in der Lage. Denn klientelistische, Klan- und Familienbande haben oft Klassengegensätze überbrückt und stattdessen klassenunabhängige Konfliktfronten geschaffen. Die kommunistischen Kader benötigten Jahrzehnte, um die Bauern zu organisieren und rebellionsfähig zu machen. Wegen seiner inneren Uneinigkeit, Korruption und Ineffizienz und des Krieges gegen Japan war das vorrevolutionäre Regime nicht in der Lage, das zu verhindern.

Unabhängig davon, ob die Bauern – wie in Frankreich und Rußland – immer schon zu kollektivem Handeln fähig waren oder, wie in China, erst dazu befähigt werden mußten, das Resultat war dasselbe: der Zusammenbruch der Staatsgewalt auf dem Lande und Bauernrebellionen. Skocpol (1979) sieht in der Gleichzeitigkeit des Zusammenbruchs der Regierung bzw. des Repressionsapparates *und* von Bauernrebellionen wesentliche Merkmale der großen Revolutionen.[42]

Rationales Handeln spielt in dieser Erklärungsskizze an vier Stellen eine Rolle.

Erstens haben militärische Krisen und Niederlagen das Gewaltmonopol der Regierung geschwächt und damit die Kosten der Rebellion gesenkt. Externer Druck und militärische Niederlagen verraten rationalen Rebellen, wann man die herrschende Klasse herausfordern kann.

---

[42] An der Allgemeinheit von Skocpols (1979) Revolutions›theorie‹ kann man Zweifel anmelden. Offensichtlich paßt sie nicht auf die iranische Revolution (vgl. Arjomand 1986). Mir geht es hier nur darum zu zeigen, daß Skocpols stark deskriptiv (statt systematisch) orientierte Studie immer wieder Argumente verwendet, die aus der Perspektive des ökonomischen Erklärungsansatzes interpretiert werden können.

Zweitens: ob es zu Massenrebellionen kommen kann, in Agrargesellschaften also zu Bauernrebellionen, hängt von der vorherigen Existenz solidarischer Dörfer ab, die zu kollektivem Handeln in der Lage sind. Das wiederum hängt davon ab, ob die Bauern unter alltäglicher Aufsicht ihrer Herren arbeiten oder nicht, ob die Bauerndörfer periodisch etwa das Land unter den Bauernfamilien neu verteilen und schon zu diesem Zwecke eine rudimentäre Organisationsstruktur besitzen. Dann müssen die Bauern nicht einzeln für die Rebellion rekrutiert werden, sondern gleich ganze Dörfer können rekrutiert werden.

Drittens gibt es nicht nur unten, bei den Bauern, sondern auch oben, bei der herrschenden Klasse, das Problem der Fähigkeit zum kollektiven Handeln. Auch herrschende Klassen sind nicht immer gut genug organisiert, um mit sicherheitspolitischen und wirtschaftlichen Doppelkrisen fertig zu werden und die Trittbrettfahrtendenzen in der herrschenden Klasse zu überwinden. Wo das nicht gelingt, ist die herrschende Klasse gefährdet. Aber Ungleichheit innerhalb der herrschenden Klasse, etwa durch einen dominanten Führer, wie es der Zar für den russischen Adel war, kann Handlungsfähigkeit erzeugen. Ausreichend großer externer Druck kann natürlich immer noch, wie in Rußland, eine an sich zu kollektivem Handeln fähige herrschende Klasse überwältigen.

Viertens ist aus der Perspektive rationalen Handelns klar, daß auch dem Programm nach egalitäre Revolutionen – und das gilt für alle drei Revolutionen – natürlich nicht Michels' (1910/1970) ehernes Oligarchiegesetz außer Kraft setzen können. Das bonapartistische Frankreich und die Kaderherrschaften in der Sowjetunion und China belegen das.

22. Staat, Krieg und Nation im internationalen System

Mit Mann (1986, S. 1/2, meine Übersetzung; ähnlich Elster 1989a, S. 248) kann man die Vorstellung einheitlicher und geschlossener Gesellschaften oder sozialer Systeme in Frage stellen und stattdessen von folgender alternativer Vorstellung ausgehen: »Gesellschaften bestehen aus vielfältigen sozialräumlichen Machtnetzwerken, die einander überlappen und sich überschneiden ... Staat, Kultur und Wirtschaft sind bedeutsame strukturierende Netzwerke: aber sie fallen fast nie zusammen«.[43] Ideologische, wirtschaftliche, politische und militärische Netzwerke sind in der Regel weitgehend – wenn auch in unterschiedlichem Ausmaß – autonom. Diese Netzwerke sind Organisationen oder institutionalisierte Mittel, mit denen Menschen ihre Ziele verfolgen. Aus der Perspektive der ökonomischen, Werterwartungs- oder Nutzentheorie kann man sagen, daß Organisationen und Netzwerke der Beschaffung öffentlicher Güter dienen. Weil alle Netzwerke bis zu einem gewissen Grade multifunktional sind (Mann 1986, S. 17), können sie umgewidmet werden, d. h. einmal vorhanden zu neuen Zwecken eingesetzt werden. Nicht die ursprünglichen Aufgaben, sondern die instrumentelle Effizienz bestimmt dann das, was eine Organisation machen kann – und vielleicht macht.

Der Anregung von Mann (1986) folgend kann zwischen zwei Aspekten von Macht unterschieden werden: der distributiven Macht, die *A* über *B* hat, und der kollektiven Macht, d. h. der Fähigkeit von *A*

---

[43] Das Auseinanderfallen relativ kleinflächiger staatlicher (d. h. vor allem militärischer, rechtlicher und polizeilicher) Strukturen und relativ großflächiger wirtschaftlicher und kultureller Netzwerke ist eine wesentliche Determinante des europäischen Sonderweges, der zur Einschränkung staatlicher Willkür, einer vergleichsweise hohen Sicherheit der Eigentumsrechte der Produzenten und Händler, zur Entstehung der kapitalistischen Marktwirtschaft und der Überwindung der Massenarmut geführt hat (vgl. 20. Kapitel oben; Jones 1981/1991; Weede 1988, 1989a, 1990a).

und *B* bei der Bewältigung gemeinsamer Probleme zusammenzuarbeiten. Arbeitsteilung und Organisation tragen zur Vermehrung kollektiver Macht bei, aber sie schaffen dabei automatisch auch distributive Macht. In Manns (1986, S. 7, meine Übersetzung) Worten: »Wer überwachende und koordinierende Positionen innehat, der hat eine enorme organisatorische Überlegenheit gegenüber den anderen ... Obwohl jeder den Gehorsam verweigern kann, gibt es wahrscheinlich keine Gelegenheiten, auf andere Art gemeinsame Ziele zu erreichen ... Deshalb gibt es auch eine einfache Antwort auf die Frage, warum die Massen nicht rebellieren – ein ewiges Problem der sozialen Schichtung – und sie bezieht sich nicht auf Wertkonsens oder Gewalt oder Austausch im üblichen Sinne dieser hergebrachten soziologischen Erklärungen. Die Massen gehorchen, weil sie keine kollektiven Organisationen haben, die ihnen etwas anderes erlauben, weil sie eingebettet sind in Organisationen kollektiver und distributiver Macht, die von anderen kontrolliert werden. Sie sind organisatorisch eingewickelt (wie ich ›organizationally outflanked‹ übersetze) ...« In der Terminologie des ökonomischen Erklärungsansatzes kann man auch sagen, daß die Zusammenarbeit von Menschen bei der Beschaffung von Kollektivgütern die Bereitstellung von Positionsgütern, vor allem von privilegierten Positionen, erforderlich macht (vgl. Weede 1986a).

Zur Entstehung von Staaten mit einem umschriebenen Territorium, regulierenden Zentralinstanzen und einem Gewaltmonopol, damit natürlich auch zu einer Schichtung von Befehlenden und Gehorchenden, ist es ungefähr zusammen mit der Entstehung von Städten und der Schrift gekommen. Dieser Prozeß hat wohl vor sieben bis fünf Jahrtausenden erstmalig in Mesopotamien stattgefunden (vgl. Mann 1986).

Staat, Schichtung und Zivilisation setzen Zwänge voraus, denen man sich nicht leicht entziehen kann. Seßhaftigkeit, Investitionen in den Feldbau und die eingespielte Zusammenarbeit mit anderen schafft jedenfalls ansatzweise solche Zwänge. Nach Mann (1986, S. 45/46) haben ökologische Möglichkeiten in fruchtbaren Flußtälern und wirtschaftliche Zusammenarbeit zuerst die Vergesellschaftung der Menschen vorangetrieben. Gegen den konkurrierenden ›militaristischen‹ Erklärungsansatz kann man mit Mann (1986) einwenden, daß dabei schon zuviel Kooperation auf Seiten der Sieger und der Besiegten (deren relative Produktivität ja ein Ziel für die künftigen Ausbeuter bieten muß) vorausgesetzt wird. Sobald aber diese Kooperation vorhanden ist, es also erste Klein- und Stadtstaaten schon gibt, spielen Krieg, Eroberung und

Überlagerung (Rüstow 1950–1957) eine zentrale Rolle für die weitere Entwicklung des Staates und der Staatenwelt.

Der Prozeß der Entstehung des Staates, die Funktion des Staates und die aus der Existenz von Staaten entstehenden Folgeprobleme lassen sich auch auf der Basis eines Gedankenexperiments von Tullock (1974, McKenzie and Tullock 1978 b) analysieren. Der Ausgangspunkt ist eine Gesellschaft ohne Zentralgewalt und ohne allgemein anerkannte Eigentums- und Verfügungsrechte. In dieser Gesellschaft kann es für eigennützige Individuen kaum Produktionsanreize geben. Wer ein Feld bebaut, muß damit rechnen, daß andere die Früchte seiner Arbeit ernten. Die eigentumslose Gesellschaft ist zwar frei von Herrschaft, aber sie wird sich kaum über das Niveau von Jägern und Sammlern hinaus entwickeln können.

Mit der Seßhaftigkeit von Familien oder Sippen müssen zugleich zumindest rudimentäre Eigentumsrechte entstehen, die Fremde von der Nutzung eines Territoriums ausschließen (vgl. North 1988). Feldarbeit wird dann sinnvoll. Aber wer sich für die Arbeit auf ›eigenen‹ Feldern entscheidet, gerät damit in einen Gegensatz zu anderen, zu Fremden. Man wird Felder und Ernte bewachen müssen, damit der Produzent, seine Familie oder Sippe und nicht etwa andere die Produktion erhalten. Schutzmaßnahmen seitens der Produzenten sind zwar notwendig, um Produktionsanreize zu erhalten, aber insofern kontraproduktiv, als sie sicher zu Gegenmaßnahmen, wie Gruppenbildung und Anlegen von Verstecken für die Beute, auf Seiten der räuberischen Nachbarn und Fremden führen.

Weil Maßnahmen und Gegenmaßnahmen von benachbarten Produzenten und Räubern einander teilweise neutralisieren, läge es im Interesse aller, wenn solches Gegeneinander unterbliebe, wenn Eigentumsrechte durchgesetzt werden könnten. ›Optimal‹ für die Ausweitung der Produktion wären natürlich Eigentumsrechte, bei denen jeder (bzw. jede Familie oder Sippe) den vollen Ertrag seiner Arbeit erhält, wo die jeweiligen Eigentumsrechte freiwillig und gegenseitig respektiert werden, wo jede Übertragung von Eigentumsrechten freiwillig – in der Regel durch Tausch – geschieht.

Derartige Eigentumsrechte sind öffentliche Güter, weshalb die üblichen Trittbrettfahrtendenzen zumindest in großen Gruppen zu erwarten sind (vgl. Olson 1968). Je größer die Gruppe der Menschen, die von der Durchsetzung von Eigentums- und Verfügungsrechten profitieren *könnten*, je gleichmäßiger die Ressourcen der Individuen (oder Familien oder Sippen) und damit das Interesse an der einvernehmlichen Festsetzung der Eigentumsrechte verteilt sind, desto unwahrscheinlicher ist es, daß es dazu kommt.

Aussichtsreicher erscheint die Durchsetzung von Eigentums- und Verfügungsrechten seitens einer Teilgruppe, die man entweder als ›organisierte Verbrecher‹ (vgl. Tilly 1985) oder als künftige herrschende Klasse bezeichnen kann. Für eine Teilgruppe ist das Problem der großen Zahl schon einmal gemildert. Außerdem schafft die Aussicht auf das Positionsgut, Zugehörigkeit zur herrschenden Klasse, selektive Anreize dafür, in den Erwerb eines Diebstahlsmonopols für die herrschende Klasse zu investieren. Gegenüber den Beherrschten wird dabei Zwang und Gewalt eingesetzt. Unorganisierter Diebstahl wird nicht mehr geduldet, sondern bestraft. Um den Beherrschten Produktionsanreize zu vermitteln, wird die herrschende Klasse feste Abgabenpflichten einführen, diese vielleicht Steuern nennen, aber willkürliche Konfiskation zumindest einschränken.

Daß Staaten oft mit einer Niederlage beginnen (de Jasay 1985, S. 15) oder genauer: mit einer Niederlage der Produzenten, ändert grundsätzlich nichts daran, daß auch ein Diebstahlsmonopol der herrschenden Klasse ein öffentliches Gut darstellt. Es ist ›öffentlich‹, weil jeder davon betroffen ist. Es ist sogar ein ›Gut‹, wenn der Monopolist weniger stiehlt als bei anarchischem Diebstahl gestohlen würde. Indem der Staat Recht und Ordnung durchsetzt, indem er größere Räume pazifiziert, *erleichtert* er eine großräumigere Arbeitsteilung und trägt zu sinkenden Transaktionskosten bei. Der Staat ist zumindest potentiell produktiv.[44]

Historisch ist die Staatenbildung zunächst immer eine ›lokale‹ Angelegenheit gewesen, d. h. an vielen Stellen der Welt hat es benachbarte Staaten gegeben. Wichtigstes Herrschaftsmittel in den meisten Staaten und längsten Perioden der Menschheitsgeschichte war immer die Anwendung von Zwang und Gewalt. Wer dazu im Binnenverhältnis zu

---

[44] Mit der großräumigen Durchsetzung einer einheitlichen Rechtsordnung *kann* der Staat für seine Untertanen oder Bürger ein Kollektivgut beschaffen und zur Senkung der Transaktionskosten beitragen. Staaten, die sich bis an die Grenze ihres Kulturkreises ausdehnen konnten, also Weltreiche, waren meist nicht produktiv, sondern kleptokratisch orientiert. In Europa hat gerade die zwischenstaatliche Rivalität relativ kleinflächiger Staaten zur Sicherung der Eigentumsrechte und zur Senkung der Transaktionskosten beigetragen. Ohne die kleptokratischen Neigungen der herrschenden Klassen wäre die Befriedung größerer Räume immer wünschenswerter als die kleinerer Räume. Um die kleptokratischen Neigungen der herrschenden Klassen zu zügeln, war bisher die räumliche Begrenzung der Herrschaftsgebiete notwendig (vgl. 19. Kapitel oben).

den eigenen Untertanen in der Lage ist, kann dieselben Mittel auch im Außenverhältnis einsetzen, d. h. Krieg führen. Aus der Vielzahl mindestens teilweise benachbarter und kriegsfähiger, d. h. auch strategisch interdependenter, Staaten resultieren das Sicherheitsdilemma und der anarchische Charakter des internationalen Systems (Aron 1966; Bernholz 1985; Herz 1974; McNeill 1982; Waltz 1979; Weede 1975a, 1986a).

Nach der Staatenbildung hat sich das Problem der Abgrenzung der Eigentums- und Verfügungsrechte auf ein höheres Aggregationsniveau verschoben. Innerhalb der Staaten setzen die Herrscher Recht und sprechen sie Recht. Innerhalb der Staaten verbleibt nur noch das Problem der ›Domestikation der Herrschaft‹ (Albert 1986), d. h. der Überwindung der Rechtlosigkeit der Beherrschten gegenüber den Herrschern. Unter den Beherrschten ist ja Gewalt dank des Monopols der Herrschenden weitgehend ausgeschlossen. Zwischen den Staaten, deren Herrscher Souveränität beanspruchen, aber ist Gewaltanwendung bzw. Krieg jederzeit denkbar. Soweit Krieg der Ausweitung der Ausbeutungsbasis dient, gibt es auch Anreize dazu.

Ökonomische Anreize zum Krieg sind zwar denkbar – meines Erachtens spielen sie auf *niedrigem* Niveau der Entwicklung der Produktivkräfte und Destruktionspotentiale eine viel wichtigere Rolle als in späteren Phasen der Menschheitsgeschichte – aber durchaus *nicht* notwendig, um Krieg zu motivieren. Wo voneinander unabhängige politische Einheiten, also Staaten, keiner effektiven übergeordneten Gewalt unterworfen sind, wo diese Staaten aber einander durch Krieg bedrohen können, da müssen die Herrscher aller Staaten sich gegen die Bedrohung schützen, die aus der bloßen Existenz anderer kriegsfähiger und unabhängiger Staaten resultiert. Eine Möglichkeit des *einseitigen* Selbstschutzes besteht in dem Versuch, ›Sicherheit durch Überlegenheit‹ oder ›Frieden durch Stärke‹ zu erreichen. Diese Strategie der einseitigen Selbsthilfe ist um so verlockender, je größer die Ressourcen des eigenen Staates verglichen mit denen anderer Staaten sind. Stärke und Überlegenheit erreichen kann man durch die Aufstellung größerer Armeen als andere Staaten, durch bessere Rüstung und erfolgreiche Eroberungskriege, die die territoriale und Bevölkerungsbasis des eigenen Staates vergrößern.

Ein offensichtliches Merkmal der Strategie, die ich als ›Sicherheit durch Überlegenheit‹ oder ›Frieden durch Stärke‹ bezeichnet habe, besteht darin, daß diese Strategie für die überwältigende Mehrheit aller Staaten nicht zum Ziel führen kann. Denn Überlegenheit ist ein Positionsgut. Es herrscht Rivalität des Konsums: Wer Überlegenheit beansprucht, muß den anderen dasselbe Gut verwehren. Dieser ›Ausweg‹ aus dem Sicherheitsdilemma verschärft es, statt es zu mildern. Der Versuch, ›Sicherheit durch Überlegenheit‹ zu erlangen, schafft neue oder verstärkt ohnehin schon vorhandene Interessengegensätze.

Die Behauptung, daß die Attraktivität einer Überlegenheitsstrategie mit dem Ausmaß der schon kontrollierten Ressourcen wächst, hat falsifizierbare Implikationen. Danach sollten Großmächte mehr Menschen und mehr Geld für Militärzwecke bereitstellen als andere Staaten; danach sollten Großmächte auch häufiger als andere Staaten Krieg führen. Beide Hypothesen haben sich in den letzten Jahrzehnten für die Rüstung und sogar in den letzten Jahrhunderten für die Kriegsverwicklung bewährt (Richardson 1960; Singer and Small 1972; Small and Singer 1982; Weede 1975a; Wright 1965).

In Anbetracht der Tatsache, daß Überlegenheitsstrategien für die meisten Staaten scheitern *müssen*, sollte man überlegen, was mit den Staaten passiert, die das Unmögliche nicht mehr versuchen, die weniger kriegsbereit und kriegswillig als andere sind. Offensichtlich hängt die Unabhängigkeit und Existenz derartiger Staaten dann entweder von intern bedingten Expansionshemmungen anderer Staaten ab oder von einem Gleichgewicht der kriegsbereiten Militärmächte, die *einander* die Expansion auf Kosten kriegsunwilliger Staaten mißgönnen. Wer auf Selbsthilfe durch Kriegsbereitschaft verzichtet, der verliert an Einfluß auf die Gestaltung des zwischenstaatlichen Systems, auf die Dauer in der Regel auch seine Unabhängigkeit.

Ähnlich wie bei der Zuweisung von Eigentums- und Verfügungsrechten an Individuen, Familien und Sippen gibt es auch bei der Zuweisung von Eigentums- und Verfügungsrechten an Staaten grundsätzlich zwei Lösungstypen des Problems. Entweder man einigt sich und schreibt auf der Basis allgemeiner Zustimmung Besitzstände fest, die später nur noch einvernehmlich geändert werden können. Oder einzelne Akteure erzwingen eine bestimmte Zu- und Festschreibung mit Gewalt. Genau wie beim innergesellschaftlichen Problem der Definition der Eigentums- und Verfügungsrechte ist auch beim zwischengesellschaftlichen Problem derselben Art die konsensuelle Lösung zwar wünschenswert, aber unwahrscheinlich. Denn allgemein anerkannte Normen, Besitzstände, Rechte sind wieder Kollektivgüter und vermitteln in zwischenstaatlichen Systemen mit einer großen Anzahl von Mitgliedern die üblichen Anreize zum Trittbrettfahren. Wahrscheinlicher ist deshalb der Versuch, eine hegemoniale Weltordnung durchzusetzen, also ein Weltreich zu schaffen, das das Sicherheitsdilemma überwindet. Unter Weltreich verstehe ich dabei die Expansion eines Staates bis an die Grenzen der ›bekannten‹ Welt, wobei der bekannte Teil der Welt von den Möglichkeiten der Nachrichtenübermittlung, des Reisens, des Handelns und des Kriegführens über weite Entfernungen abhängt. Bis zum Beginn der Neuzeit hat es auf der Erde in diesem Sinne immer mehrere ›Welten‹ gegeben.

Die Expansion bis an die Grenzen der (eigenen) Welt ist historisch oft gelungen, unter anderem in Mesopotamien vor ca. 4000 Jahren und in China vor 2200 Jahren. Die Expansion hat dabei nicht nur eine sicherheitspolitische Funktion, sondern gleichzeitig die innenpolitische der Herrschaftssicherung. Man darf ja nicht vergessen, daß die demokratische Bindung politischer Herrschaft an mehrheitliche Zustimmung erst im 20. Jahrhundert eine gewisse Verbreitung gefunden hat. Selbst in Großbritannien, einem Mutterland der Demokratie, durften Anfang des Jahrhunderts noch nicht einmal alle Männer wählen. Und in einem anderen Mutterland der Demokratie, in der Schweiz, haben erst nach dem zweiten Weltkrieg auch die Frauen das Wahlrecht erhalten. Weltgeschichtlicher Normalzustand ist also die Herrschaft von Minderheiten ohne allzu viele Rücksicht auf Mehrheiten. Ein derartiges System kann offensichtlich eher stabil bleiben, wenn es in der ›bekannten‹ oder ›zivilisierten‹ Welt keine Alternative gibt, die Dissidenten anregen und Rebellen vielleicht unterstützen könnte (vgl. Kammler 1990).

Der Versuch, langlebige Universalreiche zu schaffen, das Sicherheitsdilemma zu überwinden und gleichzeitig alternative politische Ordnungsmöglichkeiten ›undenkbar‹ erscheinen zu lassen, ist zwar in Asien, vor allem in China, immer wieder für lange Perioden gelungen, nicht aber in Westeuropa, obwohl es auch bei uns an entsprechenden Versuchen nicht gefehlt hat (Dehio o. J.; Kennedy 1987). Wo hegemoniale Ordnungen nicht durchgesetzt werden, stattdessen Systeme annähernd gleichwertiger konkurrierender Staaten bestehen, da trägt der Krieg und seine Vorbereitung wesentlich zur Gestaltung der Gesellschaft bei. Dazu einige Beispiele:

Vor knapp viertausend Jahren tauchten im Nahen und Mittleren Osten die ersten Kriegswagen mit Lenkern und Bogenschützen auf. Diese kriegstechnische Neuerung hat die Bedeutung des Pferdes erhöht und damit den Steppenvölkern Vorteile gebracht. Sie konnten die alten Kulturgebiete des Nahen und Mittleren Ostens unterwerfen. McNeill

(1982, S. 11/12) bezeichnet die danach entstehenden Herrschaftsstrukturen als ›feudal‹, weil die Herrscher auf die Zustimmung der kleinen Elite von Wagenkriegern angewiesen waren, und als ›aristokratisch‹, weil die kriegerische Elite keine Rücksicht auf militärisch bedeutungslose Bauern nehmen mußte.

Neue Waffensysteme haben später die Herrschaftsstrukturen verändert und eine ›Demokratisierung‹ eingeleitet. Etwa 1200 vor Christus löste das Eisen die Bronze ab. Damit wurde die Waffenproduktion billiger. Mehr Männer bewaffneten sich. Gleichzeitig haben eiserne Pflüge die Produktivität der Landwirtschaft erhöht. Erstmalig haben damit die Bauern etwas von einer anderen Bevölkerungsgruppe erhalten und nicht nur Nahrung abgegeben. Von der neuen Militärtechnologie haben Stammeskrieger am Rande der fruchtbaren Ebenen am meisten profitiert. Deren ›barbarische‹ Gemeinschaften waren *relativ* egalitär. Jetzt konnten sie viele Krieger wirksam bewaffnen. Die zunächst noch von den Wagenkriegern beherrschten Ebenen und deren politische Systeme aber konnten es sich nicht erlauben, große Bevölkerungsteile gegen die eindringenden Bergstämme zu bewaffnen.

Auch die demokratischen Ansätze im antiken Griechenland müssen vor dem Hintergrund des dort (wie später in Westeuropa) bestehenden Systems rivalisierender Staaten gesehen werden, wo die neue Militärtechnologie und Strategie zur Aufwertung der Infanterie (Hopliten) führte. Wenn die Infanterie das Rückgrat der Streitkräfte darstellt (oder auch die Ruderer in Athen), dann wird (fast) jeder freie Mann militärisch wertvoll. Dazu schreibt McNeill (1963, S. 200, meine Übersetzung): »Die Phalanx war deshalb die Schule, die die griechischen Stadtstaaten gestaltet hat ... denn die Hopliten, die die Stadt auf dem Schlachtfeld verteidigten, konnten selten von der Beteiligung an öffentlichen Angelegenheiten ausgeschlossen werden.« Derselbe Grundgedanke wird bei Andreski (1968a, S. 27, meine Übersetzung) noch allgemeiner formuliert, wo es heißt: »Die technischen und militärischen Umstände, die die bereitwillige Kooperation der Massen im Krieg mehr oder weniger wesentlich werden lassen, sind die wichtigsten Determinanten sozialer Ungleichheit.« An anderer Stelle formuliert er sogar eine prüfbare Hypothese, wonach das Ausmaß der Schichtung vom militärischen Partizipationsgrad abhängt. Selbst mit Daten aus der Zeit nach dem Zweiten Weltkrieg läßt sich noch ein Zusammenhang zwischen dem militärischen Partizipationsgrad einerseits und einer relativ egalitären Einkommensverteilung andererseits belegen (Garnier and

Hazelrigg 1977; Jagodzinski und Weede 1980; Kriesberg 1979, S. 379; Weede and Tiefenbach 1981).

Aus dem bloß lokalen Charakter der Lösung des innenpolitischen Ordnungsproblems resultiert das Nebeneinander unabhängiger politischer Einheiten und damit das Sicherheitsdilemma. Gelingt es keiner politischen Einheit, dieses Dilemma zu überwinden, dann bleibt es bei einem System rivalisierender und gegeneinander Krieg führender Staaten. *Sofern* die herrschende Militärtechnologie, Strategie oder Taktik die Mitwirkung des ›gemeinen Mannes‹ an der Kriegführung erfordert, stärkt das egalitäre und demokratische Tendenzen. Gelingt die imperiale Befriedung großflächiger Räume (wie immer wieder in China) *oder* verliert der ›gemeine Mann‹ aus technologischen, strategischen und taktischen Gründen seinen militärischen Wert, dann kann der ›gemeine Mann‹ praktisch völlig rechtlos werden, dann kann politische Herrschaft zur ›Kleptokratie‹ (Andreski 1968b, 1969) entarten, dann kann der Herrscher des Imperiums, wie in Rußland (Pipes 1977) oder China (Yang 1987), sogar beanspruchen, letztlich Grundherr des ganzen Landes zu sein.

Meine Ausführungen oben sollten Zweifel daran begründet haben, ob dem Durchschnittsmenschen mit der Überwindung des Sicherheitsdilemmas in der Vergangenheit gedient war. Unabhängig von der Beantwortung dieser Frage für die Vergangenheit kann man in Anbetracht von Massenvernichtungsmitteln Ende des 20. Jahrhunderts in der Überwindung der Kriegsgefahr eine Überlebensfrage der Menschheit sehen. Historisch ist das Mittel zur Befriedung großer Räume der erfolgreiche Krieg, die Expansion bis an die Grenzen der bekannten oder ›zivilisierten‹ Welt, gewesen. Als Alternative zum Weltfrieden durch Eroberung eines Weltreichs käme theoretisch die *kollektive Sicherheit* in Frage.

Zunächst einmal ist festzustellen, daß diese Alternative die Existenz einer multipolaren Machtverteilung voraussetzt.[45] Im unipolaren System hängt der Frieden offensichtlich von der Hegemonialmacht ab. Im bipolaren System mit zwei dem Rest der Welt überlegenen, aber rivalisierenden Großmächten bedeutet der Krieg gegen jede der beiden Großmächte einen Weltkrieg. Damit stellt sich die Frage, ob kollektive Sicherheit wenigstens unter den Bedingungen einer multipolaren

---

[45] Man kann Polarität entweder nur über die Machtverteilung unter den Staaten oder über die Allianzbindungen oder über beide Merkmale definieren. Ich beziehe den Polaritätsbegriff hier *ausschließlich* auf die Machtverteilung.

Machtverteilung funktionieren kann, ob es dort Anreize für zumindest nicht sofort und nicht direkt bedrohte Staaten gibt, den Aggressionsopfern beizustehen, das rechtzeitig vorher anzukündigen und damit die Aggression von vorneherein abzuschrecken. Ohne expliziten Bezug auf den ökonomischen Erklärungsansatz, aber durchaus mit diesem kompatibel, hat Organski (1958, S. 373-384) gezeigt, daß kollektive Sicherheit nur funktionieren kann, wenn (a) alle zunächst Unbeteiligten einig sind, wer der Aggressor ist, wenn (b) alle gleichermaßen ein Interesse daran haben, die Aggression zu beenden, wenn (c) alle frei und in der Lage sind, gegen den Aggressor vorzugehen. Falls diese Bedingungen erfüllt sind, dann reicht die Macht der Friedfertigen und Unbetroffenen aus, den Aggressor zu schlagen. Falls diese Bedingungen erfüllt sind, wird es keine Aggression geben. Potentielle Aggressoren werden abgeschreckt.

Interessenkonflikte zwischen den Staaten machen es unwahrscheinlich, daß alle die Aggression als Aggression beurteilen und zum Scheitern verurteilen wollen und dafür auch noch Opfer bringen. Weil kollektive Sicherheit oder die Abschreckung jeder denkbaren Aggression und damit die grundsätzliche Überwindung der Kriegsgefahr ein kollektives Gut ist, kommt sie entweder allen oder niemandem zugute. Daraus folgen die üblichen Anreize zum Trittbrettfahren, selbst wenn das Ziel allgemein anerkannt sein sollte. Aus dem ökonomischen Erklärungsansatz, insbesondere der Logik des kollektiven Handelns (Olson 1968), folgt meines Erachtens, daß kollektive Sicherheit nicht funktioniert. Die beobachtbaren weltpolitischen Gegebenheiten sind mit dieser Bewertung kompatibel.[46]

Meine These des Versagens der kollektiven Sicherheit kann nicht dadurch widerlegt werden, daß man auf Kriege im Namen kollektiver Sicherheit verweist. Denn die Doktrin der kollektiven Sicherheit verlangt die Mitwirkung aller Staaten an Maßnahmen gegen den Aggressor, zumindest aber die aktive Mitwirkung *aller* Großmächte und einer Mehrheit aller Staaten. Dafür gibt es kein mir bekanntes historisches Beispiel. Außerdem sind Kriege im Namen kollektiver Sicherheit schon

---

[46] Der Golfkrieg gegen den Irak Anfang 1991 ist keine Widerlegung der These, daß kollektive Sicherheit nicht funktioniert. Erstens ist die Annektion Kuwaits durch den Irak nicht abgeschreckt worden, d.h. Sicherheit nicht erreicht worden. Zweitens haben sich nicht alle größeren Mächte daran beteiligt, gegen den Irak Krieg zu führen – weder die Sowjetunion, noch China, noch Japan, noch Deutschland, noch Indien. Drittens haben sich auch nicht alle Nachbarn am Krieg beteiligt, weder der Iran, noch Jordanien.

ein Hinweis auf zumindest halbes Versagen dieser Politik, denn die Kriegsdrohung hat ja die Aggression nicht abgeschreckt. Um das Abschreckungsziel zu erreichen, müßte die Völkergemeinschaft vermutlich für eine gewisse Zeit *jede* Aggression – und nicht nur die eine oder die andere – mit Waffengewalt zum Scheitern verurteilen. Erst im Laufe der Zeit werden potentielle Aggressoren dann zu der Einsicht kommen, daß ihre Expansionswünsche keine Aussicht auf Erfolg haben.

Bisher habe ich die Existenz des Staates aus dem ›innenpolitischen‹ Ordnungsproblem abgeleitet, seinen üblicherweise repressiven Charakter aus der Art seiner Entstehung, etwaige Milderung des repressiven Charakters zugunsten egalitärer und/oder demokratischer Züge aus der Konkurrenz zwischen politischen Einheiten und militärischen Sachzwängen, die Unüberwindbarkeit des Sicherheitsdilemmas auf kooperativem Wege aus der Logik des kollektiven Handelns. Implizit habe ich damit sowohl eine verkürzte Theorie der Kriegsursachen angedeutet, als auch so getan, als ob man Staaten als einheitlich handelnde Akteure mit konsistenten Präferenzen und der Fähigkeit zum Versuch der Nutzenmaximierung behandeln könnte. Wer, wie ich, die Logik des kollektiven Handelns wirklich ernst nimmt, sollte aus der individuellen Fähigkeit zum rationalen Handeln ja zumindest starke Zweifel an der Fähigkeit von Kollektiven zum rationalen Handeln ableiten. Diese Lücken und Schwächen der bisherigen Darstellung müssen jetzt überwunden werden.

Oben habe ich Kriegsursachen immer entweder auf Beutemacherei oder auf das Sicherheitsdilemma (oder eine Mischung beider Motive) zurückgeführt, dabei auch schon angedeutet, daß meines Erachtens Beute ein Motiv von welthistorisch abnehmender Bedeutung ist, während das Sicherheitsdilemma eine Art weltpolitischer Konstante darstellt, sofern es nicht in einigermaßen geschlossenen Räumen für längere Perioden überwunden wird. Wo die Schärfe des Sicherheitsdilemmas regional über längere Zeiten durch die Bildung großflächiger Reiche wesentlich reduziert wird (wie in Teilen Asiens in der frühen Neuzeit), da besteht allerdings die Gefahr, daß die verschärfte sicherheitspolitische Rivalität *anderswo* (etwa in Europa) eine zunehmende militärische Überlegenheit der von Rivalitäten geplagten Region über die relativ friedliche Region vorbereitet (vgl. Parker 1990, S. 185/186) und damit deren erzwungene und untergeordnete Reintegration in ein vergrößertes rivalisierendes Staatensystem.

Gleichberechtigt neben dem Sicherheitsdilemma gibt es noch ein anderes Grundproblem der zwischenstaatlichen Politik, nämlich das der territorialen Abgrenzung. Diese muß in einem System ohne effektive übergeordnete Instanz solange umstritten sein, wie Territorium eine gleichzeitig bedeutsame und nicht vermehrbare Ressource darstellt. Das Problem wird verschärft, weil in einem System, das durch rivalisierende Staaten, Kriege und daraus resultierende Grenzverschiebungen charakterisiert ist, alle bestehenden Grenzen mehr oder weniger illegitim sein müssen – und zwar um so mehr, je kürzer der Zeitraum zwischen der letzten gewaltsamen Grenzverschiebung und dem gegenwärtigen Augenblick ist. Weil Landgewinne der einen Seite immer Verluste einer anderen Seite sein müssen, weil die Verluste den Wunsch nach Rückeroberung auslösen, wird fast jeder Krieg auch zukünftige Kriegsgründe erzeugen und das Sicherheitsdilemma zwischen den Staaten weiter verschärfen.

Weder demokratische Verfahren der politischen Entscheidung, noch nationale Prinzipien werden grundsätzlich zur Verringerung von Sicherheitsdilemmata und territorialen Abgrenzungsdilemmata beitragen. Demokratische Verfahren politischer Entscheidung räumen gewählten Politikern die Entscheidungsbefugnis ein. Die Sicherheitspolitik muß damit mehrheitsfähig sein. In Anbetracht der rationalen Ignoranz, die die Einstellung der Bevölkerung gegenüber sicherheitspolitischen Fragen unter den Voraussetzungen der hier unterstellten Theorie prägt, dürfte es sehr schwer sein, Mehrheiten auch nur für eine in sich konsistente Sicherheitspolitik zu finden. Dem äußeren Frieden kann eine solche Außenpolitik sowieso nur dann dienen, wenn sie auch noch mit der Politik anderer Staaten abgestimmt und kompatibel ist (vgl. Wildenmann 1967). Meines Erachtens ist aber schon interne Konsistenz unter den Bedingungen repräsentativer, pluralistischer oder demokratischer Entscheidungsfindung kaum zu erreichen.

›Sicherheit durch Überlegenheit‹ oder ›Frieden durch Stärke‹ ist letzten Endes eine Politik, die für die meisten Staaten, sogar für die meisten Großmächte, auf Dauer scheitern muß. Aber die Alternativen ›kollektive Sicherheit‹, generelle Neutralität im Sinne der Nichteinmischung in fremde Konflikte (auch dann, wenn in der Nähe eine potentielle Hegemonialmacht entsteht) oder Zugeständnisse an potentielle Herausforderer (auch wenn dabei das eigene Territorium schrumpft oder die eigene Entscheidungsfreiheit sukzessiv verloren geht) sind offensichtlich nicht attraktiv. Wenn man zusätzlich berücksichtigt, daß Initiatoren oder Angreifer überdurchschnittlich oft Schlachten, Feldzüge und sogar Kriege gewinnen (Betts 1985; Bueno de Mesquita 1981; Dupuy 1987; Epstein 1988), dann erscheint der Versuch, Frieden *und* Unabhängigkeit durch eine passive Politik der Zugeständnisse, der Neutralität und der Unterordnung unter die Staatengemeinschaft – die meist nicht zu kollektivem Handeln fähig ist – zu sichern, mindestens so riskant wie die Teilnahme an den machtpolitischen Rivalitäten der Welt. Weil die stärksten Staaten dabei objektiv am bedrohlichsten für die anderen sind, haben sie auch eine große Zahl zumindest potentieller Feinde. Bedrohlichkeit schafft Bedrohung.

Aber diese Einsicht kann meines Erachtens nie mehrheitsfähig sein, weil (a) Sicherheitspolitik betrieben werden muß, man sich also irgendwie entscheiden muß, weil (b) keine der konkreten Alternativen zu ›Frieden durch Stärke‹ oder ›Sicherheit durch Überlegenheit‹ eine Chance hat, in großen Staaten mehrheitsfähig zu werden, weil (c) ein negativer Konsens *gegen* diese Politik zwar deren Erfolgsaussichten untergraben kann, aber keine konstruktive Alternative bietet, weil (d) ›Frieden durch Stärke‹ oder ›Sicherheit durch Überlegenheit‹ eine trügerische Plausibilität haben, solange man über die Mittel dafür verfügt. Die Bindung der Außen- und Sicherheitspolitik an demokratische Entscheidungsprozeduren wird also nicht zur Reduzierung der Kriegsverwicklung von Demokratien führen, wenn die oben angestellten Ausführungen richtig sind. Die Erwartung einer Nullkorrelation zwischen Regimemerkmalen und Kriegsverwicklung hat sich in der empirischen Forschung bestätigen lassen (Rummel 1968; Chan 1984; Weede 1984a).[47]

Grundsätzlich kann man sich eine nicht-aggressive, nicht-expansive Politik der Stärke vorstellen, die *nur abschrecken* will. Das ist eine Politik, die zwar von der Bevölkerung Opfer verlangt, weil Männer Soldaten werden müssen, weil Rüstung eigentlich immer schon teuer war und es heute bestimmt noch ist, aber den notwendigen Opfern stehen kaum Anreize gegenüber, an der Beschaffung des Kollektivgutes ›Abschreckung‹ mitzuwirken. Natürlich werden unter Berufung auf das Abschreckungsziel von Sonderinteressengruppen partikulare Ziele verfolgt – wie höheren Sold für Soldaten, mehr Geld für Forschungsaufträge, höhere Preise für Rüstungsgüter – aber nichts davon trägt unbedingt zur Verteidigungsbereitschaft und Abschreckung bei: weder

---

[47] Es läßt sich allerdings zeigen, daß es bisher keine Kriege zwischen Demokratien gegeben hat (Doyle 1986; Rummel 1983; Small and Singer 1976).

hoher Sold, noch teure Expertisen oder Waffen. Diese selektiven Anreize werden zwar benötigt, um die Inputs für die Produktion von Verteidigungsbereitschaft oder Abschreckung zu erwerben, aber überhöhte Ausgaben für die Inputs ergänzen nur die mangelnde Zahlungsbereitschaft derer, die die Finanzierung des Kollektivgutes ›Sicherheit‹ den anderen überlassen wollen. In der Demokratie ist es deshalb gar nicht unwahrscheinlich, daß man eine Mehrheit für Abschreckung findet, aber keine Mehrheit für die notwendigen Investitionen in die dafür erforderlichen Waffen und Streitkräfte. Eine solche Politik kann außerhalb als überwindbare Bedrohung aufgefaßt werden, geradezu als Provokation potentieller Aggressoren.

Demokratische Entscheidungsprozeduren haben besonders geringe Aussicht, bei der Lösung von Territorialproblemen hilfreich zu sein. Wenn ein Land an der Ostgrenze Provinzen an den Nachbarn im letzten Krieg verloren hat, aber an der Westgrenze etwas dazugewonnen, könnte man alle Territorialprobleme überwinden, sofern man den gerade herrschenden Status quo festschreibt – unabhängig von dessen Gerechtigkeit. Vermutlich sind *alle* Grenzen der Welt unter anderem auch durch Gewalt zustande gekommen und insoweit ungerecht. Aber die allgemeine Anerkennung des Status quo ist innerhalb der Staaten nicht mehrheitsfähig. Stattdessen wird sich die Mehrheit vermutlich dafür entscheiden, die Gewinne im Westen zu behalten und die verlorenen Gebiete im Osten zurückzufordern. Diese Politik wird weder die Interessenten an den neuen Westgebieten, noch die an den verlorenen Ostgebieten – und beide Gruppen zeichnen sich im Gegensatz zu vielen anderen nicht durch rationale Ignoranz aus – verprellen. Die besten Erfolgsaussichten beim innenpolitischen Kampf hat damit der, der eine Außenpolitik vertritt, die die Anzahl der Grenzstreitigkeiten maximiert statt minimiert.

Abgrenzungsdilemmata entstehen nicht nur, weil Grenzen durch Gewalt zustande gekommen und verschoben worden sind, sondern auch weil niemand Verluste akzeptieren will. Seit dem 19. Jahrhundert macht der nationalstaatliche Gedanke die Akzeptanz bestehender Grenzen noch schwerer, zumal auch er selektiv eingesetzt wird, d. h. immer nur eigene Forderungen, nie aber eigene Verzichte legitimieren kann. Wenn Angehörige des eigenen Volkes in einem benachbarten Land leben, dann liegt es nahe, Selbstbestimmung für diesen Volksteil bis hin zum Anschluß zu fordern. Jedenfalls zeigt die europäische Kriegsgeschichte des 20. Jahrhunderts recht enge Zusammenhänge zwischen territorialen Abgrenzungsdilemmata und Krieg, wobei die Grenzkonflikte entweder durch gewaltsame Grenzverschiebungen oder durch nationale Aspirationen entstehen können (vgl. Luard 1968, 1970; Weede 1975 a).

Der Nationalismus ist kein so alter Kriegsgrund wie der Wunsch nach Beute oder das Sicherheitsdilemma. Man kann ihn als Erfindung der europäischen Neuzeit betrachten. Mit Gellner (1983, S. 1) will ich unter Nationalismus das Prinzip verstehen, daß politische und ethnolinguistische, kulturelle oder ›nationale‹ Einheiten deckungsgleich sein *sollen*. Wo immer es Diskrepanzen zwischen dem politischen Status quo und nationalen Aspirationen gibt, da entstehen potentielle Kriegsgründe.

Der Staat ist älter als der Nationalismus oder auch nur das Nationalgefühl im Sinne einer gemeinsamen Kultur und eines bewußt bejahten Gefühls der Zusammengehörigkeit. In den Agrargesellschaften gab es weder Nationalgefühl noch Nationalismus. Es gab kleine herrschende Klassen, die manchmal in sich geschichtet waren, und weitgehend autonome lokale Gemeinschaften von Bauern. Die bäuerlichen Massen haben dabei an der Kultur der herrschenden Klassen kaum partizipiert. Ob die herrschende Klasse über kulturell homogene oder heterogene ländliche Gebiete herrschte, spielte keine Rolle. Denn Herrscher und Massen lebten in kulturell verschiedenen Welten. Das gilt meines Erachtens vor allem dann, wenn die Massen militärisch bedeutungslos waren. Selbst wenn oder wo der Klerus, also die Priester, die Gesamtgesellschaft durchdringen wollte, mußte schon aus Gründen der Arbeitsteilung kulturelle Homogenität unerreichbar bleiben. Denn die meisten Menschen mußten Landarbeit leisten, hatten keine Zeit, Lesen und Schreiben zu lernen.

Die moderne oder anonyme Gesellschaft[48] ist nach Gellner (1983, S. 17/18) durch die Universalisierung und Säkularisierung des Klerus charakterisiert. Erst mit der Entstehung einer umfassenden arbeitsteiligen Gesellschaft auf der Basis einer Schreibfähigkeit voraussetzenden Allgemeinbildung wird die Gesellschaft kulturell homogenisiert, können Nationalgefühl und Nationalismus entstehen.

Dennoch ist auch heute noch die Zahl der nationalen Einheiten in der Welt, wenn man sie durch eine eigene Sprache definiert, viel größer

---

[48] Gellner (1983), an dem ich mich stark orientiere, spricht meines Erachtens etwas unglücklich von Industriegesellschaft.

als die der politischen.⁴⁹ Und nicht alle potentiellen nationalen Einheiten zeichnen sich durch das entsprechende Bewußtsein aus. Meines Erachtens sollte man Nationalität als eine ›Gruppenleistung vom Typus des Bestimmens‹ (vgl. Kapitel 1 oben) auffassen, die sich zwar an objektive Merkmale (wie eine gemeinsame Sprache) anlehnen *kann*, aber nicht muß. Trotz sprachlicher Heterogenität gibt es ein schweizerisches Nationalgefühl. Trotz rassischer Heterogenität gibt es ein amerikanisches Nationalgefühl, das zumindest manchmal auch die schwarzweiße Rassenschranke überwindet. Aber trotz der gemeinsamen serbokroatischen Sprache (nicht aber Schrift) ist das *gemeinsame* Nationalgefühl von Serben und Kroaten recht schwach entwickelt.

Erst mit der zunehmenden Arbeitsteilung und der zunehmenden Bedeutung der Kommunikation in der anonymen Gesellschaft und auf einer gemeinsamen, in der Schule vermittelten Basis entsteht kulturelle Homogenität innerhalb von Gesellschaften. Gleichzeitig werden die lokalen und familiären Bindungen zunehmend gelockert. Die Menschen treten der Gesellschaft relativ autonom und vereinzelt gegenüber. Die Teilnahme an der Kultur der Gesellschaft wird jetzt für den Einzelnen psychologisch und ökonomisch bedeutsam – im Gegensatz zur Agrargesellschaft. Nationalismus als Forderung nach Identität von kulturellen und politischen Einheiten kann erst unter diesen Bedingungen entstehen. Nur in der ›nationalen‹ Kulturgemeinschaft ist Mobilität für die meisten Menschen denkbar, entsteht ansatzweise Gleichheit durch Austauschbarkeit (vgl. Gellner 1988, S. 212, 236).

Ob es im Zuge der wirtschaftlichen Entwicklung zur Assimilation von lokalen Kulturen kommt oder zur Entstehung von Nationalbewußtsein, ist wesentlich eine Frage von Kommunikationsbarrieren zwischen Zentrum und Peripherie. Wo sprachliche Barrieren die Assimilation erschweren, kann kulturelle Homogenisierung auf der Basis von lokalen Sprachen den lokalen Intellektuellen Vorteile vermitteln. Die Erzeugung des Nationalismus liegt dann im Interesse peripherer Intellektueller in ethnischen Randgebieten großflächiger Staaten.

Nach Gellner (1983, S. 75) ist Nationalismus *vor allem* (aber nicht nur) ein Problem der frühen Industrialisierungsphase, solange es objektives Massenelend gibt und eine Korrelation zwischen ethnisch-kultu-

---

⁴⁹ Gellner (1983, S. 45) schätzt, daß es *mindestens* zehnmal soviele kulturelle oder sprachliche wie politische Einheiten gibt, daß die meisten potentiellen Nationen nie auch nur versuchen, Nation zu werden.

rellen und Klassenmerkmalen. In späteren Entwicklungsphasen wird das Problem gemildert durch allgemeine Schulbildung, zunehmenden Wohlstand, kulturelle Homogenisierung und Angleichung der Lebensstile zwischen den Klassen. Das gilt allerdings nicht, wenn Stigmata im Sinne von Rogowski and Wasserspring (1971), also leicht erkennbare und kaum oder nur langsam und mühsam veränderbare Merkmale, die Assimilation von Minderheiten erschweren oder unmöglich machen. Hautfarbe, Sprache und sogar Religion (die ja der *Gläubige* nicht leicht abstreifen kann) können gleichermaßen Basis ›nationalistischen‹ Aufbegehrens sein.

Indem der Nationalismus kulturelle Homogenität erzeugt, damit die gegenseitige Verständigung erleichtert, nach der Kontakt-Sympathie-Regel (vgl. 5. Kapitel) ein Gefühl der Zusammengehörigkeit schafft und möglicherweise dem opportunistischen Egoismus Schranken setzt, schafft er auf nationalstaatlicher Ebene Human- und Sozialkapital.

Der Vergleich der beiden Extremfälle Japan und USA kann das illustrieren. Japan ist eine ethnisch und kulturell besonders homogene Gesellschaft, die USA sind eine besonders heterogene. In Japan ist die Kriminalität besonders niedrig, in den USA deutlich höher als in anderen Industriegesellschaften. Der japanischen Wirtschaft werden (im Westen) besonders harmonische Beziehungen zwischen Arbeitnehmern und Arbeitgebern nachgesagt, der amerikanischen nicht. Vielleicht bestehen da Zusammenhänge. Aber das ist zugegebenermaßen Spekulation – oder Hypothesenbildung.

Das Gefühl nationaler Zusammengehörigkeit kann zu einer gewissen Opferbereitschaft führen, etwa dazu, daß zumindest manche Westdeutsche freiwillig zur Akzeptanz erhöhter Steuerbelastung und zu Transferzahlungen zugunsten der Ostdeutschen bereit sind. Diese positive Interdependenz der Nutzenfunktionen bedeutet ja, daß man durch Verzicht zugunsten anderer nicht nur deren, sondern auch die eigene subjektive Wohlfahrt steigern kann. Nationaler Zusammenhalt bedeutet aus ökonomischer Perspektive (vgl. Kops 1991) aber nicht nur ein gewisses Maß an interdependenten Nutzenfunktionen und daraus resultierender Opferbereitschaft, sondern auch eine gewisse Homogenität der Präferenzen (vor allem für kollektive Güter, die ja für alle Gruppenmitglieder oder gar nicht bereitgestellt werden). Homogene Präferenzen tragen zur Senkung der Transaktionskosten, besonders der Verhandlungs- und Entscheidungskosten sowie der Überwachungs- und Durchsetzungskosten, bei.

Mit dem Hinweis auf die Probleme multirassischer Gesellschaften will ich nicht behaupten, daß die Maximierung kultureller Homogenität wünschenswert sei. Die kulturell homogene Gesellschaft Japans wurde schließlich im 19. Jahrhundert von amerikanischen Kriegsschiffen zur Öffnung gezwungen. Homogenität um den Preis der Abschließung kann Stagnation erlauben. Aber Heterogenität kann die Gesellschaft überlasten. Vielleicht ist das Optimum einer Gesellschaft irgendwo zwischen den Extremen steriler Homogenität und Konformität einerseits und konfliktträchtiger, destabilisierender Heterogenität andererseits zu suchen. Wenn der Zusammenhang zwischen ethno-linguistischer und kultureller Homogenität einerseits und wirtschaftlichem Erfolg oder sozialer Stabilität andererseits nicht-monoton und kurvilinear sein sollte, wie ich vermute, dann zahlen Gesellschaften einen Preis, wenn sie niemanden reinlassen, aber auch wenn sie jeden reinlassen.[50]

Im ganzen ist die Nation wohl häufiger Produkt des Staates und der von ihm errichteten externen Kontaktschranken als Erzeuger des Staates.[51] Jeder Staat hat seine territoriale Gestalt nicht zuletzt als Resultat des Krieges erhalten. Weil Nationalismus eher zur Rechtfertigung von territorialen Ansprüchen als zur Begründung von Verzicht eingesetzt wird, trägt der Nationalismus wiederum zum Krieg bei. Vielleicht stellen kulturelle Homogenität und deren nationalistisches Korrelat Kollektivgüter und Sozialkapital dar, aber es sind ›Güter‹ für umfangsmäßig beschränkte Kollektive und nicht etwa für das umfassende Kollektiv der Menschheit.

Auch der Staat produziert ja das Gut ›Recht und Ordnung‹ nur für seinen Innenraum und hat sich nach außen nur allzu oft als Friedensstörer erwiesen. Der bloß lokale statt globale Charakter staatlicher Lösungen des Ordnungsproblems ist aber nicht nur ein Übel, sondern

---

[50] Leider nur auf spekulativer Basis entwickle ich hier gewisse Bedenken gegen meine frühere ›Empfehlung‹ (Weede 1985 b), auf jede Diskriminierung zwischen Inländern und Ausländern auf Arbeitsmärkten zu verzichten. Unter rein wirtschaftlichen Gesichtspunkten machen die USA offensichtlich viel bessere Erfahrungen mit ihren ostasiatischen Einwanderern als mit denen aus Lateinamerika oder der Karibik. Unter dem Gesichtspunkt der Maximierung des Sozialprodukts wäre die Diskriminierung unter Einwanderern wohl genauso wichtig wie die zwischen Inländern und Ausländern.

[51] Allerdings begünstigen Diskontinuitäten der Kommunikationsnetze (z.B. der Sprachgemeinschaft), die mit staatlichen Grenzen zusammenfallen, den politischen Zusammenhalt und die Regierung auf der Basis der Zustimmung seitens der Beherrschten. Politische Mobilisierung der Bevölkerung verstärkt das Nationalbewußtsein über ›nationale‹ Kommunikationsnetze und Kommunikationsschranken (vgl. Deutsch 1966).

auch ein Gut. Denn gerade der zwischenstaatlichen Rivalität in Europa verdanken wir die relativ freiheitliche Entwicklung des Westens, die Überwindung fast rein kleptokratischer Herrschaft. Ob eine Globalgesellschaft und ein Weltstaat, denen niemand entkommen kann, so freiheitlich wären wie der Westen, kann man bezweifeln. Vermutlich würde die politische Ordnung einer geeinten Welt sich eher am Modell der Despotie orientieren. Im 20. Jahrhundert waren Diktaturen noch mörderischer als der Krieg (vgl. Rummel 1987).

23. Abschließende Überlegungen

Ziel dieses Buches war es, einen Überblick über die Soziologie und die Vielfalt ihrer Probleme zu geben. Gleichzeitig sollte eine bestimmte theoretische Perspektive verfochten werden, d. h. die Anwendbarkeit und Fruchtbarkeit des methodologischen Individualismus in der Soziologie aufgezeigt werden. Merkwürdigerweise ist der methodologische Individualismus ja gleichzeitig die dominante Perspektive in den theoretischen Sozialwissenschaften und eine Minderheitsposition in der Soziologie. Die starke Stellung des methodologischen Individualismus in den Nachbarwissenschaften Psychologie und Ökonomie hat allerdings unterschiedliche Gründe und einen unterschiedlichen Stellenwert. In der Psychologie geht es vorwiegend um die Erklärung individuellen Verhaltens oder gar von interindividuellen Verhaltensunterschieden. Schon der Gegenstand legt also in der Psychologie eine individualistische Perspektive nahe.

Das gilt weder in der Soziologie noch in der Ökonomie. Der Soziologe fragt typischerweise nicht, warum sich konkrete Einzelpersonen normgerecht verhalten und andere vielleicht nicht, sondern eher, wie Normen entstehen und Geltung beanspruchen können – und das impliziert die Frage, warum sich die meisten Menschen meistens nach vielen Normen richten. Ähnlich fragt der Ökonom typischerweise nicht, warum konkrete Einzelpersonen diese oder jene Produktions- oder Konsumentscheidung so oder so fällen, sondern eher, wie Preise Angebot und Nachfrage beeinflussen – und das impliziert die Frage, warum die meisten Menschen oder Aggregate von Menschen meist mit Angebotssteigerung oder Nachfragereduzierung auf Preissteigerung reagieren.

Mit dem Schwergewicht auf der Analyse des Handelns typischer Individuen oder von Aggregaten von Individuen oder von Beziehungen unter Individuen oder Aggregaten ist zwar einerseits die Möglichkeit einer individualistischen Perspektive angedeutet, andererseits aber auch, daß Soziologie und Ökonomie nicht unbedingt das Menschenbild der Psychologie übernehmen können und sollen. Psychologische Theorien und Hypothesen können relativ viel Informationen über Individuen, deren Motive oder Einstellungen, verlangen und verarbeiten, ohne schon deshalb unbrauchbar zu sein. Mit Lindenberg (1985, 1990) neige ich zu der Auffassung, daß soziologische (und ökonomische) Theorien möglichst auf nicht ohne weiteres erhebbare Information über Individuen und deren Merkmale verzichten sollten, daß Soziologen (und Ökonomen) nicht verpflichtet sind, auch nur die in experimentellen Studien gut dokumentierten Verhaltenstendenzen – wie etwa subjektive Situationsdefinitionen, ›framing‹ oder die Vernachlässigung von Opportunitätskosten – immer zu berücksichtigen. Stattdessen kann es durchaus sinnvoll sein, mit einem recht einfachen Menschenbild zu beginnen und Komplikationen immer erst da einzuführen, wo sie notwendig werden und die Erklärungskraft unserer theoretischen Systeme deutlich erhöhen.

Im Rahmen des methodologischen Individualismus gibt es in der Soziologie neben einer Vielzahl von Theorien *höchstens* mittlerer Reichweite zwei umfassendere Hauptrichtungen, den lernpsychologischen (vgl. 9. Kapitel) und den nutzentheoretischen oder ökonomischen (vgl. 10. Kapitel) Erklärungsansatz. Beide Versionen des methodologischen Individualismus unterstellen, daß erwartete Handlungsfolgen für den Akteur selbst menschliches Handeln bestimmen, wobei die Erwartungen von den Erfahrungen abhängen. Beide Versionen behaupten, daß zunehmender Wert einer Handlungskonsequenz und zunehmende (subjektive) Wahrscheinlichkeit einer positiven Handlungskonsequenz die Wahl einer bestimmten Handlungsoption wahrscheinlicher machen, daß der Wert einer Belohnung oder eines Gutes auch davon abhängt, wieviel man davon schon (genossen) hat. Psychologen verwenden in diesem Zusammenhang eher den Begriff der Sättigung, Ökonomen den des abnehmenden Grenznutzens, aber solche sprachlichen Unterschiede sollten nicht den Blick für die Ähnlichkeit des in beiden Versionen des methodologischen Individualismus unterstellten Menschenbildes verstellen.

Das lernpsychologische Menschenbild hat in der Soziologie ca. zwei Jahrzehnte früher als das ökonomische einen gewissen Einfluß gewonnen. Während der lernpsychologische Ansatz weitgehend auf den Bereich der Mikrosoziologie beschränkt blieb, hat der ökonomische Ansatz von Anfang an auch die Makrosoziologie mit behandelt, ohne allerdings mikrosoziologische Fragen zu vernachlässigen. Das ist vermutlich einer der Gründe dafür, daß der nutzentheoretische oder ökonomische Ansatz heute deutlich mehr Resonanz als der lernpsychologische findet. Weil mein persönlicher Interessenschwerpunkt in der Makro- und nicht in der Mikrosoziologie liegt, bin auch ich nicht ganz neutral zwischen den beiden Versionen des methodologischen Individualismus. Aber man sollte die gegenwärtig weniger einflußreiche Variante aus folgenden Gründen nicht allzu früh abschreiben oder aufgeben:

Erstens gibt es Klassen von Problemen, bei denen der ökonomische oder nutzentheoretische Ansatz immer wieder in Schwierigkeiten gerät. Die hohen Wahlbeteiligungen, die wir in vielen westlichen Demokratien beobachten können, sind ein hartnäckiges und nicht ganz bedeutungsloses Beispiel für diese Schwierigkeiten. Meines Erachtens gerät der ökonomische Erklärungsansatz vor allem da immer wieder in Schwierigkeiten, wo (wie beim Spaziergang zum Wahllokal) die Handlungskosten geringfügig sind. In derartigen Situationen könnte eine Verhaltenserklärung durch Verstärkungseffekte einer durch Kosten-Nutzen-Kalküle überlegen sein.

Zweitens verwendet man im Rahmen des ökonomischen Erklärungsansatzes gerne die Strategie, von konstanten Präferenzen auszugehen. Damit wird die tautologische ›Erklärung‹ von Verhaltensänderungen durch davon nicht unabhängig erfaßbare (angebliche) Präferenzänderungen ausgeschlossen. Aber wir wissen nicht zuletzt aus der lernpsychologischen Forschung über sekundäre Reaktionsverstärkung, daß man systematisch und experimentell replizierbar etwas erzeugen kann, was Ökonomen als Präferenzänderung bezeichnen würden. An dieser Stelle liegt der Vorsprung in Bezug auf den bestätigten Informationsgehalt eindeutig *nicht* bei den ökonomischen Standardannahmen.

Drittens gibt es inhaltliche Forschungsbereiche, wie den der Sozialisation, wo zumindest bisher ein Ungleichgewicht zwischen Anwendungsversuchen und Erklärungserfolgen zugunsten des lernpsychologischen Ansatzes festzustellen ist, wobei man (genau genommen) eigentlich zwischen einer Vielzahl miteinander rivalisierender Lerntheorien unterscheiden muß.

Zumindest um die Anomalien und Defizite des von mir letztlich doch bevorzugten ökonomischen Erklärungsansatzes deutlicher hervorzuheben, sollte meines Erachtens auch die lernpsychologische Version des methodolgischen Individualismus in der Diskussion bleiben. Die entscheidenden Gründe für die relative Überlegenheit des nutzentheoretischen Ansatzes hängen meines Erachtens mit der expliziten Behandlung des Aggregationsproblems beim Übergang von der individuellen oder Mikroebene zur kollektiven oder Makroebene zusammen (vgl. Olson 1968, Coleman 1990). Mit dem Begriff des Kollektivgutes und der Analyse der Trittbrettfahrtendenzen bei großen Gruppen wird gezeigt, daß zielorientiertes Handeln auf einer Ebene unter Umständen ein schwer zu überwindendes Hindernis für zielorientiertes Handeln auf einer höher aggregierten Ebene sein kann. Auf der theoretischen Basis der Logik des kollektiven Handelns lassen sich dann ganz verschieden scheinende Probleme analysieren, wie die Entstehung und Durchsetzung sozialer Normen, oligarchische Tendenzen in demokratischen Parteien, rationale Ignoranz der Wähler, regressive Umverteilung in der Demokratie, der immer noch denkbare Niedergang des Kapitalismus, Revolutionen oder kollektive Sicherheit im internationalen System.

Innerhalb des nutzentheoretischen oder ökonomischen Erklärungsansatzes gibt es eine Kontroverse zwischen der Hauptrichtung, die Maximierungsversuche oder Rationalität unterstellt, und denen, die mit Simon (1982) meinen, daß sich Menschen mit zufriedenstellenden Handlungsfolgen begnügen und nicht allzu viel Mühe in den untauglichen Versuch investieren, vollständige Informationen zu erhalten. Dieser Kontroverse kann ich wenig abgewinnen, denn zumindest solange unsere Theorien verbal (statt mathematisch) formuliert sind, ist es schwer, beide Versionen in der praktischen Arbeit zu unterscheiden. Denn gerade der Maximierungsversuch kann ja den Abbruch der kostspieligen Suche nach Informationen erzwingen!

Mit Simon (1985) meine ich, daß weder die Prämisse der Maximierung bzw. der vollständigen Rationalität noch die der Wahl einer genügend guten Option oder der eingeschränkten Rationalität *allein* uns nennenswerte Erklärungserfolge bringt. Eine wichtige Rolle spielen immer Zusatzannahmen, die (leider, aber unvermeidlich) situationsspezifisch sein müssen. Konkrete Erklärungserfolge (oder auch Mißerfolge) beruhen immer auf einer Menge von allgemeinen Handlungsprinzipien (wie vollständige *oder* eingeschränkte Rationalität) *und* zusätzlichen Annahmen. Deshalb halte ich – hier vielleicht in einem Gegensatz zu manchen *theoretischen* Ökonomen geratend – auch die dauernde Überprüfung von theoretischen Systemen für notwendig, die mit einer Vielzahl von situationsspezifischen Zusatzannahmen belastet sind. (Die ziemlich am Ende des 21. Kapitels zitierten Studien von Muller und mir im Zusammenhang von Repression und Gewalt können das illustrieren, was ich hier meine.)

Wichtiger noch als das Plädoyer für den methodologischen Individualismus oder gar die nutzentheoretische bzw. ›rational choice‹-Variante desselben ist mir die Vermittlung eines bestimmten Theorieverständnisses in der Sozialwissenschaft. Weder Verfeinerungen von Grundbegriffen, noch endlose Beschreibungen sozialer Tatbestände machen den Kern der Soziologie aus. Meines Erachtens ist die Soziologie – und wo sie es noch nicht ist, sollte sie es werden – eine nomologische Wissenschaft, die sich vor allem um das Aufstellen und Überprüfen von nomologischen Hypothesen und deren Integration in einem zusammenhängenden, widerspruchsfreien Gedankengebäude bemüht. Neue Definitionen sollten zunächst einmal dem meist sich als gerechtfertigt erweisenden Verdacht unterworfen werden, daß sie ein untauglicher Ersatz für das Aufstellen nomologischer Hypothesen und nicht etwa deren Vorstufe sind. Eine ähnliche Skepsis ist meines Erachtens gegenüber Einzelfallstudien angebracht, denn zwingende Schlüsse von vielen Einzelbeobachtungen auf allgemeine Zusammenhänge sind nicht möglich und die Hypothesenbildung scheint auch nicht gerade leichter zu werden, wenn man in den Daten ertrinkt.

Beide hier dargestellten Varianten des methodologischen Individualismus können jedenfalls in der Soziologie nicht beanspruchen, gut integrierte Gedankengebäude geschaffen zu haben, in denen die logischen Beziehungen unter den prüfbaren Hypothesen oder zwischen diesen und allgemeineren, aber nicht direkt prüfbaren Aussagen immer klar sind. Meines Erachtens werden sowohl der lernpsychologische als auch der nutzentheoretische oder ökonomische Ansatz praktisch meist in semi-deduktiven Argumentationszusammenhängen verwendet, bei denen Plausibilitätsüberlegungen und Zusatzannahmen eine bedeutsame Rolle spielen. Aber die Skizze oder Vision einer integrierten Sozialwissenschaft, die von beiden Versionen des methodologischen Individualismus vermittelt wird, ist auch im gegenwärtigen und unfertigen Zustand immer noch dem bloßen Nebeneinander prüfbarer Einzelhypothesen vorzuziehen.

Zum Erkenntnisfortschritt in der Soziologie kann man auf mindestens zwei recht unterschiedliche Arten beitragen. Entweder man bemüht sich um eine stringentere Analyse der Zusammenhänge unter den theoretischen Aussagen, die sich ja im Allgemeinheitsgrad unterscheiden. Das kann bis zur Axiomatisierung von Theorien gehen. Oder man bemüht sich darum, empirische Tests von nomologischen Hypothesen möglichst bald durchzuführen. Die erste Strategie minimiert die Gefahr, daß man in einer Vielzahl von Einzelhypothesen ertrinkt, die kaum noch integrierbar sind. Die zweite Strategie minimiert die Gefahr, daß man sich um die Integration von Aussagen zweifelhafter empirischer Gültigkeit in einem kohärenten Gedankengebäude bemüht. Ich habe den Eindruck, daß Ökonomen die erste Strategie und Psychologen die zweite bevorzugen. Da beide damit verbundenen Gefahren real sind, wäre es schön, wenn die Soziologie hier einen mittleren Weg beschreiten könnte – und dabei die Erfahrungen, die Erfolge und Probleme beider Nachbarwissenschaften im Auge behalten.

Literatur

ALBERT, HANS, 1965, Wertfreiheit als methodisches Prinzip. S. 181–210 in Ernst Topitsch (ed.): Logik der Sozialwissenschaften. 2. Aufl. Köln: Kiepenheuer und Witsch.
– – 1977, Kritische Vernunft und menschliche Praxis. Stuttgart: Reclam.
– – 1978, Traktat über rationale Praxis. Tübingen: Mohr.
– – 1984, Theorie und Prognose in den Sozialwissenschaften. S. 126–143 in Ernst Topitsch (Hrsg.): Logik der Sozialwissenschaften. 11. Auflage. Königstein im Taunus: Athenäum.
– – 1986, Freiheit und Ordnung. Tübingen: Mohr.
– – 1988, Kritik der reinen Erkenntnislehre. Tübingen: Mohr.
– – 1990, Methodologischer Individualismus und historische Analyse, S. 219–239 in Karl Acham und Winfried Schulze (eds.): Theorie und Geschichte. Band 6: Teil und Ganzes. München: Deutscher Taschenbuch Verlag.
– – 1991, Traktat über kritische Vernunft. 5. Auflage. Tübingen: Mohr.
ANDERSSON, GUNNAR, 1988, Kritik und Wissenschaftsgeschichte. Tübingen: Mohr.
ANDRESKI, STANISLAV, 1968a, Military Organization and Society. 2nd ed. Stanford University Press.
– – 1968b, The African Predicament: A Study in the Pathology of Modernization. New York: Atherton.
– – 1969, Parasitism and Subversion: The Case of Latin America. New York: Schocken.
– – 1984, Max Weber's Insights and Errors. London: Routledge and Kegan Paul.
– – 1989, Syphillis, Puritanism and Witch Hunts. London: Macmillan.
ARCHER, DANE and ROSEMARY GARTNER, 1984, Violence and Crime in Cross-National Perspective. New Haven, CT: Yale University Press.
ARJOMAND, SAID AMIR, 1986, Iran's Islamic Revolution in Comparative Perspective. World Politics 38(3): 383–414.
ARON, RAYMOND, 1966, The Anarchical Order of Power. Daedalus 95: 479–502.
AXELROD, ROBERT, 1987, Die Evolution der Kooperation. München: Oldenbourg.

BANDURA, ALBERT, 1977, Social Learning Theory. Englewood Cliffs, N. J.: Prentice-Hall.
BANKS, ARTHUR S., 1975, Political Handbook of the World. New York: McGraw-Hill.
BARTLEY, W. W., III., 1985, Knowledge is a Product not Fully Known to its Producer. S. 17–45 in Kurt R. Leube and Albert H. Zlabinger (eds.): The Political Economy of Freedom. Essays in Honor of F. A. Hayek. München: Philosophia Verlag.
BASS, BERNARD M., 1977, Group Decisions. American Psychologist 32: 230–231.
BAUER, P. T., 1981, Equality, The third World, and Economic Delusion. London: Weidenfeld and Nicolson.
BECKER, GARY, S., 1982, Der ökonomische Ansatz zur Erklärung menschlichen Verhaltens. Tübingen: Mohr.
BECKER, HOWARD, S., 1973, Außenseiter. Zur Soziologie abweichenden Verhaltens. Frankfurt/Main: Fischer.
BELLEBAUM, ALFRED, 1976, Soziologische Grundbegriffe. Stuttgart: Kohlhammer, 6. Aufl.
BENDIX, REINHARD, 1964, Max Weber. Das Werk. München: Piper.
BERGER, PETER A. und STEFAN HRADIL, 1990, Die Modernisierung sozialer Ungleichheit. S. 3–24, in: Peter A. Berger und Stefan Hradil (eds.): Lebenslagen, Lebensläufe, Lebensstile. Soziale Welt. Sonderband 7. Göttingen: Schwartz.
BERGER, PETER T., 1986, The Capitalist Revolution. Fifty Propositions About Prosperity, Equality, and Liberty. New York: Basic Books.
BERMAN, HAROLD J., 1983, Law and Revolution: The Formation of the Western Legal Tradition. Cambridge, MA: Harvard University Press.
BERNHOLZ, PETER, 1977, Dominant Interest Groups and Powerless Parties. Kyklos 30: 411–420.
– – 1979, Freedom and Constitutional Economic Order. Zeitschrift für die gesamte Staatswissenschaft 135: 510–532.
– – 1985, The International Game of Power. Berlin / New York / Amsterdam: Mouton.
– – 1986, Growth of Government, Economic Growth and Individual Freedom. Journal of Institutional Economics (Zeitschrift für die gesamte Staatswissenschaft) 142: 661–683.
BETTS, RICHARD K., 1985, Conventional Deterrence. Predictive Uncertainty and Policy Confidence. World Politics 37: 153–179.
BIERHOFF, HANS WERNER, 1987, Experimente zum Hilfeverhalten. S. 439–444 in Dieter Frey und Siegfried Greif (eds.): Sozialpsychologie. Ein Handbuch in Schlüsselbegriffen. München: Psychologie Verlags Union.
BLACK, DONALD, 1983, Crime as Social Control. American Sociological Review 48: 34–45.
– – 1984, Toward a General Theory of Social Control. Vol. 1: Fundamentals. New York: Academic Press.

BLAU, JUDITH R. and PETER M. BLAU, 1982, Metropolitan Structure and Violent Crime. American Sociological Review 47: 114–129.

BLAU, PETER M., 1964, Exchange and Power in Social Life. New York: Wiley.

– – 1977, Inequality and Heterogeneity. New York: Free Press.

BOGER, HORST WOLFGANG, 1986, Der empirische Gehalt der Austauschtheorie von George Caspar Homans. Berlin: Duncker und Humblot.

BOLLEN, KENNETH A. and ROBERT W. JACKMAN, 1985, Economic and Noneconomic Determinants of Political Democracy in the 1960s. Research in Political Sociology 1: 27–48.

BOLTE, KARL-MARTIN, 1958a, Mobilität. S. 206–214 in René König (ed.): Soziologie. Frankfurt/Main: Fischer.

– – 1958b, Schichtung. S. 244–253 in René König (ed.): Soziologie. Frankfurt/Main: Fischer.

BONUS, HOLGER, 1980, Neue Politische Ökonomie und öffentliche Güter. S. 153–172 in Erik Boettcher, Phillip Herder-Dorneich und Karl-Ernst Schenk (eds.): Neue Politische Ökonomie als Ordnungstheorie. Tübingen: Mohr.

BOUCHARD, THOMAS J., DAVID T. LYKKEN, MATTHEW MCGUE, NANCY L. SEGAL and AUKE TELLEGEN, 1990, Sources of Human Psychological Differences: The Minnesota Studies of Twins Reared Apart. Science 250 (12. 10): 223–228.

BOUDON, RAYMOND, 1979, Widersprüche sozialen Handelns. Neuwied: Luchterhand.

– – 1980, Die Logik des gesellschaftlichen Handelns. Neuwied: Luchterhand.

BREEDEN, CHARLES H. and PETER G. TOUMANOFF, 1985, Transaction Costs and Economic Institutions. S. 161–177 in Kurt R. Leube and Albert H. Zlabinger (eds.): The Political Economy of Freedom. Essays in Honor of F. A. Hayek. München: Philosophia Verlag.

BRUNNER, KARL, 1987, The Perception of Man and the Conception of Society. Economic Inquiry 25: 367–388.

BUCHANAN, JAMES M., 1975, The Limits of Liberty: Between Anarchy and Leviathan. Chicago: University Press. Deutsch: Die Grenzen der Freiheit. Tübingen (1984): Mohr.

– – 1990, Politische Ökonomie als Verfassungstheorie. Zürich: Privatdruck der Bank Hoffmann AG.

BUCHANAN, JAMES M., Robert D. Tollison and Gordon Tullock (eds.), 1980, Toward a Theory of the Rent-Seeking Society. College Station: Texas A and M University Press.

BUCHANAN, JAMES M. and GORDON TULLOCK, 1962, The Calculus of Consent. Ann Arbor: University of Michigan Press.

BUENO DE MESQUITA, BRUCE, 1981, The War Trap. New Haven, CT: Yale University Press.

CAMPBELL, JOHN L. and LEON N. LINDBERG, 1990, Property Rights and the Organization of Economic Activity by the State. American Sociological Review 55(5): 634–647.

CHAN, STEVE, 1984, Mirror, Mirror on the Wall: Are Freer Countries More Pacific? Journal of Conflict Resolution 28: 617–648.
CHOI, KWANG, 1983, Theories of Comparative Economic Growth. Ames: Iowa State University Press.
CLOWARD, RICHARD A., 1968, Illegitime Mittel, Anomie und abweichendes Verhalten. S. 314–338 in Fritz Sack und René König (eds.): Kriminalsoziologie. Frankfurt/Main: Akademische Verlagsgesellschaft.
COASE, R. H., 1937, The Nature of the Firm. Economica 4: 386–405.
COLEMAN, JAMES A., 1978, A Theory of Revolt within an Authority Structure. Peace Science Society (International) Papers 28: 15–25.
— — 1986, Social Theory, Social Research, and a Theory of Action. American Journal of Sociology 91: 1303–1335.
— — 1990, Foundations of Social Theory. Cambridge, MA: Harvard University Press (Belknap).
COLLINS, RANDALL, 1980, Weber's Last Theory of Capitalism: A Systematization. American Sociological Review 45: 925–942.
CUTRIGHT, PHILIPS, 1963, National Political Development. American Sociological Review 28: 253–264.
DAHRENDORF, RALF, 1958, Homo Sociologicus. Opladen: Westdeutscher Verlag.
— — 1972, Konflikt und Freiheit. München: Piper.
— — 1974, Über den Ursprung der Ungleichheit unter den Menschen. S. 487–505 in Claus Mühlfeld und Michael Schmid (eds.): Soziologische Theorie. Hamburg: Hoffmann und Campe.
DAVIES, JAMES C., 1962, Toward a Theory of Revolution. American Sociological Review 27: 5–19.
DAVIS, KINGSLEY und WILBERT E. MOORE, 1945, Some Principles of Stratification. American Sociological Review 10: 242–249. Deutsch: Einige Prinzipien der sozialen Schichtung. S. 396–410, in: Heinz Hartmann (ed.): Moderne amerikanische Soziologie. Stuttgart (1973): Enke.
DEHIO, LUDWIG, o. J., Gleichgewicht oder Hegemonie. Betrachtungen über ein Grundproblem der neueren Staatengeschichte. Krefeld: Scherpe.
DEUTSCH, KARL W., 1966, Nationalism and Social Communication. Cambridge: MIT Press.
DOMES, JÜRGEN, 1985, The Government and Politics of the PRC. Boulder, CO: Westview.
DOWNS, ANTHONY, 1968, Ökonomische Theorie der Demokratie. Tübingen: Mohr.
DOYLE, MICHAEL W., 1986, Liberalism and World Politics. American Political Science Review 80(4): 1151–1169.
DUPUY, TREVOR N., 1987, Understanding War. History and Theory of Combat. New York: Paragon.
DURKHEIM, EMILE, 1893, De la division du travail social. Deutsch: Über die Teilung der sozialen Arbeit. Frankfurt/Main (1977): Suhrkamp.

DURKHEIM, EMILE, 1895, Les règles de la méthode sociologique. Deutsch: Regeln der soziologischen Methode. Neuwied (1965): Luchterhand, 2. Aufl.
– – 1912, Les formes élémentaires de la vie religieuse. Deutsch: Die elementaren Formen des religiösen Lebens. Frankfurt/Main (1984): Suhrkamp, 3. Aufl.
ECKSTEIN, HARRY, 1980, Theoretical Approaches to Explaining Collective Political Violence. S. 135–166 in Ted Robert Gurr (ed.): Handbook of Political Conflict. New York: Free Press.
EKELUND, ROBERT B. and ROBERT D. TOLLISON, 1981, Mercantilism as a Rent-Seeking Society. Economic Regulation in Historical Perspective. College Station: Texas A and M University Press.
ELSTER, JON, 1989a, The cement of society. A study of social order. Cambridge University Press.
– – 1989b, Solomonic Judgements. Studies in the Limitations of Rationality. Cambridge University Press.
ENGEL, GERHARD, 1990, Zur Logik der Musiksoziologie. Tübingen: Mohr.
ENGELS, WOLFRAM, 1979, Die konstruktive Kritik des Wohlfahrtsstaates. Tübingen: Mohr.
EPSTEIN, JOSHUA, 1988, Dynamic Analysis of the Conventional Balance in Europe. International Security 12(4): 154–165.
ESSER, HARTMUT, 1990, ›Habits‹, ›Frames‹ and ›Rational Choice‹. Zeitschrift für Soziologie 19(4): 231–247.
ETZIONI-HALEVY, EVA, 1986, Radicals in the Establishment: Towards an Exploration of the Political Role of Intellectuals in Western Societies. Journal of Political and Military Sociology 14(1): 29–40.
EUCKEN, WALTER, 1955, Grundsätze der Wirtschaftspolitik, 2. Aufl. Tübingen: Mohr.
EYSENCK, HANS JÜRGEN, 1977, Kriminalität und Persönlichkeit. Wien: Europaverlag.
FALTER, JÜRGEN W., 1983, Wählerverhalten. S. 335–345, in: Ekkehard Lippert und Roland Wakenhut (eds.): Handwörterbuch der Politischen Psychologie. Opladen: Westdeutscher Verlag.
FEIERABEND, IVO K. and ROSALIND L., 1966, Aggressive Behavior within Polities, 1948–1962. Journal of Conflict Resolution 10: 249–271.
– – 1972, Systemic Conditions of Political Aggression. S. 136–183, in: Ivo K. Feierabend, Rosalind L. Feierabend and Ted R. Gurr (eds.): Anger, Violence, and Politics. Englewood Cliffs, N. J.: Prentice-Hall.
FESTINGER, LEON, 1957, A Theory of Cognitive Dissonance. Stanford University Press.
FLORA, PETER, 1987, State, Economy, and Society in Western Europe 1815–1975. A Data Handbook. Vol. II. Frankfurt/Main: Campus.
FRIEDRICHS, JÜRGEN, 1985, Kriminalität und sozio-ökonomische Struktur von Großstädten. Zeitschrift für Soziologie 14: 50–63.
FREUD, SIGMUND, 1939, Abriß der Psychoanalyse. Nachdruck. Frankfurt/Main (1953): Fischer.

FREY, BRUNO S., 1990, Ökonomie ist Sozialwissenschaft. München: Vahlen.
FREY, BRUNO S. and REINER EICHENBERGER, 1991, Anomalies in Political Economy. Public Choice 68: 71–89.
FREY, BRUNO S. and BEAT GYGI, 1990, The Political Economy of International Organizations. Außenwirtschaft 45(3): 371–394.
FREY, BRUNO S. and KARL-DIETER OPP, 1979, Anomie, Nutzen und Kosten. Eine Konfrontierung der Anomietheorie mit ökonomischen Hypothesen. Soziale Welt 30: 275–291.
FROHLICH, NORMAN, JOE A. OPPENHEIMER and ORAN YOUNG, 1971, Political Leadership and Collective Goods. Princeton University Press.
GARNIER, MAURICE A. and LAWRENCE E. HAZELRIGG, 1977, Military Organization and Distributional Inequality. Journal of Political and Military Sociology 5: 17–33.
GEHLEN, ARNOLD, 1950, Der Mensch, seine Natur und seine Stellung in der Welt. Bonn: Athenäum.
GELLNER, ERNEST, 1981, Muslim Society. Cambridge University Press.
– – 1983, Nations and Nationalism. Oxford: Blackwell.
– – 1988, Plough, Sword and Book. The Structure of Human History. London: Collins Harvill.
GIBOWSKI, WOLFGANG G. und MAX KAASE, 1991, Auf dem Weg zum politischen Alltag. Eine Analyse der ersten gesamtdeutschen Bundestagswahl vom 2. Dezember 1990. Aus Politik und Zeitgeschichte (Beilage zur Wochenzeitung Das Parlament) B 11–12/91: 3–20.
GRANDJEAN, BURKE D., 1975, An Economic Analysis of the Davis-Moore Theory of Stratification. Social Forces 53: 543–552.
GÜNTHER, ULLRICH, 1987, Gehorsam bei Elektroschocks. S. 445–452, in: Dieter Frey und Siegfried Greif (eds.): Sozialpsychologie. Ein Handbuch in Schlüsselbegriffen. München: Psychologie Verlags Union.
GURR, TED R., 1968, A Causal Model of Civil Strife. American Political Science Review 62: 1104–1124.
– – 1970, Why Men Rebel. Princeton University Press.
GURR, TED R. and RAYMOND DUVALL, 1973, Civil Conflict in the 1960's. Comparative Political Studies 6: 135–169.
GURR, TED ROBERT, KEITH JAGGERS and WILL H. MOORE, 1990, The Transformation of the Western State: The Growth of Democracy, Autocracy, and State Power since 1800. Studies in Comparative International Development 25(1): 73–108.
HAFERKAMP, HANS, 1983, Soziologie der Herrschaft. Opladen: Westdeutscher Verlag.
HARDIN, RUSSELL, 1991, Acting Together, Contributing Together. Rationality and Society 3(3): 365–380.
HARDY, MELISSA A., 1979, Economic Growth, Distributional Inequality, and Political Conflict in Industrial Societies. Journal of Political and Military Sociology 7: 209–227.

HARTMANN, PETER H., 1989, Warum dauern Ehen nicht ewig? Opladen: Westdeutscher Verlag.
HAYEK, FRIEDRICH AUGUST VON, 1971, Die Verfassung der Freiheit. Tübingen: Mohr.
− − 1980, Recht, Gesetzgebung und Freiheit. Band 1: Regeln und Ordnung. Landsberg am Lech: Verlag Moderne Industrie.
− − 1981a, Recht, Gesetzgebung und Freiheit. Band 2: Die Illusion der sozialen Gerechtigkeit. Landsberg am Lech: Verlag Moderne Industrie.
− − 1981b, Recht, Gesetzgebung und Freiheit. Band 3: Die Verfassung einer Gesellschaft freier Menschen. Landsberg am Lech: Verlag Moderne Industrie.
− − 1988, The Fatal Conceit. The Errors of Socialism. London: Routledge.
HECHTER, MICHAEL, 1987, Principles of Group Solidarity. Berkeley: University of California Press.
HECKATHORN, DOUGLAS D., 1989, Collective Action and the Second-Order Free-Rider Problem. Rationality and Society 1(1): 78−100.
HECKHAUSEN, HEINZ, 1989, Motivation und Handeln. 2. Aufl. Berlin: Springer.
HEILBRONER, ROBERT L., 1980, The Making of Economic Society. 6th ed. Englewood Cliffs, New Jersey: Prentice-Hall.
HENNEN, MANFRED, 1990, Soziale Motivation und paradoxe Handlungsfolgen. Opladen: Westdeutscher Verlag.
HERKNER, WERNER, 1987, Behavioristische Ansätze in der Sozialpsychologie. S. 40−49, in: Dieter Frey und Siegfried Greif (eds.): Sozialpsychologie. Ein Handbuch in Schlüsselbegriffen. München: Psychologie Verlags Union.
HERNES, GUDMUND, 1989, The Logic of the Protestant Ethic. Rationality and Society 1(1): 123−162.
HERZ, JOHN H., 1974, Staatenwelt und Weltpolitik. Hamburg: Hoffmann und Campe.
HILGARD, ERNEST R. and GORDON H. BOWER, 1966, Theories of Learning. 3rd ed. New York: Appleton-Century (Meredith).
HIRSCH, FRED, 1980, Die sozialen Grenzen des Wachstums. Reinbek bei Hamburg: Rowohlt.
HOFSTÄTTER, PETER R., 1957, Psychologie. Frankfurt/Main: Fischer.
− − 1966, Einführung in die Sozialpsychologie. Stuttgart: Kröner.
− − 1971, Gruppendynamik. Reinbek bei Hamburg: Rowohlt (rde).
HOMANN, KARL, 1988, Rationalität und Demokratie. Tübingen: Mohr.
− − 1989, Entstehung, Befolgung und Wandel moralischer Normen. S. 47−64, in: Franz Urban Pappi (ed.): Wirtschaftsethik. Gesellschaftswissenschaftliche Perspektiven. Kiel: Christiana Albertina.
HOMANS, GEORGE CASPAR, 1950, The Human Group. Deutsch: Theorie der sozialen Gruppe. 6. Aufl. Opladen (1972a): Westdeutscher Verlag.
− − 1961, Social Behavior. Its Elementary Forms. Deutsch: Elementarformen sozialen Verhaltens. 2. Aufl. Opladen (1972b): Westdeutscher Verlag.

- - 1969, Funktionalismus, Verhaltenstheorie und sozialer Wandel. S. 95 bis 107, in: Wolfgang Zapf (ed.): Theorien des sozialen Wandels. Köln: Kiepenheuer und Witsch.
- - 1972c, Grundlegende soziale Prozesse. S. 59–105, in: G. C. Homans: Grundfragen soziologischer Theorie. Opladen: Westdeutscher Verlag.
- - 1974, Social Behavior. Its Elementary Forms. Revised Edition. New York: Harcourt, Brace, Jovanovich.
- HOSELITZ, BERT F., 1969, Wirtschaftliches Wachstum und sozialer Wandel. Berlin: Duncker und Humblot.
- HRADIL, STEFAN, 1991, Soziale Schichtung. S. 528–531, in: Gerd Reinhold (ed.): Soziologie-Lexikon. München: Oldenbourg.
- HUNTINGTON, SAMUEL P., 1968, Political Order in Changing Societies. New Haven, CT: Yale University Press.
- HYMAN, HERBERT H., 1968, Reference Groups. S. 353–361, in: David L. Sills (ed.): International Encyclopedia of the Social Sciences. Vol. 13. New York: Macmillan and Free Press.
- IANNACCONE, LAURENCE R., 1991, The Consequences of Religious Market Structure: Adam Smith and the Economics of Religion. Rationality and Society 3(2): 155–177.
- ISAAC, R. MARC, JAMES M. WALKER and SUSAN H. THOMAS, 1984, Divergent evidence on free riding. Public Choice 43: 113–149.
- JACKMAN, ROBERT W., 1975, Politics and Social Equality. New York: Wiley.
- JAGODZINSKI, WOLFGANG und ERICH WEEDE, 1980, Weltpolitische und ökonomische Determinaten einer ungleichen Einkommensverteilung. Zeitschrift für Soziologie 9: 132–148.
- JASAY, ANTHONY DE, 1985, The State. Oxford: Blackwell.
- - 1989, Social Contract, Free Ride: A Study of the Public Goods Problem. Oxford. Clarendon.
- JONES, ERIC L., 1981, The European Miracle. Cambridge University Press. Deutsch: Das Wunder Europa. Tübingen (1991): Mohr.
- JÜRGENS, HANS W. und KATHARINA POHL, 1985, Sexualproportion und Heiratsmarkt. Zeitschrift für Bevölkerungswissenschaft 11(2): 165–178.
- KAHNEMANN, DANIEL and AMOS TVERSKY, 1979, Prospect Theory: An Analysis of Decision under Risk. Econometrica 47(2): 263–291.
- - 1984, Choices, Values and Frames. American Psychologist 39(4): 341–350.
- KAMMLER, HANS, 1990, Interdependenz der Ordnungen: Zur Erklärung der osteuropäischen Revolutionen von 1989. Ordo 41: 45–49. Stuttgart: Fischer.
- KAUFMANN, FRANZ-XAVER, 1984, Solidarität als Steuerungsform – Ansätze bei Adam Smith. S. 158–184, in: Franz-Xaver Kaufmann und Hans-Günter Krüsselberg (eds.): Markt, Staat und Solidarität bei Adam Smith. Frankfurt/Main: Campus.

KELLEY, HAROLD H. and JOHN W. THIBAUT, 1969, Group Problem Solving. S. 1–101 in Gardner Lindzey and Elliot Aronson (eds.): The Handbook of Social Psychology. Vol. IV. Reading, MA: Addison-Wesley.
KENNEDY, PAUL, 1987, The Rise and Fall of the Great Powers. Economic Change and Military Conflict from 1500 to 2000. New York: Random House.
KIM, OLIVER and MARK WALKER, 1984, The free rider problem: Experimental evidence. Public Choice 43: 3–24.
KLIEMT, HARTMUT, 1990a, The Costs of Organizing Social Cooperation. S. 61–80, in: Michael Hechter, Karl-Dieter Opp and Reinhard Wippler (eds.): Social Institutions: Their Emergence, Maintenance and Effects. New York: Aldine de Gruyter.
– – 1990b, Papers on Buchanan and Related Subjects. München: Accedo.
KÖNIG, RENÉ, 1958, Soziologie. Frankfurt/Main: Fischer.
– – 1978, Emile Durkheim zur Diskussion. München: Hanser.
KOPS, MANFRED, 1991, Eine vertrags- und föderalismustheoretische Interpretation der Vereinigung Deutschlands. Staatswissenschaften und Staatspraxis 2(1): 76–121.
KRIESBERG, LOUIS, 1979, Social Inequality. Englewood Cliffs, N. J.: Prentice-Hall.
KUHN, THOMAS S., 1976, Die Struktur wissenschaftlicher Revolutionen. Frankfurt/Main: Suhrkamp.
KUZNETS, SIMON, 1963, Quantitative Aspects of the Economic Growth of Nations. VIII: The Distribution of Income by Size. Economic Development and Cultural Change 11: 1–80.
– – 1976, Modern Economic Growth. 7th ed. New Haven: Yale University Press.
LAKATOS, IMRE, 1974, Falsifikation und die Methodologie wissenschaftlicher Forschungsprogramme. S. 89–189, in: Imre Lakatos und Alan Musgrave (eds.): Kritik und Erkenntnisfortschritt. Braunschweig: Vieweg.
LANE, JAN-ERIK and SVANTE ERRSON, 1986, Political Institutions, Public Policy and Economic Growth, Scandinavian Political Studies 9(1): 19–34.
LANGE, ELMAR, 1989, Marktwirtschaft. Eine soziologische Analyse über Entwicklung und Strukturen in Deutschland. Opladen: Westdeutscher Verlag.
– – 1990, Gegenwartsgesellschaften: Bundesrepublik Deutschland. Die Wirtschafts- und Sozialstruktur der Bundesrepublik. Stuttgart: Teubner.
LANGLOIS, RICHARD N., 1990, Bounded Rationality and Behavioralism: A clarification and critique. Journal of Institutional and Theoretical Economics (Zeitschrift für die gesamte Staatswissenschaft) 146: 691–695.
LATANÉ, BIBB and JUDITH RODIN, 1969, A lady in distress: Inhibiting effects of friends and strangers on bystander intervention. Journal of Experimental Social Psychology 5: 189–202.
LENSKI, GERHARD, 1973, Macht und Privileg. Frankfurt/Main: Suhrkamp.
LENSKI, GERHARD and JEAN LENSKI, 1982, Human Societies. 4th ed. New York: MacGraw-Hill.

LEPSIUS, M. RAINER, 1979, Soziale Ungleichheit und Klassenstrukturen in der Bundesrepublik Deutschland. S. 166–209, in: Hans-Ulrich Wehler (ed.): Klassen in der europäischen Sozialgeschichte. Göttingen: Vandenhoeck und Ruprecht.

LINDENBERG, SIEGWART, 1983, Zur Kritik an Durkheims Programm für die Soziologie. Zeitschrift für Soziologie 12(2): 139–151.

– – 1985, Rational Choice and Sociological Theory. Zeitschrift für die gesamte Staatswissenschaft 141: 244–255.

– – 1989a, Choice and Culture: The Behavioral Basis of Cultural Impact on Transactions. S. 175–200, in: Hans Haferkamp (ed.): Social Structure and Culture. Berlin and New York: Walter de Gruyter.

– – 1989b, Social Production Functions, Deficits, and Social Revolutions. Rationality and Society 1(1): 51–77.

– – 1990, Homo Socio-oeconomicus: The Emergence of a General Model of Man in the Social Sciences. Journal of Institutional and Theoretical Economics 146: 727–748.

LIPSET, SEYMOUR MARTIN, 1962, Soziologie der Demokratie. Neuwied: Luchterhand.

LUARD, EVAN, 1968, Conflict and Peace in the Modern International System. Boston: Little and Brown.

– – 1970, The International Regulation of Frontier Disputes. London: Thames and Hudson.

MACKINNON, MALCOLM H., 1988a, Part I: Calvinism and the infallible assurance of grace: the Weber thesis reconsidered. British Journal of Sociology 39: 143–177.

– – 1988b, Part II: Weber's exploration of Calvinism: the undiscovered provenance of capitalism. British Journal of Sociology 39: 178–210.

MANN, MICHAEL, 1986, The Sources of Social Power. Vol. I. Cambridge University Press.

MARCH, JAMES G. and JOHAN P. OLSEN, 1989, Rediscovering Institutions. The Organizational Basis of Politics. New York: Free Press.

MARE, ROBERT D., 1991, Five Decades of Educational Assortative Making. American Sociological Review 56: 15–32.

MARWELL, GERALD and RUTH E. AMES, 1979, Experiments in the Provision of Public Goods. I. Resources, Interest, Group Size, and the Free Rider Problem. American Journal of Sociology 84: 1335–1360.

– – 1980, Experiments in the Provision of Public Goods. II. Provision Points, Stakes, Experience, and the Free Rider Problem. American Journal of Sociology 85: 926–937.

MARX, KARL, 1852, Der achtzehnte Brumaire des Louis Bonaparte. Wieder abgedruckt in: Marx-Engels-Studienausgabe, Bd. 4, S. 34–121. Frankfurt/Main, 1966: Fischer.

– – 1859, Vorwort zur Kritik der politischen Ökonomie. Wieder abgedruckt in: Marx-Engels-Werke, Bd. 13, S. 7–11. Ost-Berlin, 1975: Dietz.

MARX, KARL und FRIEDRICH ENGELS, 1848, Manifest der Kommunistischen Partei. Wieder abgedruckt in: Marx-Engels-Studienausgabe, Bd. 3, S. 59—87. Frankfurt/Main, 1966: Fischer.

MAYNTZ, RENATE, 1965, Kritische Bemerkungen zur funktionalistischen Schichtungstheorie. S. 10—28, in: David W. Glass und René König (eds.): Soziale Schichtung und soziale Mobilität. Sonderheft 5 der Kölner Zeitschrift für Soziologie und Sozialpsychologie. Opladen: Westdeutscher Verlag.

MCKENZIE, RICHARD B. and GORDON TULLOCK, 1978a, The New World of Economics. 2nd ed. Homewood, Ill.: Irwin.

— — 1978b, Modern Political Economy. Tokyo: McGraw-Hill Kogakusha.

MCNEILL, WILLIAM H., 1963, The Rise of the West. A History of the Human Community. Chicago University Press.

— — 1982, The Pursuit of Power: Technology, Armed Force, and Society since A. D. 1000. Chicago University Press.

MEEHL, PAUL E., 1950, On the Circularity of the Law of Effect. Psychological Bulletin 47: 52—75.

MEHDEN, FRED VON DER, 1973, Comparative Political Violence. Englewood Cliffs, N. J.: Prentice-Hall.

MERTON, ROBERT K., 1968, Sozialstruktur und Anomie. S. 283—313, in: Fritz Sack und René König (eds.): Kriminalsoziologie. Frankfurt/Main: Akademische Verlagsgesellschaft.

— — 1973a, The Sociology of Science. Theoretical and Empirical Investigations. Chicago University Press.

— — 1973b, Der Rollen-Set: Probleme der soziologischen Theorie. S. 316—333, in: Heinz Hartmann (ed.): Moderne amerikanische Soziologie. Stuttgart: Enke.

— — 1974, Bürokratische Struktur und Persönlichkeit. S. 473—483, in: Claus Mühlfeld und Michael Schmid (eds.): Soziologische Theorie. Hamburg: Hoffmann und Campe.

MEYER, WILLI, 1979, Ökonomische Theorien und menschliches Verhalten. Zwischen theoretischen Fiktionen und empirischen Illusionen. S. 269—312, in: Hans Albert und Kurt H. Stapf (eds.): Theorie und Erfahrung. Stuttgart: Klett-Cotta.

— — 1987, Was leistet die ökonomische Theorie der Familie? S. 11—45, in: Horst Todt (ed.): Die Familie als Gegenstand sozialwissenschaftlicher Forschung. Schriften des Vereins für Sozialpolitik, N. F. 164. Berlin: Duncker und Humblot.

MICHELS, ROBERT, 1910, Zur Soziologie des Parteiwesens. 2. Aufl. Stuttgart (1970): Kröner.

MILGRAM, STANLEY, 1974, Das Milgram-Experiment. Zur Gehorsamsbereitschaft gegenüber Autorität. Reinbek: Rowohlt.

MOMMSEN, WOLFGANG J., 1986, Politik und politische Soziologie bei Max Weber. Referat bei der Max-Weber-Tagung der Theorie-Sektion der Deutschen Gesellschaft für Soziologie. Kassel: Gesamthochschule.

Mosca, Gaetano, 1895, Elementi di Scienza Politica. Deutsch: Die herrschende Klasse. Bern (1950): Francke.
Moser, Peter, 1991, Schweizerische Wirtschaftspolitik im internationalen Wettbewerb. Zürich: Orrell Füssli.
Müller, Hans-Peter, 1986, Gesellschaft, Moral und Individualismus. Emile Durkheims Moraltheorie. S. 71–105, in: Hans Bertram (ed.): Gesellschaftlicher Zwang und moralische Autonomie. Frankfurt/Main: Suhrkamp.
Muller, Edward N., 1985a, Income Inequality, Regime Repressiveness and Political Violence. American Sociological Review 50: 47–67.
– – 1985b, Dependent Development, Aid Dependence on the United States, and Democratic Breakdown in the Third World. International Studies Quarterly 29: 445–469.
– – 1986, Income Inequality and Political Violence: The Effect of Influential Cases. American Sociological Review 51: 441–445.
Muller, Edward N. and Karl-Dieter Opp, 1986, Rational Choice and Rebellious Political Action. American Political Science Review 80: 471–489.
Muller, Edward N. and Mitchell A. Seligson, 1987, Inequality and Insurgency. American Political Science Review 81: 425–451.
Muller, Edward N. and Erich Weede, 1990, Cross-National Variation in Political Violence. Journal of Conflict Resolution 34(4): 624–651.
Neidhardt, Friedhelm, 1974, Strukturbedingungen und Probleme familialer Sozialisation, S. 291–313, in: Claus Mühlfeld und Michael Schmid (eds.): Soziologische Theorie. Hamburg: Hoffmann und Campe.
Neubauer, Deane E., 1967, Some Conditions of Democracy. American Political Science Review 61: 1002–1009.
North, Douglass C., 1987, Institutions, Transaction Costs and Economic Growth. Economic Inquiry 25: 419–428.
– – 1988, Theorie des institutionellen Wandels. Tübingen: Mohr.
– – 1990, Institutions, Institutional Change and Economic Performance. Cambridge University Press.
North, Douglass C. and Robert Paul Thomas, 1973, The Rise of the Western World. A New Economic History. Cambridge University Press.
Oberschall, Anthony, 1973, Social Conflict and Social Movements. Englewood Cliffs, N. J.: Prentice-Hall.
– – 1978, Theories of Social Conflict. Annual Review of Sociology 4: 291–315.
– – 1980, Loosely Structured Collective Conflict. Research in Social Movements, Conflict and Change (L. Kriesberg, ed.) 3: 45–68.
Oliver, Pamela E. and Gerald Marwell, 1988, The Paradox of Group Size in Collective Action. American Sociological Review 53(1): 1–8.
Olson, Mancur, 1968, Die Logik des kollektiven Handels. Tübingen: Mohr.
– – 1985, Aufstieg und Niedergang von Nationen. Tübingen: Mohr.
– – 1991, Umfassende Ökonomie. Tübingen: Mohr.

OLSON, MANCUR and RICHARD ZECKHAUSER, 1966, An Economic Theory of Alliances. Review of Economics and Statistics 48: 266–279. Deutsch: Eine ökonomische Theorie des Bündnisses. S. 266–296, in: M. Olson: Umfassende Ökonomie. Tübingen (1991): Mohr.

OPP, KARL-DIETER, 1979, Das ›ökonomische Programm‹ in der Soziologie. S. 313–350, in: Hans Albert und Kurt H. Stapf (eds.): Theorie und Erfahrung. Stuttgart: Klett-Cotta.

– – 1983, Die Entstehung sozialer Normen. Tübingen: Mohr.

– – 1986, Das Modell des Homo Sociologicus: Eine Explikation und eine Konfrontierung mit dem utilitaristischen Verhaltensmodell. Analyse und Kritik 8: 1–27.

– – 1987, Marktstrukturen, Soziale Strukturen und Kooperation im Markt. S. 280–299, in: Klaus Heinemann (ed.): Soziologie wirtschaftlichen Handelns. Sonderheft der Kölner Zeitschrift für Soziologie und Sozialpsychologie. Opladen: Westdeutscher Verlag.

– – 1988, Grievances and Participation in Social Movements. American Sociological Review 53: 853–864.

– – 1989, The Economics of Crime and the Sociology of Deviant Behavior. A Theoretical Confrontation of Basic Propositions. Kyklos 42(3): 405–430.

ORGANSKI, A. F. K., 1958, World Politics. New York: A. A. Knopf.

OSTROM, ELINOR, 1990, Governing the Commons. The Evolution of Institutions for Collective Action. Cambridge University Press.

PAPPI, FRANZ URBAN, 1973, Parteiensystem und Sozialstruktur in der Bundesrepublik. Politische Vierteljahresschrift 14(2): 191–213.

PARK, KANG H., 1986, Reexamination of the Linkage Between Income Inequality and Political Violence. Journal of Political and Military Sociology 14: 185–197.

PARKER, GEOFFREY, 1990, Die militärische Revolution. Die Kriegskunst und der Aufstieg des Westens 1500–1800. Frankfurt/Main: Campus.

PARSONS, TALCOTT, 1951, The Social System. New York: Free Press.

– – 1964, Soziologische Theorie. Neuwied: Luchterhand.

PEJOVICH, SVETOZAR, 1990, Quo Vadis Eastern Europe? A Review of Institutional Alternatives. S. 366–378, in: Otto Molden (ed.): Freiheit – Ordnung – Verantwortung. Europäisches Forum Alpbach. Wien: Österreichisches College.

PIPES, RICHARD, 1977, Rußland vor der Revolution. Staat und Gesellschaft im Zarenreich. München: Beck.

POGGI, GIANFRANCO, 1988, Max Weber's conceptual portrait of feudalism. British Journal of Sociology 39: 211–227.

POPE, WHITNEY and BARCLAY D. JOHNSON, 1983, Inside Organic Solidarity. American Sociological Review 48(5): 681–692.

POPITZ, HEINRICH, 1980, Die normative Konstruktion von Gesellschaft. Tübingen: Mohr.

POPPER, KARL R., 1935, Logik der Forschung. 3. Aufl. Tübingen (1969a): Mohr.

-- 1945, The Open Society and its Enemies. Vol. II: The High Tide of Prophecy. Deutsch: Falsche Propheten: Hegel, Marx und die Folgen. Bern (1958): Francke.
-- 1960, The Poverty of Historicism. Deutsch: Das Elend des Historizismus. 4. Aufl. Tübingen (1974): Mohr.
-- 1969b, Die Logik der Sozialwissenschaften. S. 103–123, in: Theodor W. Adorno et al. (eds.): Der Positivismusstreit in der deutschen Soziologie. Neuwied: Luchterhand.
RADNITZKY, GERARD, 1980, Theorienbegründung oder begründete Theorienpräferenz. S. 317–370, in: Gerard Radnitzky und Gunnar Andersson (Hrsg.): Fortschritt und Rationalität der Wissenschaft. Tübingen: Mohr.
-- 1987a, The Constitutional Protection of Liberty. S. 17–46, in: Eamon Butler and Madsen Pirie (eds.): Hayek on the fabric of human society. London: Adam Smith Institute.
-- 1987b, An Economic Theory of the Rise of Civilization and Its Policy Implications: Hayek's Account Generalized. Ordo 38: 47–90.
RAUB, WERNER und THOMAS VOSS, 1986, Die Sozialstruktur der Kooperation rationaler Egoisten. Zeitschrift für Soziologie 15(5): 309–323.
-- 1987, Selbstinteresse und Kooperation als Gegenstand der Sozialtheorie. S. 195–212 in und Nachwort zu: Robert Axelrod: Die Evolution der Kooperation. München: Oldenbourg.
RICHARDSON, LEWIS F., 1960, Statistics of Deadly Quarrels. Chicago: Boxwood and Quadrangle.
RIESMAN, DAVID, 1958, Die einsame Masse. Reinbek bei Hamburg: Rowohlt (rde).
RIKER, WILLIAM H. and PETER C. ORDESHOOK, 1973, An Introduction to Positive Political Theory. Englewood Cliffs, N. J.: Prentice-Hall.
RITTBERGER, VOLKER, 1973, Über sozialwissenschaftliche Theorien der Revolution. S. 39–80, in: Klaus von Beyme (ed.): Empirische Revolutionsforschung. Opladen: Westdeutscher Verlag.
ROEDER, PHILIP G., 1991, Soviet Federalism and Ethnic Mobilization. World Politics 42(2): 196–232.
ROGOWSKI, RONALD, 1974, Rational Legitimacy. Princeton University Press.
ROGOWSKI, RONALD and LOIS WASSERSPRING, 1971, Does Political Development Exist? Corporatism in Old and New Societies. Sage Professional Papers in Comparative Politics 01–024. Beverly Hills, CA: Sage.
ROSENBERG, NATHAN and L. E. BIRDZELL, 1986, How the West Grew Rich. New York: Basic Books.
RUESCHEMEYER, DIETRICH, 1977, Structural Differentiation, Efficiency and Power. American Journal of Sociology 83: 1–25.
-- 1982, On Durkheim's Explanation of Division of Labor. American Journal of Sociology 88: 579–589.
-- 1986, Power and the Division of Labour. Cambridge: Polity Press.
RÜSTOW, ALEXANDER, 1950–1957, Ortsbestimmung der Gegenwart. 3 Bände. Zürich: Rentsch.

RULE, JAMES B., 1988, Theories of Civil Violence. Berkeley: University of California Press.
RUMMEL, RUDOLPH J., 1968, The Relationship Between National Attributes and Foreign Conflict Behavior. S. 187–214, in: J. David Singer (ed.): Quantitative International Politics. New York: Free Press.
— — 1983, Libertarianism and International Violence. Journal of Conflict Resolution 27: 27–71.
— — 1987, Deadlier than War. IPA Review (Melbourne) 41(2): 24–40.
— — 1990, Soviet Genocide and Mass Murder. New Brunswick, N. J.: Transaction.
RUNCIMAN, W. G., 1966, Relative Deprivation and Social Justice. London: Routledge and Kegan Paul.
SCHEUCH, ERWIN K., 1974, Ungleichheit als Ärgernis. Stahl und Eisen 94(25): 1271–1282.
— — 1991, Muß Sozialismus mißlingen? Asendorf: Mut.
SCHEUCH, ERWIN K. und THOMAS KUTSCH, 1975, Grundbegriffe der Soziologie. 2. Aufl., Bd. 1. Stuttgart: Teubner.
SCHMID, MICHAEL, 1989, Arbeitsteilung und Solidarität. Kölner Zeitschrift für Soziologie und Sozialpsychologie 41(4): 619–643.
SCHUMPETER, JOSEPH A., 1950, Kapitalismus, Sozialismus und Demokratie. Bern: Francke.
SCULLY, GERALD W. and DANIEL J. SLOTTJE, 1991, Ranking economic liberty across countries. Public Choice 69: 121–152.
SIEBEL, WIEGAND, 1974, Einführung in die systematische Soziologie. München: Beck.
SIGELMAN, LEE and MILES SIMPSON, 1977, A Cross-National Test of the Linkage between Economic Inequality and Political Violence. Journal of Conflict Resolution 21: 105–128.
SIMON, HERBERT A., 1982, Models of Bounded Rationality. 2 vols. Cambridge, MA: MIT Press.
— — 1985, Human Nature and Politics. American Political Science Review 79(2): 293–304.
SINGER, J. DAVID and MELVIN SMALL, 1972, The Wages of War: A Statistical Handbook. New York: Wiley.
SKOCPOL, THEDA, 1979, States and Revolutions. A Comparative Analysis of France, Russia and China. Cambridge University Press.
SMALL, MELVIN and J. DAVID SINGER, 1976, The War-Proneness of Democratic Regimes. Jerusalem Journal of International Relations I (Summer): 50–69.
— — 1982, Resort to Arms. International and Civil Wars, 1816–1980. Beverly Hills, CA: Sage.
SMITH, ADAM, 1776, An Inquiry into the Nature and Causes of the Wealth of Nations. Deutsch: Der Wohlstand der Nationen. München 1990: DTV.
STEPHAN, EKKEHARD, 1990, Zur logischen Struktur psychologischer Theorien. Berlin: Springer.

STROEBE, WOLFGANG and BRUNO S. FREY, 1982, Self-interest and collective action: The economics and psychology of collective goods. British Journal of Social Psychology 21: 121–137.
SUMNER, WILLIAM GRAHAM, 1906, Folkways. A Study of the Sociological Importance of Usages, Manners, Customs, Mores, and Morals. Reprinted: Boston (1940): Ginn.
SUTHERLAND, EDWIN H. and DONALD R. CRESSEY, 1960, Criminology. 6th ed. Philadelphia: Lippincott.
TILLY, CHARLES, 1978, From Mobilization to Revolution. Reading, MA: Addison-Wesley.
– – 1985, War Making and State Making as Organized Crime. S. 169–191, in: Peter B. Evans, Dietrich Rueschemeyer, and Theda Skocpol (eds.): Bringing the State Back In. Cambridge University Press.
TITTLE, CHARLES, R., WAYNE J. VILLEMEZ, and DOUGLAS A. SMITH, 1978, The Myth of Social Class and Criminality: An Empirical Assessment of the Empirical Evidence. American Sociological Review 43(5): 643–656.
TULLOCK, GORDON, 1974, The Social Dilemma: The Economics of War and Revolution. Blacksburg, Virginia: University Publications.
TVERSKY, AMOS and DANIEL KAHNEMAN, 1986, Rational Choice and the Framing of Decisions. Journal of Business 59 (4, pt. 2): S. 251–278.
TVERSKY, AMOS, PAUL SLOVIC, and DANIEL KAHNEMAN, 1990, The Causes of Preference Reversal. American Economic Review 80(1): 204–217.
URBACH, PETER, 1974, Progress and degeneration in the IQ debate. British Journal of the Philosophy of Science 25: 99–135 *und* 235–259.
USHER, DAN, 1981, The Economic Prerequisite to Democracy. Oxford: Basil Blackwell.
VANBERG, VIKTOR, 1982, Markt und Organisation. Tübingen: Mohr.
– – 1984a, Evolution und spontane Ordnung. Anmerkungen zu F. A. von Hayeks Theorie der kulturellen Evolution. S. 83–112, in: Hans Albert (ed.): Ökonomisches Denken und soziale Ordnung. Festschrift für Erik Boettcher. Tübingen: Mohr.
– – 1984b, ›Unsichtbare-Hand‹ Erklärung und soziale Normen. S. 115–146, in: Horst Todt (ed.): Normengeleitetes Verhalten in den Sozialwissenschaften. Schriften des Vereins für Sozialpolitik. N. F., 141. Berlin: Duncker und Humblot.
– – 1988, Rules and Choice in Economics and Sociology. S. 146–167, in: Erik Boettcher, Philipp Herder-Dorneich und Karl-Ernst Schenk (eds.): Jahrbuch für Neue Politische Ökonomie. 7. Band. Tübingen: Mohr.
VERNON, PHILIP E., 1979, Intelligence. Heredity and Environment. San Francisco: Freeman.
WALTZ, KENNETH N., 1979, Theory of International Politics. Reading, MA: Addison-Wesley.
WATRIN, CHRISTIAN, 1979, Grenzen der Gleichheit in einer freiheitlichen Ordnung. Ordo Bd. 30: 159–175 (Stuttgart: Gustav Fischer).

WATRIN, CHRISTIAN, 1980, Freiheit und Gleichheit. S. 21–35, in: Erich Hoppmann (ed.): Friedrich A. von Hayek. Vorträge und Ansprachen auf der Festveranstaltung der Freiburger Wirtschaftswissenschaftlichen Fakultät zum 80. Geburtstag von Friedrich A. von Hayek. Baden-Baden: Nomos.

WEBER, MAX, 1920, Gesammelte Aufsätze zur Religionssoziologie. 1. Band, 6. Aufl. Tübingen (1972): Mohr.

– – 1921, Gesammelte Aufsätze zur Religionssoziologie. 2. Band, 6. Aufl. Tübingen (1978): Mohr.

– – 1922, Wirtschaft und Gesellschaft. Neudruck der 2. Aufl. Köln (1964): Kiepenheuer und Witsch.

– – 1923, Wirtschaftsgeschichte. 4. Aufl. Berlin (1981): Duncker und Humblot.

WEEDE, ERICH, 1965, Zur Frage der Ost-West-Differenzierung des deutschen Autostereotyps. Unveröffentlichte Vordiplomarbeit. Hamburg: Psychologisches Institut.

– – 1975a, Weltpolitik und Kriegsursachen im 20. Jahrhundert. München: Oldenbourg.

– – 1975b, Unzufriedenheit, Protest und Gewalt. Politische Vierteljahresschrift 16: 409–428.

– – 1981, Income Inequality, Average Income and Violence. Journal of Conflict Resolution 25: 639–654.

– – 1984a, Democracy and War Involvement. Journal of Conflict Resolution 28: 649–664.

– – 1984b, Democracy, Creeping Socialism, and Ideological Socialism in Rent-Seeking Societies. Public Choice 44: 349–366.

– – 1985a, Entwicklungsländer in der Weltgesellschaft. Opladen: Westdeutscher Verlag.

– – 1985b, Warum bleiben arme Leute arm? Politische Vierteljahresschrift 26: 270–286.

– – 1986a, Konfliktforschung: Einführung und Überblick. Opladen: Westdeutscher Verlag.

– – 1986b, Catch-up, distributional coalitions and government as determinants of economic growth or decline in industrialized democracies. British Journal of Sociology 37: 194–220.

– – 1986c, Income Inequality and Violence Reconsidered. Comment on Muller. American Sociological Review 51: 438–441.

– – 1987, Some new evidence on correlates of political violence. European Sociological Review 3: 97–108.

– – 1988, Der Sonderweg des Westens. Zeitschrift für Soziologie 17(3): 172–186.

– – 1989a, Ideen, Ideologie und politische Kultur des Westens. Zeitschrift für Politik 36(1): 27–43.

– – 1989b, Der ökonomische Erklärungsansatz in der Soziologie. Analyse und Kritik 11: 23–51.

– – 1990a, Wirtschaft, Staat und Gesellschaft. Tübingen: Mohr.

– – 1990b, Redistribution and Income Inequality in Industrial Societies. Research in Social Movements, Conflict and Change (Louis Kriesberg, ed.), Vol. 12: 301–326.
– – 1990c, Democracy, party government and rent-seeking as determinants of distributional inequality in industrial societies. European Journal of Political Research 18: 515–533.
WEEDE, ERICH und EDWARD N. MULLER, 1990, Rationalität, Repression und Gewalt. Kölner Zeitschrift für Soziologie und Sozialpsychologie 42(1): 232–247.
WEEDE, ERICH and HORST TIEFENBACH, 1981, Some Recent Explanations of Income Inequality. International Studies Quarterly 25(2): 255–282.
WEGEHENKEL, LOTHAR, 1981, Gleichgewicht, Transaktionskosten und Evolution. Tübingen: Mohr.
WILDENMANN, RUDOLF, 1967, Macht und Konsens als Problem der Innen- und Außenpolitik. Opladen: Westdeutscher Verlag.
WILLIAMS, KIRK A. and MICHAEL TIMBERLAKE, 1987, Structural Positions in the World Systems, Inequality and Political Violence. Journal of Political and Military Sociology 15: 1–15.
WILLIAMSON, OLIVER E., 1981, The Economics of Organization: The Transaction Cost Approach. American Journal of Sociology 87(3): 548–577.
– – 1987, The Economic Institutions of Capitalism. New York: Free Press (Macmillan). Deutsch: Die ökonomischen Institutionen des Kapitalismus. Tübingen (1990): Mohr.
– – 1989, Transaction Cost Economics. S. 135–182, in: R. Schmalensee and R. D. Willig: Handbook of Industrial Organization, Vol. I. Amsterdam: Elsevier.
WIPPLER, REINHARD, 1982, The Generation of Oligarchic Structures in Constitutionally Democratic Organizations. S. 43–62, in: Werner Raub (ed.): Theoretical Models and Empirical Analyses. Utrecht: E and S Publications.
WISWEDE, GÜNTER, 1979, Soziologie abweichenden Verhaltens. 2. Aufl. Stuttgart: Kohlhammer.
– – 1985, Soziologie. Landsberg am Lech: Verlag Moderne Industrie.
– – 1991, Einführung in die Wirtschaftspsychologie. München: Reinhardt (UTB).
WITTE, ERICH H., 1989, Sozialpsychologie. Ein Lehrbuch. München: Psychologie Verlags Union.
WORLD BANK, 1987, World Development Report 1987. London: Oxford University Press.
WRIGHT, QUINCY, 1965, A Study of War. 2nd ed. Chicago University Press.
YANG, TAI-SHUENN, 1987, Property Rights and Constitutional Order in Imperial China. Ph. D. Dissertation, Indiana University.

Personenregister

Albert, Hans 1, 6, 7 f., 22, 145, 192, 243, 245 f., 251, 260, 289
Ames, Ruth E. 129
Andersson, Gunnar 4 f., 247
Andreski, Stanislav 138 f., 217, 234, 250, 254, 292 f.
Archer, Dane 51
Arjomand, Said Amir 283
Aron, Raymond 289
Axelrod, Robert 31 f., 151

Bandura, Albert 39, 76
Banks, Arthur S. 270
Bartley, W. W., III. 245
Bass, Bernard M. 16
Bauer, P. T. 193
Becker, Gary S. 140–143
Becker, Howard S. 41
Bellebaum, Alfred 160
Bendix, Reinhard 175, 179
Berger, Peter A. 160, 169, 258
Berger, Peter T. 249
Berman, Harold J. 229, 234
Bernholz, Peter 191, 193, 202, 225, 289
Betts, Richard K. 297
Bierhoff, Hans Werner 16
Birdzell, L. E. 192
Black, Donald 47 f., 233
Blau, Judith R. 50
Blau, Peter M. 50, 154–156, 176, 226
Boger, Horst Wolfgang 96
Bollen, Kenneth A. 203
Bolte, Karl-Martin 160, 163, 167 f.
Bonus, Holger 195
Bouchard, Thomas J. 51, 142, 208

Boudon, Raymond 102
Bower, Gordon H. 75, 84
Breeden, Charles H. 150
Brunner, Karl 103
Buchanan, James M. 190 f., 193 f., 212
Bueno de Mesquita, Bruce 297

Campbell, John C. 250
Chan, Steve 297
Choi, Kwang 225
Cloward, Richard A. 44, 46 f.
Coase, R. H. 156
Coleman, James A. 102, 103, 105–117, 118, 145, 152, 226, 268, 274 f., 307
Collins, Randall 234, 254
Comte, Auguste 9
Cressey, Donald R. 43
Cutright, Philips 203

Dahrendorf, Ralf 35, 70, 166 f., 268, 277
Davies, James C. 263 f.
Davis, Kingsley 207–209, 217
Dehio, Ludwig 291
Deutsch, Karl W. 302
Domes, Jürgen 276
Downs, Anthony 218
Doyle, Michael W. 297
Dupuy, Trevor N. 297
Durkheim, Emile VI, 9, 44, 145, 147–156, 247
Duvall, Raymond 266

Eckstein, Harry 271
Eichenberger, Reiner 103
Ekelund, Robert B. 235

Elster, Jon 27, 37, 71, 129 f.
Engel, Gerhard 247
Engels, Friedrich 238 f., 255 f., 263
Engels, Wolfram 144
Epstein, Joshua 297
Errson, Svante 225
Esser, Hartmut 102
Etzioni-Halevy, Eva 240
Eucken, Walter 249
Eysenck, Hans Jürgen 51 f.

Falter, Jürgen W. 205 f.
Feierabend, Ivo K. 264 f., 281
Feierabend, Rosalind L. 264 f., 281
Festinger, Leon 39, 272
Flora, Peter 164
Friedrichs, Jürgen 50
Freud, Sigmund 73
Frey, Bruno S. 11, 49, 103, 104, 118, 260
Frohlich, Norman 271

Garnier, Maurice A. 292 f.
Gartner, Rosemary 51
Gehlen, Arnold 17, 23
Gellner, Ernest 154, 232, 299 f.
Gibowski, Wolfgang G. 204, 206
Grandjean, Burke D. 210
Günther, Ullrich 76 f.
Gurr, Ted R. 203, 265 f.
Gygi, Beat 260

Haferkamp, Hans 176 f.
Hardin, Russell 131
Hardy, Melissa A. 267
Hartmann, Peter H. 135, 142
Hayek, Friedrich A. von 193, 202, 211 f., 234–236, 240 f., 250 f., 254
Hazelrigg, Lawrence E. 293
Hechter, Michael 121–128, 274
Heckathorn, Douglas D. 126 f.
Heckhausen, Heinz 86, 102
Heilbroner, Robert L. 258
Hennen, Manfred 145
Herkner, Werner 75 f.
Hernes, Gudmund 232
Herz, John H. 289

Hilgard, Ernest R. 75, 84
Hirsch, Fred 128
Hofstätter, Peter R. VII, 12–22, 75, 247
Homann, Karl 5, 31 f., 190 f., 195 f., 242
Homans, George Caspar 19, 38, 53–64, 65, 70, 81–96, 117
Hoselitz, Bert F. 67
Hradil, Stefan 160, 169, 258
Huntington, Samuel P. 268
Hyman, Herbert H. 79

Iannaccone, Laurence R. 233
Isaac, R. Marc 129

Jackman, Robert W. 203
Jaggers, Keith E. 203
Jagodzinski, Wolfgang 293
Jasay, Anthony de 198, 288
Johnson, Barclay D. 154
Jones, Eric L. 251–253, 285
Jürgens, Hans N. 142

Kaase, Max 204, 206
Kahneman, Daniel 98–103
Kammler, Hans 291
Kaufmann, Franz-Xaver 146, 154
Kelley, Harold H. 16
Kennedy, Paul 291
Kim, Oliver 129
Kliemt, Hartmut 130, 151
König, René 70, 133, 149
Kops, Manfred 301
Kriesberg, Louis 293
Kuhn, Thomas S. 243 f., 247
Kutsch, Thomas 9, 26, 69, 71
Kuznets, Simon 164, 258

Lakatos, Imre 2 f.
Lane, Jan-Erik 225
Lange, Elmar 73, 135, 136, 160, 165, 169, 192
Langlois, Richard N. 103
Latané, Bibb 16
Lenski, Gerhard 164, 213–217, 258
Lenski, Jean 258
Lepsius, M. Rainer 162, 164

Lindberg, Leon N. 250
Lindenberg, Siegwart 102, 104 f., 145, 273, 305
Linton, Ralph 65
Lipset, Seymour Martin 189, 200–204
Luard, Evan 299

MacKinnon, Malcolm H. 231
Mann, Michael 279, 285 f.
March, James G. 71
Mare, Robert D. 142
Marwell, Gerald 35, 38, 120 f., 129
Marx, Karl VI, 237–239, 255 f., 263, 268, 273
Mayntz, Renate 208, 210
McKenzie, Richard B. 50, 97, 140, 287
McNeill, William H. 289, 291 f.
Meehl, Paul E. 83
Mehden, Fred von der 277
Merton, Robert K. 44 f., 67–69, 183–185, 244
Meyer, Willi 140
Michels, Robert 115, 116, 129, 131, 199, 257, 271, 284
Milgram, Stanley 76 f.
Mommsen, Wolfgang J. 176
Moore, Wilbert E. 207–209, 217
Moore, Will H. 203
Mosca, Gaetano 195, 199, 257, 279
Moser, Peter 188, 220
Müller, Hans-Peter 149
Muller, Edward N. 3, 203 f., 267, 272, 275, 279 f.

Neidhardt, Friedhelm 135
Neubauer, Deane E. 203
North, Douglass C. 150, 151, 250, 287

Oberschall, Anthony 97, 263, 277
Oliver, Pamela 35, 38, 120 f.
Olsen, Johan P. 71
Olson, Mancur 11, 34 f., 38, 118–121, 127, 128, 186, 198, 202, 212, 218, 222, 225, 240, 255 f., 259–261, 268, 271, 287, 294, 307

Opp, Karl-Dieter 27 f., 38–40, 49, 51, 97, 102, 105, 151, 211, 272 f., 275
Oppenheimer, Joe A. 271
Ordeshook, Peter C. 103
Organski, A. F. K. 294
Ostrom, Elinor 36 f.

Pappi, Franz Urban 206
Park, Kang H. 267
Parker, Geoffrey 295
Parsons, Talcott 66, 70, 137
Pejovich, Svetozar 192
Pipes, Richard 293
Poggi, Gianfranco 173
Pohl, Katharina 142
Pope, Whitney 154
Popitz, Heinrich 23
Popper, Karl R. 1 f., 7, 8 f., 245 f., 255, 258

Radnitzky, Gerard 7, 22, 240, 243
Raub, Werner 31 f.
Richardson, Lewis F. 290
Riesman, David 73
Riker, William H. 103
Rittberger, Volker 264
Rodin, Judith 16
Roeder, Philip G. 278
Rogowski, Ronald 277, 301
Rosenberg, Nathan 192
Rueschemeyer, Dietrich 149, 157–159
Rüstow, Alexander 287
Rule, James B. 272 f.
Rummel, Rudolph J. 276, 297, 303
Runciman, W. G. 80

Schelsky, Helmut 164
Scheuch, Erwin K. 9, 26, 69, 71, 165 f., 168, 207, 257
Schmid, Michael 149, 156
Schumpeter, Joseph A. 189, 242
Scully, Gerald W. 209
Seligson, Mitchell 267
Siebel, Wiegand 65, 163 f.
Sigelman, Lee 267
Simon, Herbert A. 103, 307

Simpson, Miles A. 267
Singer, J. David 270, 290, 297
Skinner, B. F. 81
Skocpol, Theda 281–283
Slottje, Daniel J. 209
Slovic, Paul 98
Small, Melvin 270, 290, 297
Smith, Adam 145–147, 149, 150, 233
Smith, Douglas A. 47
Stephan, Ekkehard 102
Stroebe, Wolfgang 11, 118
Sumner, William Graham 25 f., 233
Sutherland, Edwin H. 43

Thibaut, John W. 16
Thomas, Robert Paul 150
Thomas, Susan H. 129
Tiefenbach, Horst 293
Tilly, Charles 234, 264, 268, 271 f., 279, 288
Timberlake, Michael 267
Tittle, Charles R. 47
Tönnies, Ferdinand 66
Tollison, Robert D. 212, 235
Toumanoff, Peter G. 150
Tullock, Gordon 50, 97, 140, 190 f., 194, 212, 268 f., 271, 275, 287
Tversky, Amos 98–103

Urbach, Peter 142, 208

Usher, Dan 196 f.

Vanberg, Viktor 29–33, 147, 186, 191
Vernon, Philip E. 51, 142, 208
Villemez, Wayne J. 47
Voss, Thomas 31 f.

Walker, James M. 129
Walker, Mark 129
Waltz, Kenneth N. 289
Wasserspring, Lois 277, 301
Watrin, Christian 193
Weber, Max VI, 24–26, 116, 161 f., 170–183, 185, 200, 226–232, 233, 234, 254 f.
Wegehenkel, Lothar 150
Wildenmann, Rudolf 296
Williams, Kirk A. 267
Williamson, Oliver E. 156, 186
Wippler, Reinhard 129, 199
Wiswede, Günter 9, 35, 38, 41–43, 45, 75, 103, 104
Witte, Erich H. 11, 16, 18, 21, 104
Wright, Quincy 290

Yang, Tai-Shuenn 293
Young, Oran 271

Zahar, Elie 4 f.
Zeckhauser, Richard 119

Sachregister

Abschreckung 43, 48, 50 f., 119, 245, 280, 294, 297
abweichendes Verhalten, siehe Devianz
Aggregation 104, 262, 289, 304, 307
Aggression 76, 86, 89 f., 93, 294, 298
Altruismus 35, 76, 119
Angebot 98, 180, 197, 210 f., 214, 249
Anomie 44 f., 75
Apathie 45, 46, 115, 131, 135, 269, 271, 273, 275, 278
Arbeiter 53 f., 79, 80, 146, 154, 163 f., 206, 232, 238, 256, 273
Arbeitsanreize 27, 98, 108, 125, 185 f., 195, 197, 211 f., 230, 242 f., 250, 252 f., 287
Arbeitslosigkeit 213, 259
Arbeitsteilung 63, 94, 135–137, 140, 141, 145–159, 182, 186, 194, 205, 228, 251, 286, 288, 299, 300
Autonomie 15, 243 f., 247, 254, 257, 260, 285, 300
Autorität 56, 63, 68, 76, 94, 106 f., 114, 132, 176, 226, 232, 257, 274, 282
Autostereotyp, siehe Vorurteile

Bauern 107, 154, 202, 206, 219 f., 238, 240, 252, 282 f., 292, 299
Begründung 22, 192 f.
Belohnung 36, 38 f., 75 f., 81 f., 89 f., 94, 123, 135, 167, 186, 208 f.
Beruf 46, 66 f., 137, 142, 160, 163, 165, 168 f., 171, 178, 228, 230
Besitzklasse 161, 164
Bestimmungsleistung VII, 17 f., 22, 23, 27, 247, 275, 300

Bevölkerungsentwicklung 138 f., 142 f., 147, 217, 253
Bewußtsein 25, 97, 117, 164, 237 f.
Bezugsgruppen 44, 78–80
bounded rationality 103
Brauch 24 f., 214
Bürokratie 103, 107, 116, 158, 170 f., 177–188, 254

Chancengleichheit 45, 149, 153, 165
Charisma, charismatische Herrschaft 170, 173 f.
Christentum 228 f., 254

Demokratie 8, 102, 130 f., 182, 189–206, 217 f., 219, 223 f., 243, 259, 272, 280, 291, 292, 296 f.
Deprivation 50, 79 f., 93, 262 f., 268, 283
Devianz 26 f., 41 f.
differentielle Assoziation 43 f., 49, 123
Dissonanz 28, 39, 272

Egoismus, Eigennutz 34, 35, 103 f., 119, 147, 151, 190, 197, 199, 201 f., 204, 211, 214, 216, 232, 244 f., 277, 301
Ehe 70, 132–144
Eigentumsrechte, Handlungsrechte 105 f., 116, 126, 195, 226, 234 f., 249 f., 259, 285, 287
Einkommensverteilung 164, 193, 207 f., 223, 292
Einstimmigkeit 189, 194, 196, 198
Entscheidungskosten 33, 71, 103, 191, 194, 205, 227, 301
Entscheidungsverhalten 71, 97 f., 205

Sachregister

Entwicklungstendenzen 217
Entwicklungsniveau, Entwicklungsstufe 217, 237, 265, 281 f., 287, 289, 300
Erkenntnis, Erkenntnisfortschritt 1–4, 11–16, 66, 146, 242, 246, 248, 258, 308
Erwartungen 23, 33, 39, 41, 44, 47, 65, 67 f., 69, 71, 72, 84, 86 f., 93 f., 235 f., 264, 271, 305
Erwerbsklasse 161, 164
Erziehung 43, 52, 72, 135 f., 140, 161, 208
Externalitäten, externe Kosten 28–38, 105, 110 f., 191, 194, 226, 250

Familie 43, 49, 72, 114, 132–144, 157, 160, 168, 174, 219/220
Fairness 57, 100, 129
Falsifikation, Falsifizierbarkeit 1 f., 4 f., 55
Fehlerausgleich 4, 13–16
Feudalismus, feudale Herrschaft 107, 172 f., 292
Fortschritt 122, 192, 216 f., 241 f., 246, 258
Freiheit 70, 104, 193 f., 235, 241 f., 247, 254, 260, 303
Fremdbild, siehe Vorurteile
Frustration 86, 90, 93, 262 f.
Führer, Führung 32, 35, 63, 94 f., 107, 115, 128, 136, 173, 177, 226, 271, 274, 277 f., 283 f.
Funktion, Funktionalismus 23, 27, 111, 134, 146, 207 f., 217

Gefangenendilemma 29 f., 111, 151
Gemeindeland 36 f.
Gemeinschaft 63, 66, 126, 149
Gerechtigkeit 93, 149, 154, 155, 163, 196, 212, 270 f., 298
Gewalt 28, 39, 47, 48, 138, 176, 177, 215, 217, 262–284, 286, 288 f., 290, 298
Gewerkschaft 124, 202, 206, 212, 279
Gewißheit 1 f., 4, 17, 22, 218, 230 f.
Gewohnheiten 25, 27, 28, 38 f., 42, 57, 75, 135, 170, 214, 277
Gleichheit 153, 165, 193, 217, 222 f., 225, 269, 271, 292, 300

Grenzkonflikte 296, 298
Gruppengröße 12 f., 33, 35, 118 f., 120, 127, 129, 194, 220 f., 227, 255, 259 f., 288
Gruppenleistungen 12 f.

Handlungsanreize 105 f., 112, 124 f., 153, 185, 211, 218, 254, 261, 269 f., 294, 297
Handlungsrechte, siehe Eigentumsrechte
Herrschaft, herrschende Klasse 32, 35 f., 42, 67, 128, 157 f., 167, 170–188, 195, 198, 207, 213, 215, 218, 229, 234, 238 f., 243, 252, 256 f., 269, 271, 272, 274, 277 f., 282–284, 287 f., 289, 291, 293, 299, 303
Heterostereotyp, siehe Vorurteile
Heuchelei 127
Hierarchie 126, 129, 156, 171, 178, 180
Hilfsbereitschaft 16, 55
Hinduismus 163, 228, 254
Humankapital 114, 153, 209, 211, 301

Idealtypus 175
Identifikation 72 f., 76, 108
Ideologie 8 f., 42, 114, 207, 215 f., 285
Imitation 39, 76, 123
Individualismus VII, 75, 145, 304 f.
Induktion 4, 5, 81
Industriegesellschaften 73, 133, 163 f., 217, 250, 258, 260
Informationen, Informationskosten 38, 103, 106, 122, 130 f., 150, 191, 199, 205, 218, 220, 227, 307
Innovation 45, 146, 184, 192, 232, 241 f., 250, 253
Institutionen, Institutionalisierung 37, 69, 70 f., 102, 126, 132, 176, 241, 243
Interaktion, siehe Kontakt
Intelligenz (als Persönlichkeitsmerkmal) 51, 91, 141 f., 208
Intelligenz (als Schicht), Intellektuelle 165 f., 199, 238 f., 300
Interdependenz(kosten) 29, 32 f., 153 f., 194

Interessen 9, 25, 28 f., 30, 35, 36, 38, 40, 42, 47, 63, 66, 68, 88, 90 f., 95, 103 f., 105 f., 108, 110, 115 f., 118 f., 125 f., 129, 137, 151, 158, 170, 174, 175, 177, 187, 191, 193, 202, 214, 216, 219, 226, 240, 245, 249, 259, 269, 274, 282, 287, 294
Interessenkonflikte 28 f., 36 f., 105 f., 111, 115, 140, 148, 159, 166, 185 f., 214, 240, 256, 277, 283, 287, 290, 294
Interessengruppen 102, 199, 202, 221, 259, 261, 297
Internalisierung 28, 72 f., 75, 82, 113 f., 123, 126, 226, 227, 233

Kapitalismus 181, 230 f., 234, 249–261, 285
Kartelle 212, 222
Kasten 45, 160, 162 f., 228
Klassen 137, 160 f., 201, 207, 237 f., 244, 255 f., 271, 277, 301
Klasseninteresse 238 f., 255 f., 272, 283
klassenlose Gesellschaft 255, 257 f.,
Kleptokratie 234, 250, 288, 293, 303
Kohäsion 90
Kollektivgüter 34 f., 40, 89, 106, 108, 112, 118 f., 186, 188, 195, 198 f., 204 f., 218, 226, 240, 242, 244, 247, 250, 256, 262, 268 f., 274, 282, 285 f., 287, 290, 294, 301, 302, 307
kollektives Handeln 34 f., 118 f., 191, 195, 255, 259, 271, 278, 283 f., 294 f.
kollektive Sicherheit 293 f.
Kommunikation 15, 177, 238 f., 247, 273, 277, 278, 300, 302
Konformität 18, 26, 32, 44, 63, 64, 73, 75, 78, 79, 88, 90, 95, 125, 166, 184, 247, 302
Konflikt 28, 59, 61 f., 68 f., 75, 111, 128, 139, 172, 175, 185, 201, 212, 215 f., 225, 235, 240, 253, 262–303
Konkurrenz, siehe Wettbewerb
Kooperation, Koordination 29 f., 36 f., 38, 94, 122, 127, 151, 156 f., 286, 292
Konsens 4, 17, 18, 22, 41, 61, 105 f., 110, 116, 156, 190 f., 198, 215, 247 f., 249, 286, 290, 292, 297, 302
Kontakt 17, 19, 21, 53 f., 60, 67, 86 f., 92 f., 95, 108, 113, 114, 124, 129, 136, 148, 149, 152–155, 238, 268, 273, 275, 277 f., 301, 302
Konvention 4, 5, 24, 110, 247
Krieg 21, 34, 139, 173, 253, 281, 285, 286, 289, 291 f., 299, 302 f.
Kriminalität 41 f., 75, 301
Kritik 22, 243, 245 f.
Kultur 22, 44, 72, 277, 285, 299 f.

Labeling 41 f., 50, 51
Legalität 25, 45, 170, 175, 178 f.
Legitimität 25, 44, 45, 48, 79, 136, 170 f., 175 f., 190, 193, 195 f., 198 f., 200, 207, 226 f., 228, 296
Lernen 2, 10, 39, 43, 45 f., 52, 72, 75, 81 f., 117, 123, 135, 183

Macht 35 f., 41, 68, 90 f., 92, 94, 105, 108, 110 f., 123, 152, 158, 166, 170 f., 176, 183, 193, 213, 215 f., 250, 252 f., 257, 259, 285 f.
Machtkampf, siehe Konflikt
Markt, Marktwirtschaft 63, 102, 122, 125, 141, 147, 150–153, 156 f., 165, 182, 187, 192, 194 f., 198, 211, 225, 242, 243, 249 f., 259, 285
Masse 109, 129, 182, 220, 251, 252, 257, 262 f., 269–273, 277 f., 279, 285 f.
Mehrheiten, Mehrheitsentscheidungen 21, 29, 189 f., 195–197, 200, 218, 219, 241 f., 279, 291, 296 f.
Militär 149, 172, 181, 217, 256, 269, 281, 292 f., 299
Minderheiten 49, 129, 177, 199, 200, 219, 241, 278 f., 291, 301
Mitbestimmung 110, 191–193, 199, 227
Mobilität 27, 133, 134, 139, 141, 160, 162, 165, 167 f., 228, 230, 260, 268 f., 278, 300
Monogamie 132, 138 f., 140, 174
Monopole 123, 161, 192, 210, 212, 233, 286, 288

Sachregister

Nachfrage 98, 143, 180, 210, 214, 249, 260
Nation, Nationalismus 285, 298–302
Normen 17, 20, 23–40, 41, 44, 49, 54, 57 f., 61, 63, 65, 70, 71, 72, 78, 88 f., 94, 110, 114, 116, 123, 129, 133 f., 142, 149, 152, 166, 178, 182, 185, 187, 210 f., 226, 228, 233, 244 f.
Nutzenmaximierung 29 f., 33, 97–103, 109, 112, 118, 130, 145, 153, 190 f., 199, 201 f., 204, 211, 232, 295, 307

öffentliche Güter, siehe Kollektivgüter
Oligarchien 115, 129, 131, 199, 257, 271, 272, 284
Opportunitätskosten 50, 97, 100, 103, 106, 143, 151, 191, 205, 305
Organisation 33, 62, 63, 102, 114–116, 129, 181 f., 185, 220 f., 238 f., 257, 259, 266, 268 f., 271 f., 274, 277, 278, 279, 280, 283, 285 f.,

Panik 109 f.
Paradigma VI, 247
Parteien 116, 199, 221, 243
Patriarchalismus 172
patrimoniale Herrschaft 172 f., 179
Polygamie 132, 138 f., 140
Position 43, 46, 58, 65 f., 72, 95, 108, 116, 128, 138–140, 160, 166–168, 207, 208, 214, 216, 268 f., 274, 286
Positionsgüter 128 f., 131, 286, 288–290
Preise, Preisverzerrungen 98, 150, 202, 210 f., 213, 218, 219, 220, 249, 259
Prestige 47, 65, 79, 119, 133, 135, 160, 163, 179, 185, 215
Prognosen, Prophezeiungen 24, 95, 258
property rights, siehe Eigentumsrechte
protestantische Ethik 230 f., 254

Rationalität, rationales Handeln VI f., 31, 32, 33, 34, 38, 50, 85, 97–131, 151, 170, 192, 194, 220, 232, 243, 246, 262 f., 268 f., 271, 275–277, 283 f., 295, 307

rationale Ignoranz VII, 130 f., 188, 199, 205, 220 f., 227, 271, 296
Rebellion 45, 256 f., 262–284, 286
Recht 24 f., 34, 47 f., 105 f., 120, 153 f., 171, 173, 198, 215, 216, 226, 233–236, 250, 254, 272, 288 f.
Referenzgruppe, siehe Bezugsgruppe
Religion 133 f., 160, 206, 226–233, 237, 301
Repression 279 f., 282 f., 295
Revolution 239, 255 f., 262 f., 281–284
Rivalität des Konsums 35, 37, 120 f., 128, 290
Rolle 18, 58, 65 f., 72, 74, 75, 94 f., 132, 135, 160, 207

Sättigung 85, 87, 91, 95, 105, 117, 214 f., 305
Sanktionen 20, 23 f., 26 f., 31, 35, 37 f., 39 f., 41, 64, 65, 70, 73, 74, 78, 89 f., 95, 106, 110 f., 113, 123, 125, 127, 166 f., 187 f., 233, 251
satisficing 103, 307
Schicht, Schichtung 41, 44–47, 73, 136 f., 138 f., 141, 160–169, 180, 201, 206, 207 f., 230, 258, 286, 292
Schule 68, 168 f., 201, 300
sekundäre Reaktionsverstärkung 75 f., 84, 88, 306
Selbstbestimmung 73, 191 f., 195, 298
Selbsthilfe 47 f., 289 f.
Sicherheitsdilemma 289, 291, 293, 295 f.
Sitte 24 f., 170
Solidarität 111, 118 f., 122, 134, 137, 145, 149–157, 283
soziale Kontrolle 47 f., 59, 69, 73 f., 111, 117, 123 f., 186, 216
Sozialisation 43, 46, 70, 72–77, 79, 82, 123, 135 f., 187
Sozialismus, Sozialdemokratie 171, 202, 225, 257, 273
Sozialkapital 114, 145, 152, 226 f., 242, 244, 260, 301

Staat, Staatsgewalt 26, 37, 47, 49, 102, 120, 121, 123, 144, 178, 181, 193 f., 198, 216, 219, 234, 236, 244, 250 f., 255, 257, 260, 283, 285–295, 302
Staatsstreiche 269 f.
Stadt 34, 143, 147, 250, 252, 254, 255, 256, 260, 273, 286, 302
Stand 160 f., 179
ständische Herrschaft 172
Status 65 f., 92 f., 94, 137, 160, 185, 214, 215
Statusinkonsistenz 165
Strafe 25, 37 f., 47, 50 f., 75 f., 84, 86, 90 f., 123, 177, 187, 251, 280
Subkultur 46, 75
Sultanismus 172, 175
Sympathie 19, 21, 55 f., 185, 276, 301

Tausch 64, 87, 88, 91, 105 f., 111, 145 f., 150–152, 156, 176, 195, 235, 249, 287
Tradition 26, 136, 170 f., 173, 174, 179, 241
Transaktionskosten 29, 145, 150, 156, 235, 250, 288, 301
Trittbrettfahren 34 f., 40, 89, 112, 115, 117, 118, 120, 122, 126, 129 f., 186, 198 f., 205, 218, 226, 256, 262, 271, 274, 278, 282, 287, 290, 294

Überprüfung 1 f., 4 f., 17, 22, 82 f., 96, 192, 223, 243–246, 308
Umverteilung 193 f., 196 f., 207–225
Unabhängigkeit, siehe Autonomie
Ungleichheit 3, 35 f., 119, 123, 128, 131, 142, 147, 148, 160 f., 164 f., 167, 169, 201, 207–225, 228, 242, 259, 267 f., 274, 284, 292
Universalismus 66 f., 244
Unternehmen 105, 116, 125, 156 f., 187, 192, 202, 220, 230
Unterschicht 45, 49, 73, 132, 136, 138 f., 142, 164, 201, 269–271, 277

Unzufriedenheit 3, 63, 165, 262 f., 271

Verbände, siehe Interessengruppen
Vererbung 51, 208, 214
Verelendung 255, 258, 263
Verfügungsrechte, siehe Eigentumsrechte
Verifikation 1
Versorgungsklassen 162, 164
Verteilungskoalitionen, siehe Interessengruppen
Vertrauen 107 f., 114, 124, 151 f., 157, 226
Verwandte, Verwandtschaft 124, 132–144, 157, 174
Vorurteile 19 f., 209

Wahlen, Wähler 113, 130 f., 180, 188, 199 f., 204–206, 219 f., 225, 280, 291
Wahrheit 1–4, 8 f., 22, 199, 227, 244 f.
Wahrnehmungsverzerrungen 2, 18, 19, 21, 43, 98–102, 272 f., 275
Werte 8, 25, 28, 38, 39, 72, 78, 84, 88, 165, 201, 227, 245, 260, 286
Werturteilsfreiheit 8, 245 f.
Wettbewerb 45, 90 f., 93, 102, 115, 137, 138 f., 146, 148, 184, 192, 202, 208 f., 217, 232, 233, 235, 243, 247, 249, 252, 259, 275, 295
Wissen 13, 17, 143, 171, 226, 234, 236, 237–248, 254
Wissenschaft 1 f., 4, 8, 15, 22, 237 f., 243–248, 308
wirtschaftliche Entwicklung 128, 138 f., 143, 168, 171, 173, 175, 181, 201 f., 217, 225, 230, 232, 234, 249 f., 259, 264, 285, 300

Zölibat 139, 162, 229 f.
Zustimmung, siehe Konsens
Zwang 32, 36, 39, 70, 120 f., 128, 157, 176, 186, 192, 218, 235, 249, 255 f., 261, 275 f., 282, 286, 288